가치자유와 가치판단

막스 베버 선집
2

가치자유와 가치판단

막스 베버 지음 | 김덕영 옮김

도서출판 길

막스 베버 선집 · 2

가치자유와 가치판단

2021년 6월 25일 제1판 제1쇄 인쇄
2021년 7월 5일 제1판 제1쇄 발행

지은이 | 막스 베버
옮긴이 | 김덕영
펴낸이 | 박우정

기획 | 이승우
편집 | 권나명
전산 | 한향림

펴낸곳 | 도서출판 길
주소 | 06032 서울 강남구 도산대로 25길 16 우리빌딩 201호
전화 | 02) 595-3153   팩스 | 02) 595-3165
등록 | 1997년 6월 17일 제113호

경험과학은 그 누구에게도 결코 그가 무엇을 **해야 하는지**는
가르쳐줄 수 없으며, 단지 그가 무엇을 **할 수 있는지**,
그리고 — 경우에 따라서는 — 그가 무엇을 **원하는지**를
가르쳐줄 수 있을 뿐이다.

— 막스 베버

차례

제1부
사회학 및 경제학에서 "가치자유"의 의미

■ 일러두기

1. 이 책에 달린 각주 가운데 첫머리에 [원주]라고 따로 밝히지 않은 것은 모두 옮긴이 주이며, 원주에 대한 설명이 필요한 경우에는 그 바로 밑에 옮긴이 주를 달았다(이때에는 첫머리에 [옮긴이 주]라고 밝혔다).
2. 원문에 있는 《 》은 " "로 바꾸었다. (예) 《Fortschritt》→ "진보"
3. 원문에 있는 문장부호 — ( ) : ; ! ?는 그대로 두는 것을 원칙으로 하되, 부득이한 경우에는 없앴다. 그리고 필요하다고 판단하는 경우에는 넣었다.
4. 원문에서는 글자 간의 간격을 띄우는 식으로 강조를 하고 있는데, 이 책에서는 볼드체로 바꾸었다. (예) W e r t → **가치**
5. 원주나 옮긴이 주에 나오는 문헌의 구체적인 서지사항은 "인용문헌"에 수록되어 있다.
6. 베버가 언급하는 인물들은 "인명목록"에 자세하게 소개되어 있다.

사회학 및 경제학에서 "가치자유"의 의미**
1917

- [원주] 이 논문은 원래 1913년 "사회정책학회" 위원회의 내부 토론을 위해 제출되어 제한된 독자를 위한 비공개용으로 인쇄된 소견서를 수정·보완한 것이다.* 단지 이 단체에만 관련된 모든 것은 가능한 한 삭제한 반면, 일반적인 방법론적 고찰은 확장했다. 상기한 토론을 위해 제출된 다른 소견서들 가운데 슈프랑거 교수의 소견서는 『입법, 행정 및 민족경제 슈몰러 연보』에 게재되었다.** 나는 나 역시 높이 평가하는 이 철학자의 그 저작이 명료성의 결여로 인해 이상하리만큼 빈약하다고 생각한다는 사실을 토로할 수밖에 없다; 그러나 지면 부족의 이유만으로도 그에 대한 일체의 논박을 피하기로 하고 단지 나 자신의 입장만을 표명하기로 한다.

  [옮긴이 주] * 이 소견서는 「사회정책학회 위원회에서의 가치판단 논의를 위한 소견서」로 이 책의 127~96쪽에 번역되어 있다. 이 소견서에 대한 그리고 사회정책학회 위원회의 내부 토론에 대한 자세한 논의는 이 책의 뒷부분에 나오는 「해제」를 볼 것.

  [옮긴이 주] ** 슈프랑거의 소견서는 「경제학에서 가치판단이 차지하는 위상」으로 1914년 『입법, 행정 및 민족경제 슈몰러 연보』, 제38권, 제2호, 557~81쪽에 게재되었다. 참고로 『입법, 행정 및 민족경제 슈몰러 연보』는 1871년에 법학자인 프란츠 폰 홀첸도르프(1829~89)에 의해 『독일 제국의 입법, 행정 및 사법 연보』라는 이름으로 창간된 것인데, 1877년 슈몰러가 『독일 제국의 입법, 행정 및 민족경제 연보』라는 명칭으로 이 저널의 편집을 담당하게 되었고, 1913년에는 그가 오랫동안 편집인으로 활동한 업적에 경의를 표하기 위해 『입법, 행정 및 민족경제 슈몰러 연보』로 개칭되었다. 그런데 이미 그 이전부터 『슈몰러 연보』라고 불리고 있었다. 이 저널은 아직도 존재하는데, 1968년에는 다시 『경제과학 및 사회과학 슈몰러 연보』로 개칭되었고, 1972년에는 또다시 『경제과학 및 사회과학 저널』로 개칭되었으며, 2000년에는 『슈몰러 연보 ─ 경제과학 및 사회과학 저널』이라는 이름을 얻게 되었다.

- • 원서에는 아무런 장이나 절도 나누어져 있지 않다. 이에 독자들의 편의를 위해 옮긴이가 책의 앞부분에 나오는 "차례"에 따라 장과 절을 나누고 각 절의 제목을 붙였음을 일러둔다(그런데 각 장의 제목은 붙이지 않았는데, 그 이유는 제2장이 하나의 제목으로 묶기에는 너무나 다양한 측면을 다루고 있기 때문이다). 다만 옮긴이가 보기에 필요한 것은 첨가했고 적절치 않은 부분들에는 일정한 수정을 가했다. 그리고 이 논문의 맨 앞에 있는 전체적인 차례도 옮긴이가 첨가한 것이다.

I

대학 강의에서의 실천적 가치판단 11. — 전문적 교육과 강단 가치판단 15.

대학 강의에서의 실천적 가치판단

이 논문에서 "가치판단"[1]이라는 용어는, 특별히 다른 말이 있거나 또는 문맥상 어떤 다른 의미가 명백하게 드러나는 경우를 제외하고는, 우리의 행위를 통해 영향을 끼칠 수 있는 현상에 대해 그것이 바람직한지 또는 바람직하지 못한지를 **"실천적으로"** 평가하는 것을 가리킨다. 어떤 특정한 과학이 이러한 종류의 가치판단으로부터 "자유로워야" 하는가

---

1 이 용어는 'Wertung'(동사는 'werten')이라는 독일어를 옮긴 것이다. 우리가 일반적으로 알고 있는 "가치판단"은 독일어로 'Werturteil'이다. 그런데 베버는 가치판단과 가치자유의 문제를 다루는 이 방대한 논문에서 23쪽 다섯 번째 줄과 31쪽 첫 번째 줄에서 딱 두 번만 'Werturteil'이라는 단어를 사용할 뿐, 그 밖에는 'Wertung'이라는 단어를 사용하고 있다. 이 단어는 "평가", "가치를 인정하기" 또는 "가치평가"라고 옮길 수 있는데, 여기서는 "가치판단"으로 옮기기로 한다. 베버가 인정하듯이, 이 둘 사이에는 사실상 아무런 차이도 없다(위 본문과 31~32쪽을 볼 것).

11

의 문제, 다시 말해 이 논리적 원칙의 타당성과 의미는 본격적인 논의에 앞서서 간략하게 살펴볼 전혀 다른 문제와는 결코 동일하지 않다: 그것은 **대학 강의**에서 윤리, 문화적 이상 또는 다른 세계관에 근거하는 자신의 실천적 가치판단을 "고백해야" **하는지** 또는 아닌지 하는 것이다. 이 문제는 과학적으로 논의될 수 없다. 왜냐하면 그것 자체가 전적으로 실천적 가치에 의존하며 바로 그런 까닭에 명확하게 결말을 지을 수 없는 문제이기 때문이다. 여기서는 두 가지 극단적인 입장만을 들기로 한다: a) 한편으로는 순수하게 논리적으로 규명할 수 있는 또는 순수하게 경험적인 사실과 다른 한편으로는 실천적, 윤리적 또는 세계관적 가치판단, 이 둘은 응당 서로 구별되어야 한다; 그러나 그럼에도 불구하고 (또는 심지어 바로 그렇기 때문에) 이 두 범주의 문제는 강단에 속한다—b) 비록 그 둘을 논리적으로 일관되게 구별한다는 것은 **불가능한** 일이지만, 그럼에도 불구하고 강의에서는 가능한 한 모든 실천적 가치문제를 배제하는 것이 바람직하다.

먼저 입장 (b)는 내가 보기에 받아들일 수 없다.—특히 내 생각으로는 우리의 과학분야들에서 드물지 않게 볼 수 있는 시도, 즉 실천적 가치판단을 "**정당**정치적" 가치판단과 이것과는 다른 성격의 가치판단으로 구분하려는 시도는 결코 실현될 수 없으며, 단지 수강생들에게 은연중 불어넣은 입장의 실천적 의의를 은폐하는 데 적합할 뿐이다. 게다가 다음과 같은 견해, 즉 강단에서는 "무(無)열정"이 요구되며, 따라서 "열정적인" 토론을 불러일으킬 위험이 있는 사안들은 배제되어야 한다는 견해는 관료들이나 가질 법하며, 만약 일단 강단에서 가치판단이 이루어진다면 독립적인 교사[2]라면 누구나 마땅히 거부해야 할 것이다. 다음과 같

---

2 이 글에는 교사, 교수, 교원이라는 단어가 등장하는데, 각각 독일어의 'Lehrer', 'Professor', 'Dozent'를 옮긴 것이다. 이 가운데 교사는 우리가 일반적으로 이해하는 바와 같이 초중고교에서 일정한 자격을 가지고 학생을 가르치는 사람이 아니라 대학에서 일정한 자격을 가지고 학생을 가르치는 사람을 이르는 말이다. 그리고 교원은 교수를 포함해 대학에

은 학자들, 즉 경험적인 논의에서 실천적인 가치판단을 포기해서는 **안
된다**고 믿는 학자들 가운데에서 가장 견딜 만한 것은 바로 가장 열정적
인 학자들이다(가령 트라이치케[3]가, 그리고 몸젠[4]도 나름의 방식으로 이 부류

서 학생을 가르치는 사람을 통틀어 이르는 말이다. 이렇게 보면 교사와 교원은 같은 의
미로 볼 수 있고, 교수는 강사 등과 구별되는 대학의 교사 또는 교원으로 해석할 수 있다.
사실 이 글에서는 이 세 단어를 호환되는 것으로 보아도 무방하다.

3 이는 독일의 역사학자이자 정치가이며 정치평론가인 하인리히 폰 트라이치케(1834~
96)를 가리킨다. 당시 독일에서 가장 유명하고 가장 많이 읽힌 역사학자이자 정치평론
가인 그의 열정적이고 수사학적으로 뛰어난 강의는 자주 초만원을 이루었고 대학 밖으
로부터도 청강생들이 모여들어 일종의 사회적 사건으로 간주되었으며, 또한 그의 사상
은 독일 제국 말기와 바이마르 공화국에서 독일의 정치와 행정을 각인한 학생들 세대에
게 커다란 영향을 끼쳤다. 트라이치케는 1871년부터 1878년까지 국민자유당 소속으로
그리고 1879년부터 1884년까지 무소속으로 제국의회 의원을 지내면서 비스마르크의
이념과 정책을 지원했다. 트라이치케에 따르면 국가는 민족의 다양한 사회적 삶의 내용
을 자신의 통일적인 형식에 담아내며, 바로 이러한 국가의 미적이고 선한 형식이 다양한
사회적 삶의 영역과 정신적이고 자유로운 민족의 삶의 함양을 가능케 한다. 지식사회학
적으로 보면, 트라이치케의 이론적 입장은 산업자본주의 및 계급사회의 발달과 더불어
서 부상하는 시민계층을 프로이센의 군주주의적인 관료국가의 주도 하에 있는 전통적인
귀족주의적 지배체제로 통합하고자 하는 그의 실천적-정치적 관심의 발로라고 할 수 있
다. 이는 무엇보다도 국가(형식)와 교회(내용)의 관계에 대한 트라이치케의 견해를 보면
어렵지 않게 짐작할 수 있다. 그는 주장하기를, 중세는 프로이센이라는 기사단국(騎士團
國)보다 더 위대한 정치적 현상을 알지 못했는데, 그 이유는 이 기사단 국가에서 교회는
국가의 일부분이었을 뿐 다른 모든 곳에서처럼 국가의 이웃이나 적이 아니었기 때문이
다. 트라이치케는 자신을 가장 영향력 있는 프로이센주의 전도사라고 간주했다. 이는 김
덕영, 『짐멜이냐 베버냐? 사회학 발달과정 비교연구』, 54쪽(주 19), 56~57쪽을 약간 수
정한 것임. 트라이치케의 사상에 대해서는 같은 책, 48쪽 이하, 특히 54쪽 이하를 볼 것.

4 이는 독일의 법학자, 역사학자, 비명학자(碑銘學者)이자 자타가 공인하는 19세기 로마
사 연구의 최고 권위자인 테오도어 몸젠(1817~1903)을 가리킨다. 몸젠은 베버의 대학
교수 자격취득논문인 『국가법 및 사법의 의미에서 본 로마 농업사』에 결정적인 영향을
끼쳤다. 그러나 몸젠은 ― 베버와 달리 ― 역사적 현상에 대한 이론적 논의를 거부하며
체계적인 문헌비평이라는 연구 방법에 의존했다. 그에 따르면 이론화가 불가능한 것이
역사과학의 근본적인 특징이며 과거의 문서를 정리하는 데에 역사과학의 주요한 임무가
있다 바로 이런 연유로 몸젠의 저작에서는 베버에 비교할 만한 또는 의식적인 방법적
성찰을 찾아볼 수 없다. 그리고 개념에 관한 한 몸젠은 원칙적으로 원전의 용어를 고수
했다. 그러면서 다른 한편으로는 엄밀한 정의나 비판적인 검토 없이 "융커", "시장", "민
중", "혁명" 등 다양한 근대적인 개념과 표현을 구사하고 있다. 이에 대한 대표적인 예

에 속한다). 왜냐하면 수강생들로서는 바로 이 한껏 고조된 감정의 강력한 힘을 보고서 적어도 교사의 가치판단의 주관성이 얼마나 그의 경험적인 사실규명을 왜곡하는가를 가늠할 수 있게 되며, 따라서 교사가 그의 정열로 인해 할 수 없었던 것을 수강생들 자신이 할 수 있게 되기 때문이다. 요컨대 강단에서의 실천적인 가치판단을 옹호하는 사람들이 청년들의 정신에 기꺼이 영향을 끼치고자 한다면, 그들은 — 나는 이렇게 가정한다 — 진정한 파토스를 통해 이 목표를 달성할 수 있는데, 그렇다고 해서 수강생들에게 상이한 영역들을 혼동하도록 그릇된 교육을 한다는 것은 아니다; 반면 이 그릇된 교육이 필연적으로 일어나게 되는 경우가 있는데, 그것은 한편으로는 경험적 사실의 규명과 다른 한편으로는 중대한 삶의 문제들에 대해 실천적인 입장을 정립하라고 권유하는 것, 이 두 가지가 똑같이 아무런 열정도 없이 차갑게 수강생들에게 전달되는 경우이다.

로는 그의 주저로 간주되는 『로마사』를 들 수 있다. 이 책은 1854년에 제1권, 1855년에 제2권, 1856년에 제3권이 출간되었는데, 이미 1868년에는 제5판이 나왔으며, 1903년 몸젠이 세상을 떠났을 때에는 제9판이 나올 정도로 성공적이었다(로마 제정이 주제인 제4권은 집필하지 않았으며, 제5권은 1885년에 출간되었다). 이 방대한 저작에서 몸젠은 초창기부터 기원전 46년 카이사르가 탑수스 전투에서 원로원파에 승리를 거둘 때까지의 로마사를 다루고 있다. 몸젠에게 카이사르는 로마 역사의 목표이자 절정이었으며, 또한 헤겔이 말하는 세계정신의 현현이었다. 로마는 이 창조적인 천재요 현실주의자이면서 이성적 인간에 의해 민주주의적 군주제에 도달했다. 자명한 일이지만 이런 식으로 역사를 서술하면 그 객관성에 대한 의구심이 생길 수밖에 없다. 실제로 몸젠은 1848년 혁명의 실패로 인한 좌절을 역사적 사건에 투사하고 있다. 로마는 프랑크푸르트 국민회의에서의 투쟁과 자유에 대한 독일 시민계층의 요구가 전개되는 장이 되었다. 그리하여 다양한 근대적 개념과 표현이 여과 없이 구사되고 있으며, 역사적 관점과 현재적 관점이 혼합되고 있다. 결론적으로 말해 몸젠은 자신의 주저 『로마사』에서 정치적 교육을 추구했으며, 이는 궁극적으로 과학성의 희생으로 이어졌다. 그러나 다른 한편 이 책은 바로 이러한 시의성 때문에 큰 반향을 불러일으킬 수 있었다. 이는 또한 노벨문학상을 수상하게 된 중요한 계기들 가운데 하나가 되기도 했다. 이는 김덕영, 『막스 베버: 통합과학적 인식의 패러다임을 찾아서』, 133쪽(주 18)과 139쪽을 약간 수정한 것임. 베버와 몸젠의 관계에 대해서는 같은 책, 128쪽 이하, 특히 134쪽 이하를 볼 것.

그리고 입장 (a)는 내가 보기에, 그리고 그 옹호자들 자신의 주관적인 관점에서 볼 때에, 다음과 같은 조건에서 그리고 오직 그런 조건에서만 받아들일 수 있다. 즉 **만약** 대학 교사가 모든 개별적인 경우에 수강생들에게 그리고 무엇보다도 **자기 자신에게** 자신의 강의에서 **무엇이** 순수하게 논리적으로 추론된 것이거나 또는 순수한 경험적 사실규명이며 **무엇이** 실천적인 가치판단인지를 가차 없이 밝히는 것을, 심지어 이로 인해 자신의 강의가 더욱더 무미건조해질 수 있다는 위험을 무릅쓰고라도 밝히는 것을 자신의 절대적인 의무로 간주한다면, 그 입장을 받아들일 수 있다. 내가 보기에 일단 두 영역의 이질성을 인정한다면, 이렇게 하는 것은 지적 성실성의 직접적인 명령이다; 이 경우에 그것은 요구되는 절대적 최소한이다. ─

전문적 교육과 강단 가치판단[5]

이에 반해 다음과 같은 문제, 즉 강단에서 **도대체** (상기한 유보조건 하에서도) 실천적으로 가치판단을 해야 하는지 말아야 하는지의 문제는 실제적인 대학정책의 문제이며, 따라서 궁극적으로는 각 개인이 **자신의** 가치판단에 근거하여 대학에 부여하고자 하는 과제에 따라서만 결정될 수 있는 것이다. 누군가는 대학이 그리고 이에 따라 그 자신도 대학 교사로서의 자신의 자격에 **의거하여** 오늘날에도 여전히 다음과 같은 보편적인 역할, 즉 인간을 형성하며, 정치적, 윤리적, 예술적, 문화적 또는 다른 신념을 전파하는 역할을 수행한다고 주장할 것이다. 그리고 다른 누군가는 다음과 같은 사실을 (그리고 그 결과를), 즉 오늘날 대학 강의실은 단지 **전문적인** 자격을 갖춘 사람들에 의한 **전문적인** 훈련을 통해서만 진정으로 가치 있는 영향력을 행사할 수 있으며, 따라서 "지적 성실성"이야말로,

---

5 여기에서 "강단 가치판단"은 "강단에서의 가치판단"이라고 읽으면 된다.

학생들에게 심어줘야 하는 유일하고도 특수한 덕목이라는 사실을 (그리고 그 결과를) 인정해야 한다고 믿을 것이다. 자명한 일이지만, 이 둘은 강단에서의 실천적인 가치판단이라는 문제에 대해 서로 다른 입장을 취할 것이다. 우리는 아주 다양한 궁극적 관점에서 전자의 입장을 지지할 수도 있고 후자의 입장을 지지할 수도 있다. 특히 후자의 입장은 (나는 개인적으로 이 입장을 받아들인다) "전문적" 교육이 가지는 의의에 대한 매우 과도한 평가에서뿐만 아니라 그 정반대로 아주 조심스러운 평가에서도 도출될 수 있다. 예컨대 누군가 그러한 입장을 취하는 것은, 그가 모든 인간이, 내면적인 의미에서, 가능한 한 순수한 "전문인"이 되기를 바라지 않기 때문일 수 있다. 그 정반대로 한 인간이 자신의 삶과 관련하여 자율적으로 내려야 하는 궁극적이고 지극히 개인적인 결단이 전문적 훈련과 ― 이 훈련이 젊은이들의 일반적인 사고훈련에 대해서뿐만 아니라 간접적으로는 그들의 자기규율과 도덕적 태도에 대해서도 가지는 의의가 얼마나 높이 평가되든 상관없이 ― 같은 냄비에서 뒤섞여버리지 **않기를** 그리고 강단에서 교사가 암시하는 것 때문에 수강생들이 그와 같은 삶의 문제를 자신의 양심에 따라 해결하지 못하게 되는 일이 **없기를** 원하기 때문에 그러한 입장을 취할 수 있다.

폰 슈몰러 교수가 강단 가치판단에 대해 가지는 호의적인 선입견은, 내 개인적으로는 그와 그의 동료들이 협력하여 그 형성에 기여한 한 위대한 시대의 반향으로 충분히 이해할 수 있는 일이다.[6] 그러나 내가 보

---

6 여기에서 말하는 폰 슈몰러는 독일 역사학파 경제학의 거두인 구스타프 폰 슈몰러 (1838~1917)를 가리킨다. 독일 역사학파 경제학은 일반적으로 제1세대, 제2세대, 제3세대로 구분된다. 그 창시자인 빌헬름 로셔(1817~94)를 비롯해 브루노 힐데브란트 (1812~78)와 카를 크니스(1821~98)가 제1세대를, 구스타프 폰 슈몰러, 루요 브렌타노(1844~1931) 및 아돌프 바그너(1835~1917)가 제2세대를, 그리고 베르너 좀바르트 (1863~1941), 막스 베버와 그의 동생인 알프레트 베버(1868~1958)가 제3세대를 대표하는 학자로 꼽힌다. 제1세대는 1843년에 나온 로셔의 『역사적 방법에 입각한 국가경제 강의 개요』를 필두로 대략 1840년대와 1850년대에 본격적인 활동을 시작한 세대

기에 심지어 그 자신도 간과할 수 없는 사실이 있으니, 그것은 우선 젊은 세대가 처한 순전히 실제적인 상황이 한 가지 중요한 점에서 크게 달라 졌다는 것이다.[7] 40년 전에는 우리 과학분야의 학자들 사이에 다음과 같은 믿음, 즉 실천적-정치적 가치판단의 영역에서는 여러 가능한 입장들 가운데 궁극적으로는 단 하나만이 **윤리적으로** 옳을 수밖에 없다는 믿음

이다. 또한 제2세대는 대략 30년 후인 1870년대에 사회과학의 무대에 등장한다. 그리고 제3세대의 활동 시기는 대략 1890년대부터 시작된다. 그러나 아직은 주로 이론적-역사적 연구와 논의의 단계에 머물러 있던 로셔와 힐데브란트 그리고 크니스의 세대는 단순히 독일 역사학파 경제학의 선구적인 세대 또는 초기 세대로 간주하면서, 이론적-역사적 연구와 논의의 차원 이외에도 — 또는 바로 이에 근거하면서 — 본격적으로 사회정책이라는 실천의 차원을 추구하게 되는 슈몰러, 브렌타노 및 바그너 등을 제1세대로, 그리고 그다음 세대인 좀바르트와 베버 형제 등을 제2세대로 분류하기도 한다. 아무튼 제2세대 독일 역사학파 경제학의 중심에 서 있던 인물이 다름 아닌 폰 슈몰러이다. 그는 대학(강의와 연구), 학회, 정치, 저널(의 편집) 및 논쟁을 통해 — 그의 동료들과 더불어 — 한 시대를 결정적으로 각인했다(이에 대해서는 이 책의 뒷부분에 나오는 "인명목록"을 볼 것). 여기에서 특히 언급할 만한 것은 사회정책학회이다. 이 학회는 1872년에 창립되었는데, 슈몰러는 이 과정에서 주도적인 역할을 했고 1890년부터 1917년까지 오랜 기간 회장으로 있으면서 학회에 절대적인 영향력을 행사했다. 사회정책학회의 구성원은 경제학자 및 사회과학자, 정치가, 행정관료, 기업가, 언론인 등으로 다양했지만, 이들은 모두 사회과학과 사회정책의 결합을 지향했다. 사회정책학회의 연구와 논의 대상은 사회문제에 그리고 그 중심은 노동자문제에 있었으며, 사회개혁이라는 실천적 목표를 추구했다. 이 학회의 창립 회원들과 구성원들은 경쟁과 영리추구가 점차로 확대되고 격화됨에 따라 점점 더 심화되는 자본과 노동의 갈등과 투쟁은 기존의 사회체제를 위협하기에 이르렀고, 이에 따라 시급하게 국가와 사회에 평화로운 개혁의 필요성과 과제 그리고 방향 및 수단을 제시해야 한다는 견해를 공유하고 있었다. 사회정책학회는 구체적으로 사회정책과 밀접한 관련이 있는 주제나 문제에 대한 사회과학적 조사와 분석을 바탕으로 사회정책이나 경제정책을 담당하거나 이와 관련된 정치와 행정 그리고 여론에 영향을 미침으로써 사회과학과 사회정책의 결합이라는 이념과 목표를 실현하고자 했다. 이렇게 해서 사회정책학회는 1936년에 해체될 때까지 반세기 동안 독일의 사회정책에 절대적인 영향력을 행사했다. 이는 김덕영, 『논쟁의 역사를 통해 본 사회학: 자연과학·정신과학 논쟁에서 하버마스·루만 논쟁까지』, 85~86, 104, 161, 163쪽을 약간 수정한 것임.

7 이 문장에 나오는 "젊은 세대"는 바로 앞의 주 8에서 언급한 베르너 좀바르트, 막스 베버와 알프레트 베버를 위시한 독일 역사학파 경제학의 제3세대를 가리킨다고 보면 될 것이다.

이 널리 퍼져 있었다(물론 슈몰러 자신은 항상 매우 제한적으로만 그렇게 생각했다).[8] 그러나 오늘날에는 특히 강단 가치판단을 추종하는 사람들 사이에서, 쉽게 확인할 수 있는 바와 같이, 더 이상 그러한 믿음을 찾아볼 수 없다. 이들은 오늘날 더 이상 (상대적으로) 소박한 정의의 요청에 기반하는 윤리적 요구의 이름으로 강단 가치판단의 정당성을 주장하지 않는데, 이 정의의 요청은 그 궁극적 근거 제시의 방식에서나 그 결과에서나 (상대적으로) 단순했거나 단순한 것으로 보였으며, 또한 명백하고도 독특하게 **초개인적인**, 따라서 특히 (상대적으로) 비개인적인 성격을 가졌거나 또는 가진 것으로 보였다. 그 대신에 (불가피한 발전의 결과로) "문화적 가치판단들" ─ 이것들은 실제로는 문화에 대한 주관적인 **요구들**을 뜻한다 ─ 의 다채로운 꽃다발의 이름으로, 또는 아주 대놓고 말하자면, 이른바 교사의 "인격권"의 이름으로 강단 가치판단의 정당성을 주장한다. 그건 그렇고 내가 보기에 갖가지 예언 가운데에서도 방금 언급한 의미에서 "개인적" 색채를 띠는 **교수-예언**이야말로 도저히 참을 수 없는 단 하나의 예언이다. 누군가는 이 입장에 대해 격노할 것이지만, 그렇다고 해서 ─ 거기에도 하나의 "실천적 가치판단"이 내포되어 있기 때문에 ─ 그것을 논박할 수는 없을 것이다. 실로 다음은 유례가 없는 상황이다: 국가로부터 공증을 받은 수많은 예언자들이 길거리나 교회나 또는 대중이 모이는 다른 어떤 장소에서, 아니면 ─ 만약 사적인 차원이라면 ─ 자신이 개인적으로 선택한, 그리고 내외적으로 신앙집회라고 천

---

8 이는 슈몰러가 윤리적 가치판단을 보편타당한 법칙에 근거하는 것이 아니라 경험과학적 인식에 근거하는 것으로 간주한다는 사실을 가리킨다. 그는 「민족경제, 경제학 및 그 방법」, 494쪽에서 말하기를, "윤리적 가치판단은 역사적으로 행위와 사회적 제도의 의의와 결과에 대한 성숙한 인식을 통해 발전한다: 윤리적 가치판단은 모든 인과관계에 대한 증가하는 경험적 인식에서 생겨난다: 기술적, 위생적, 경제적, 사회적-정치적 경험은 개인심리적 경험과 마찬가지로 끊임없이 도덕적 인식에 기여하며 이를 통해 선한 것이 승리하는 데에 그리고 점점 더 세련되고 점점 더 새로운 관계에 적응하는 가치판단의 지배력이 증가하는 데에 기여한다".

명한 신앙집회에서 설교를 하는 것이 아니라, 국가로부터 특권을 부여받은 강의실의 이른바 객관적이고, 통제할 수 없고, 토론도 없으며, 따라서 일체의 반론으로부터 주도면밀하게 차단된 정숙한 분위기 속에서 "과학의 이름 하에" 세계관의 문제들에 대해 방향제시적이고 권위적인 결정을 내리는 주제넘은 짓을 하고 있다. 슈몰러는 오래전 어떤 기회에 강의실에서 일어나는 일은 공개적인 논의에서 배제되어야 한다는 원칙을 강력히 내세운 적이 있다. 물론 이 원칙은 때때로, 심지어 경험과학의 영역에서도, 일정한 부정적인 결과를 초래할 수 있다는 견해도 가능하다. 그러나 일반적으로는 다음과 같이 생각하며, 나 또한 그렇다: "강의"는 "강연"과 다른 무엇이어야 **하고**, 강의에서 진술되는 내용의 불편부당한 엄밀성, 객관성 및 냉철성이 여론의 — 예컨대 언론의 — 간섭에 의해 손상될 수 있으며, 이는 교육적 목적을 해칠 수 있다. 그러나 이러한 무통제의 특권은 어떤 경우에도 교수의 순수하게 **전문적인** 자격의 영역에만 적합한 것으로 보인다. 이에 반해 개인적 예언에 대해서는 전문자격이란 있을 수 없으며, 따라서 그러한 특권도 있을 수 없다. 그리고 개인적 예언자는 특히 다음과 같이 해서는 안 된다. 즉 학생이 출세를 위해 특정한 강의를 들으며, 따라서 그 강의를 담당하는 교사와 관계를 맺을 수밖에 없는 **불가피한 상황**을 빌미로 그 학생에게 거기에 필요한 해석력과 사고력을 일깨우고 훈련하며 지식을 전달하는 일 이외에 그 어떤 반론에도 부딪히지 않은 채 — 때로는 확실히 매우 흥미로운 (그러나 종종 아주 하찮기도 한) — 교사 자신의 이른바 "세계관"을 심어주는 데 악용해서는 안 된다.

다른 모든 사람들에게와 마찬가지로 교수에게는 자신의 실천적 이상을 선전할 수 있는 다른 기회들이 주어져 있다. 만약 그렇지 않다면, 그 스스로가 쉽게 적합한 형태의 기회를 만들어낼 수 있다: 이에 대한 모든 진지한 노력이 성공한다는 것을 우리는 경험을 통해서 잘 알고 있다. 그러나 교수는 **교수로서** 자신의 책가방에 정치가의 (또는 문화개혁가의) 원수(元帥) 지휘봉을 넣어 다니는 것처럼 행동해서는 안 된다 — 만약 그가 자신이 강단에서 차지하는 요지부동의 지위를 정치적 또는 문화정책적 사안에 대한 자신의 감정을 표현하는 데 이용한다면, 그는 실제로 그렇게 행동하는 것이다. 그는 언론매체, 집회, 단체, 에세이, 간단히 말해 다른 모든 시민들도 접근할 수 있는 모든 형태의 기회를 통해 자신의 신 또는 악마가 자신에게 명령하는 바를 해도 좋다 (그리고 해야 한다). 그러나 오늘날 학생이 **강의실**에서 그의 교사로부터 배워야 하는 것은 무엇보다도 다음과 같은 것이다: (1) 주어진 과제를 소박하게 완수하는 것에 만족할 수 있는 능력; (2) 사실을, 개인적으로 불편한 사실도 그리고 특히 이러한 사실을, 일단 인정하고 그것에 대한 규명을 그것에 대한 주관적 입장과 구별할 수 있는 능력; (3) 자기 자신이 아니라 객관적인 과업을 앞세우며, 따라서 무엇보다도 자신의 개인적 취향이나 그 밖의 다른 느낌을 적절치 않은 때에 드러내 보이려는 욕구를 억제할 수 있는 능력. 내가 보기에 오늘날 이것은 40년 전과는 비교할 수 없을 만큼 절실한 것인데, 그 시기에는 사실상 이 문제가 이러한 형태로 존재하지 않았다. 지금까지 "인격"은 다음과 같은 의미에서, 즉 만약 어떠한 상황에서든 알아볼 수 없게 된다면 말하자면 상실될 것이라는 의미에서 하나의 "통일체"이고 또 그래야만 한다고 주장되어왔는데, 실상 이 주장은 전혀 **옳지 않다**. 모든 **직업적** 과제에서 각각의 **사안**은 그 자체로 권리를 가지며 자신의 내재적인 법칙에 따라 처리되어야 한다. 모든 직업적 과제에서 이를 수행하는 사람은 자기제한을 해야 하며 엄격히 **사안**에 속하지 않는 모든 것, 특히 자신의 호오를 배제해야 한다. 그리고 강력한 인격은 어떠한 상황에서도 우선 그 자신의 고유하고 전적으로 "개인적인 색채"를 추구하는 태도에 의해 표명된다는 주장은 **옳지 않다**. 오히려 바람직한 것은, 특히 현재 성장하고 있는 세대가 무엇보다도 다시금 다음과 같은 생각에 익숙해지는 것이다. 즉 "인격이 된다"는 것은 의도적으로 욕구할 수 있는 어떤 것이 아니며, 그것이 (아마도!) 될 수 있는 유일한 길은 거리낌 없이 하나의 "이상"에 헌신하는 것이라는 생각이 그것인데, 여기에서 개별적인 경우에 이 이상이 그리고 그로부터 도출되는 "일상의 요구"[9]가 무엇인가는 전혀 문제가 되지 않는다. 전문적인 사안에 대한 객관적인 논의에 개인적인 용건을 뒤섞는 것은 원칙에 맞지 않는 일이다. 그리고 만약 우리가 "직업"에서 요구되는 독특한 형태의 자기제한을 이행하지 않는다면, 직업은 그것이 오늘날에도 여전히 갖고 있는 진정으로 유효한의미를 상실하고 말 것이다.[10] 작금에 왕좌, 관청, 또는 강단을 무대로 하

9　이는 괴테의 교양소설 『빌헬름 마이스터의 편력시대』(1821), 167쪽에서 따온 것이다.
　　거기에서 괴테는 말하기를, "어떻게 자기 자신을 알 수 있을까? 관찰을 통해서는 결코
　　안 되고, 아마도 행위를 통해서나 가능할 것이다. 네 의무를 행하도록 애써라. 그러면
　　너에게 무엇이 문제인지 곧 알게 될 것이다. ―그런데 너의 의무는 무엇인가? 일상의
　　요구가 바로 그것이다". 이 작품은 괴테가 58세이던 1807년에 집필을 시작해 72세 때
　　인 1821년에 완성해 출간한 것으로서, 원래 제목은 『빌헬름 마이스터의 편력시대 혹은
　　체념하는 사람들』이다. 그리고 80세이던 1829년에 제2판이 나왔는데, 사실상 이때 작
　　품이 완성된 것으로 보는 것이 타당하다. 왜냐하면 거의 20개 장(章)이 새롭게 들어갔
　　기 때문이다. 이렇게 보면 이 소설은 괴테의 거의 마지막 작품에 속한다.
10　베버는 자기제한을 강조하는데, 이는 구체적으로 개인이 자신의 직업에 헌신하는 것을
　　가리킨다. 베버에 따르면 직업과 자기제한, 또는 자기제한으로서의 직업 그리고 인격
　　은 합리화되고 탈주술화된 세계에서 과학자, 예술가, 정치가 그리고 경제인의, 아니 근
　　대인의 삶과 행위를 규정하는 특징이자 그 삶과 행위를 구성하는 본질적인 요소이다.
　　직업, 자기제한, 인격 ― 이것은 근대세계의 문화적-윤리적 토대이다. 자기제한은 달
　　리 말하면 체념이다. 여기에서 말하는 체념이란 행위 그 자체를 포기하는 것이 아니라
　　온갖 가능한 삶과 체험을 통해 완전하고 아름다운 인간성과 인격을 추구하려는 태도
　　를 포기하고 자신에게 주어진 직업적 과제에 자신을 제한하는 것을 뜻한다. 요컨대 체
　　념은 체념 어린 행위 또는 자기제한적 행위이며 체념하는 사람의 삶과 인격은 일면적
　　이다. 이 점에서 베버는 괴테와 상당한 유사점을 보여준다. 방금 앞의 주 9에서 언급한
　　『빌헬름 마이스터의 편력시대』 이외에 『파우스트』도 자기제한과 체념 어린 행위를 문
　　학적으로 형상화하고 있다. 괴테의 얼굴과도 같은 『파우스트』는 일찍이 그가 24세 되
　　던 해인 1773년에 처음으로 쓰기 시작해 82세 되던 1831년에 완성된 대작이다. 그가
　　세상을 떠난 것은 다음 해인 1832년이다. 그러니까 이 작품은 세계적인 대문호가 거의
　　평생에 걸쳐 이룩한 위대한 문학작품인 것이다(제2부는 1032년 미 라으로 출간되었고,
　　제1부는 59세 되던 해인 1808년에 출간되었다). 이 작품에서 파우스트는 악마 메피스
　　토펠레스에게 영혼을 판 대가로 그의 힘을 빌려 24년 동안 신에 비견될 강력한 힘을 갖
　　고 우주의 신비를 탐구하며 온갖 향락을 누린다. 그러나 만년의 파우스트는 그 파우스

여 유행처럼 성행하고 있는 인격숭배는 외적으로 보면 거의 언제나 효과적으로 작용하지만 그 가장 내면적인 의미에서 보면 어디서나 한결같이 하찮게 작용하며, 또한 어디서나 직업적 과제에 해를 끼친다. 그런데 나는 다음을 특별히 말하지 않아도 되기를 바란다: **이런** 식으로, 즉 단지 "인격적"이라는 이유만으로 이루어지는 인격숭배는 강단 가치판단과 관련하여 우리와 입장을 달리하며, 따라서 우리가 여기에서 논박하는 사람들과 전혀 무관하다는 점은 특별히 말하지 않아도 되기를 바란다. 그들 중 일부는 강단의 과제를 다른 관점에서 보고 있으며, 다른 일부는 다른 교육적 이상을 가지고 있는데, 나는 이 이상을 존중하기는 하지만 공유하지는 않는다. 그러나 우리는 그들이 지향하는 것을 숙고해야 할 뿐만 아니라 그들이 자신들의 권위에 힘입어 정당화하는 것이 그렇잖아도 불가피하게 강한 자기 과대평가 성향을 지니고 있는 한 세대에게 어떻

트적 인간성, 즉 끊임없이 새로운 체험과 자극 및 지식을 추구하는 것을 체념하는 인간이 된다. 그는 마침내 이것이 얼마나 무절제하고 무모한 것인가를 깨닫게 되었고, 이 자기인식이 자기제한으로 이어진 것이다. 자기제한은 곧 자기해방이다. 이제 파우스트는 목적합리적인 행위와 생산적이고 유용한 노동에 헌신하고자 한다. 다시 말해 황제로부터 받은 황무지를 개간해 공동체적 삶에 기여하고자 한다. 베버는 『프로테스탄티즘의 윤리와 자본주의 정신』(1904~05)의 마지막 부분에서 다음과 같이 『빌헬름 마이스터의 편력시대』와 『파우스트』를 인용하고 있다: "근대적 직업노동이 일종의 **금욕주의적** 특성을 갖고 있다는 생각도 결코 새로운 것이 아니다. 인간의 삶을 전문 노동에 한정하는 것 그리고 그 결과로 다방면에 걸친 삶을 살려는 파우스트적 인간성을 포기하는 것은 오늘날의 세계에서 가치 있는 행위를 위한 일반적인 전제조건이 되며, 따라서 '행위'와 '체념'은 오늘날 불가피하게 서로를 조건짓고 제약한다. 시민계층적 생활양식의 이러한 금욕주의적 기조 —이 생활양식이 무(無)양식이 아니라 어떻게든 양식이 되기를 원한다면 그러한 기조를 가질 수밖에 없었는데— 는 이미 **괴테**도 그 삶의 지혜가 절정에 이른 시기에 소설 『빌헬름 마이스터의 편력시대』를 통해 그리고 희곡의 주인공 파우스트의 삶의 마지막 단계에 대한 묘사를 통해 우리에게 가르치고자 했던 것이다. 괴테에게 이러한 인식은 완전하고 아름다운 인간성의 시대로부터 체념 어린 작별을 고하는 것을 의미했다. 고대 아테네의 전성기가 되풀이될 수 없듯이, 그러한 시대 역시 우리의 문화발전 과정에서 되풀이될 수 없을 것이다"(364~65쪽). 이는 김덕영, 『막스 베버: 통합과학적 인식의 패러다임을 찾아서』, 685쪽 이하를 요약·정리한 것임.

게 **영향을 끼칠지도** 숙고해야 한다.[11]

　마지막으로 다음과 같은 사실은 특별히 언급할 필요가 없을 것이다. 즉 (정치적) 강단 가치판단의 많은 자칭 **반대자들**이 강의실 **밖에서** 완전히 공개적으로 진행되는 문화정책적 및 사회정책적 논의의 신용을 떨어뜨릴 목적으로 "가치판단"[12]의 배제라는 원칙을 내세우는 것은 (게다가 그들은 자주 이 원칙을 심히 오해하고 있다) 완전히 정당성을 결여한다는 사실은 특별히 언급할 필요가 없을 것이다. 이처럼 겉으로만 그럴싸하게 가치자유적이고 편향적인 부류가 의심할 여지 없이 존재한다는, 그리고 이 부류가 우리 분야의 경우에는 강력한 이익집단들의 끈질기고 목적의식이 뚜렷한 편듦에 의해 지지된다는 사실을 고려하면, 다른 누구도 아닌 내적으로 독립적인 학자들 가운데 상당수가 현재 강단 가치판단을 고수한다는 사실을 확실히 이해할 수 있다; 그들은 단지 외견상의 "가치자유"라는 흉내 내기에 동참하기에는 자존심이 너무 강하다. 내 개인적인 생각으로는, 그럼에도 불구하고 (내가 보기에) 올바른 것이 행해져야 하며, 또한 학자의 실천적 가치판단은, 그가 이것을 강의실 밖에서의 적합한 기회에서만 대변한다면, 그리고 특히 그가 강의실에서는 엄격하게 "자신의 직분에 합당한 것"만을 수행한다는 사실이 우리에게 알려진다면, 그 무게가 증가할 것이다. 그런데 이 모든 것 자체는 다름 아닌 실천적 가치판단의 문제이고, 따라서 명확하게 해결될 수 없다.

　아무튼 만약 우리가 **원칙적으로** 강단 가치판단의 권리를 요구한다면, 이는 내가 보기에 **모든** 당파적 가치판단이 강단에서 관철될 수 있는 기회가 보장되어야만 비로소 일관성을 띨 수 있을 것이다.[13] 그러나 우리

11　이 문장은 「사회정책학회 위원회에서의 가치판단 논의를 위한 소견서」에서는 다음과 같이 좀 다르다: "그러나 나는 그들이 **지향하는** 것이 아니라, 그들이 기신들의 권위에 힘입어 정당화하는 것이 불가피하게 자기과대평가 성향을 지니고 있는 한 세대에게 어떻게 **영향을 끼칠지를** 숙고할 것을 청하는 바이다." 이 책의 139쪽을 볼 것.

12　베버는 여기에서 'Wertung'이 아니라 'Werturteil'이라는 단어를 사용하고 있다.

나라의 경우에 강단 가치판단의 권리를 강조하는 사람들은, 모든 경향이 (생각할 수 있는 "가장 극단적인" 경향까지도 포함하여) 동등하게 대변되어야 한다는 원칙과 정반대되는 것을 옹호하는 것이 일반적이다. 예컨대 슈몰러는 "마르크스주의자들과 맨체스터주의자들[14]"은 대학교수직을 가질 자격이 없다고 선언했는데,[15] 이는 그의 개인적인 입장에서 보면 당연히 일관된 것이었다 — 그렇다고 해서 그런 그가 바로 이 두 진영의 학자들이 이룩한 **과학적** 업적을 무시하는 부당한 짓을 한 것은 결코 아니다. 그러나 바로 이 점에서 나는 개인적으로 우리의 존경하는 대가에 결코 동조할 수 없었다. 확실한 것은, 강단 가치판단의 허용을 요구하면서 동시에 — 이로부터 실천적 결론을 도출해야 하는 경우 — 대학은 "국가에 충실한" 관료들을 교육하는 국립기관이라고 주장할 수는 없는 것이다. 이러한 입장을 따른다면 대학은 "직업전문학교"가 되는 것이 아니라 (많은 대학 교원들에게 이것은 대학의 지위를 크게 격하하는 것으로 보인다) 신학교가, 그러나 신학교가 지니는 종교적 품위는 결여한 신학교가 될 것이다. 그런데 순수한 "논리적" 근거에서 일정한 제한을 가하려

---

13 [원주] 이를 위해서는 다음과 같은 네덜란드 원칙을 적용하는 것으로는 결코 충분하지 않다: 심지어 신학부도 신앙고백의 강제로부터 해방시키는 것, 재원이 확보되고 교수 채용을 위한 자격 규정을 준수한다는 조건 하에서의 대학 설립의 자유, 그리고 민간인이 교수직을 창설하고 그 후보자를 추천할 수 있는 권리. 왜냐하면 이것은 돈을 가진 사람들과 어차피 권력을 가진 권위적인 조직들에게만 특전을 베푸는 체제이기 때문이다: 잘 알려진 대로 단지 성직자 집단들만이 이러한 체제를 이용했다.

14 맨체스터주의자들은 맨체스터 자유주의의 추종자들을 가리키는데, 후자는 19세기에 맨체스터를 중심으로 전개된 정치적, 경제적 및 사회적 운동으로 애덤 스미스와 데이비드 리카도의 고전경제학에 기반하면서 자유무역을 추구했다. 맨체스터주의자들은 자유무역이 보다 공정한 사회를 실현할 수 있으며, 따라서 경제상의 모든 법적 규제와 제한을 철폐해야 한다고 주장했다. 이렇게 보면 맨체스터주의자들은 급진적인 자유방임주의자들이라고 할 수 있다.

15 예컨대 슈몰러는 주장하기를, "오늘날 엄격한 스미스주의자도 엄격한 마르크스주의자도 완전한 가치를 인정해달라고 요구할 수 없다". 슈몰러, 「국가과학 및 사회과학 영역에서 변화하는 이론들과 확고한 진리들 그리고 오늘날의 독일 경제학」, 341쪽.

는 시도가 있었다. 우리의 가장 탁월한 법학자들 가운데 한 사람은 어떤 기회에, 한편으로 자신은 사회주의자들을 강단에서 배제하는 것에 **반대한다**고 분명히 말하면서도 다른 한편으로 그 자신 역시 최소한 "무정부주의자"는 법학 교사로 받아들일 수 없다고 천명했으며, 그 근거로 무정부주의자는 법의 타당성 자체를 부정한다는 사실을 제시했다[16] —— 그는 이 논리가 결정적인 설득력을 갖는다고 생각했음이 분명하다. 그러나 나는 정반대의 견해이다. 무정부주의자도 확실히 법에 정통할 수 있다. 그리고 만약 그가 법에 정통한다면, 그가 자신의 주관적인[17] 신념으로 인해 갖게 되는 (이 신념이 진정한 것이라면) 그리고 우리에게는 아주 자명한 관습과 전제의 **바깥에** 존재하는 이른바 아르키메데스의 점[18]은, 그로 하여금 통상적인 법학의 기본 사상들에 내포되어 있지만 이 기본 사상들이 너무나도 자명한 것으로 보이는 모든 사람이 간과할 수밖에 없는 문제점을 인식할 수 있도록 한다. 왜냐하면 가장 극단적인 회의는 인식의 아버지이기 때문이다. 법학자는 그 존재가 "법"의 존속과 결부되어 있는 문화적 재화들의 가치를 "증명하는" 책임을 갖지 않는데, 이는 의사가 생명의 연장은 어떤 상황에서도 추구할 만한 가치가 있음을 "입증하는" 책임을 갖지 않는 것과 마찬가지이다. 게다가 법학자와 의사는 자신들의

---

16 독일의 보수적인 형법학자인 아돌프 바흐(1843~1926)는 1909년 10월 12일부터 13일까지 라이프치히에서 개최된 제3회 독일 대학교원대회에서, 대학교수 자격(venia legendi)은 종교적 또는 정치적 신념과 무관하게 수여해야 하지만 무정부주의자는 법학 교사가 되어서는 안 된다는 견해를 피력했다(바흐, 『테제』, 9쪽).

17 원문에는 이 단어가 "객관적인"으로 되어 있다. 그러나 "객관적인 신념"이라는 표현은 무언가 어색하고 비논리적이다. 『막스 베버 전집』 제I/12권, 455쪽에는 "주관적인"으로 되어 있고, 이 책에서도 이를 따랐음을 일러둔다.

18 아르키메데스의 점은 아주 긴 지렛대와 이것이 놓일 움직이지 않는 한 점만 주어진다면 지구를 들어올릴 수 있다는 아르키메데스의 말에서 유래하는 것으로, 모든 것을 움직이게 하는 움직이지 않는 확실하고 근본적인 토대를 의미한다. 그런데 지구를 움직일 수 있는 지렛대의 받침점은 지구 바깥에 존재할 수밖에 없고 지렛대를 내리누르는 힘은 그보다 훨씬 먼 곳에 위치해야 한다. 다시 말해 변화의 원인은 외부로부터 온다는 것이다.

수단으로 결코 그렇게 할 수 없다. 그러나 만약 우리가 강단을 실천적 가치논의의 장으로 만들고자 한다면, 특히 가장 원칙적인 기본 문제들이 모든 관점에서 아무런 제약 없이 논의될 수 있는 자유를 보장하는 것이 당연한 의무일 것이다. 과연 이것이 가능할까? 오늘날 독일 대학의 강단에서는 정치적 상황의 특성으로 인해 다름 아닌 가장 결정적이고 중요한 실천적-정치적 가치문제들이 **배제되어** 있다. 누구든 국가의 이해관계를 그것의 **모든** 구체적인 제도들 위에 설정하게 되면, 예컨대 다음을 결정적으로 중요한 문제로 간주하게 된다: 독일 군주의 위상에 대한 오늘날의 지배적인 견해는 국가의 국제정치적 이해관계 및 이 이해관계를 실현하는 수단인 전쟁 및 외교와 양립할 수 있는가? 다음과 같은 사람들이, 즉 오늘날 이러한 가능성을 부정하며, 따라서 근본적인 변화가 일어나지 않는 한 상기한 두 영역에서의 지속적인 성공을 기대할 수 없다고 생각하는 사람들이 반드시 가장 저급한 애국자가 아니며 또한 결코 반군주주의자도 아니다. 그러나 국가의 이 중대한 문제들이 독일 대학의 강단에서는 완전히 자유롭게 토론될 수 없다는 사실은 누구나 잘 알고 있다.[19] 내가 보기에, 다음과 같은 사실, 즉 다름 아닌 실천적-정치적으로 가장 결정적인 가치판단의 문제들이 강단에서의 자유로운 논의로부터 지속적으로 배제되어 있다는 사실을 고려할 때, 과학을 대변하는 사람들의 품위에 유일하게 부합하는 태도는, 심지어 우리가 그들로 하여금 다루도록 아주 호의적으로 허용한 가치문제들에 대해서조차도 **침묵을 지키는 것**이다. ─

그런데 어떠한 경우에도 다음의 두 가지가 서로 뒤섞여서는 안 된다: 한편으로는 **강의**에서 실천적인 가치판단을 해도 좋은지, 할 수밖에 없

---

19 [원주] 이러한 현상은 독일에만 특유한 것이 아니다. 거의 모든 나라에서, 공공연한 형태로든 은폐된 형태로든 실제적인 제한이 존재한다. 다만 이렇게 해서 논의로부터 배제된 가치문제의 성격이 서로 다를 뿐이다.

는지 또는 해야 하는지라는 — 가치판단에 기반하는 따라서 해결될 수 없는 — 문제와, 다른 한편으로는 사회학과 경제학 같은 경험적 과학분야들에서 가치판단이 수행하는 역할에 대한 순수하게 **논리적인** 논의는 어떠한 경우에도 서로 뒤섞여서는 안 된다. 만약 이 둘이 서로 뒤섞인다면, 본래 논리적 영역에 속하는 사안에 대한 공평무사한 논의가 해를 입게 될 것이다. 그리고 이 논리적 사안에 대한 해결은 그 자체로 상기한 문제[20]에 대해 그 어떤 지침도 제공할 수 없다; 그것이 제공할 수 있는 것은 단지 논리적인 측면에서의 지침, 즉 교원은 명료해야 하고 이질적인 문제영역들을 분명하게 구별해야 한다는 것뿐이다.

내가 여기에서 논의하지 않고자 하는 또 한 가지 점은, 경험적 사실규명과 실천적 가치판단을 분리하는 것이 "어려운지" 하는 문제이다. 그것은 어렵다. 사실 우리 모두는, 즉 이름을 내걸고 이 둘의 분리에 대한 요구를 지지하는 사람들이나 그렇지 않은 사람들이나 모두는, 계속해서 그 요구를 위반한다. 그러나 적어도 이른바 **윤리적** 경제학의 추종자들은, 도덕법칙 역시 실현될 수 없지만 그럼에도 불구하고 "의무"로 간주된다는 사실을 알아야 할 것이다. 그리고 우리의 양심을 검토해보면, 아마도 다음과 같은 사실이 드러날 것이다. 즉 경험적 사실규명과 실천적 가치판단의 분리라는 요청을 이행하기가 어려운 주된 이유는 우리가 가치판단이라는 매우 흥미로운 영역에 들어서는 것을 **포기하기**를 꺼리며, 특히 가치판단이 매우 자극적인 "개인적 색채"를 띠는 경우에는 더욱더 꺼리기 때문이라는 사실이 드러날 것이다. 대학 교원이라면 누구나 당연히 관찰할 수 있는 현상이 있으니, 그것은 그가 개인적인 신념을 "고백하기" 시작하면 학생들의 얼굴이 밝아지고 그들의 표정이 긴장되며, 또

---

20 이 "상기한 문제"는 이 단락의 앞부분에 나오는 "**강의**에서 실천적인 가치판단을 해도 좋은지, 할 수밖에 없는지 또는 해야 하는지라는 — 가치판단에 기반하는 따라서 해결될 수 없는 — 문제"를 가리킨다.

한 그가 이렇게 할 것이라는 기대로 인해 수강생의 숫자가 크게 늘어난다는 것이다. 게다가 누구나 잘 알고 있는 바와 같이, 학생 수를 둘러싼 대학들 간의 경쟁으로 인해 제아무리 하찮은 예언자라 할지라도 강의실만 가득 채운다면 교수 채용 시 그보다 학술적으로 훨씬 더 탁월하며 강의에서 **자신의 본분을 다하는** 다른 후보들보다 유리한 지위를 차지하는 일이 자주 있다 — 물론 그의 예언이 정치적인 측면이나 관습적인 측면에서 그때그때 정상적인 것으로 간주되는 가치판단을 너무 벗어나지 않는다는 조건 하에서 그렇다. 단지 물질적 이해관계자들을 대변하는 **사이비** 가치자유적 예언자만이 그보다 더 좋은 기회를 갖는데, 그 이유는 이 이해관계자들이 정치적 권력에 영향력을 행사하기 때문이다. 내가 보기에 이 모든 것은 바람직하지 않으며, 따라서 다음과 같은 주장, 즉 실천적 가치판단의 배제에 대한 요구는 "편협한" 것이며 강의를 "지루하게" 만들 것이라는 주장은 다루지 않겠다. 그리고 대학 교원이 무엇보다도 경험적 전문 영역에 대한 강의가 "재미있도록" 노력해야 하는지는 논외로 하겠지만, 나로서는 대학 교원의 너무 흥미로운 인간적 색채가 풍기는 매력으로 인해 학생들이 장기적으로 볼 때 소박하고 객관적인 작업에 대한 취향을 상실할까 봐 걱정된다.

　나는 여기에서 다음도 마찬가지로 논의하지 않고자 하지만, 그래도 분명히 짚고 넘어가고자 한다: 우리는 다름 아닌 모든 실천적 가치판단의 근절이라는 **미명** 하에 "사실이 말하도록 한다"라는 잘 알려진 도식에 따라 매우 강력한 암시적 방법으로 실천적 가치판단을 불러일으킬 수 있다. 우리의 의회나 선거 유세에서는 바로 이 수사적 수단을 이용하여 연설의 질을 높이는 사람들을 볼 수 있는데 — 이는 그들의 목적에 비추어볼 때 아주 정당한 일이다. 그러나 만약 이 수단이 강단에서 이용된다면, 그것은 사실규명과 실천적 가치판단의 분리의 요구라는 관점에서 볼 때 모든 악용 중에서도 가장 개탄스러운 악용이 될 것임은 두말할 나위가 없다. 그리고 어떤 계명이 준수되지 않지만 그럼에도 불구하고 마치 정말로 준수되는 것처럼 보일 수 있다고 해서 이 계명 자체를 비판할 수 있는 것은 아니다. 그 계명은 다음과 같다: **만약** 교사가 실천적 가치판단을 포기해서는 안 된다고 믿는다면, 그것 자체를 학생들에게 **그리고 자기 자신에게** 절대적으로 **명백하게** 밝혀야 한다.

마지막으로 아주 단호하게 배척되어야 할 것은 다음과 같이 드물지 않게 접하는 생각이다: 과학적 "객관성"에 이르는 길은 다양한 가치판단을 서로 저울질하고 이것들 사이에서 "정치가적인" 타협점을 찾아내는 데에 있다는 생각이 그것이다. "중도 노선"은 "가장 극단적인" 가치판단과 **마찬가지로** 경험적 과학분야들의 수단으로는 그 옳고 그름을 증명할수 없다. 게다가 **가치판단**의 영역에서는 중도 노선이야말로 **규범적으로** 가장 불명료한 것이다. 그것은 강단에 속하는 것이 아니라 ─ 정치적 프로그램, 관청 및 의회에 속하는 것이다. 과학은, 그것이 규범적인 것이든 경험적인 것이든 상관없이, 정치적 행위자들과 투쟁하는 정당들에게 줄 수 있는 **단 하나의** 귀중한 도움은 다음과 같이 말하는 것이다: (1) 이 실천적 문제에 대해서는 이런저런 여러 가지 가능한 "궁극적인" 입장들을 **생각할 수 있다**; (2) 그대들이 이 입장들 사이에서 선택을 할 경우 고려해야 할 사실은 이러저러하다. ─ 이로써 우리는 우리의 "본론"에 도달했다.

"가치판단"의 개념; 순수한 논리적 또는 경험적 인식과 가치판단은 이질적인 문제영역들로서 원칙적으로 구별된다; "목적"과 "수단"의 비판

"가치판단"[1]이라는 말에 대해서는 엄청난 오해가 있어왔으며 무엇보다도 용어상의, 따라서 완전히 비생산적인 논쟁이 있어왔는데, 이는 분명히 문제 해결에 아무런 기여도 하지 못한다. 이미 서두에서 언급한 바와 같이, 다음에는 이론의 여지가 없다. 즉 우리의 과학분야들에서 가치판단에 대한 논의가 이루어질 때 문제가 되는 것은 사회적 사실을 윤리적 또는 문화적 관점이나 또는 다른 어떤 근거에서 실제적으로 바람직하다고 또는 바람직하지 않다고 내리는 **실천적인** 평가임에는 이론의 여지가 없다. 이에 대해 말한 모든 것에도 불구하고,[2] 다음과 같은 견해가

---

1 베버는 여기에서 'Wertung'이 아니라 'Werturteil'이라는 단어를 사용하고 있다.

매우 진지하게 "반론"으로 제기되어왔다 —— 과학은 (1) 논리적이고 객관적으로 판단할 때 **올바르다**는 의미에서 "가치 있는" 결과를 얻기를 원하고, (2) 과학적 관점에서 볼 때 **중요하다**는 의미에서 "가치 있는" 결과를 얻기를 원하며, 더 나아가 소재의 선택 그 자체가 이미 "가치판단"을 내포한다는 견해가 그것이다. 이와 마찬가지로 거의 납득할 수 없을 정도로 심각한 오해가 지속적으로 일어나고 있으니, 그것은 경험과학이 인간의 "주관적" 가치판단을 **대상**으로 다룰 수 없다고 생각하는 것이다(이에 반해 사회학은, 그리고 경제학에서는 한계효용이론 전체가 그 정반대의 전제에 근거하고 있다[3]). 그러나 우리는 단지 다음과 같이 지극히 평범한 것을 요구할 뿐이다. 즉 연구하고 서술하는 사람은 한편으로 경험적 사실(여

2   [원주] 나는 내가 이전에 『사회과학 및 사회정책 저널』, 제19권에서 말한 것, 그리고 더 나아가 제22권과 제24권에서 말한 것에 준거할 수밖에 없다*(이 글들에서 때때로 세부적인 논의의 정확성이 떨어지는 일이 충분히 있을 수 있지만, 이로부터 그 어떤 문제의 핵심도 영향을 받지 않을 것이다). 그리고 한 중요한 문제영역에서의 일정한 궁극적 가치판단들의 "중재 불가능성"에 대해서는 특히 구스타프 라트브루흐의 『법학 개론』(제2판, 1913)을 참조하도록 권하는 바이다. 나는 몇몇 점에서 그와 견해를 달리하지만, 이는 여기에서 논의되는 문제에는 전혀 중요하지 않다.
    [옮긴이 주] * 여기에서 말하는바 베버가 『사회과학 및 사회정책 저널』, 제19권과 제22권, 제24권에서 논의한 것은 각각 「사회과학적 및 사회정책적 인식의 "객관성"」(제19권, 1904), 「문화과학적 논리 영역에서의 비판적 연구」(제22권, 1906), 「루돌프 슈탐러의 유물론적 역사관 "극복"」(제24권, 1907)을 가리킨다.
3   예컨대 한계효용학파, 즉 오스트리아 이론경제학파의 창시자인 카를 맹거(1840~1921)는 이 학파의 '출생신고서'라고 할 수 있는 『경제학 원리』(1871)에서 주관주의적 가치론을 제시한다. 그는 같은 책, 85쪽에서 주장하기를, "재화의 가치는 [……] 자의적인 것이 아니라 언제나 다음과 같은 인간 인식의 필연적인 결과이다. 즉 자신의 삶, 자신의 복지 또는 제아무리 작을지라도 그 일부분을 유지하는 것이 어떤 재화나 어떤 양의 재화를 사용하는 데에 달려 있다고 인식하는 것의 필연적인 결과이다". 그리고 한계효용학파에 따르면 —— 베버는 1908년에 나온 논문 「한계효용이론과 "정신물리학적 기본법칙"」, 551쪽에서 말하기를 ——, 개인들은 "자신들이 가용할 수 있는 또는 획득할 수 있는, 양적으로 제한된 '재화'와 '노동력'을 자신들이 **의의**를 부여하는 현재와 예측할 수 있는 미래의 개별적인 '욕구'들에 분배한다". 베버는 이 논문에서 한계효용학파와 이 학파의 주관적 가치론에 대한 자세한 논의를 전개하고 있는데, 이것은 2021년 말경에 출간될 예정인 막스 베버 선집 제3권 『이해사회학』에 번역되어 실릴 것이다.

기에는 그가 자신의 연구 대상이 되는 경험적 인간들에게서 관찰하는 "가치판단적" 행위도 포함된다)의 규명과 다른 한편으로 **자신의** 실천적 가치판단의 입장, 즉 경험적 사실(만약 경험적 인간들의 "가치판단"이 그의 연구 대상이 된다면, 그것도 여기에 속한다)을 바람직하거나 바람직하지 않은 것으로 **판단하는**, 이런 의미에서 "평가하는" 입장을 절대적으로 **구별할** 것을 요구할 뿐이다 ── 왜냐하면 이 둘은 어차피 이질적인 문제들이기 때문이다. 어떤 저술가는 다른 점에서는 탁월한 한 논고에서, 연구자는 자기 자신의 가치판단도 "사실"로 받아들이고 그로부터 결론을 도출할 수 있다고 말한다.[4] 그가 의미하는 바는 이론의 여지가 없이 옳은 반면 그가 선택한 표현은 오해의 소지가 있다. 물론 사람들은 어떤 토론에 앞서서 한 특정한 실천적 조치에 대해 합의를 볼 수 있다: 가령 군대증강에 소요되는 비용은 오직 부유층만이 지불하도록 하는 것이 토론의 "전제조건"이 되어야 하며, 단지 이를 실행하는 **수단**만이 논의의 대상이 되어야 한다는 데에 합의를 볼 수 있다. 이것은 많은 경우에 매우 합목적적이다. 그러나 우리는 이렇게 공동으로 전제된 실천적 의도를 "선험적으로 확정된 목적"이라고 부르지, "사실"이라고 부르지 않는다. 그리고 "수단"에 대해 토론해보면, 이 두 가지는 용어상으로뿐만 아니라 실제적으로도 서로 다르다는 사실이 곧바로 드러날 것이다 ── 물론 토론의 여지 없이 "전제된 목적"이 가령 지금 이 자리에서 여송연에 불을 붙이는 것만큼이나 구체적이라면 사정은 달라질 것이다. 그러나 만약 이렇게 구체적이라면 심지어 수단에 대해서도 토론할 필요가 좀처럼 없을 것이다. 이에 반해 보다 일반적으로 표현된 의도가 문제가 되는 거의 **모든** 경우에, 예컨대 우리가 방금 예로 선택한 경우에, 우리는 수단에 대한 논의에서 각 개인들이 표면상 명백한 것으로 보이는 목적을 서로 완전히 다르게 이해한다는 사실을 경험하게 될 것이다; 그뿐만이 아니라, 그리고 **특히, 동일**

───────────

4 이 저술가가 누구인지 그리고 그의 논고가 무엇인지 확인할 수 없다.

한 목적이 매우 다양한 궁극적 근거들에서 추구되며 이는 수단에 대한 토론에 영향을 끼친다는 사실을 확인하게 될 것이다. 그러나 이 문제는 여기에서 제쳐두기로 하자. 사실상 지금까지 그 누구도 다음을 반박할 생각을 하지 않았다 — 즉 사람들은 공동으로 추구되는 어떤 특정한 목적에서 출발할 **수 있고** 따라서 단지 이 목적을 달성하기 위한 수단에 대해서만 토론할 **수 있으며**, 또한 이것은 순수하게 경험적으로 해결할 수 있는 토론이 될 **수 있다**는 사실이 바로 그것이다. 그러나 우리의 논의 전체는 다름 아닌 목적의 선택을 (분명하게 주어진 목적을 위한 "수단"의 선택이 아니라) 둘러싸고, 다시 말해 각 개인들이 근거로 삼는 가치판단이 어떤 의미에서 "사실"로 받아들여지지 **않고** 과학적 **비판**의 대상이 될 수 있는가를 둘러싸고 전개된다. 만약 이것을 명심하지 않는다면, 이 문제와 더 이상 씨름해봤자 아무런 쓸모도 없을 것이다. —

실천적 명령과 경험적 사실규명의 타당성 영역은 이질적이다

우리는 여기에서 다음은 일절 논의하지 않기로 한다: 실천적 가치판단, 특히 윤리적 가치판단은 **규범적** 품위를 갖는다고 주장할 수 있는지, 따라서 가령 예로 제시된 바 있는 질문, 즉 갈색 머리의 여인보다 금발의 여인을 선호해야 하는가 하는 질문이나 또는 이와 유사한 주관적 취향 판단과는 다른 성격을 갖는가 하는 문제는 일절 논의하지 않기로 한다.[5] 이것들은 가치철학의 문제이지 경험과학적 방법론의 문제가 아니다. 후자의 문제에 대해 유일하게 중요한 점은 다음과 같다: 한편으로 규범으

---

5 이 문장에 나오는 갈색머리 여인과 금발 여인의 예는 베르너 좀바르트가 1909년 9월 29일 오스트리아의 수도 빈에서 벌어진 사회정책학회의 가치판단 논쟁에서 제시한 것이다. 거기에서 그는 다음과 같이 말했다: "우리는 금발의 여인이 더 아름다운지 또는 갈색머리의 여인이 더 아름다운지 **과학적으로 증명**할 수 없으며, 또한 그런 한 이에 대해서 논의할 수도 없다." 좀바르트, 「토론회에서의 발언」, 572쪽.

로서의 실천적 명령이 가지는 타당성과 다른 한편으로 경험적 사실규명이 가지는 진리타당성은 전혀 이질적인 차원의 문제에 속하며, 또한 만약 우리가 이것을 오인하고 이 두 영역을 억지로 결합하려고 시도한다면 그 둘 **각각의** 특수한 품위가 손상될 것이라는 점이다. 내가 보기에 특히 폰 **슈몰러** 교수가 이러한 오류를 심하게 범했다.[6] 나는 우리의 대가를 존경해 마지않으며, 바로 이 때문에 내가 그와 견해를 달리한다고 생각하는 점들을 그냥 지나칠 수가 없다.

나는 우선 다음과 같은 주장에 대해 반론을 제기하고자 하는바, 그 주장이란 "가치자유"의 추종자들은 예컨대 윤리는 필연적으로 "주관적인" 성격만을 갖는다고 생각하며, 이에 대한 증거로 구체적인 경우에 통용되는 가치판단적 입장이 역사적으로 그리고 개인에 따라 달라진다는 단순한 사실을 제시한다는 것이다. 경험적인 사실규명도 매우 큰 논쟁의 대상이 되는 경우가 자주 있다.[7] 가령 (특히 전문가들 사이에서) 어떤 훼손된 비문의 해석을 둘러싸고 벌어지는 문제에 대해서보다 누군가를 악당으로 간주해야 할지의 여부에 대해서 훨씬 더 큰 일반적인 합의가 가능한 경우가 자주 있다. 슈몰러는 실천적 가치판단의 주요 사안들에 대해 모든 신앙고백[8]과 인간들 사이에 관습적인 합의가 증대된다고 가정하는

---

6 [원주] 그는 『국가과학 사전』(제3판, 제8권, 426~501쪽)에 실린 "경제학"에 대한 그의 논문에서 그랬다.*
   [옮긴이 주]* 이는 1911년에 나온 「민족경제, 경제학 및 그 방법」이다. 베버는 「사회정책학회 위원회에서의 가치판단 논의를 위한 소견서」(1913)에서는 다음과 같이 말하고 있다: "나는 개인적으로 특히 폰 **슈몰러** 교수가 나를 상당히 심하게 오해했다고 생각한다"(『국가과학 사전』, 최근판에 실린 "경제학"에 대한 그의 논문에서). 이 책의 151쪽을 볼 것. 그리고 슈몰러가 베버에 대해 어떻게 생각하고 있는가는 아래의 주 11을 볼 것.

7 이 문장에 나오는 "경험적인 사실규명도" 바로 다음에 "주관적인 성격을 갖는 것과 마찬가지로"를 첨가해서 읽으면 의미하는 바가 보다 명확해질 것이다.

8 이는 단순한 교파나 분파를 가리키는 개념이 아니라 기독교의 모든 종교적 집단, 즉 가톨릭과 프로테스탄티즘을, 그리고 후자를 구성하는 다양한 교파와 분파, 예컨대 루터파 교회, 개혁교회, 감리교, 침례교, 재세례파 등을 아우르는 개념이다. 이에 대한 자세한 내용은 베버, 『프로테스탄티즘의 윤리와 자본주의 정신』, 45~46쪽(주 1)을 볼 것.

데, 이는 내가 받는 인상과는 극단적인 대조를 이룬다. 그러나 내가 보기에 이것은 우리의 논의 주제에 대해 아무런 의미도 갖지 않는다. 어떠한 경우에도 논박되어야 하는 것은 다음과 같이 생각하는 것이다: 만약 일정한 실천적 입장들이, 이것들이 제아무리 넓게 퍼져 있을지라도, 방금 언급한 바와 같이 어떻게든 관습적으로 실제적이고 자명한 것으로 받아들여진다면 과학은 안심해도 된다고 생각하는 것이다. 내가 보기에 과학의 독특한 기능은 그와 정반대로, 관습상 자명한 것을 **문제삼는** 것이다. 바로 이것이 슈몰러와 그의 동료들이 이전에 했던 것이다. 더 나아가 우리는 일정한 윤리적 또는 종교적 확신의 **실제적인** 존재가 경제적 삶에 끼치는 **인과적인** 영향을 연구하고 경우에 따라서 이 영향을 높이 평가할 수 있지만, 이로부터 다음과 같은 결론, 즉 아마도 인과적으로 매우 큰 영향력을 행사했을 그 확신을 바로 이 영향력 때문에 **공유해야** 한다거나 또는 적어도 "가치 있는 것"으로 간주해야 한다는 결론이 나오는 것은 결코 아니다; 이는 역으로 우리가 어떤 윤리적 또는 종교적 현상의 높은 가치를 인정할 수 있지만, 그렇다고 해서 이 현상의 실현이 야기했거나 또는 야기할 수 있는 이례적인 결과에도 그 현상과 동일한 긍정적인 가치를 부여할 수 있는 것이 결코 아님과 마찬가지이다. 이러한 문제들은 경험적인 사실의 규명을 통해서는 절대로 해결할 수 없으며, 단지 각 개인들이 자기 자신의 종교적 또는 다른 실천적 가치판단에 따라 그것들을 매우 다양하게 판단할 수밖에 없다. 이 모든 것은 전혀 논쟁의 대상이 되지 않는다. 이에 반해 나는 다음과 같은 견해를 단호히 거부하는 바, 그 견해란 윤리적인 것에 대한 어떤 "현실주의적" 과학, 다시 말해 어떤 인간집단 내에서 그때그때 지배적인 윤리적 확신이 이 집단의 여타 삶의 조건들에 의해 실제적으로 받은 영향과 역으로 그 윤리적 확신이 이 삶의 조건들에 끼친 영향을 제시하는 과학 그 자체가 언젠가는 **당위적으로** 타당한 것에 대해 무엇인가를 진술할 수 있는 "윤리"를 창출한다는 것이다. 이는 가령 중국인들의 천문학적 관념을 "현실주의적으로" 서술하는 것이 — 다시 말해 그들이 어떤 실천적인 동기에서 그리고 어떻게 천문학을 발전시켰는지, 어떤 결과를 얻었으며 왜 그런 결과를 얻었는지를 제시하는 것이 — 언젠가는 이 중국 천문학의 올바름을 증명한다는 목적을 가질 수 없는 것과 마찬가지이다. 그리고 마찬가지로 로마의 농업 측량기사들이나 피렌체의 은행가들이 (후자는 심지어 아주 큰 재산을 상속분할할 때에도) 사용한 방법이 빈번히 삼각법이나 구구법과 일치하지 않는 결과를 산출했다는 사실이 확인된다고 해서 삼각법과 구구법의 타당성이 논란의 대상이 될 수는 없다. 우리가 한 특정한 가치판단적 입장을 그 개인적, 사회적, 역사적 규정성이라는 관점에서 경험적-심리학적으로 그리고 역사적으로 연구함으로써 얻을 수 있는 것은 언제나 단 한 가지, 그 가치판단적 입장을 **이해하면서 설명하는 것**뿐이다. 이것은 결코 사소한 성과가 아니다. 그것은 우선 실제로 또는 외견상 달리 생각하는 사람에게 더 쉽게 "대처할 수" 있다는 개인적인 (과학적이 아닌) 부수효과 때문에 바람직한 것이다. 그리고 더 나아가 과학적으로도 다음과 같이 두 가지 측면에서 지극히 중요하다: (1) 인간 행위에 대한 경험적이고 인과적인 고찰을 목적으로 하는 경우에 이 행위의 **진정한** 궁극적 **동기**를 알아낼 수 있다; (2) 자신과 (실제로 또는 외견상) 다르게 가치판단을 하는 사람과 논의를 하는 경우에 자신과 상대방의 진정한 가치판단적 입장이 무엇인가를 밝혀낼 수 있다.[9] 그리고 바로 이것이 **가치논**

---

9 이 문장과 그 앞의 문장 그리고 앞의 앞 문장에 대해서는 약간의 설명이 필요할 듯하다. 여기에서 "이해하면서 설명하는 것"은 "verstehend erklären"이라는 독일어를 축어적으로 옮긴 것이다. 이는 "이해하고 설명한다"(verstehen und erklären)는 뜻이다. 베버는 자신의 이해사회학이 개념적-이론적 측면에서 완성된 형태로 제시된 「사회학의 기본개념」(1920)에서 다음과 같이 사회학을 정의하고 있다: "사회학이란 사회적 행위를 해석적으로 이해하며, 이에 근거해 그 과정과 결과 속에서 인과적으로 설명하는 과학이다." 베버, 『경제와 사회』, 1쪽 사실 이 정의는 사회학뿐만 아니라 행위과학인 문화과학 일반에 적용된다. 다시 말해 사회적 행위를 인간 행위로 바꾸면 "문화과학이란 인간 행위를 해석적으로 이해하고 이에 근거하여 인과적으로 설명하는 과학"이라는 명제를 얻을 수 있다. 그렇다면 이해는 무엇이고 설명은 무엇인가? 베버는 이해를 현전적 이해와

의가 갖는 진정한 의미이다. 다시 말해 상대방이 (또는 자기 자신이) 진정으로 생각하는 바가 무엇인지를, 그러니까 두 당사자에게 외견상으로가 아니라 진정으로 중요한 가치가 무엇인지를 파악하고 이를 통해 비로소 이 가치에 대해 입장을 정립할 수 있도록 하는 것이 그 진정한 의미이다. 그러므로 경험적 논구는 "가치자유적"이어야 한다는 입장에서 볼 때 가치판단에 대한 논의는 비생산적이거나 심지어 무의미한 것이 아니라, 오히려 가치판단에 대한 논의가 갖는 의미를 인식하는 것이야말로 모든 유용한 경험적 논구의 전제조건이 된다. 모든 유용한 경험적 논구는 원칙적으로 그리고 화해할 수 없이 상호간에 **배치되는** 궁극적 가치판단들의 가능성에 대한 이해를 기본적으로 전제한다. 그러나 "모든 것을 이해하는 것"이 "모든 것을 용서하는 것"[10]을 의미하지 않듯이, 다른 사람의 입장을 이해한다는 단순한 사실 자체가 그것의 수용으로 이어지는 것은

동기이해로 구분한다. 현전적 이해란 관찰을 통해서 행위를 직접적으로 파악하는 것을 가리킨다. 예컨대 우리는 어떤 사람이 나무를 베는 것을 보면 그 행위를 곧바로 이해할 수 있다. 그러나 우리는 왜 그가 나무를 베는지 알지 못한다. 그는 돈을 벌기 위해서, 또는 땔감을 마련하기 위해서, 또는 기분 전환을 위해서, 또는 체력 단련을 위해서, 또는 이 가운데 몇 가지를 위해서 아니면 전부를 위해서 나무를 베는 행위를 할 수 있다. 다시 말해 우리는 단순히 나무를 베는 행위를 넘어서 그 행위의 근거를 파악해야 한다. 오늘날의 개념으로 표현하자면, 관찰자 관점에서 참여자 관점으로 넘어가야 한다. 바로 이것이 동기이해이다. 동기이해는 달리 설명적 이해라고 하는데, 이는 내적인 동기를 이해함으로써 외적인 행위를 인과적으로 설명하기 때문이다. 이는 김덕영, 『막스 베버: 통합과학적 인식의 패러다임을 찾아서』, 479쪽을 약간 수정한 것임. 베버가 본문에서 말하는 다음과 같은 문장은 바로 이 인과적 설명과 동기의 관계를 가리키는 것이다: "인간 행위에 대한 경험적이고 인과적인 고찰을 목적으로 하는 경우에 이 행위의 **진정한** 궁극적 **동기**를 알아낼 수 있다." 아무튼 "이해하면서 설명하는 것"은 행위를 이해하고 설명하는 것이 된다. 그리고 이 설명은 죽은 자연에 대한 자연과학적 설명이 아니라 이해에 근거하는 설명, 즉 이해적 설명이다. 결국 이해하면서 설명하는 것은 행위를 이해하고 이에 근거하여 설명하는 것이 된다.

10 이는 프랑스의 여성 문학가이자 정치사상가인 안 루이즈 제르멘 드 스탈(1766~1817)에서 연원하는 관용구 "Tout comprendre c'est tout pardonner"(모든 것을 이해하는 것은 모든 것을 용서하는 것이다)를 인용한 것이다.

아니다. 오히려 이러한 이해는 적어도 다른 사람의 입장을 수용하는 것으로 이어지는 것만큼이나 쉽게, 그리고 많은 경우에 그렇게 되는 것보다 훨씬 더 개연적으로, 무엇 때문에 그리고 무엇에 대해서 합의가 이루어질 수 **없는가**에 대한 인식으로 이어진다. 그러나 이러한 인식이야말로 진리의 인식**이다**; 그리고 "가치판단 논의"는 바로 **거기에** 기여한다. 이에 반해 우리가 이러한 방식을 통해서는 결코 획득할 수 없는 것이 있으니, 그것은 어떤 규범적 윤리 또는 일반적으로 말해 어떤 "명령"의 구속력이다 ── 왜냐하면 이것은 정반대의 방향에 있기 때문이다. 누구나 잘 알고 있듯이, 가치판단에 대한 논의는 그와 같은 목표의 달성을 오히려 어렵게 만드는데, 그 이유는 이 논의가, 적어도 외견상, 가치판단들을 "상대화하는" 결과를 가져오기 때문이다. 물론 그렇다고 해서 가치판단에 대한 논의를 회피해야 한다는 것은 아니다. 오히려 그 정반대이다: 만약 어떤 "윤리적" 확신이 그와 배치되는 가치판단들에 대한 심리학적 "이해"에 의해 제거된다면, 그것은 과학적 인식에 의해 파괴되는 종교적 신념 ── 이 또한 때때로 일어나는 일이다 ── 정도밖에 **가치**를 갖지 못한다. 마지막으로 슈몰러는 경험적 과학분야들의 "가치자유"를 옹호하는 사람들이 단지 "형식적인" 윤리적 진리만을 (그는 이 개념을 『실천이성비판』의 의미에서 사용하고 있음이 분명하다) 인정할 수 있을 뿐이라고 가정하는데,[11] 이에 대해 ── 비록 반드시 우리의 과제에 속하는 문제는 아니

---

11 슈몰러는 경험과학의 가치자유를 옹호하는 입장을 "윤리적 순수주의"라고 비판하면서, 막스 베버를 그 전형적인 예로 꼽는다. 그는 「민족경제, 경제학 및 그 방법」, 497쪽에서 다음과 같이 베버가 「사회과학적 및 사회정책적 인식의 "객관성"」에서 한 말을 인용한다: "역사의식이 깨어나면서 우리 과학에서는 윤리적 진화주의와 역사적 상대주의의 결합이 지배적인 경향이 되었다. 이러한 경향의 경제학자들은 윤리적 규범으로부터 형식적 성격을 제거하고 모든 문화가치를 윤리적인 것의 영역으로 끌어들임으로써 이 영역을 내용적으로 규정지으려고 했으며 이를 통해 경제학에 경험적 토대에 근거하는 윤리적 과학의 품위를 부여하고자 했다. 그들은 가능한 문화적 이상들 모두에 윤리적인 것이라는 소인을 찍음으로써 이 이상들의 객관적 타당성을 증진하는 데에는 아무런 기여도 하지 못한 채 단지 윤리적 명령들의 특유한 품위만 증발시켰을 뿐이다." 베버에

지만 — 약간 논의할 필요가 있을 것이다.

따르면 — 슈몰러는 계속해서 인용하기를 — 실무자들은 "하나의 특수한 경제적 세계관으로부터 가치판단을 창출하고 또 창출해야 한다"는 생각을 갖고 있다[베버, 『문화과학 및 사회과학의 논리와 방법론』, 242~43쪽; 슈몰러는 베버 원문에 있는 강조와 문장부호를 생략했다]. 이어서 슈몰러는 다음과 같이 말하고 있다: "여기에서 막스 베버가 주로 나를 염두에 두고 있는지, 나는 알 수가 없다. 만약 그렇다면, 내가 보기에 그는 나를 근본적으로 오해한 것이다. / 당연히 나에게 윤리학은 경제학과 마찬가지로 현실주의적인 과학이다. 나는 막스 베버가 여기에서 유일하게 정당한 것으로 설정하는 선험적이고 순수하게 형식적인 윤리학은 잘못된 것이라고 생각하며, 따라서 오늘날의 대다수 철학자들과 견해를 같이한다. 나는 존 스튜어트 밀에서 오늘날까지의 많은 경제학들처럼 경제학을 윤리적 과학이라고 불렀다; 애덤 스미스도 경제학을 도덕철학의 일부분으로 간주했다; 그렇게 한 대부분의 학자들은 윤리학과 경제학을 뒤섞으려고 하지도 않았고 경제학에 보다 높은 품위를 부여하려고 하지도 않았으며 모든 가능한 문화이상을 경제학에 통합하려고는 더더욱 하지 않았다. 특히 하나의 특수한 경제적 세계관으로부터 가치판단을 창출하는 것은 나와 거리가 멀었다; 그 정반대로 나는 다만 경제적 행위가 선과 악의 피안에 존재한다고 인정하지 않고자 했을 뿐이다. 그 밖에도 막스 베버는 인간의 가슴을 움직이는 최상의 것, 즉 도덕적 이상들의 세계는 '기술적-경제적인 것'에 개입해서는 안 된다고 주장하는데, 이는 내가 따를 수 없는 윤리적 순수주의이다. 그리고 여하튼 우리의 과학분야는 비단 기술적-경제적인 것뿐만 아니라 경제적 사회구조와도, 따라서 도덕적 및 법적 문제와도 관계가 있다. 우리의 과학은 적어도 기술적-경제적인 것과 윤리적인 것의 경계 영역에 존재한다. 만약 막스 베버 자신이 경제적인 것과 윤리적인 것의 아주 밀접한 관계를 깊이 통찰하지 못했더라면, 프로테스탄티즘의 윤리와 자본주의에 대한 그의 탁월한 논문을 쓰지 못했을 것이다"(같은 곳).
그리고 칸트의 윤리학은 형식적 윤리학으로 불리는데 — 또는 형식주의적 윤리학이라고 비판을 받는데 —, 이는 그의 윤리학적 주저로 간주되는 『실천이성비판』을 보면 확연하게 드러난다. 예컨대 그는 169쪽(정리 III)에서 다음과 같이 말하고 있다: "만약 어떤 이성적 존재가 자신의 준칙을 실천적인 보편법칙으로 생각해야 한다면, 그는 이것을 질료의 측면에서가 아니라 단지 형식적인 측면에서 의지의 규정근거를 포함하는 원리로만 생각할 수 있다." 또한 171쪽(과제 I)에서는 "단지 준칙의 순수한 법칙부여적 형식만이 의지의 충분한 규정근거라고 전제하고, 바로 이 규정근거에 의해서만 결정될 수 있는 의지의 성질을 밝혀내는" 과제에 대해 말하고 있다. 그리고 172쪽(과제 II)에서 — 한 가지 예만 더 들자면 — 말하기를, "자유의지는 법칙의 **질료**에 독립적이지만 그럼에도 불구하고 법칙에서 규정근거를 찾아야 한다. 그러나 법칙에는 질료를 빼고 나면 법칙부여적 형식밖에 포함된 것이 없다. 그러므로 법칙부여적 형식은 그것이 준칙에 포함되어 있는 한 의지의 규정근거를 이룰 수 있는 유일한 것이다"(번역을 약간 수정했음을 일러둔다).

윤리적 규범과 문화가치; 윤리의 "한계"

우선 슈몰러는 윤리적 명령을 "문화가치"와 —그것도 최상의 "문화가치"와 —동일시하는데, 이러한 견해는 받아들일 수 없다. 왜냐하면 모든 윤리와 불가피하고 중재할 수 없는 갈등 관계에 있는 문화가치를 "의무"로 간주하는 입장이 있을 수 있기 때문이다. 그리고 역으로 아무런 내적 모순 없이 모든 문화가치를 거부하는 윤리도 가능하다. 아무튼 이 두 가지 가치영역은 동일한 것이 아니다. 마찬가지로 가령 칸트의 윤리학에서 볼 수 있는 "형식적" 명제들은 그 어떤 **내용적** 지침도 포함하지 않는다고 생각하는 것은 심각한 (그러나 널리 퍼진) 오해이다. 물론 다음과 같은 사실로 인해 규범적 윤리의 가능성이 의문시되는 것은 아닌바, 그 사실이란 한편으로는 규범적 윤리가 자체적으로 그 어떤 명료한 지침도 줄 수 없는 **실천적** 성격의 문제들이 존재한다는 것이며 (내 생각으로는 특정한 제도적, 따라서 특히 "사회**정책적**" 문제들이 매우 독특한 방식으로 여기에 속한다), 다른 한편으로는 더 나아가 윤리는 세상에서 "타당성을 갖는" 유일한 것이 아니라 그 밖에도 다른 가치영역들이 존재하며 이 가치들은 상황에 따라서는 윤리적 "죄과"를 감수할 때에만 실현될 수 있다는 것이다. 특히 정치적 행위의 영역이 이에 속한다. 내가 보기에 정치적 행위의 영역이 윤리적인 것과 갖는 긴장 관계를 부인하려고 하는 것은 나약한 태도가 아닐 수 없다. 그러나 통상적으로 "사적" 도덕과 "정치적" 도덕이 대비되기 때문에 받을 수 있는 인상과 달리, 윤리적인 것과 긴장 관계를 갖는 것은 비단 정치적 행위의 영역에만 특유한 것이 아니다. — 이제 윤리가 갖는 이러한 "한계들" 중 몇 가지를 검토하기로 한다.

그 어떤 윤리에 의해서도 명백하게 결정될 수 없는 문제들 중에는 "정의"의 요청[12]으로부터 도출될 수 있는 결론들과 관련된 문제가 있다. 예

---

12 이 단어는 "요긴하게 부탁한다"는 일상적 의미가 아니라 "공리처럼 자명하지는 않으나

컨대 — 아마도 이것이 슈몰러가 이전에 표명했던 견해에 가장 근접할 것이다 — 많은 것을 성취하는 사람에게는 많은 것을 주어야 하는지, 또는 역으로 많은 것을 성취할 수 있는 사람에게는 많은 것을 요구해야 하는지라는 문제가 있다; 다시 말해 예컨대 정의의 이름으로 (왜냐하면 여기에서 다른 관점들은 — 가령 필요한 "자극"의 관점은 — 배제되어야 하기 때문이다) 큰 재능에 대해서는 큰 기회를 제공해야 하는지, 또는 역으로 (바뵈프[13]가 주장한 것처럼) 정신적 능력의 불평등한 분배라는 부정의(不正義)를 다음과 같은 일이 일어나지 않도록 철저하게 대비함으로써 시정해야 하는지, 즉 재능을 소유한 사람들은 그 자체만으로도 이미 행복감을 얻고 영예감을 누릴 수 있는데 거기에 머물지 않고 더 나아가 자신들에게 주어진 그 더 좋은 기회를 세상에서 자신들을 위해 이용하는 일이 일어나지 않도록 철저하게 대비함으로써 시정해야 하는지라는 문제가 있다 — 이것은 "윤리적" 전제들을 근거로 해서는 해결될 수 없다. 그러나 대부분의 사회정책적 현안들의 **윤리적** 문제점은 바로 이러한 유형에 속한다. —

윤리와 다른 가치영역들의 긴장

그런데 개인적 행위의 영역에서도 윤리가 그 자체적인 전제조건으로부터 해결할 수 없는 아주 특별한 윤리적 근본문제들이 존재한다. 여기에는 무엇보다도 다음과 같은 근본적인 질문이 속한다: 윤리적 행위의 고유가치는 — 이것은 일반적으로 "순수의지" 또는 "신념"으로 표현된

증명이 불가능하며 과학적 논의의 원리 또는 기본 전제가 되는 것"이라는 의미로 쓰이고 있다. 여기서는 "원칙"으로 읽으면 된다.

13 프랑수아-노엘 바뵈프(1760~97)는 프랑스대혁명 시기에 급진적인 평등주의 또는 평등공산주의 사상을 전개했다(보다 자세한 내용은 이 책의 뒷부분에 나오는 "인명목록"을 볼 것).

다—그 자체만으로 이 행위를 정당화하는 데에 충분한지, 그러니까 기독교 윤리학자들이 정식화한 준칙, 즉 "기독교도는 올바르게 행위하고 그 결과는 신에게 맡긴다"라는 준칙[14]에 따라 행위하는 것이 윤리적으로 정당한지 하는 질문이 거기에 속한다. 아니면 가능한 것으로 또는 개연적인 것으로 예측할 수 있는 행위의 **결과들**에 대한 책임도 고려해야 하는지 하는 질문이 거기에 속하는데, 그 이유는 우리의 행위가 윤리적으로 비합리적인 세계에 연루되고 이러한 사정은 행위의 결과에 영향을 끼치기 때문이다. 사회적 영역에서 모든 급진적인 혁명적 정치관, 특히 이른바 생디칼리슴은 전자의 원칙에서, 그리고 모든 "현실정치"는 후자의 원칙에서 출발한다.[15] 둘 다 윤리적 준칙들에 준거한다. 그러나 이 준칙들은 서로 영원한 갈등 관계에 있는데, 이것은 전적으로 자기 자신에게만 근거하는 윤리의 수단들에 의해서는 결코 해결될 수 없다.

이 두 가지 윤리적 준칙은 엄격한 "형식적" 성격을 가지며, 이 점에서 『실천이성비판』의 잘 알려진 공리들과 유사하다.[16] 그런데 후자는 이러한 성격으로 인해 행위의 평가를 위한 그 어떤 지침도 내포하고 있지 않은 것으로 간주되는 경우가 빈번하다. 그러나 이는, 이미 언급한 바와 같이,[17] 전혀 사실과 다르다. 여기에서 의도적으로 모든 "정치"로부터 가

---

14 베버는 누가 한 말인지는 언급하지 않은 채 자신의 저작에서 이 구절을 여러 차례에 걸쳐 인용하고 있는데, 그 출처는 루터의 창세기 강의가 확실해 보인다. 라틴어로 된 이 강의에는 다음과 같은 구절이 나온다: "Fac tuum officium, et eventum Deo permitte." 루터, 『마르틴 루터 박사 저작집 — 비평적 전집』, 제44권, 78쪽. 참고로 루터는 1512년 10월 비텐베르크 대학의 성서신학 교수로 취임하면서 『창세기』를 강의했고, 1518년과 1535~45년에도 강의했다. 루터의 성서 강의에 대한 자세한 논의는 김덕영, 『루터와 종교개혁: 근대와 그 시원에 대한 신학과 사회학』, 60쪽 이하를 볼 것.

15 이 문장에서 "전자의 원칙"과 "후자의 원칙"은 각각 행위의 고유가치와 행위의 결과를 가리킨다. 그리고 생디칼리슴(syndicalisme)은 급진적 노동조합운동을 가리키고, 현실정치(Realpolitik)는 이념이나 가치보다는 권력에 기반하여 국가나 정당의 구체적인 목적이나 이해관계를 추구하는 현실적-실리적 정치를 가리킨다.

16 칸트의 『실천이성비판』이 갖는 형식적 성격에 대해서는 앞의 주 11을 볼 것.

17 앞의 39쪽에서이다.

능한 한 멀리 떨어진 한 가지 예를 들어보면, 아마도 많이 논의되는 칸트 윤리학의 "단순한 형식적" 성격이라는 것이 도대체 무엇을 의미하는지가 명백해질 것이다. 한 남자가 한 여자와의 에로틱한 관계에 대해 다음과 같이 말한다고 가정해보자: "처음에 우리 둘의 관계는 단지 열정에 불과했지만, 지금은 이 관계가 하나의 가치이다" ― 그러면 냉정하고 냉철한 칸트 윤리학은 이 문장의 전반부를 다음과 같이 표현할 것이다: "처음에 우리 둘은 서로 **단지 수단**에 불과했다" ― 그리고 이와 더불어 문장 전체를 저 유명한 원칙[18]의 한 특수 경우로 간주할 것이다. 이상하게도 이 원칙은 순전히 그 당시의 시대적 상황에 의해 조건지어진 "개인주의"의 표현이라고 해석되곤 하는데, 실상은 윤리적 사안들의 무한한 다양성에 대한 참으로 천재적인 정식화이다; 우리는 바로 이 점을 올바로 이해해야 한다. 아무튼 상기한 표현은 부정적인 형태를 띠고 있으며, 또한 다른 사람을 "단지 수단으로만" 취급하는, 따라서 윤리적으로 거부되어야 하는 행위에 대한 긍정적인 대안이 무엇인가에 대해서는 그 어떤 언급도 하지 않고 있지만, 다음의 세 가지를 내포하고 있음이 분명하다: (1) 윤리 외적인 독립적 가치영역들의 인정 ― (2) 이 가치영역들에 대한 윤리적 가치영역의 경계 설정 ― (3) 마지막으로 그럼에도 불구하고 윤리 외적 가치들에 기여하는 행위에도 다양한 윤리적 품위가 부여될 수 있다는 것의, 그리고 어떤 의미에서 그럴 수 있는지의 확인. 실제로 다른 사람을 "단지 수단으로만" 취급하는 것을 허용하거나 규정하는 가치영역들은 윤리와는 이질적인 것이다. 여기서는 이 점을 계속해서 추적할 수 없다: 그러나 아무튼 분명한 것은, 심지어 상기한 지극히 추상적

---

18 이는 칸트의 저 유명한 정언명령을 구성하는 한 명제로서 『도덕형이상학 정초』(1785), 82~83쪽에 나온다: "너 자신에게 있어서나 다른 모든 사람에게 있어서나 **인격을 단지 수단으로만이 아니라 언제나 동시에 목적으로 대하도록 하라**."; 그리고 『실천이성비판』(1788), 252쪽에는 이성적 존재인 인간은 "단순히 수단으로서가 아니라 동시에 그 자체 목적으로 대해야 한다"라는 구절이 나온다(번역을 약간 수정했음).

인 윤리적 명제의 "형식적" 성격도 행위의 **내용**에 대해 결코 무관심하지 않다는 사실이다. —그런데 문제는 더욱더 복잡해진다. 상기한 문장에서 "단지 열정에 불과하다"라는 말에 의해 표명된 부정적 평가 그 자체는, 어떤 특정한 관점에서 보면 내면적인 의미에서 삶의 가장 참되고 본래적인 것에 대한 모독으로 간주될 수 있다; 다시 말해 비개인적이거나 또는 초개인적이며 따라서 삶에 적대적인 "가치"기제들에서 벗어날 수 있는, 그리고 일상적 생존이라는 생명 없는 바위에 쇠사슬로 묶여 있는 상태와 비현실적 "의무"의 요구로부터 벗어날 수 있는 유일한 길 또는 적어도 왕도에 대한 모독으로 간주될 수 있다. 아무튼 이런 식으로 해석하는 방식을 생각할 수 있는데, 이 방식은 —설령 자신이 의미하는 아주 구체적인 체험에 대해 "가치"라는 표현을 사용하는 것을 거부한다 할지라도— 하나의 영역을 구성하게 되는바, 다시금 이 영역은 모든 성스러움이나 선함, 모든 윤리적 또는 미학적 법칙성, 모든 문화적 중요성이나 인격적 평가에 대해 똑같이 냉담하고 적대적인 입장을 취하게 되며, 그럼에도 불구하고 그리고 바로 그런 까닭에 자신의 고유한, 그리고 가장 극단적인 의미에서 "내재적" 품위를 주장할 것이다. 이러한 주장에 대한 우리의 입장이 무엇이든 간에, 어쨌든 그 어떤 "과학"의 수단으로도 그것을 증명할 수도 "반박할 수도" 없다. —

가치질서들의 투쟁; 경험적 진리, 가치론 및 개인적 결단

우리가 이러한 상황에 대해 어떤 경험적 고찰을 하더라도, 노년의 밀이 언급했듯이,[19] 절대적 다신주의가 그 상황에 적합한 유일한 형이상학

---

19 여기에서 말하는 밀은 저명한 영국의 철학자이자 경제학자이며 정치사상가인 존 스튜어트 밀(1806~73)이다. 밀은 종교 문제에도 천착했는데, "그 결실이 1850년대에 「자연」과 「종교의 유용성」이라는 두 편의 에세이로, 그리고 1860년대 말에는 「인격신」이라는 에세이로 나타났다. 1873년 밀은 이 세 편의 글을 수정·보완해 책으로 펴내는 작

이라는 점을 인정하게 될 것이다. 더 나아가 경험적 고찰이 아니라 의미 해석적 고찰, 즉 진정한 가치철학을 추구하게 되면 그렇게 인정하는 것을 넘어서, "가치들"의 제아무리 잘 정돈된 개념도식일지라도 상기한 상황의 가장 결정적인 측면을 해결할 수 없다는 점을 간과할 수 없을 것이다. 여기에서 가장 결정적인 측면이란 구체적으로 다음을, 즉 가치들 사이에는, 마치 "신"과 "악마" 사이에서처럼, 어디서나 그리고 언제나 궁극적으로는 대안의 관계가 아니라 화해할 수 없는 사생결단적 투쟁의 관

업을 했으나 그해 5월 7일 세상을 떠나면서 마무리짓지 못했다. 이들 에세이는 그다음 해인 1874년 『종교에 대한 세 편의 에세이』라는 유고작으로 세상의 빛을 보게 되었으며, 즉시 독일어로 번역되어 1875년 출간되었다. 이 가운데 세 번째 에세이인 「인격신」에서 밀은 유일신교와 다신교의 관계를 다루고 있다. 베버가 '노년의 밀'이라고 말할 때 염두에 두고 있는 것은 바로 이것이다. / 밀은 경험주의자로서, 아니 베버의 표현대로 냉철한 경험주의자로서 다신주의가 일신주의보다 인간의 경험에 더 적합하다는 점을 잘 인식했다. '자연에 단 한 명의 입안자와 지배자가 존재한다고 믿는 것보다는 신들이 존재한다고 믿는 것이 인간의 정신에 훨씬 더 자연스러운데, 이에 대한 역사적 증거는 무수히 많다.' 베버가 보기에 밀의 종교철학에는 다음과 같은 진리가 담겨 있다. '어떤 것은 아름답지 않음에도 불구하고 신성할 수 있을 뿐 아니라, 아름답지 않기 때문에 그리고 아름답지 않은 한에서 신성할 수 있다. [……] 어떤 것은 선한 것이 아님에도 불구하고 또한 선한 것이 아닌 바로 그 점에서 아름다울 수 있다. [……] 어떤 것은 아름답지도 않고 신성하지도 않으며 선하지 않음에도 불구하고 또한 바로 그렇게 때문에 참될 수 있다.' 그러나 베버가 보기에 존 스튜어트 밀의 이론이 가지는 의미는 거기까지이다. 왜냐하면 밀은 그 냉철한 경험적 통찰에도 불구하고 유일신교와 다신교 가운데 어느 것이 근대과학과 양립할 수 있는가 하는 질문을 던지기 때문이다. 그에 따르면 다신교는 과학 이전 시대의 무지한 인간정신에서 연유하고 유일신교는 과학적 사고에서 연유한다. 이처럼 과학에 의해 다신교를 논박하려는 시도는 베버가 보기에 다양한 삶의 영역에서 장기간에 걸쳐 이루어진 문화사적 과정을 간과하는 소치에 불과하다. 합리화되고 탈주술화된 오늘날의 세계에서 서로 다른 신들이 영원히 투쟁하고 개인들은 그 신들 가운데에서 결단하고 선택해야 하는 것은 인간적 삶의 문화적-실존적 전제조건이다. 바로 이런 연유로 베버는 밀의 철학을 높이 평가하지 않는 것이다'. 이는 김덕영, 『막스 베버: 통합과학적 인식의 패러다임을 찾아서』, 724~25쪽을 수정·보완하여 인용한 것이며, 이 인용 구절에 들어 있는 두 개의 작은 인용 구절은 각각 밀, 『종교에 대한 세 편의 에세이』, 130쪽 및 베버, 『직업으로서의 과학』, 99~100쪽에서 온 것이다. 그리고 다신교의 전(前)과학성 또는 비과학성과 일신교의 과학성에 대한 자세한 논의는 밀, 같은 책, 130~37쪽을 볼 것.

계가 존재한다는 것을 가리킨다. 가치들 사이에는 그 어떤 상대화나 타협도 있을 수 없다. 물론 가치들이 원래 갖는 **의미**에 따라 볼 때 그렇다는 것이다. 왜냐하면 누구나 일상적 삶에서 경험하듯이, 실제에 있어서는, 따라서 외적인 차원에서는 가치들의 상대화와 타협이, 그것도 어디에나 존재하기 때문이다. 현실 세계에서 인간들이 취하는 거의 모든 중요한 입장에는 다양한 가치영역들이 교차하고 착종된다. 가장 본래의 의미에서의 "일상"은 바로 다음과 같은 두 가지 점에서 인간을 천박하게 만든다: 먼저 일상 속에서 별생각 없이 그저 그렇게 살아가는 인간은 철천지원수지간인 가치들이 심리적인 또는 실용적인 이유에서 실제적으로 서로 뒤섞인다는 사실을 의식하지 못하고, 특히 전혀 의식하기를 **원하지 않는다**는 점에서 그렇다; 그리고 그는 오히려 "신"과 "악마" 사이에서의 선택을 회피하고 서로 충돌하는 가치들 중에서 어떤 것이 신에 의해 지배되고 어떤 것이 악마에 의해 지배되는지에 대한 자신의 궁극적인 결단을 회피한다는 점에서 그렇다.[20] 우리는 인간의 안락한 삶에는 쓰디쓴 선악과(善惡果)를 어쩔 수 없이 먹게 되었지만, 그 결과로 다음과 같은 인식과 통찰에 이르게 되었다: 우리는 상기한 가치들의 대립 관계를 인식하지 않을 수 없으며, 따라서 모든 각각의 중요한 행위, 더 나아가 삶 전체가, 만약 자연 현상처럼 기계적으로 작동하지 않고 의식적으로 영위되려면, 궁극적인 결단의 연속이어야 하고, 영혼은 ― 플라톤이 말하듯이[21] ― 바로 이 궁극적인 결단들을 통해 자기 자신의 운명을 ―

---

20 이 문장에서 "서로 충돌하는 가치들 중에서 어떤 것이 신에 의해 지배되고 어떤 것이 악마에 의해 지배되는지에 대한 자기 자신의 결단을 회피한다는 점에서 그렇다"는 다음과 같이 의역하면 의미하는 바가 보다 명확해질 것이다: "서로 충돌하는 가치들 중에서 자기 자신에게는 어떤 것이 신이 되고 어떤 것이 악마가 되는가에 대한 궁극적인 결정을 회피한다는 점에서 그렇다."

21 플라톤의 『국가』 마지막 부분에서 소크라테스는 에르(Er)라는 사람에 대한 이야기를 한다. 에르는 전사했는데 저승에서 일어나는 일을 인간들에게 전하는 사자(使者)가 되어 살아서 돌아온다. 이 에르에 따르면 죽은 혼들은 ― 이승에서의 삶에 따라 상으로 천

다시 말해 자신의 행위와 존재의 의미를 ─ **선택해야** 한다는 사실을 통찰하지 않을 수 없게 되었다.[22] 그러므로 가치충돌론자들의 의도에 대한 가장 조야한 오해는 이 입장을 "상대주의"로 해석하는 것인데, 이런 식의 해석은 기회가 있을 때마다 되풀이해서 있어왔다 ─ 다시 말해 가치

───

년을 하늘에서 행복을 누리거나 벌로 천 년을 지하에서 고통을 받은 후에 ─ 이승에서의 다음 삶 때문에 라케시스[필연의 여신 아낭케의 세 딸 가운데 한 명]에게 가야 했는데, 그들이 이 여신 앞에 나타나자 "어떤 대변자가 먼저 그들을 정렬시킨 뒤 라케시스의 무릎 사이에서 제비와 삶의 견본들을 가져오더니 높은 단(壇) 위에 올라 다음과 같이 말했다"고 한다: "이는 아낭케 여신의 따님이신 처녀신 라케시스의 분부이시다. 하루살이 혼들이여, 죽게 마련인 족속의 죽음을 가져다줄 또 다른 주기(週期)가 시작된다. 수호신이 너희를 선택하는 것이 아니라, 너희가 수호신을 선택할 것이다. 첫 번째 제비를 뽑은 자가 먼저 삶을 선택하라. 일단 선택하면 그는 반드시 그 삶과 함께해야 한다. 미덕은 누구의 지배도 받지 않는다. 각자가 미덕을 존중하느냐 경시하느냐에 따라 미덕을 더 많이 갖거나 더 적게 가질 것이다. 책임은 선택한 자에게 있고, 신은 아무 책임이 없다." 그리고 다음과 같이도 말했다고 한다: "마지막에 온 자라도 현명하게 선택하고 진지하게 살아간다면 결코 나쁘지 않은 바람직한 삶이 마련되어 있다. 맨 먼저 선택하는 자는 방심하지 말고, 맨 마지막에 선택하는 자는 낙담하지 말지어다." 플라톤, 『국가』, 577쪽 이하(인용은 584, 587쪽).

22 우리는 1904년에 나온 베버의 논문 「사회과학적 및 사회정책적 인식의 "객관성"」에서도 이와 유사한 구절을 볼 수 있다. 거기에서 베버는 주장하기를, "선악과를 먹은 문화시대는 다음과 같은 숙명에 처해 있는바, 그것은 우리가 이 세상에서 벌어지는 일들에 대해 제아무리 철저히 연구하고 그 결과가 제아무리 완벽하더라도 이 일들의 **의미**를 읽어낼 수 없고 우리 스스로가 그것을 창출할 수 있어야 한다는 사실, '세계관'은 결코 증가하는 경험적 지식의 산물일 수 없다는 사실, 따라서 우리를 가장 강력하게 움직이는 최고의 이상들은 언제나 다른 이상들과의 투쟁 속에서 실현되며 우리의 이상들이 우리에게 성스럽듯이 이 다른 이상들은 다른 사람들에게 성스럽다는 사실을 깨달아야 하는 것이다". 베버, 『문화과학 및 사회과학의 논리와 방법론』, 254~55쪽. 주지하다시피 선악과 이야기는 기독교의 경전인 성경에 나온다. 구체적으로 말하자면 『구약』의 「창세기」 제2~3장에 나온다. 선악과는 선과 악을 인식케 하는 지혜의 나무에 달린 열매인데, 아담과 이브는 신의 명령을 어긴 채 이 열매를 따먹고 낙원에서 추방되었다. 그러나 선악과를 먹은 결과로 그들의 눈이 밝아졌다. 다시 말해 인식과 사유의 능력이 생겼다. 베버가 말하는 "선악과를 먹은 문화시대"는 근대를 가리킨다. 이 시대에 들어오면서 인간은 이성과 과학이라는 선악과를 먹게 되었고, 그 결과로 눈이 밝아져 사실과 의미 또는 가치, 존재와 당위 사이에 건널 수 없는 간극이 존재하고 다양한 가치와 이상이 갈등하고 투쟁한다는 것을 깨닫게 되었다.

영역들의 상호 관계에 대해 가치충돌론자들과는 완전히 상반되는 견해에 근거하는, 그리고 단지 매우 특수한 유형의 ("유기체적") 형이상학에 준거해야만 (일관된 형태로) 유의미하게 실천할 수 있는 인생관으로 해석하는 것이다.[23] ─

아무튼 우리의 특별한 경우로 되돌아가보자. 그러면 내가 보기에는 의심의 여지 없이 다음을 확인할 수 있다. 즉 만약 실천적-정치적 (특히 경제정책적 및 사회정책적) 가치판단으로부터 가치 있는 행위를 위한 지침을 도출해야 한다면, 어떤 **경험적** 과학분야가 그 수단으로 제시할 수 있는 유일한 것은 다음과 같다: (1) 불가피한 수단들, (2) 불가피한 부차적 결과들, (3) 이로부터 야기되는 여러 개의 **가능한** 가치판단들의 상호 경쟁과 그 **실제적인** 결과들. **철학적** 과학분야들은 이를 넘어서 자신들의 사고 수단으로 가치판단들의 "의미", 다시 말해 이것들의 궁극적인 의미상 구조와 이것들의 **의미상** 결과들을 규명할 수 있으며, 그리하여 이것들이 가능한 "궁극적" 가치들 전체에서 차지하는 "위치"를 지정할 수 있고 이것들이 갖는 의미상의 타당성 범위를 한정할 수 있다. 그러나 다음과 같이 단순한 질문들, 즉 첫째로 어느 정도까지 목적이 불가피한 수단들을 정당화해야 하는지, 둘째로 어느 정도까지 의도하지 않은 부차적인 결과들을 감수해야 하는지, 그리고 더 나아가 셋째로 어떻게 구체적인 상황에서 충돌하는 다수의 의도된 또는 마땅히 추구해야 하는 목적

---

23 여기에서 말하는 유기체적 형이상학이란, "다양한 가치들이 유기적인 관계를 유지하면서 가치라는 형이상학적 영역을 구성하는 것을 가리키는 개념이다. 이는 다양한 조직들과 기관들이 인간 유기체를 구성하는 것과 마찬가지이다. 그런데 가치의 '제국'에서 개별적인 가치들은 최상의 가치에 비하면 상대적이고, 인간의 역사 속에서 최상의 가치를 실현하는 수단이나 도구로 기능한다. 또한 유기체적 형이상학은 인간에 대해서도 단지 상대적인 의미만을 부여할 뿐이다. 가치에 준거하는 그의 행위가 삶은 어디까지나 이 가치를 실현하기 위한 수단이나 도구에 불과하며, 또한 궁극적으로는 최상의 가치를 실현하는 데 기여할 따름이다". 이는 김덕영, 『막스 베버: 통합과학적 인식의 패러다임을 찾아서』, 723쪽을 약간 수정하여 인용한 것임.

들 사이의 갈등을 조정해야 하는지 ─ 심지어 이처럼 단순한 질문들만 해도 전적으로 선택이나 타협의 문제이다. 이러한 질문들에 대해 결정을 내릴 수 있는 그 어떤 종류의 과학적 (합리적 또는 경험적) 방법도 존재하지 않는다. 과학들 중에서 개인들에게 이 선택[24]의 짐을 덜어주겠다고 감히 나설 수 있는 자격이 가장 적은 것은 다름 아닌 **우리의** 엄격한 경험과학이며, 따라서 우리는 마치 우리가 그것을 할 수 있는 듯한 인상을 불러일으켜서는 안 된다. ─

마지막으로 분명히 짚고 넘어가야 할 것이 하나 있으니, 그것은 **이러한** 사실, 즉 **우리의 과학분야들**이 선택이나 타협의 문제를 해결할 수 없다는 사실을 인정하는 것은 앞에서 지극히 간략하게 윤곽만 제시한 가치론적 논의들에 대해 어떠한 입장을 취하는가 하는 문제와는 전혀 무관하다는 점이다. 왜냐하면 **교회의** 교리에 의해 명백하게 규정된 가치들의 위계서열을 제외하면, 그러한 사실을 부인할 수 있는 논리적 근거를 제시할 수 있는 관점은 단 하나도 존재하지 않기 때문이다. 나는 아래에 언급하는 한 일련의 질문이 그 의미상 역시 아래에 언급하는 또 다른 한 일련의 질문과 근본적으로 다른 것이 **아니다**라고 주장하는 사람이 정말로 있는지 몹시 궁금한데, 그 한 일련의 질문은 다음과 같다: 하나의 구체적인 사실이 이런 모습인가 아니면 저런 모습인가? 왜 이 구체적인 상황이 달리 되지 않고 지금과 같이 되었는가? 하나의 주어진 상황이 실제적인 사건규칙에 따라, 그리고 어느 정도의 개연성으로 다른 하나의 상황으로 이어지곤 하는가?; 그 또 다른 한 일련의 질문은 다음과 같다: 우리는 하나의 구체적인 상황에서 실천적으로 무엇을 **해야** 하는가? 어떤 관점에서 이 상황이 실천적으로 바람직한 것으로 또는 바람직하지 못한 것으로 보일 수 있는가? 이 관점의 근거가 되면서 보편적인 정식화가 가능한 명제들(공리들)이 ─ 이것들이 어떤 종류의 것이든 ─ 존재하

---

24 이는 그 앞의 문장을 고려한다면, "선택과 타협"이라고 보는 것이 논리적일 것이다.

는가? ― 더 나아가 나는 다음과 같이 서로 대비되는 두 개의 질문과 관련하여 상기한 바와 같이 주장하는 사람이 정말로 있는지 몹시 궁금하다: 한편으로는 하나의 구체적으로 주어진 실제적인 상황이 (또는 일반적으로 말해서, 어떤 방식으로든 충분히 규정된 특정한 유형의 한 상황이) 어떤 방향으로, 그리고 어느 정도의 개연성을 갖고 이 방향으로 발전하게 **될 것인가** (또는 이 방향으로 발전하는 것이 **일반적이고** 전형적인 것인가)?; 다른 한편으로는 우리가 하나의 구체적인 상황이 하나의 특정한 방향으로 ― 이 방향이 개연적인 것이든, 그 정반대의 것이든 또는 다른 어떤 것이든 간에 ― 발전하는 데에 **기여해야** 하는가? ― 마지막으로 나는 다음과 같이 서로 대비되는 또 다른 두 개의 질문과 관련하여 상기한 바와 같이 주장하는 사람이 정말로 있는지 몹시 궁금하다: 한편으로는 특정한 인간들이 구체적인 상황에서, 또는 불특정 다수의 인간들이 동일한 상황에서 어떤 종류의 것이든 한 특정한 문제에 대해 아마도 (또는 심지어 확실히) 어떤 견해를 형성하게 **될 것인가**?; 다른 한편으로는 아마도 또는 확실히 형성될 이 견해가 **올바른 것인가**? ― 요컨대 나는 다음과 같이 주장하는 사람이 정말로 있는지 몹시 궁금하다: 이처럼 상반되는 질문 쌍들의 각각은 그 의미상 조금이라도 서로 관계가 있다; 이 질문들은, 흔히 주장되듯이, 정말로 "서로 분리될 수 없다"; 그리고 그럴 수 없다는 주장은 과학적 사고의 요구와 모순되는 것이 **아니다**. 이에 반해 누군가 상기한 두 종류의 질문의 절대적인 이질성을 인정하지만, 그럼에도 불구하고 같은 책에서, 같은 페이지에서, 심지어 같은 구문의 주문장과 부문장에서 한편으로는 상기한 두 가지 이질적인 문제들 가운데 하나에 대해 그리고 다른 한편으로는 다른 하나에 대해 진술할 권리가 있다고 주장할 수 있는지 또는 없는지 ― 이것은 전적으로 그에게 달려 있는 일이다. 그에게 요구할 수 있는 것은 단지, 본의 아니게 (또는 자신이 글에 자극적인 맛을 더할 요량으로) 그의 독자들에게 문제들의 절대적인 이질성을 **속여서는** 안 된다는 것이다. 내 개인적인 생각으로는 세상의 그 어떤 수단도 이러한 혼동을 피하는 데 이용될 수 없을 만큼 "고루하지" 않다.

가치논의와 가치해석

그러므로 **실천적 가치판단**에 대한 논의는 (실제로 논의에 **관여하는** 사람들 자신이 내리는 가치판단의 경우에) 단지 다음과 같은 네 가지 의미를 가질 수 있을 뿐이다:

(a) 그 첫 번째 의미는 서로 대립하는 견해들의 출발점이 되는 궁극적이고 내적으로 "일관된" 가치공리들을 규명하는 데에 있다. 우리는 상대방의 가치공리들에 대해 잘못 알고 있을 뿐만 아니라, 너무나 자주 우리자신의 가치공리들에 대해서도 잘못 알고 있다. 이 가치공리들을 규명하는 과정은 그 본질상 개별적인 가치판단과 그것의 의미분석에서 출발하여 점점 더 원칙적인 가치판단적 입장들을 향하여 점점 더 높게 상승하는 작업이다. 그것은 어떤 경험적 과학분야의 수단으로 작업하는 것이 아니며 그 어떤 사실인식도 창출하지 않는다. 그것은 논리와 같은 방식으로 "타당하다".

(b) 그 두 번째 의미는 우리가 특정한 궁극적 가치공리들에 그리고 오직 이 가치공리들에만 근거해 실제적인 상황을 실천적으로 평가할 경우, 이 가치공리들이 **가치판단적** 입장에 대해 가지게 될 "의의"를 연역하는 데에 있다. 이러한 연역은 순수한 의미 차원에서 진행되는 논증인데, 만약 실천적 평가를 위해 고려될 **수 있는** 경험적 상황들에 대한 가능한 한 완벽한 결의론[25]으로 이어지려면 경험적 사실규명에 연결되어야 한다.

(c) 그 세 번째 의미는 어떤 문제에 대해 실제로 한 특정한 실천적 가치판단적 입장을 가질 때 나타나게 될 **실제적인** 결과를 규명하는 데에

---

25 결의론(決疑論)은 종교, 윤리, 관습, 시민적 법규, 자연법칙 등에 대한 광범위한 지식을 동원하여 구체적인 도덕의 문제를 해결하는 방법이다.

있다: 이 결과는 ① 특정한 불가피한 **수단**에 결부되어 있기 때문에 나타날 수 있다 ─ ② 직접적으로 의도하지 않은 특정한 부차적 결과의 불가피성 때문에 나타날 수 있다. 이 순수하게 경험적인 작업은 특히 다음과 같은 결론에 도달할 수 있다: ⓐ 어떤 가치요청을 조금이나마 실현하는 것조차도 절대적으로 불가능한데, 그 이유는 그것을 실현할 수 있는 그 어떤 방법도 찾아낼 수 없기 때문이다 ─ ⓑ 이 가치요청을 완전히 또는 어느 정도나마 실현할 수 있는 **개연성**이 거의 없는데, 그 이유는 ⓐ의 경우와 같거나 또는 의도하지 않은 부차적인 결과들이 발생해서는 직접적으로 또는 간접적으로 그것의 실현을 비현실적인 것으로 보이게 할 개연성이 있기 때문이다 ─ ⓒ 상기한 실천적 요청을 대변하는 사람이 미처 고려하지 못한 수단이나 부차적 결과를 받아들여야 할 필요성이 대두되고, 따라서 그가 목적, 수단 및 부차적 결과 사이에서 내리는 가치결정이 그 자신에게 하나의 새로운 문제가 되며 다른 사람들에 대한 강제력을 상실하게 된다.

(d) 그 네 번째이자 마지막 의미는 **새로운**, 다시 말해 어떤 실천적 요청의 대변자가 주목하지 않았고 따라서 그에 대한 입장도 정립하지 않았던 가치공리들과 그로부터 도출되는 요청들이 주창될 수 있다는 데에 있다. 그 결과 그 자신의 요청의 실현은 이 다른 요청들과 ① 원칙적으로 또는 ② 실제적인 결과들로 인해, 다시 말해 의미의 차원에서 또는 실제적인 차원에서 충돌한다. ①의 경우에 대한 더 자세한 논의는 상기한 유형 (a)의 문제들을 포함하며, ②의 경우에 대한 더 자세한 논의는 유형 (c)의 문제들을 포함한다.[26]

그러므로 가치판단에 대한 이러한 유형의 논의는 절대로 "무의미한" 것이 아니라, 오히려 매우 중요한 의미를 갖는다; 물론 이 논의의 목적이

───

26 「사회정책학회 위원회에서의 가치판단 논의를 위한 소견서」에서는 "유형 (c)"가 "유형 (b)"로 되어 있다. 이 책의 162쪽을 볼 것.

올바로 이해된다는 전제 하에서―그리고 내가 보기에는 어디까지나 이러한 전제 하에서만―그렇다.

그런데 적합한 장소와 적합한 의미에서 이루어지는 실천적 가치판단에 대한 논의가 갖는 **유용성**은, 상기한 바 그것이 창출할 수 있는 직접적인 "결과들"에 한정되는 것이 결코 아니다. 이러한 논의는 올바르게 수행되기만 한다면 더 나아가 경험적 연구를 지속적으로 풍요롭게 할 수 있는데, 왜냐하면 그것은 경험연구에 **다양한 문제제기**를 제공하기 때문이다.

물론 경험적 과학분야들에 의해 제기되는 문제들 자체는 "가치자유적인" 방식으로 해결되어야 한다. 그것들은 "가치문제"가 아니다. 그러나 그것들은 우리의 과학분야들에서는 현실을 "가치에" 연관시키는 것에 의해 영향을 받는다. "가치연관"이라는 표현이 갖는 의미에 대해서는 이전에 나온 나의 논문들과 특히 하인리히 리케르트의 잘 알려진 저작들을 참조하기 바란다.[27] 여기에서 이것을 다시 한 번 상술하는 것은 불가능하며, 따라서 다음과 같은 점만을, 즉 "가치연관"이라는 표현은 경험적 연구의 대상의 선택과 구성을 지배하는 특수한 과학적 "**관심**"에 대한 철학적 해석을 의미할 따름이라는 점만을 지적해두기로 한다.

어쨌든 경험적 연구에서는 이 순수한 논리적 사실이 어떤 종류의 "실천적 가치판단"도 정당화하지 않는다. 그러나 그 사실로부터 판명되는 것은―이는 역사적 경험과도 일치한다―, 순수한 경험과학적 작업에서도 그 **방향**을 제시하는 것은 문화관심, 즉 **가치관심**이라는 점이다. 그리고 이 가치관심이 가치논의를 통해 결의론적으로 전개될 수 있다는 것은 분명하다.[28] 가치논의는 과학적으로, 특히 역사적으로 작업하는 연구자에게 무엇보다도 "**가치해석**"의 과제를, 그러니까 그의 실제적인 경

---

27 여기에서 베버는 주로 다음에 준거하고 있다: 베버, 「사회과학적 및 사회정책적 인식의 "객관성"」(1904); 리케르트, 『인식의 대상』(1892); 리케르트, 『자연과학적 개념구성의 한계』(1902).
28 결의론에 대해서는 앞의 주 25를 볼 것.

험연구를 위한 하나의 지극히 중요한 예비작업을 크게 덜어주거나 또는 적어도 더 쉽게 해줄 수 있다. 가치판단과 가치연관 사이의 구별뿐만 아니라 가치판단과 가치해석(다시 말해 주어진 현상에 대한 **가능한** 유의미한 입장들을 제시하는 것)[29] 사이의 구별도 명료하게 이루어지지 않는 경우가 빈번하며, 이로 인해 특히 역사학의 논리적 본질에 대한 평가가 불명료해진다; 그러므로 나는 이 점에서 『사회과학 및 사회정책 저널』, 제22권, 168쪽 이하의 논의[30]를 참고하라고 권하는 바이다 (물론 그렇다고 이 논의가 최종적인 것이라고 주장하는 것은 아니다). ―

"발전경향"과 "적응"

여기에서 이러한 방법론적 근본문제들을 다시 한 번 논구하는 대신에 우리의 과학분야들을 위해 실제적으로 중요한 몇 가지 개별적인 문제를

---

29 베버는 이 대신에 "가치분석"이라는 용어를 사용하기도 한다. 이에 대에서는 베버, 『문화과학 및 사회과학의 논리와 방법론』, 387쪽 이하를 볼 것.

30 이는 「문화과학적 논리 영역에서의 비판적 연구」의 일부분을 가리킨다. 이 논문은 번역되어서 『문화과학 및 사회과학의 논리와 방법론』, 341~453쪽에 수록되어 있으며, 베버가 말하는 168쪽 이하는 이 번역서의 245쪽 이하에 해당한다. 참고로 베버는 1906년 『사회과학 및 사회정책 저널』 제22권 제1호에 「문화과학적 논리 영역에서의 비판적 연구」라는 글을 발표한다. 논문란이 아니라 서평란에 게재된 이것은 두 개의 장―「에두아르트 마이어에 대한 비판적 고찰」과 「역사적 인과고찰에서의 객관적 가능성과 적합한 원인작용」―으로 구성되어 있다. 전자는 1902년에 출간된 역사학자 에두아르트 마이어(1855~1930)의 저서 『역사학의 이론과 방법론에 대하여: 역사철학적 연구』에 대한 서평에 할애되어 있고, 후자는 방법론적 논의에 할애되어 있다. 언뜻 보면 이 둘은 전혀 다른 성격을 가진 것으로 보인다. 그러나 사실 이 둘은 서로 밀접한 관계에 있다. 왜냐하면 한편으로 역사학의 이론과 방법론에 대한 마이어의 견해를 비판적으로 검토하면서, 다른 한편으로 이를 계기로 그리고 이에 접목하여 객관적 가능성과 적합한 인과작용이라는 방법론의 중요한 두 측면을 다룸으로써 문화과학의 방법론적 정초를 속행하는 것―바로 이것이 베버가 「문화과학적 논리 영역에서의 비판적 연구」에서 진정으로 추구하는 바이기 때문이다. 이 논문에 대한 자세한 것은 베버, 『문화과학 및 사회과학의 논리와 방법론』 뒷부분에 나오는 「해제」, 629쪽 이하를 볼 것.

좀 더 자세하게 고찰하고자 한다.

다음과 같은 견해, 즉 실천적 가치판단을 위한 지침은 "발전경향"에서 도출해야 하고, 도출할 수밖에 없거나 또는 적어도 도출할 수 있다는 견해가 아직도 널리 퍼져 있다. 그러나 "발전경향"이 제아무리 명백하다고 할지라도 우리가 이로부터 얻을 수 있는 것은 행위에 대한 명백한 명령인데, 그것도 이 명령은 단지 주어진 입장의 실현에 가장 적합한 것으로 예측되는 수단과 관련될 뿐 이 입장 자체와는 관련되지 않는다. 물론 이 경우에 "수단"이라는 개념은 생각할 수 있는 가장 넓은 것이다. 가령 누군가 국가의 권력 추구를 궁극적인 목표로 설정한다면, 그는 주어진 상황에 따라 때로는 절대주의적 국가조직을, 때로는 급진민주주의적 국가조직을 (상대적으로) 더 적합한 수단으로 간주할 수밖에 없을 것이다; 그러나 만약 수단으로서의 이 합목적적인 국가기구에 대한 그의 평가가 변한다면, 이를 "궁극적인" 입장 그 자체의 변화로 생각하는 것은 그야말로 터무니없는 일이다. 물론 개인은 더 나아가, 이미 앞에서 언급한 바와 같이,[31] 지속적으로 다음과 같은 문제에 직면하게 된다: 그는 어떤 명백한 발전경향이 존재한다는 사실을 인식할 경우에 자신의 실천적 가치판단의 실현에 대한 희망을 포기해야 하는가라는 문제에 직면하게 되는데, 그 발전경향이란 그가 추구하는 것이 자신에게 도덕적 관점에서 또는 다른 어떤 관점에서 문제가 있어 보일 수도 있는 새로운 수단을 사용해야만 또는 자신이 혐오하는 부차적 결과를 감수해야만 달성될 수 있거나, 또는 아예 그것이 달성될 개연성이 없기 때문에 이를 위한 그의 노력이, 성공의 가망성이라는 기준으로 판단하면, 비생산적인 "돈키호테의 무모한 모험"으로 보일 수밖에 없게 하는 발전경향을 가리킨다. ── 그러나 이처럼 거의 변경할 수 없는 "발전경향"에 대한 인식은 이 점에서 그 어떤 특수한 지위도 차지하지 않는다. 이와 마찬가지로 **모든** 개별

---

31 이 책의 52~53쪽 (c) 문단에서이다.

적인 새로운 사실은 목적과 불가피한 수단 사이가 그리고 의도된 목표와 불가피한 부차적 결과 사이가 새롭게 조정되도록 할 수 있다. 그러나 이러한 조정이 이루어져야 할지 그리고 그로부터 어떤 실제적인 결과가 나와야 할지는, 비단 경험과학만이 답할 수 없는 문제일 뿐만 아니라, 앞에서 언급한 바와 같이, **그 어떤** 종류의 과학도 답할 수 없는 문제이다. 예컨대 우리가 확신에 찬 생디칼리스트[32]에게 다음을 아무리 설득력 있게 증명한다고 할지라도, 즉 그의 행위는 사회적으로 "무용할" 뿐만 아니라, 다시 말해 프롤레타리아트의 외적 계급상황의 변화에 전혀 기여할 수 없을 뿐만 아니라, 더 나아가 "반동적" 분위기를 조성함으로써 프롤레타리아트의 외적 계급상황을 필연적으로 악화시키게 될 것임을 아무리 설득력 있게 증명한다고 할지라도, 이것이 그에게 — 만약 그가 진정으로 자신의 견해를 시종일관 신봉한다면 — 증명하는 것은 **아무것도 없다**. 그리고 그가 미친 사람이기 때문에 그런 것이 아니라, — 곧 논의하겠지만 — 그가 그 자신의 입장에서 볼 때는 "옳을" 수 있기 때문에 그런 것이다. 전반적으로 보면 인간은 성공이나 그때그때 성공을 보장하는 것에 적응하는 아주 강한 내적 성향이 있으며, 이를 위해 비단 — 자명한 일이지만 — 수단을 조절하거나 그때그때 궁극적인 이상의 실현을 위해 하는 노력의 정도를 조절할 뿐만 아니라, 더 나아가 아예 이 이상들 자체를 포기하기도 한다. 독일에서는 이렇게 하는 것을 "현실정치"[33]라는 이름으로 치장할 수 있다고 믿는다. 아무튼 이해할 수 없는 것은, 왜 하필 경험과학의 대변자들이 현실정치를 촉진할 욕구를 느껴야 하며, 이에 따라 다음과 같이 하는가이다: 이들은 그때그때의 "발전경향"에 박수갈채를 보내고 이 발전경향에의 "적응"을 궁극적인 **가치판단**의 문제에서, 다

---

32 앞의 주 15에서 알 수 있듯이, 생디칼리스트(syndicaliste)는 급진적 노동조합주의자를 가리킨다.

33 마찬가지로 이에 대해서는 앞의 주 15를 볼 것.

시 말해 어디까지나 각 개인이 개별적인 경우에 따라 해결할 수밖에 없는, 따라서 전적으로 각 개인의 양심에 속하는 문제에서 외견상 "과학"의 권위에 의해 보증되는 것처럼 보이는 원칙으로 바꾸어놓는다.

성공적인 정치는 항상 "가능성의 예술"[34]이라는 주장은 — 올바르게 이해된다면 — 타당한 것이다. 그러나 이에 못지않게 타당한 것은, 가능한 것은 그것을 넘어서는 불가능한 것을 추구함으로써 비로소 성취된 경우가 빈번했다는 사실이다. 결국 가능한 것에의 "적응"이라는 관점에서 볼 때 진정으로 일관되게 발전한 유일한 윤리, 즉 유교의 관료도덕[35]

---

34 이는 1871년 독일 통일의 주역이자 독일 제국의 초대 총리를 역임한 오토 폰 비스마르크(1815~98)에서 연원하는 것이다. 그는 1867년 8월 11일 『상트페테르부르크 신문』 편집장과 한 대화에서 "정치는 가능성의 예술"이라고 주장했다고 하는데, 이는 현실정치를 추진한 비스마르크의 최상의 준칙이었다.

35 베버는 다양한 세계종교의 경제윤리에 대한 광범위한 비교연구를 통해 다음과 같이 다양한 종교적 합리주의의 유형을 확인했다: 1. 세계지배의 합리주의, 2. 세계극복의 합리주의, 3. 세계순응의 합리주의, 4. 세계거부의 합리주의, 5. 세계적응의 합리주의, 6. 세계도피의 합리주의. 이 가운데 세계적응의 합리주의는 우주중심주의, 명상주의, 세속주의가 결합된 형태로서 유교와 도교가 이에 속한다. 세계적응은 현재의 세계질서를 최상의 질서로 간주하고 이를 받아들여 개인들의 삶과 행위를 거기에 맞추는 것을 말한다. 이러한 유교의 담지자는 지식인 집단, 특히 과거에 합격하여 국가관료로 봉직하는 관료집단이다. 그 밖에도 1. 세계지배의 합리주의는 신중심주의, 금욕주의, 세속주의가 결합된 형태로서 금욕적 프로테스탄티즘, 그중에서도 특히 칼뱅주의가 이에 속하며, 또한 이슬람교를 부분적으로 이 범주로 분류할 수 있다. 2. 세계극복의 합리주의는 신중심주의, 금욕주의, 탈세속주의가 결합된 형태로서 중세 가톨릭 수도회가 이에 속한다. 3. 세계순응의 합리주의는 신중심주의, 신비주의, 세속주의가 결합된 형태로서 고대 유대교, 원시 기독교, 동방 기독교가 이에 속하며, 또한 이슬람교를 부분적으로 이 범주로 분류할 수 있다. 4. 세계거부의 합리주의는 신중심주의, 신비주의, 탈세속주의가 결합된 형태로서 고대 기독교가 이에 속한다. 5. 세계도피의 합리주의에는 (1) 우주중심주의, 금욕주의, 탈세속주의가 결합된 형태가 있는가 하면, (2) 우주중심주의, 명상주의, 탈세속주의가 결합된 형태가 있다. 전자에는 자이나교가 속하며 후자에는 힌두교와 불교가 속한다. 여기에서 세계지배란 세계를 신의 영광을 위한 대상으로 보고 적극적으로 형성하고 가공하는 것을 말한다. 또한 세계극복과 세계도피는 모두 세계와 그 일상적 윤리를 기피하는 것인데, 전자는 적극적 행위를 통해서 기피하는 것을 그리고 후자는 그 행위마저 기피하는 것을 말한다. 그리고 세계순응은 세계 그 자체가 아니라 단지 그 안에서 적용되는 사회질서만을 거부하는 것을 말한다. 그러므로 이는 어떤 의미에서 세

과 같은 것이, 다음과 같은 우리 문화의 고유한 특성들, 즉 우리 모두가 다른 모든 점에서는 견해를 달리함에도 불구하고 아마도 (주관적으로) 다소간 긍정적으로 평가하는 우리 문화의 고유한 특성들을 창출한 것이 아니다. 적어도 나는 우리 국민들이 다음과 같은 점, 즉 행위는, 앞에서 언급한 바와 같이,[36] "성공가치" 이외에도 "신념가치"를 갖는다는 점을 인식하지 못하도록 다름 아닌 과학의 이름 하에 체계적으로 교육되기를 원하지 않는다. 어쨌든 이러한 상황을 오인하면 현실을 이해하는 데 방해가 된다. 앞에서 예로 끌어들인 생디칼리스트로 다시 한 번 돌아가 논의를 전개하기로 한다: 누군가 ― 일관되며 따라서 ― 자신의 행동에 대한 원칙으로 "신념가치"를 택할 수밖에 없는 경우, "비판"을 목적으로 이 행동을 단지 그것의 "성공가치"에 따라서만 평가하는 것은 논리적으로도 무의미한 일이다. 진정으로 일관된 생디칼리스트가 원하는 것은 **단지**, 자신에게 절대적으로 가치 있고 신성해 보이는 하나의 특정한 신념을 자기 자신의 내면에 간직할 뿐만 아니라, 가능하다면 다른 사람들의 내면에서도 불러일으키는 것이다. 그의 외적인 행위, 특히 처음부터 완전히 실패할 수밖에 없는 것으로 판명된 행위가 갖는 궁극적인 목적은, 그 자신의 양심이라는 재판정 앞에서 그 스스로에게 이 신념이 진정한 것, 다시 말해 단순한 허풍이 아니라 행위를 통해 "입증될" 수 있다는 것이 확실함을 보여주는 데에 있다. 사실상 이 목적을 위해서는 그와 같은 행위가 (아마도) **유일한** 수단일 것이다. 덧붙여 말하자면, 생디칼리스트의 제국은 ― 만약 그가 일관되다면 ― 모든 신념윤리의 제국이 그러하듯이, 이 세상에 속한 것이 아니다.[37] 우리가 "과학적으로" 분명히

　계적응으로, 그리고 어느 경우든 세계지향으로 볼 수 있다. 이에 대한 자세한 논의는 김덕영, 「해제: 종교·경제·인간·근대 ― 통합과학적 모더니티 담론을 위하여」, 646쪽 이하, 특히 655쪽 이하를 볼 것.

36　이 책의 42~43쪽에서이다.

37　이 문장의 마지막 구절인 "이 세상에 속한 것이 아니다"는 『신약성서』, 「요한복음」

말할 수 있는 것은 단지, 생디칼리스트 자신의 이상을 이렇게 파악하는 것이 내적으로 무모순적이며 외적인 "사실들"에 의해 반증될 수 없는 유일한 것이라는 **점**이다. 나는 이렇게 말하는 것이 생디칼리슴의 추종자와 적대자 모두에게 도움이 되며, 더욱이 이 도움은 그들이 바로 과학에 정당하게 요구할 수 있는 것이라고 생각한다. 이에 반해 다음과 같이 한다면, 즉 "한편으로는"-"다른 한편으로는"이라는 도식에 입각해 어떤 특정한 현상에 (가령 총파업에) 대한 일곱 가지 "찬성"의 이유와 여섯 가지 "반대"의 이유를 들고 이것들을 옛날 중상주의적 재정학의 방식에 따라, 또는 가령 오늘날 중국의 건의서 방식[38]에 따라 저울질한다면, 만약 이렇게 한다면 내가 보기에 **그 어떤** 종류의 과학적 관점에서 보더라도 얻는 것이 없다.[39] 오히려 생디칼리슴의 입장을, 상기한 바와 같이, 그것의 가능한 한 합리적이고 내적으로 일관된 형태로 환원하고, 그것의 경험적인 발생 조건, 가망성과 경험에 따르는 실제적인 결과를 규명하는 것이야말로, 과학이, 적어도 **가치판단으로부터 자유로운** 과학이 생디칼리슴의 입장과 관련하여 할 수 있는 것의 전부이다. 어떤 사람이 생디칼리스트가 되어야 할지 아니면 되지 말아야 할지는, 아주 특정한 형이상학적 전제가 없이는 결코 논증될 수 없으며, 이 형이상학적 전제는 이 경우에 **그 어떤 종류의** 과학에 의해서도 증명될 수 없다. 그리고 어떤 장교가 항복하느니 차라리 자신의 보루와 함께 산화하는 것은, 그 결과를 놓고 본다면 경우에 따라서는 **모든** 관점에서 완전히 무익한 것일 **수 있다**. 그러

제18장 제36절에 나오는 구절 "(예수께서 대답하시되) 내 나라는 이 세상에 속한 것이 아니니라"를 연상시킨다. 다만 따옴표가 없기 때문에 거기에서 따온 것이라고 단정적으로 말할 수는 없다. 그러나 「사회정책학회 위원회에서의 가치판단 논의를 위한 소견서」, 124쪽(이 책의 168쪽)을 보면 그렇게 말할 수 있다. 왜냐하면 거기에는 따옴표가 있기 때문이다.

38　이것이 구체적으로 무엇을 가리키는지는 알 수 없다.

39　이 문장의 뒷부분에 나오는 "내가 보기에"와 " **그 어떤** 종류의" 사이에 "생디칼리슴의 인식에 관한 한"을 끼워 넣어서 읽으면 의미하는 바가 보다 명확해질 것이다.

나 어떤 유익이 있는지를 묻지 않고 그렇게 하도록 하는 신념이 실제로 존재하는지 그렇지 않은지는 우리에게 상관없는 일이 아닐 것이다. 아무튼 이러한 신념은 일관된 생디칼리스트의 신념과 마찬가지로 "무의미한 것"이 결코 아니다. 만약 교수가 안락하고 높은 강단에서 내려다보며 그와 같은 "카토주의"[40]를 추천한다면, 물론 이것은 별로 적절치 못한 처사로 보일 것이다. 그러나 ― 결론적으로 말해[41] ― 그가 카토주의와 정반대되는 것을 찬양하면서 그때그때의 발전경향과 상황에 의해 주어진 기회에 이상을 적응시키는 것이 의무라고 설파하는 것도 바람직한 일이 아니다.

나는 방금 위에서 되풀이하여 "적응"이라는 표현을 사용했는데, 그 의미는 각각의 경우에 선택된 표현 방식을 고려하면서 읽으면 충분히 명료해질 것이다. 그러나 이 표현은 이중적 의미를 갖는다는 것이 드러난다: 그것은 먼저 궁극적인 입장의 실현을 위한 수단을 주어진 상황에 적응시키는 것을 뜻한다(좁은 의미에서의 "현실정치"); 아니면 그것은 가능한 궁극적인 입장들 사이에서 선택을 할 때, 이 입장들 중 하나가 그때그

---

40 "카토주의"(Catonismus)는 마르쿠스 포르키우스 카토(기원전 95~기원전 46)에서 연원하는 말이다. 그의 이름은 증조할아버지(기원전 234~기원전 149)와 같기 때문에, 이 둘을 구별하기 위해 그는 소(小)카토라고, 그의 증조할아버지는 대(大)카토라고 불린다. 소카토는 고대 로마 공화정 말기의 정치가이자 스토아 철학자로, 공화정을 수호하기 위해 카이사르에게 항전하다가 패하고 자결하였다. 역사적으로 로마 공화정과 그 이상을 상징하는 인물로 추앙되어왔다.

41 베버가 여기에서 굳이 "결론적으로 말해"라는 표현을 쓰는 것은, 원래 이 단락의 주제가 생디칼리슴(생디칼리스트)이 아니라 발전경향과 적응에 있었기 때문이다. 생디칼리슴은 단지 이를 위한 한 가지 예일 뿐이다. 물론 생디칼리슴에 대한 논의가 비교적 자세하게 전개되기 때문에, 마치 그것이 이 단락의 주제처럼 보이기는 한다. 그러나 베버가 이 단락에서 논박하고자 하는 바는 그 바로 앞 단락의 마지막 문장이다: "이들은[경험과학의 대변자들은] 그때그때의 '발전경향'에 박수갈채를 보내고 이 발전경향에의 '적응'을 궁극적인 **가치판단**의 문제에서, 다시 말해 어디까지나 각 개인이 개별적인 경우에 따라 해결할 수밖에 없는, 따라서 전적으로 각 개인의 양심에 속하는 문제에서 외견상 '과학'의 권위에 의해 보증되는 것처럼 보이는 원칙으로 바꾸어놓는다."

때 갖는 실제적인 또는 외견상의 순간적인 실현 가망성에 적응하는 것을 뜻한다(독일의 정치가 27년 전부터 채택하여 그토록 기묘한 성공을 거둔 "현실정치"의 유형).[42] 그러나 이로써 적응이라는 표현이 가질 수 있는 의미가 모두 열거된 것은 결코 아니다. 그러므로 내가 보기에 우리의 문제들에 대한 논의에서, "가치판단"의 문제에 대한 논의에서뿐만 아니라 다른 문제들에 대한 논의에서도, 많이 남용되는 이 개념을 차라리 완전히 배제하는 것이 좋을 것이다. 사실상 이 개념은 과학적 **논증**의 표현으로서는 너무나도 오해의 소지가 크다; 그럼에도 불구하고 과학적 논증의 수단으로 번번이 등장하는데, 그것도 "설명"(가령 특정한 시기의 특정한 인간집단에서 경험적으로 존재하는 특정한 윤리관을 설명하는 것)의 목적을 위해서뿐만 아니라 "평가"(예컨대 그 실제로 존재하는 윤리관이 객관적으로 "적합하며", **또한 바로 그런 연유로** 객관적으로 "올바르고" 가치 있는 것으로 평가하는 것)의 목적을 위해서도 번번이 등장한다. 그러나 이 두 측면의 어느 것에서도 그것은 기여하는 바가 없는데, 왜냐하면 그것 자체가 항상 사전(事前)해석을 필요로 하기 때문이다. 적응이라는 개념은 생물학에서 유래한 것이다. 만약 이것을 실제로 생물학적 의미에서 파악한다면, 다시 말해 어떤 인간집단이 풍부한 후손 번식을 통해 자신의 정신물리적 **유전**질을 유지할 수 있는 가망성으로 ― 이 가망성은 상황에 의해 주어지며 상대적으로 산정할 수 있다[43] ― 파악한다면, 예컨대 가장 풍부한 경제적 자원을 가지고 자신의 삶을 가장 합리적으로 통제하는 사회계층이야말로 출산통계의 잘 알려진 경험적 자료에 따르면 "가장 적응하지 못한" 인간집단이 될 것이다. 생물학적 의미에서 보면 ― 그러나 그 밖의 수많은 가능한 그리고 진정으로 순수한 경험적 의미들 가운데

---

42 여기에서 "27년 전부터"는 독일 제국의 제2대 황제인 빌헬름 2세(1859~1941, 재위 1888~1918)에 의해 비스마르크가 제국의 총리직에서 해임된 1890년을 가리킨다.

43 여기에서 "상대적으로 산정할 수 있다"는 말은 "다른 인간집단들과의 관계 속에서 산정할 수 있다"라고 읽으면 된다.

어느 것에서 보아도— 모르몬교도들의 이주 이전에 솔트레이크에 살았던 소수의 인디언들은 그곳의 환경적 조건에 어떤 점에서는 이주 이후에 형성된 정착지에 거주하는 많은 수의 모르몬교도들만큼이나 잘 그리고 어떤 점에서는 이들만큼이나 잘못 "적응했다".[44] 요컨대 우리는 이 개념을 가지고 어떤 현상을 경험적으로 더 잘 이해할 수 있는 것이 결코 아닌데, 그럼에도 불구하고 그럴 수 있다고 쉽게 상상한다. 그리고 우리는—이 점은 여기에서 미리 확실히 해두고자 한다—그 밖의 **모든** 측면에서는 완전히 동질적인 두 개의 조직에 **한해서만**, 이 둘 사이에 존재하는 한 특정한 구체적인 개별적 차이가 이 둘 가운데 어느 하나의 존속을 위해 **경험적으로** "더 유리한", 그리고 이러한 의미에서 주어진 조건들에 "더 잘 적응된" 상황을 초래한다고 말할 수 있다. 그러나 **평가**를 하는 경우, 누군가는 모르몬교도의 숫자가 인디언보다 많았다는 점과 그들이 그곳에서 이룩한 물질적 및 그 밖의 다른 업적들 그리고 그들이 지니고 와서 발전시킨 특성들을 인디언들에 대한 모르몬교도들의 우월성에 대한 증거라는 입장을 취할 수 있다; 이에 반해 다른 누군가는 그러한 업적들을 이룩하는 데 적어도 일익을 담당한 모르몬교 윤리의 수단과 부차적 결과를 무조건적으로 혐오하면서 심지어 인디언이 한 사람도 없는 초원지대를 선호하거나, 아니면 특히 거기에서 인디언들이 낭만적으로 살아가는 모습을 선호할 수 있다. 그러나 이 세상의 어떤 과학도, 그 성격이 **여하하든** 간에, 방금 언급한 두 평가적 입장을 전향시킬 수 있다고 주장해서는 안 될 것이다. 왜냐하면 우리는 여기에서 이미 목적, 수단 및 부차적 결과의 **균형**이라는 해결할 수 없는 문제에 직면하기 때문이다.

우리가 이 문제를 진정으로 경험적인 방식에 의해 해결할 수 있는 것

44 솔트레이크는 1847년 7월 24일 모르몬교의 제2대 교주인 브리검 영(1801~77)이 이끄는 모르몬교도들이 종교의 자유를 찾아 이주하여 정착촌을 건설한 곳으로, 모르몬교의 중심도시이자 미국 유타 주의 주도이다.

은 단지, 절대적으로 명백하게 주어진 목적에 적합한 수단을 찾는 경우뿐이다. 다음의 명제, 즉 x가 y를 위한 유일한 수단이라는 명제는, 사실상 다음의 명제, 즉 x에 y가 따른다는 명제를 뒤집어놓은 것에 지나지 않는다. 그러나 — 그리고 이것이 핵심적인 것이다 — "적응되었음"이라는 개념은 (그리고 이와 유사한 모든 개념은) 어쨌든 상기한 두 평가적 입장의 궁극적인 근거가 되는 가치판단들에 대해서는 그 어떠한 정보도 제공하지 않고, 오히려 — 예컨대 최근에 자주 이용되지만 내가 보기에 완전히 혼란스러운 개념인 "인간경제"[45]라는 개념과 마찬가지로 — 그 가치판단들을 은폐할 뿐이다. "문화"의 영역에서는 우리가 그 개념에 어떤 의미를 부여하느냐에 따라 모든 것이 "적응되었거나" 또는 아무것도 "적응되지" 않았다. 왜냐하면 모든 문화적 삶에서 배제할 수 없는 것이 **투쟁**이기 때문이다. 우리는 투쟁의 수단, 그 대상, 심지어 그 기본 방향과 담지자들을 바꿀 수는 있지만, 투쟁 그 자체를 제거할 수 없다. 투쟁은 적대적인 인간들이 외적인 사물을 두고 벌이는 외적인 싸움 대신에 서로 사랑하는 사람들이 내적인 가치를 두고 벌이는 내적인 싸움일 수 있고, 따라서 외적인 강요 대신에 내적인 강압일 수 있으며 (특히 성애적 또

---

45 이는 루돌프 골트샤이트(1870~1931)의 개념이다. 그는 예컨대 1911년에 출간된 주저 『상승발전과 인간경제: 사회생물학 정초』에서 인간경제에 대한 논의를 전개하고 있다. 오스트리아의 사회학자이자 철학자인 골트샤이트는 이 책에서 당시의 생물학적 진화론과 이를 사회적 현상에 적용하는 사회진화론을 비판하고 새로운 발전 개념을 제시한다. 그에 따르면 자연적인 생물학적 진화의 결과로 점점 더 복잡한 생명체들이 탄생했으며, 그 최상의 존재인 인간은 고도의 성능을 갖춘 뇌 덕분에 수동적으로 환경에 적응하던 여타 생명체들과 달리 적극적으로 환경에 적응할 수 있게 되었다. 그리하여 인간과 환경 사이에 사회생물학적 상호작용 과정이 형성되었다. 이러한 상승발전의 과정에서 사회과학, 특히 사회학에는 자연현상을 지배하는 맹목적인 인과성을 인간에 적합한 사회적-문화적 목적론으로 전환시켜야 하는 과제가 주어진다. 그러나 지금까지 사회과학을 주도해온 경제학은 도덕과 전혀 무관한 시장, 자본이윤 등의 원리에 입각해 있었기 때문에 상기한 과제를 수행할 수 없었다. 그러므로 경제학은 이제 교환가치에 지향된 반인간적인 시장경제 대신에 사용가치에 지향된 인간적인 사회경제를 추구해야한다는 것이다. 골트샤이트는 이 완전히 새로운 경제를 인간경제라고 부른다.

는 박애적 헌신의 형태를 띤), 또는 마지막으로 한 개인의 영혼 내에서 일어나는 자기 자신과의 내적인 싸움을 의미할 수도 있다 ― 어쨌든 투쟁은 항상 존재한다; 그리고 우리가 투쟁을 덜 인지하면 인지할수록, 다시 말해 투쟁이 둔감한 또는 안락한 방임의 형태 또는 환상적인 자기기만의 형태 또는 "선택"의 형태를 띠고 진행되면 진행될수록, 흔히 그 효과는 더욱더 커진다. "평화"가 의미하는 것은 투쟁 방식 또는 투쟁 상대 또는 투쟁 대상 또는 마지막으로 선택 가망성의 변동일 뿐 그 외에 아무것도 아니다. 이와 같은 변동이 윤리적 또는 다른 평가적 판단에 의해 용인될 수 있는지 그리고 언제 그럴 수 있는지에 대해서는, 자명한 일이지만 그 어떤 일반적인 진술도 절대로 불가능하다. 그러나 한 가지만은 확실하다: 만약 우리가 어떤 사회적 관계의 질서를 **평가하려고** 한다면, 그것이 무슨 종류의 것이든 간에 예외 없이 최종적으로, 그것이 외적 선택 또는 내적(동기-) 선택의 과정을 통해 **어떠한 인간유형에게** 지배적인 인간유형이 될 수 있는 최적의 기회를 제공하는가라는 관점에서 검토해야 한다. 왜냐하면 이렇게 하지 않으면 경험적 연구가 진정으로 완벽한 것이 아니고 더 나아가 평가 ― 이 평가가 의식적으로 주관적인 것이든 아니면 객관적인 타당성을 주장하는 것이든 상관없이 ― 에 필요한 실제적인 토대도 마련되지 않기 때문이다. 이러한 사실은 적어도 사회적 발전을 규명하는 과정에서 명백한 "**진보**" 개념을 가지고 작업할 수 있다고 믿는 수많은 동료들에게 상기시켜줄 필요가 있다. 이를 계기로 이제 이 중요한 개념을 좀 더 자세하게 고찰하기로 한다.

"진보"의 개념

만약 우리가 "진보"라는 개념을 고립된 채 고찰되는 어떤 구체적인 발전 과정의 "진척"과 동일시한다면, 우리는 물론 이 개념을 완전히 가치자유적으로 사용할 수 있다. 그러나 대부분의 경우에 사안은 훨씬 더 복잡하다. 여기에서 우리는 이질적인 영역들에서 이 개념이 가치문제와 가장 밀접하게 결합된 몇 가지 예를 고찰하기로 한다.

우리의 정신적 삶이 갖는 비합리적, 감정적 및 정서적 내용의 영역에서는 **가능한** 행동 방식의 양적 증가와 ─ 대개는 이와 연결되어 있는 ─ 질적 다양화가 가치자유적으로 정신적 "분화"의 진보라고 표현될 수 있다. 그러나 이것은 곧바로 가치 개념과 결합된다: 한 구체적인 "개인"의 정신적 "폭" 또는 "역량"의 증대 또는 ─ 이미 명료하지 않은 개념적 구성물이지만 ─ 한 "시대"의 정신적 "폭" 또는 "역량"의 증대(짐멜의 『쇼펜하우어와 니체』[46]에서처럼)와 결합된다.

---

46 이는 1907년에 출간된 『쇼펜하우어와 니체: 연속강연』으로 총 8편의 강의로 이루어져 있는데, 이 책에서 짐멜은 "정신의 보편적 문화사와 이 두 철학자의 사고가 시대를 초월하여 갖는 의의의 이해에 기여하고자" 한다(같은 책, 169쪽). 짐멜이 보기에 쇼펜하우어와 니체의 결정적인 차이점들 가운데 하나는 발전의 개념이다. 쇼펜하우어의 철학에는 발전의 개념이 부재한 반면, 니체의 철학에서는 발전의 개념이 아주 결정적인 역할을 한다. 짐멜은 주장하기를, "인류의 삶은 그 모든 담지자들에 의해 즉각적으로 발전하는 것이 아니다; 오히려 이 발전의 공식은, 우리 인류라는 종(種)은 매 순간 많게 또는 적게 발전한 존재들의 순위로 구성되며, 또한 이 존재들 가운데 그때그때 가장 높은 존재들에 의해 삶이 도달한 정도가 드러난다는 것이다. 삶의 의미는 그것이 무한한 발전이라는 사실에 있으며, 따라서 발전 단계들의 상이함이 개인들 사이의 최종적인 가치 차이를 의미한다"(같은 책, 184~85쪽). 이 인용 구절은 개인이 그때그때, 그러니까 자신이 살아가는 시대의 발전에 기여하고, 이 발전은 다시금 인류의 발전에 기여한다고 해석할 수 있다. 그러니까 니체의 발전 개념은 개인과 시대 그리고 인류를 포괄하는 셈이다. 이 맥락에서 초인의 개념이 중요해진다. 짐멜에 따르면 니체의 초인은 "그때그때 바로 그 시점에 존재하는 인류에 의해 도달한 발전 단계보다 높은 발전 단계 이외에 아무것도 아니다". 그리고 니체의 초인은 ─ 짐멜은 계속해서 주장하기를 ─ "발전에 의미를 부여하는 고정된 최종 목표가 아니라, 그와 같은 최종 목표가 필요치 않고 삶은 자기 자신 안에, 다시 말해 모든 단계가 보다 완전하고 발달된 단계를 통해 극복되는 데에 고유가치를 갖는다는 것에 대한 표현이다"(같은 책, 180~81쪽). 이처럼 초인에 기반을 둔 니체의 도덕철학은 "다음과 같이 사회적 계기를 엄격히 거부한다. 개인은 자신의 삶을 최고도로 고양시키는 것이 과연 다른 사람들에게 어떠한 의미를 줄 수 있는가 하는 문제를 고려할 하등의 이유가 없다. 인류 역사의 모든 문화시대에는 단지 소수의 인간들만이 삶을 더 높은 차원으로 발전시킬 수 있는 자질과 능력을 타고나며, 이들은 다수의 열등한 인간들을 자신의 특성과 특질 및 개성을 고양시키는 데 이용해야 한다. 이

물론 이러한 "분화의 진보"가 실제로 일어난다는 데에는 의심의 여지가 없다. 그러나 여기에는 우리가 그것의 존재를 믿는 곳에서 항상 실제로 존재하는 것은 아니라는 유보조항이 따른다. 현대에는 점점 더 감정의 뉘앙스들에 **주목하는** 경향이 있는데, 이 경향은 모든 삶의 영역에서 합리화와 지성화가 증가한 결과로 나타나기도 하고 각 개인이 자기자신의 모든 삶의 표현들(다른 사람들은 자주 이것들에 전혀 무관심하다)에 부여하는 주관적인 중요성이 증가한 결과로 나타나기도 한다; 그리고 아주 쉽게 마치 분화가 증가한 듯한 착각을 불러일으킨다. 물론 그러한 경향은 실제로 분화가 증가했다는 사실을 의미할 수도 있고 심지어 분화의 증가를 촉진할 수도 있다. 그러나 겉모습만 보면 쉽게 착각할 수 있으며, 나는 솔직히 말해 이러한 착각이 실제로 상당히 광범위하게 일어난다고 산정하는 바이다. 어쨌든 상기한 상황은 엄연히 존재한다. 그런데 누가 분화의 진척을 "진보"라고 **표현하느냐** 아니냐는, 그 자체로서 용어적 합목적성의 문제이다. 그러나 우리가 그것을 "내적 풍요로움"의 증가라는 의미에서의 "진보"라고 **평가해야** 할지 말아야 할지는, 어쨌든 그 어떤 경험적 과학분야에 의해서도 결정될 수 없다. 왜냐하면 다음과 같은 물음은, 즉 어떤 주어진 경우에 새로이 나타나거나 또는 새로이

들 소수 인간이 다름 아닌 초인이며, 이들의 의지가 다름 아닌 권력에의 의지이다. 니체가 그리는 이상적인 사회질서는 민주주의나 사회주의와는 근본적으로 달리 인간집단들 사이의 거리와 불평등 그리고 서열에 의해서 구성되는 질서이다. 바로 이런 연유로 우리는 니체의 도덕철학을 귀족적 개인주의 또는 엄격한 윤리적 인격주의라고 부른다./그러나 이러한 논리에는 커다란 문제점이 있다. 왜냐하면 이렇게 보면 니체의 도덕철학은 개인과 그의 삶 및 숙명에 한정되어 있으며, 따라서 주관적인 성격을 띠기 때문이다. 그리하여 니체는 자신의 도덕철학에 엄격한 객관성을 부여하는 과제를 안을 수밖에 없다. 그는 이 문제를 개인을 사회가 아니라 인류에 연결함으로써 해결한다. 다시 말해 개인적 삶의 최고도의 발달은 궁극적으로 인류 전체의 발달과 고양에 이바지함으로써 도덕적 객관성을 확보하게 된다". 이는 김덕영, 『게오르그 짐멜의 모더니티 풍경 11가지』, 250~51쪽을 약간 수정하여 인용한 것이다. 옮긴이가 보기에는 1902년에 나온 짐멜의 작은 글「니체의 이해를 위하여」는 니체 철학을, 그리고 이에 대한 짐멜의 해석을 이해하는 데 아주 좋은 길잡이가 될 것이다.

의식되는, 그리고 상황에 따라 새로운 "긴장"과 "문제"를 수반하는 감정적 가능성들을 "가치"로 인정해야 할지라는 물음은, 경험적 과학분야와는 전혀 무관한 것이기 때문이다. 그러나 누군가 분화라는 사실 그 자체에 대해 평가적인 입장을 정립하려고 한다면 — 물론 어떤 경험적 과학분야도 누구에게든 이를 금할 수 없다 —, 그리고 이 입장의 근거가 되는 관점을 찾는다면, 그는 현대의 많은 현상들에 직면하여 자연스레 다음과 같은 질문을 던질 수밖에 없을 것이다: 만약 현재 이 과정이 주지주의적 환상 이상의 어떤 것이라면, 그것에 대해 "치러야" 하는 대가는 무엇인가? 예컨대 그는 다음과 같은 사실을, 즉 "체험" — 이것은 현재 독일의 진정한 유행가치이다 — 에 대한 추구가 상당 부분 "일상의 삶"을 내적으로 감당할 수 있는 힘이 감소한 결과일 수 있다는 사실을 간과해서는 안 된다; 그리고 다음과 같은 사실을, 즉 개인들은 자신의 "체험"을 널리 알리고자 하는 욕구를 점점 더 많이 느끼는데, 이는 아마도 거리감의 상실, 따라서 양식[47]과 품위에 대한 감각의 상실로도 평가될 수 있을 것이라는 사실을 간과해서는 안 된다. 아무튼 주관적 체험에 대한 가치판단의 영역에서 "분화의 진보"는 **단지** 주지주의적인 의미에서만, 즉 더욱더 **의식적인** 체험의 증대나 또는 표현 능력과 의사소통 능력의 증대라는 의미에서만 "가치"의 증대와 동일시될 수 있다.

예술적 진보

그러나 **예술**의 영역에서는 (**평가**라는 의미에서의) "진보" 개념의 적용 가능성 문제가 좀 더 복잡해진다. 때때로 이 가능성은 강력하게 부인되는데, 이는 그 의미하는 바에 따라 옳을 수도 있고 그를 수도 있다. 지금까지 예술에 대한 그 어떤 **가치판단적** 고찰도 "예술"과 "비예술"이라는

---

47 이는 생활양식 또는 행위양식으로 읽으면 될 것이다.

배타적인 대립 쌍에 근거해서는 제대로 이루어질 수 없었을 것이다; 그것은 거기에 더해 다음과 같은 구별들, 즉 시도와 성취 사이의 구별, 다양한 성취가 갖는 가치들의 구별, 그리고 완벽한 성취와 어느 한 특정한 측면 또는 많은 측면들에서, 심지어 중요한 측면들에서 실패했지만 그렇다고 해서 전적으로 무가치하지는 않은 성취 사이의 구별을 사용해왔는데, 그것도 어떤 구체적인 형성의지뿐만 아니라 각각의 시대들 전체를 지배하는 예술의지[48]에 대해서도 사용해왔다. 확실히 "진보"라는 개념은 방금 언급한 사실들에 적용되면 사소한 것으로 보이는데,[49] 그 이유는 이 개념이 일반적으로 순수하게 기술적인 문제들에 사용되기 때문이다. 그러나 그렇다고 해서 그것 자체가 무의미한 것은 아니다. 반면 순수

---

48 예술의지(Kunstwollen)라는 개념은 1856년에 독일의 고고학자 하인리히 브룬(1822~94)에 의해 처음으로 도입된 예술사적 및 예술이론적 개념으로, 한 시대의 예술적 형성이 갖는 특성과 한계 그리고 그 시대의 내재적인 미적 충동 또는 동인을 가리킨다. 그후 (오스트리아) 빈 학파 예술사학자들, 특히 알로이스 리글(1858~1905)에 의해 고전적인 예술사와 상반되는 새로운 예술사의 중심적인 준거점들 가운데 하나가 되었다. 잘 알려져 있다시피, 고전적 예술사는 예술의 역사를 전성기 시대(예컨대 그리스와 로마)와 아류의 시대 또는 타락의 시대(예컨대 고대후기)를 구분한다. 이러한 가치판단적 접근에 반해 리글은 모든 시대의 예술은 그 시대의 고유하고 독특한 예술의지에 따라 고찰해야 한다는 견해를 내세웠다. 그는 1901년에 나온 『후기 로마의 공예』라는 저서에서 주장하기를, "인간의 모든 의지는 세계에 대한 자신의 관계를 만족스럽게 형성하는 것에 지향된다. 형성적인 예술의지는 감각적으로 지각할 수 있는 사물의 현상에 대한 인간의 관계를 규정한다: 예술의지에는 인간이 그때그때 사물을 형성하거나 채색하는 방식이 표현된다. [······] 이 의지의 성격은 우리가 그때그때의 세계관이라고 부르는 [······] 종교, 철학, 과학에 그리고 심지어 국가와 법에도 포함되어 있다"(401쪽). 이러한 예술사적 논리에 근거하여 리글은 고대후기(3세기 말~5세기 말 또는 6세기 말)의 예술이 단순히 고전예술의 타락이 아니라 고전예술로부터의 필연적인 발전의 산물이었고 그 이후에 오는 중세예술의 출발점이 되었으며, 따라서 고전예술과 동등한 가치를 갖는다는 점을 경험적으로 논증했다. 이처럼 예술의지라는 새로운 개념에 기반을 둔 리글의 예술사는 가치판단적인 고전적 예술사를 논박할 수 있었을 뿐만 아니라 더 나아가 예술작품을 그 사용 목적, 소재 및 기교에 의해 기계적으로 생산되는 것으로 보는 유물론적 예술사도 논박할 수 있었다.

49 이 부분에서 "방금 언급한 사실들"은 바로 그 앞에서 열거한 여러 가지 구별을 가리킨다.

한 경험적 예술사와 경험적 예술**사회학**의 경우에는 문제가 달라진다. 당연히 전자에서는 유의미한 성취로서의 예술작품을 미학적으로 가치판단한다는 의미에서의 예술의 "진보"가 인정되지 않는다; 왜냐하면 이러한 가치판단은 경험적 고찰의 수단으로는 수행될 수 없는 것이며, 따라서 예술사의 과제를 완전히 벗어나는 일이기 때문이다. 이에 반해 예술사야말로 모든 측면에서 순전히 기술적이고 합리적이며 따라서 명확한 "진보" 개념을 사용할 수 있는데, 이 개념이 ─ 이에 대해서는 곧바로 상론할 것이다 ─ 경험적 예술사에서 사용될 수 있는 이유는 바로 다음과 같다: 그것은 전적으로 한 특정한 예술의지가 확고하게 주어진 의도를 실현하기 위해 사용하는 기술적 **수단**을 규명하는 데에 한정된다. 이처럼 엄격하게 자기 분수를 지키는 연구가 예술사에 대해 지니는 의의는 쉽게 과소평가되거나 또는 현재 유행하고 있는, 아주 저급하고 진짜가 아닌 자칭 "전문가들"이 의미하는 연구로 오해되는데, 이들은 어떤 예술가의 아틀리에의 커튼을 열어젖히고 그의 외적 표현 수단, 즉 그의 "기법"을 면밀히 조사하면 그 예술가를 "이해할" 수 있다고 주장한다. 그러나 올바로 이해된 "기술적" 진보가 예술사의 진정한 전문분야인데, 그 이유는 이 기술적 진보와 이것이 예술의지에 끼치는 영향이야말로 예술의 발전 과정에서 순수하게 경험적으로, 다시 말해 미학적 평가 없이 규명될 수 있는 유일한 부분이기 때문이다. 이제 몇 가지 예를 들어 진정한 의미에서의 "기술적인 것"이 예술사에 대해 지니는 실제적인 의의를 명확하게 밝혀보기로 한다.

먼저 고딕 양식은 다른 무엇보다도 그 자체가 순수한 건축기술적 문제 한 가지를 성공적으로 해결한 결과로 탄생했다: 이 문제는 구체적으로 특정한 종류의 공간들 위에 궁륭(돔dome)형 천장을 씌우는 문제, 다시 말해 교차궁륭의 지지를 위한 교대(橋臺)를 건설하는 데 (이것은 여기에서 논의할 수 없는 몇 가지 세부 사항들과 연결되어 있다) 필요한 최적의 기술에 대한 문제였다. 그리하여 아주 구체적인 건축적 문제들이 해결되었다. 그리고 이와 함께 비정방형적 공간들 위에도 특정한 방식으로 궁륭형의 천장을 씌우는 것이 가능하다는 것을 알게 되었으며, 이러한 인식은—아직 누구인지 알려지지 않은 그리고 아마도 영원히 그럴 것인—열정적인 건축가들을 열광시켰고, 바로 이들이 새로운 건축양식을 발전시켰던 것이다. 이들의 기술적 합리주의로 인해 이 새로운 원리는 아주 일관되게 관철되었다. 이들의 예술의지로 인해 이 원리는 그때까지 상상하지 못했던 예술적 과제들을 실현할 수 있는 가능성으로 활용되었으며, 그리하여 조각에서는 주로 건축에서의 완전히 새로운 공간 및 평면 구성 방법에 의해 일깨워진 새로운 "물체감각"의 길이 열렸다. 이처럼 주로 기술적으로 조건지어진 대변혁이 상당 부분 사회학적으로 그리고 종교사적으로 조건지어진 특정한 감정내용들과 결합하게 되었는데, 바로 이 두 차원의 결합에 의해 고딕 시대 예술창작의 소재가 되는 문제들의 중요한 부분이 결정되었다. 예술사적이고 예술사회학적인 고찰은 새로운 양식의 물적, 기술적, 사회적 그리고 심리적 조건들을 규명하며, 또한 이렇게 하는 것이 자신에게 주어진 순수하게 경험적인 과제를 다하는 것이다. 그러나 고딕 양식을 가령 로마네스크 양식이나 또는 르네상스 양식과(후자는 반구[半球] 천장의 기술적 문제에 아주 강하게 지향되어 있었으며 그 밖에도 부분적으로는 사회학적 요인에 의해 야기된 건축활동 영역의 변화에 지향되어 있었다) 비교하여 "가치판단하지도" 않으며, 또한 경험적 예술사로 남고자 하는 한, 개별적인 건축물을 미학적으로 "가치판단하지도" 않는다. 오히려 예술작품에 대한 그리고 예술작품이 갖는 미학적으로 중요한 개별적인 특성들에 대한 **관심**, 다시 말해 예술사의 **대상**은 예술사에 대해 선험적인 것으로서 예술사 자체의 수단으로는 결코 규명할 수 없는 미학적 가치를 통해 타율적으로 주어진다.

그리고 음악사의 영역에서도 상황은 비슷하다. 그것이 핵심적인 문제는, **근대 유럽인의 관심**("가치연관성"!)이라는 시각에서 볼 때, 아마도 다음과 같을 것이다: 왜 거의 모든 민속음악에서 발생한 다성음악으로부터 단지 특정한 시기의 서구에서만 화성음이 발전한 반면, 다른 모든 곳에서는 음악의 합리화 과정이 다른 길, 그리고 대부분 정반대의 길, 다시 말해 화성적 분할(5도 음정)을 통한 음정 발전의 길이 아니라 간격분할(대개 4도 음정)을 통한 음정 발전의 길을 걷게 되었는가? 그러니까 핵심적인 것은, 3화음의 구성 요소로서 그 의미가 화성적으로 해석되는 3도 음정의 발생, 그리고 화성적 반음계법의 발생, 더 나아가 — 순수한 박절기적 박자 잡기 대신에 — (강박[強拍] 또는 약박[弱拍]을 갖춘) 근대적인 음악적 운율의 발생이라는 문제인데, 이 운율이 없다면 근대의 기악은 상상할 수 없다. 이 모든 것은 다시금 주로 순수하게 기술적이고 합리적인 "진보"에 관련된 문제이다. 예컨대 화성적 음악보다 오래전에 이미 반음계법이 "열정"의 표현 수단으로 알려져 있다는 사실은, 최근에 발견된 에우리피데스 단편의 열정적인 오음절시각에 수반된 고대의 반음계적 음악이 (주장되는 바에 따르면 심지어 이명동음적 음악도 있었다고 한다) 잘 보여준다.[50] 그러므로 이 고대음악과 르네상스 시대의 위대한 음악 실험가들이 격정적이고 합리적인 발견욕에서, 그리고 전자와 마찬가지로 "열정"을 음악적으로 형상화할 수 있기 위해 창출한 반음계법 사이의 차이는, 예술적 표현 **의지**가 아니라, 기술적 표현 **수단**에서 찾을 수 있다. 그런데 기술적으로 새로운 것은, 르네상스 시대의 반음계법이 그리스인들이 사용했던 멜로디적 반음 및 4분의 1음 **간격**의 반음계법과 같은 것

---

50 사실 고대 그리스 음악은 별로 알려진 것이 없다. 그 가운데 유명한 것이 에우리피데스의 비극 『오레스테스』의 파피루스 단편(에우리피데스 단편)인데, 1892년 오스트리아의 문헌학자이자 파피루스 학자인 카를 베셀리(1860~1931)에 의해 발견되어 출간된 이 단편에는 오음절시각에 수반되는 음악의 악보가 포함되어 있다. 참고로 에우리피데스(기원전 484?~기원전 406?)는 고대 그리스의 3대 비극작가 가운데 한 사람이며, 그의 비극 『오레스테스』는 트로이 원정 최고지휘관인 아가멤논의 아들로 아버지를 살해한 어머니 클리타임네스트라와 그녀의 정부(情夫) 아이기스토스에 대한 복수를 한 — 그의 누이 엘렉트라와 함께 — 오레스테스를 주인공으로 하는 작품이다. 그리고 오음절시각(五音節詩脚, Dochmius)은 단장장단장(短長長短長, ⌣ ‒ ‒ ⌣ ‒)의 시각이다.

이 되지 않고 우리의 화성적 음정의 반음계법이 되었다는 사실이다. 그리고 이렇게 될 수 있었던 이유는 다시금, 이미 그 이전에 기술적-합리적 문제들이 해결되었기 때문이다. 여기에는 특히 합리적인 기보법의 창출(이것이 없이는 근대적 작곡은 상상조차 할 수 없을 것이다), 그 전에 음정의 화성적 해석을 요구하는 특정한 악기들의 발명, 그리고 무엇보다도 합리적인 다성악의 발전이 포함된다. 이러한 업적들에 가장 크게 기여한 것은 중세 초기에는 북유럽 전도 지역에서 활동하던 수도승들이었는데, 이들은 비잔틴 수도승들이 그랬던 것과 달리 자신들의 음악을 그리스적으로 훈련받은 음악시인[51]에게 처리하도록 맡기지 않고, 자신들이 하는 일이 이후에 갖게 될 의의는 전혀 짐작하지 못한 채 민속적인 다성음악을 자신들의 목적을 위해 합리화했다. 아무튼 본질상 "기술적인" 성격을 갖는 이 음악적 문제는 오직 서구 수도승들에게만 특유한 합리주의로부터 발생했는데, 다시금 이 수도승적 합리주의는 사회학적으로 그리고 종교사적으로 조건지어진 매우 구체적인 서구 기독교 교회의 외적-내적 특성들 때문에 가능했다. 다른 한편으로 춤 박자 — 이것은 소나타로 귀착되는 음악형식들의 아버지였다 — 의 수용과 합리화는 르네상스시대의 특정한 사회적 삶의 방식들에 의해 야기되었다. 마지막으로 피아노의 발전 — 피아노는 근대음악이 발전하고 근대음악이 시민계층에서 전파되는 과정을 기술적으로 담지한 가장 중요한 요소들 가운데 하나였다 — 은, 북유럽 문화에서 독특하게 볼 수 있는 삶의 실내적 성격에 그 뿌리가 있었다. 이 모든 것은 음악의 **기술적** 수단의 진보로서 음악의 역사에 아주 큰 영향을 끼쳤다. 경험적 음악사는 음악적 예술작품들에 대한 **미학적** 평가를 내리지 않고도 역사적 발전의 이러한 구성 요소들을

---

51   베버는 여기에서 'Melopoiós'라는 단어를 사용하고 있는데, 그리스어로는 'μελοποιός'이다. 이는 고대 그리스에서 음악이 수반되는 시를 쓰는 시인을 가리키는 말로, 우리말로는 음악시인으로 옮기는 것이 가장 적합할 듯하다.

서술하고 분석할 수 있고 또한 그렇게 해야 한다. 기술적 "진보"는 미학적 관점에서 평가하면 매우 불완전한 작품들에서 최초로 성취된 경우가 빈번하다. 음악사의 **관심** 방향, 즉 역사적으로 설명되어야 할 **대상**은 이것의 미학적 중요성을 통해 타율적으로 주어진다.

마지막으로 회화의 발전과 관련해서는, 뵐플린의 저서『고전미술』에 담긴 문제제기의 고결한 겸손함이 경험적 연구가 무엇을 성취할 수 있는가를 보여주는 아주 탁월한 예이다.[52]

그런데 가치영역과 경험적인 것이 완전히 구별된다는 사실은 다음에서 특징적으로 드러난다: 그것이 제아무리 "진보한" 것일지라도 어떤 특정한 **기술**이 예술작품에 사용된다는 사실 그 자체는 예술작품의 **미학적** 가치에 대해서는 아무것도 말해주는 것이 없다. 심지어 지극히 "원시적인" 기술을 사용한 예술작품들도 — 예컨대 원근법에 대한 지식이 전혀 없는 회화작품들도 — 미학적으로는 합리적 기술에 기반하여 창작된 가장 완벽한 예술작품들과 완전히 대등할 수 있다; 물론 여기에는 전자의 기저를 이루는 예술의지가 상기한 "원시적" 기술에 적합한 예술적 형성

---

52 여기에 언급된 뵐플린 저서의 완전한 제목은『고전미술: 이탈리아 르네상스 입문』인데, 이탈리아 르네상스 미술 전체가 아니라 그 일부분인 16세기의 미술, 보다 구체적으로 말하자면 다빈치, 미켈란젤로, 라파엘로 등의 거장에 초점을 맞추고 있다. 뵐플린은 이 탈리아 르네상스 미술을 14~15세기와 16세기로 나누고 후자를 고전미술이라고 부른 다. 그는『고전미술』, VIII~IX쪽(서문)에서 다음과 같이 말하고 있다: "이 책의 필자는 그것을[예술사적 단행본으로 일정 부분 미학을 포함하는 것을] 목표로 삼았다. 그의 의 도는 이탈리아 고전주의 미술의 내용을 밝히는 것이다. 이탈리아 미술은 16세기에 성 숙하였다. 그것을 이해하고자 하는 사람은 황소의 뿔을 잡아야 할 것이다; 다시 말해 완 전히 발전한 현상을 알아야 할 것이다. 왜냐하면 그래야 비로소 전체적인 본질을 파악 할 수 있고 비로소 판단의 척도를 얻을 수 있기 때문이다. / 이 책의 연구는 중부 이탈리 아의 거장들에 한정된다. 베네치아도 그와 유사한 발전을 했지만, 만약 그곳의 특수한 조건들까지 다루게 된다면 이 책의 논의가 혼란스러워질 것이다. / 자명한 일이지만 이 책에서는 주요한 작품들만 다룰 것이며, 독자들은 필자가 어느 정도 자유롭게 작품을 선별해서 다루는 것을 이해하기 바란다. 왜냐하면 필자의 의도는 개별적인 예술가들에 대해 서술하는 데에 있지 않고 그들에게 공통적인 특징, 즉 전체적인 양식을 파악하는 데에 있기 때문이다."

에 한정되었다는 전제조건이 따른다. 새로운 기술적 수단의 창출은 우선 분화가 증가한다는 것을 의미할 뿐이며 가치상승이라는 의미에서의 예술의 "풍부성"이 증가할 수 있는 **가능**성을 제공할 뿐이다. 실제로 새로운 기술적 수단의 창출은 드물지 않게 형식감각의 "빈곤화"라는 정반대의 효과를 가져왔다. 그러나 경험적-**인과적** 고찰에서는 (가장 넓은 의미에서의) "기술"의 변화야말로 일반적으로 규명할 수 있는, 예술의 가장 중요한 발전 요소이다.

　그런데 이에 대해 예술사학자들뿐만 아니라 역사학자들도 일반적으로 다음과 같이 이의를 제기하곤 한다: 이들은 정치적, 문화적, 윤리적, 미학적 평가의 권리를 빼앗기지도 않을 것이며, 이러한 평가 없이는 자신들의 작업을 수행할 수도 없다고 이의를 제기하곤 한다. 사실 방법론은 그 누구에게도 그가 문예작품에서 무엇을 제공해야 하는가에 대한 처방을 내릴 능력도 의향도 없다. 그것은 단지 다음과 같은 점을 제시할 권리를 주장할 수 있을 뿐이다. 즉 일정한 문제들은 서로 이질적인 의미를 지닌다는 점, 이 문제들을 서로 **혼동하면** 논의가 동문서답이 될 수밖에 없다는 점, 그리고 경험과학적 수단이나 논리적 수단을 가지고 논의하는 것이 이 문제들 중 어떤 것들에 대해서는 유의미한 반면 다른 것들에 대해서는 불가능하다는 점을 제시할 권리를 주장할 수 있을 뿐이다. 나는 여기에서 당장은 그 증거를 제시하지 않은 채 일반적인 관찰 하나를 추가하고자 한다: 그것은 역사적 연구물들을 세심하게 검토해보면, 경험적-역사적 인과연쇄를 그 마지막 고리까지 철저하게 추적하는 작업이, 역사학자가 "가치판단"을 하기 시작하면 거의 예외 없이 중단되고 그 결과로 과학적 결과가 손상을 입게 된다는 사실이 아주 명백하게 드러난다. 이럴 경우 역사학자는 예컨대 행위자들이 가졌던, 그러나 자신에게는 이질적인 이상들의 결과로 나타난 어떤 것을 그들의 "실수"나 "타락"의 결과라고 "설명할" 위험에 처하게 되며, 따라서 그의 가장 고유한 과제, 즉 "이해"를 그르치게 된다. 이러한 오해[53]는 두 가지 원인에 의해 설명할 수 있다. 첫째로, 계속해서 예술을 예로 들자면, 예술적 현실에 접근하는 데에는 한편으로는 순수하게 미학적으로 가치판단하는 방식과 다른 한편으로는 순수하게 경험적이고 인과적으로 귀속시키는 방식 이외에 제3의 방식, 즉 가치**해석적** 방식이 있다는 사실이다; 이것의 본질에 대해서는 다른 곳에서 언급했기 때문에(앞을 볼 것),[54] 여기서는 반복하지 않기로 한다. 그러한 방식이 나름대로의 고유가치를 가지며 모든 역사학자에게 필수불가결하다는 사실에는 전혀 의심의 여지가 없다. 마찬가지로 예술사적 저작의 일반 **독자**는 그 안에서 가치해석적 작업도 그리고 특히 이러한 작업을 기대한다는 사실에도 전혀 의심의 여지가 없다. 다만 가치해석적 작업은 그 논리적 구조에 비추어볼 때 경험적 고찰과 동일하지 않다.

둘째로, 누구든 예술사 분야에서 과학적 업적을 성취하고자 한다면, 그것이 제아무리 순수하게 경험적인 것이라 할지라도, 이 목적을 위해 예술적 창작 과정을 "이해할" 수 있는 능력을 필요로 하는데, 자명하게도 이 능력은 미학적 판단 능력, 다시 말해 평가를 할 **능력**이 없이는 생각할 수 없다는 사실이다. 물론 이에 상응하는 것이 정치사학자, 문학사학자, 종교사학자 또는 철학사학자에게도 적용된다. 그러나 분명한 것은 이 점이 역사적 작업의 본질에 대해서는 아무런 함의도 갖지 않는다는 것이다.

이는 나중에 다루기로 하고,[55] 여기서는 단지 다음과 같은 문제만을 논의하기로 한다: 어떤 의미에서 미학적 평가의 **밖에서** 예술사적 "진보"에 대해 말할 수 있는가? 우리가 앞에서 보았듯이, 이 개념은 미학적 평가의 밖에서 기술적인 그리고 합리적인 의미, 즉 예술적 의도의 실현을 위

---

53 이는 그 앞 문장에 나오는 "그들의 '실수'나 '타락'의 결과라고 '설명하는'" 것을 가리킨다.

54 이 책의 55쪽에서이다.

55 이는 실제로는 성사되지 않았다.

한 **수단**을 지칭하는 의미를 얻으며, 또한 이 의미는 바로 경험적 예술사를 위해 실제적인 중요성을 가질 수 있다. 이제 "합리적" 진보라는 이 개념을 그것의 가장 고유한 영역에서 적용되는 것을 검토하고 그것의 경험적 또는 비경험적 성격을 고찰할 때가 되었다. 왜냐하면 지금까지 언급한 것은 하나의 매우 보편적인 현상의 한 특수한 경우이기 때문이다.

합리적 진보

빈델반트는 자신의 저서 『철학사』의 주제를 "유럽인이 자신의 세계관을 [······] 과학적 개념들로 표현해온 과정"으로 한정하고 있으며(제4판, 제2절, 8쪽),[56] 따라서 자신의 (내가 보기에) 아주 탁월한 연구 프로그램을 추진하기 위해서는 이러한 문화가치연관성으로부터 도출되는 하나의 특수한 "진보" 개념을 사용할 수밖에 없다(이 개념이 그의 연구 프로그램에 대해 갖는 함의는 같은 책, 15~16쪽에 제시되어 있다).[57] 그런데 진보라는 개념은 한편으로는 모든 철학의 "역사"에서 자명한 것이 결코 아니지만, 다른 한편으로는 만약 빈델반트의 상기한 저작에 상응하는 문화가치연관성을 근거로 한다면 철학의 역사에 그리고 어떤 다른 과학의 모든 역사에 적용될 수 있을 뿐만 아니라, 더 나아가 — 빈델반트가 가정하는 것과 달리(같은 책, 7쪽, 제1항, 제2단락)[58] — 모든 "역사"에 일반

---

56 빈델반트의 『철학사』는 1892년에 초판이 나왔는데, 1903년에 나온 제3판부터 제목이 『철학사 편람』으로 바뀌었다. 베버가 인용한 제4판은 1907년에 나온 것이다. 그리고 베버가 인용한 구절의 원문은 "**유럽인이 자신의 세계관과 삶의 판단을 과학적 개념들로 표현해온 과정**"이다. 참고로 여기에서 말하는 제2절은 총 세 개의 절로 되어 있는 「서문」의 두 번째 절이다.

57 여기에서 말하는 15~16쪽은 「서문」, 제2절과 제3절의 일부분으로 각각 철학의 역사에 그리고 철학 및 그 역사의 구분에 대한 논의에 할애되어 있다. 빈델반트는 유럽의 철학사에 한정한 자신의 『철학사』를 총 일곱 개의 부로 나누어 그리스 철학, 헬레니즘과 로마의 철학, 중세 철학, 르네상스 철학, 계몽주의 철학, 독일 철학, 19세기 철학을 다루고 있다. 같은 책, 7~18쪽을 볼 것.

적으로 적용될 수 있다. 그러나 아래에서는 다만 우리의 사회학적 및 경제학적 과학분야들에서 일정한 역할을 하는 합리적 "진보" 개념만을 논하고자 한다. 우리 유럽과 미국의 사회적 및 경제적 삶은 특수한 방식으로 그리고 특수한 의미에서 "합리화"되었다. 그러므로 이 합리화 과정을 설명하고 그에 상응하는 개념들을 구성하는 것이 우리 과학분야들의 주된 과제들 가운데 하나이다. 여기에서 예술사를 예로 들어 다루었던, 그러나 미해결인 채로 두었던 문제가 다시 제기된다: 어떤 과정을 "합리적 진보"라고 표현한다면, 이것이 의미하는 바는 도대체 무엇인가?

그런데 여기서도 다음과 같이 서로 다른 "진보"의 의미가 뒤섞이고 있다: 1) 단순한 분화의 "진척", 2) **수단의 기술적** 합리성의 진척, 3) **가치** 증대. 우선 **주관적으로** "합리적인" 자아행동만 해도 합리적으로 "올바른" 행위, 다시 말해 과학적 인식에 근거해 볼 때 객관적으로 올바른 수단을 사용하는 행위와 동일하지 않다. 그러한 자아행동 자체가 의미하는 바는 단지 다음과 같은 것, 즉 개인은 어떤 주어진 목표의 달성을 위해 올바르다고 **간주되는** 수단에 체계적으로 지향하려는 **주관적인** 의도를 갖고 있다는 것뿐이다. 그러므로 행위의 주관적인 합리화의 진척이 반드시 객관적 측면에서도 합리적으로 "올바른" 행위의 방향으로의 "진보"가 되는 것은 아니다. 예컨대 주술도 물리학과 마찬가지로 체계적으로 "합리화"되었다. 의도적으로 사용된 최초의 "합리적" 치료법은 거의 어디서나, 경험적인 증세를 순수하게 경험적으로 검증된 약초나 물약으로 치료하는 것을 거부하고 질병의 (그 치료법이 추정하는) "진정한" (주술적, 악마적) "원인"을 제거하는 것을 의미했다. 그러므로 형식적 측면에서 그 치료법은 근대적 치료법에서 가장 중요한 진보를 이룩한 많은 치료법들과 똑같이 그 이전보다 더 합리적인 구조를 지니고 있었다. 그러나 우리는 이러한 주술적-사제적 치료법을 그 이전에 사용된 경험적 치료

법에 비해 "올바른" 행위로의 "진보"라고 **가치판단할** 수는 없을 것이다. 그리고 다른 한편으로 "올바른" 수단의 사용이라는 방향으로의 "진보" 가 모두 첫 번째 의미, 즉 주관적 합리성이라는 의미에서의 "진척"을 통해 달성된 것은 결코 아니다. 주관적으로 점점 더 합리적이 되는 행위가 객관적으로 "더 합목적적인" 행위로 이어지는 것은, 단지 많은 가능성들 가운데 하나일 뿐이며 (다양한 정도의) 개연성을 가지고 기대할 수 있는 현상이다. 그러나 개별적인 경우에 다음과 같은 명제, 즉 x라는 조치는 y라는 결과를 달성하기 위한 수단이라는 (아니 유일한 수단이라고 가정하자) 명제가 옳다면 — 이것은 경험적인 문제이며, 사실상 x에 y가 따른다는 인과명제의 단순한 도치일 뿐이다 —, 그리고 사람들이 — 이것도 마찬가지로 경험적으로 규명할 수 있다 — y라는 결과의 달성에 자신들의 행위를 지향할 때 이 명제를 의식적으로 사용한다면, — **그렇다면** 그들의 행위는 "기술적으로 **올바르게**" 지향된 것이다. 인간의 행동이 (어떤 종류이건 상관없이) 어떤 개별적인 측면에서든지 이러한 의미에서 그 전보다 기술적으로 "더 올바르게" 지향되었다면, 우리는 이 경우에 "**기술적 진보**"가 존재한다고 말한다. 그리고 정말로 그렇게 지향되었는가 여부의 **문제**는 — 물론 주어진 목적이 절대적으로 명백하다는 것이 항상 전제되어야 한다 — 경험적 과학분야가 실제로 과학적 경험의 수단으로, 다시 말해 경험적으로 규명할 수 있는 것이다.

그러므로 이러한 의미에서, 다시 말해 목적이 **명백하게** 주어진다는 전제 하에서, "기술적" 올바름에 대한 그리고 수단에서의 "기술적" 진보에 대한 개념들을 명백하게 규정하는 것이 가능하다(여기에서 "기술"은 가장 넓은 의미에서 정치적, 사회적, 교육적, 선전적 인간조작 및 인간지배의 영역까지도 포함하는 모든 영역에서의 합리적인 자아행동 일반을 가리킨다). 우리는 다음과 같은 **조건 하에서** 특히 (우리에게 가까운 영역들만 언급하자면) 일반적으로 "기술"이라고 불리는 전문 영역에서, 그리고 더 나아가 통상 기술과 법기술의 영역에서도 얼추 명백하게 "진보에" 대해 말할 수 있는

데, 그 조건이란 하나의 구체적인 기술 영역의 명백하게 규정된 한 상태를 출발점으로 삼는다는 것이다. 그러나 단지 얼추 명백하게 말할 수 있을 뿐인데, 그 이유는 기술적으로 합리적인 개별 원칙들이 ― 전문가라면 누구나 잘 아는 사실이지만 ― 서로 갈등을 일으키며, 이 갈등은 구체적인 이해당사자들이 그때그때 갖는 입장에 따라 조정될 수 있을 뿐 결코 "객관적으로" 조정될 수 없기 때문이다. 그리고 다음과 같이 일련의 가정을 하면, 우리는 더 나아가 수단 조달의 **주어진** 가능성 내에서 욕구 충족의 상대적인 최적화 방향으로 나아가는 "경제적" 진보에 대해서도 말할 수 있다: 그 일련의 가정은 먼저 욕구들이 **주어져 있다**는 것이고, 더 나아가 이 모든 욕구들 자체와 이것들에 대한 주관적 순위 결정은 비판의 **대상이 되어서는 안 된다**는 것이며, 마지막으로 어떤 종류의 경제 질서가 확고하게 **주어져 있다**는 것이다 ― 여기에 더해 다시금 예컨대 이러한 욕구 충족의 지속성, 확실성 및 정도를 둘러싼 이해관계들이 갈등을 일으킬 수 있으며 또한 일으킨다는 유보조항이 따른다. 그러나 **단지** 이러한 전제조건들과 제한들 하에서만 "경제적" 진보에 대해서 말할 수 있다.

경제적 진보

그런데 이러한 논리로부터 명료한, 그리고 동시에 순수하게 **경제적인** 가치판단의 가능성을 도출하려는 시도가 있어왔다. 그와 같은 시도를 특징적으로 보여주는 예로는 이전에 리프만 교수가 인용한 범례를 들 수 있는데, 이에 따르면 소비재의 가격이 생산원가 아래로 떨어지면 생산자가 갖는 수익성에 대한 이해관계로 인해 그 소비재가 의도적으로 폐기된다는 것이다.[59] 그리고 이렇게 하는 것은 객관적으로 보아도 "민족경

---

59 이는 로베르트 리프만이 1909년 9월 29일 오스트리아의 수도 빈에서 벌어진 사회정

제를 위해 올바른 것"이라고 평가되어야 한다는 것이다. 그러나 이러한 진술 및 —여기서는 이 점이 중요하다—그와 유사한 모든 진술은 일련의 전제를 자명한 것으로 가정하는데, 사실 이것들은 결코 자명한 것이 아니다: 첫째, 개인의 이해관계는 실제로 자주 그의 죽음을 넘어서 지속될 뿐만 아니라, 반드시 그의 죽음을 넘어서 지속되는 것으로 간주되어야 **한다**는 전제가 그것이다. 이처럼 "존재"가 "당위"로 전이되지 않으면 상기한 이른바 순수한 경제적 가치판단은 명료하게 수행될 수 없다. 왜냐하면 이러한 전이가 없이는 예컨대 영속하는 인간들의 이해관계로서의 "생산자"와 "소비자"의 이해관계에 대해 말할 수 없기 때문이다. 그러나 개인이 자신의 **상속자들**의 이해관계를 고려한다는 것은 더 이상 순수한 **경제적** 사고가 아니다. 이 경우에는[60] 오히려 살아 있는 인간들이 이윤 추구를 목적으로 "기업"에 "자본"을 투자하고 이 기업을 위해 존재하는 이해당사자들에 의해 대체된다. 이것은 이론적 목적을 위해 유용한 허구이다. 그러나 심지어 허구로서도 노동자들의 상황, 특히 자녀 없는 노동자들의 상황에는 맞지 않는다. —둘째, 상기한 입장은 다음과 같은 "계급상황", 즉 시장 원리의 지배 하에 자본과 노동이 다양한 생산 영역에서 —수익성의 관점에서 평가할 때 그때그때 가능한 한도 내에서— "최적으로" 분배됨에도 불구하고, 아니 바로 그렇기 **때문에** 일정한 소비자 계층들에 대한 재화 공급이 절대적으로 악화될 수 있다는 (반드시 그렇게 되는 것은 아니지만) 사실을 무시하고 있다. 왜냐하면 수익성을 "최적으로" 분배하는 것은 지속적인 자본 투자의 전제조건이 되는데, 그렇게 하는 것 자체는 다시금 계급들 사이의 권력관계에 의존하며 바로 이 관계로 인해 구체적인 경우에 일정한 소비자 계층들의 가격투쟁

책학회의 가치판단 논쟁에서 제시한 것이다. 자세한 내용은 리프만, 「토론회에서의 발언」, 579쪽을 볼 것.
60   이는 "순수한 경제적 사고에서는"이라고 읽으면 된다.

입지가 약화될 수 있기 (반드시 그렇게 되는 것은 아니지만) 때문이다. ─
셋째, 상기한 입장은 다양한 정치적 단위의 구성원들 사이에는 지속적이
고 조정될 수 없는 이해관계의 대립이 존재할 가능성을 무시하며, 따라
서 선험적으로 "자유무역론"[61]의 편을 든다; 사실 자유무역론은 그 자체
로는 지극히 유용한 색출적 수단이지만, 만약 우리가 거기에 근거하여
당위적인 요청들을 제시한다면 바로 그 순간에 결코 자명하지 않은 "가
치판단"으로 변질되고 만다. 물론 상기한 입장은 이러한 갈등을 피하기
위해 세계경제의 정치적 통일성을 설정할 수 있지만─그리고 이것은
이론적으로 완전히 허용될 수 있는 일이다─, 그렇다고 해서 다음과 같
은 비판의 가능성, 즉─여기에서 우리는 이렇게 가정할 수 있다─주
어진 조건 하에서 **지속적으로** (생산자들의 **그리고** 소비자들의) 수익성을
최적으로 보장하기 위해 상기한, 즉 생산원가 아래로 떨어진 그러나 향
유할 수 있는 재화를 폐기하는 것에 대한 비판의 가능성은 결코 근절될
수 없으며, 단지 그 범위가 변화할 뿐이다. 왜냐하면 이럴 경우 우리는
시장에 의한 재화 공급이라는 전체적인 **원리 그 자체**를 비판의 대상으
로 삼을 수 있기 때문인데, 이 원리는 다시금 교환에 참여하는 개별 경제
들이 확보하는 그리고 화폐로 표현될 수 있는 최적의 수익성과 같은 기
제들에 의해 지배된다. 만약 재화 공급이 비시장적으로 조직된다면, 시
장 원리에 의해 주어지는 개별 경제주체들의 이해관계의 상황이 고려될
필요가 없을 것이며, 따라서 상기한, 즉 생산원가 아래로 떨어진 그러나
이미 존재하고 실제로 향유할 수 있는 재화를 소비할 수 없도록 폐기할
이유가 없을 것이다.

상기한 리프만 교수의 견해는 다음과 같은 조건들이 확고하게 주어진
것으로 전제될 때에 한하여 올바른 것이며, 그것도 단지 이론적으로만
올바른 것이다(그리고 자명하게 올바른 것이 된다)[62]: 1) 불변적인 것으로

---

61 자유무역론에 대해서는 이 책의 24쪽, 주 14를 볼 것.

가정된 개인들이 역시 불변적인 것으로 가정된 욕구를 지니며, 수익성에 대한 영속적인 이해관계를 주된 목적으로 추구한다—2) 완전히 자유로운 시장 교환에 기반을 둔 사적 자본주의 방식의 수요 충족이 전적으로 지배한다—3) 국가권력은 개인들의 이해관계를 초월하며 단지 법을 보증하는 기능을 할 뿐이다. 왜냐하면 이런 경우에 가치판단은 재화분배라는 한 특수한 기술적인 문제를 최적으로 해결하기 위한 합리적인 수단에 관련되기 때문이다. 그러나 이론적 목적에 유용한 순수경제학의 허구들이 실제적인 상황들에 대한 실천적 가치판단의 기초가 될 수는 없다. 경제이론이 진술할 수 있는 것은 다음과 같은 것 이외에는 **아무것도 없다**는 사실은 불변의 진리이다: 주어진 기술적 목적 x를 위해서는 y라는 조치가 유일하게 적절한 수단이거나 또는 y^1, y^2와 함께 적절한 수단이라는 점, 또한 후자의 경우 y, y^1, y^2 사이에는 작용 방식과—경우에 따라서는—합리성의 차원에서 이러저러한 차이가 존재한다는 점, 그리고 이 수단들을 사용하여 목적 x를 달성하고자 하면 z, z^1, z^2라는 "부차적 결과"를 감수해야 한다는 점이 그것이다. 이 모든 진술은 인과명제들의 단순한 전도이며, 또한 이 진술들에 "가치판단"이 결부된다면 그것은 전적으로 어떤 가상적 행위의 합리성 정도를 평가하는 것이 된다. 가치판단은 다음과 같은 경우에 그리고 오직 다음과 같은 경우에만 명료하게 내릴 수 있다. 즉 경제적 목적과 사회구조적 조건이 확고하게 주어져 있고, 단지 여러 가지 경제적 **수단들** 가운데서 선택하는 것만이 문제가 되며, 또한 거기에 더해 이 수단들은 단지 목적 달성의 확실성, 신속성 및 양적 정도와 관련해서만 서로 다를 뿐 인간의 이해관계에 대해 중요할 수도 있는 그 밖의 모든 측면에서는 완전히 동일하게 기능하는 경우가 그것이다. 오직 이럴 경우에만 어떤 한 수단을 진정으로 그리고 무

---

62 여기에서 "자명하게 올바른 것이 된다"는 "그 자신의 [리프만 교수의] 명제들에 근거하여 볼 때 올바른 것이 된다"라고 읽으면 된다.

조건적으로 "기술적으로 가장 올바른 것"이라고 평가할 수 있으며, 그리고 오직 이럴 경우에만 이 가치판단은 명료한 것이 된다. 다른 모든 경우에는, 즉 순수하게 기술적이지 않은 모든 경우에는 가치판단이 명료한 것이 될 수 없으며, 더 이상 순수하게 경제적으로 규정할 수 없는 다른 가치판단들이 영향을 끼치게 된다.

그러나 이처럼 순수한 경제적 영역 내에서 **기술적** 가치판단의 명료성을 규명한다고 해서 궁극적인 "가치판단"의 명료성이 획득되는 것은 물론 **아니다**. 오히려 이러한 논의를 벗어나기만 하면 곧바로 가능한 가치판단들의 무한한 다양성의 혼란이 시작될 것이며, 이 다양성은 다시금 궁극적인 공리들로 환원함으로써만 통제될 수 있을 것이다. 왜냐하면 — 단 한 가지 점만 언급하자면 — "행위"의 뒤에는 인간이 있기 때문이다. 인간에게는 행위의 주관적 합리성과 **객관적-기술적** "올바름"의 증가 **자체**가 어떤 일정한 한계치를 넘어서면 — 아니, 보는 관점에 따라서는 그 정도에 상관없이 일단 증가가 일어나기만 하면 — 중요한 (가령 윤리적으로 또는 종교적으로 중요한) 재화들에 대한 위협으로 간주될 수 있다. 예컨대 모든 목적행위를, 단지 그것이 목적행위라는 이유만으로 인간을 구원으로부터 멀어지게 한다고 거부하는 불교적 (극한)윤리를 공유할 사람은 우리 가운데 아무도 없을 것이다. 그러나 이 윤리를 틀린 계산 문제나 잘못된 의학적 진단을 반증하듯이 그렇게 "반증하는" 것은 절대로 불가능하다. 이처럼 극단적인 예들을 들지 않더라도 우리는 다음을 쉽게 이해할 수 있다: 제아무리 의문의 여지 없이 "기술적으로 올바른" 경제적 합리화 과정이라 할지라도 이 기술적 올바름이라는 자격**만으로는** 가치를 **평가하는** 법정에서 그 어떤 방식으로든 정당화될 수 없다. 이것은 예외 없이, 즉 은행 제도와 같이 외견상으로는 순수하게 기술적인 영역들까지 포함하는 모든 합리화 과정에 적용되는 논리이다. 누군가 이와 같은 합리화 과정에 저항한다고 해서 그가 반드시 우둔한 것은 결코 아니다. 오히려 **가치판단**을 하려고 하는 경우에 우리는 언제나, 기술적 합리화 과정이 외적 그리고 내적 삶의 조건들 전체의 변화에 끼치는 영향을 고려해야 한다. 우리의 과학분야들에서 **정당하게 사용되는** 진보의 개념은 언제나 그리고 예외 없이 "기술적인 것"에 결부된다 — 이것은 여기에서, 이미 앞에서 언급했듯이, 명백하게 **주어진** 목표를 달성하기 위한 "수단"으로 이해되어야 한다. 그 진보의 개념은 결코 "궁극적인" **가치판단**의 영역으로 상승하지 않는다.

내가 보기에 여기까지 말한 모든 것으로부터, "진보"라는 표현의 사용은 심지어 그것이 경험적으로 볼 때 아무런 의구심 없이 적용될 수 있는 한정된 영역에서조차도 매우 **부적절하다**는 결론이 도출된다. 물론 우리는 누구에게도 어떤 표현을 사용하는 것을 금할 수는 없지만, 그래도 궁극에는 가능한 오해를 피할 수 있다.

이 논문을 끝맺기 전에 마지막으로 경험적 과학분야들 내에서 합리적인 것이 차지하는 위상과 관련된 일련의 문제를 논의하고자 한다.

경험적 과학분야들 내에서의 합리적인 것의 위상

만약 규범적으로 타당한 것이 **경험적** 연구의 대상이 된다면, 그것은, 대상으로서, 규범의 성격을 잃어버린다: 그것은 "타당한 것"으로가 아니라 "존재하는 것"으로 다루어진다. 예컨대 어떤 통계학자가 직업적인 계산 업무의 한 특정한 영역 내에서 얼마만큼의 "계산 오류"가 발생하는가를 규명하려고 한다면 — 이것은 과학적 의미가 충분한 시도일 것이다 —, 그에게는 구구법의 원리가 완전히 다른 두 가지 의미에서 "타당할" 것이다. 한편으로 구구법의 원리가 갖는 규범적 타당성은 당연히 통계학자 **자신의** 계산 작업에 대한 절대적인 전제조건이 된다. 그러나 다른 한편으로 구구법의 "올바른" 사용의 정도가 연구의 **대상**이 되면, 사정은, 순수한 논리적 관점에서 볼 때, 완전히 달라진다. 여기서는 상기한 영역에서 수행되는 계산이 통계학적 검증의 대상이 되는데, 이때 그 계산을 담당하는 사람들의 구구법 사용은 교육을 통해 **습관화된** 자아행동의 실제적인 준칙으로 다루어진다. 통계학자는 이 준칙의 실제적인 적용의 빈도수를 규명해야 하는데, 이는 가령 특정한 광기(狂氣) 현상들이 통계학적 규명의 대상이 될 수 있는 것과 마찬가지이다. 구구법의 적용이 "대상"이 되는 이 경우에 그것의 규범적 "타당성", 다시 말해 그것의 "올바름"은 전혀 논의의 대상이 아니며 논리적으로 볼 때 완전히 무관한 것이다. 통계학자 자신도 피연구자들의 계산을 통계학적으로 검증할 때 "구구법에 따라" 검산하는 관습에 따라야 함은 물론이다. 그러나 그는 이와 마찬가지로 규범적 관점에서 평가하면 "잘못된" 계산 방식을 적용해야 할 경우가 있는데, 그 경우란 이와 같은 계산 방식이 언젠가 어떤 인간집단에서 "올바른" 것으로 간주되고 있었고, 따라서 그가 그 계산 방식이 실제적으로 그리고 이 집단의 입장에서 볼 때는 "올바르게" 적용되는 빈도수를 연구하고자 할 경우를 말한다. 다시 말해 모든 경험적 고찰, 즉 사회학적 또는 역사적 고찰에서 구구법은, 이것이 연구의 **대상**으로 등장하는 한, 어떤 인간집단에서 **관습적인** 타당성을 지니는 그리고 보다 더 정확하게 또는 보다 덜 정확하게 준수되는 실제적인 행위의 준칙일 뿐 다른 무엇이 아니다. 피타고라스의 음악론에 대한 모든 서술은 ─ 우리의 지식에 비추어보면 ─ "잘못된" 계산, 즉 12개의 5도 음정은 7개의 옥타브와 같다는 계산을 일단 받아들여야 한다.[63] 이와 마찬가지로 논리학에 대한 모든 역사는 (우리가 보기에) 모순투성이의 논리적

---

63 서양음악의 시조로 간주되는 피타고라스(기원전 570년경~기원전 495년경)는, 음정이라는 개념에 입각하여 음계론 또는 화성론을 구축했다. 음정이란 음이 동시에 나거나 순차적으로 날 때 한 음과 다른 음 사이의 높낮이 또는 간격을 가리킨다. 그에 따르면 협화음은 가장 간단한 정수비로 표현되는바, 그 가운데 옥타브(2:1)는 첫 번째이자 가장 완전한 협화음, 5도(3:2)는 두 번째 협화음, 4도(4:3)는 세 번째 협화음이며, 나머지 음정들은 불협화음이다. 그런데 12개의 5도 음정은 피타고라스의 계산처럼 7개의 옥타브와 같은 것이 아니라 약간 길다. 왜냐하면 옥타브는 도-도´이고, 5도는 도-솔이며 4도는 도-파이기 때문이다.

명제들이 역사적으로 실존했다는 사실을 일단 받아들여야 한다 ─ 그리고 이처럼 "불합리한 것들"에 대해, 마치 중세 논리학에서 매우 탁월한 업적을 남긴 한 역사학자가 그리한 것처럼,[64] 분노를 폭발하는 것이 인간적으로는 이해가 가지만 과학적 작업과는 거리가 먼 일이다.

그런데 논리적 또는 수학적 사고를 포함하여 모든 정신적 형성물은 다음과 같은 순간에, 즉 그것의 (**규범적으로**) 올바른 **의미**가 아니라 경험적 **존재**를 고찰하는 연구의 대상이 되는 순간에, 상기한 변형 과정, 즉 규범적으로 타당한 진리가 관습적으로 타당한 견해로 변형되는 과정을 거치기 마련인데, 이 과정은 논리적 및 수학적 진리가 다른 한편으로는 모든 개별적인 경험과학의 아프리오리가 된다는 사실과는 완전히 무관하게 진행된다. ─ 그리고 규범적으로 타당한 진리의 논리적 구조는, 이것이 정신적 관계들에 대한 경험적 연구에서 이미 앞에서 언급한[65] 기능을 수행하는 경우에는 더 복잡해지는데, 이 기능은 다시금 규범적으로 타당한 진리가 갖는 상기한 두 가지 위상, 즉 연구의 대상으로서 갖는 위상 및 연구의 아프리오리로서 갖는 위상과 신중하게 구별되어야 한다. 정신적 또는 사회적 현상들에 대한 모든 과학은 **인간의** 자아행동에 대한 과학이다(이 자아행동에는 모든 정신적 사고 행위와 모든 심리적 아비투스가 포함된다). 그것은 이 자아행동을 "이해하고" 이에 근거하여 그 경과를 "설명하면서 해석하고자" 한다.[66] 여기서는 "이해"라는 어려운 개념을 자세하

---

64 여기에서 베버는 아마도 서양 논리학사에 대한 4권의 저서를 남긴 카를 폰 프란틀을 염두에 두고 있는 듯하다. 프란틀은 스콜라주의를 주제로 하는 『서양 논리학사』, 제4권, III~IV쪽에서 "무용한 쓰레기"를 탐험해야 한다고 한탄하면서 다음과 같이 말하고 있다: "확실히 누구나 여기에서 서술되는 모든 것의 적어도 10분의 9는 단지 무가치하고 심지어 무의미한 행위와 관계된다는 느낌을 가질 것이다; 그러나 역사적 연구는 그와 같은 시대를 보다 정확하게 점검해야 하며 동시에 상세한 개별적인 인식을 통해, 공평무사한 사람이라면 누구나 중세 스콜라주의에 대해 내릴 수밖에 없는 정당한 비난적 판단에 논박할 수 없는 근거를 제시해야만 한다." 참고로 프란틀(1820~88)은 독일의 철학자이자 문헌학자이다.

65 바로 앞의 85~87쪽에서이다.

게 다룰 수 없다.[67] 이 맥락에서 우리는 단지 이해의 한 특수한 형태, 즉 "합리적" 해석에만 관심을 갖기로 한다. 확실히 우리는 다음과 같은 일련의 현상을 별다른 어려움 없이 이해한다: 어떤 사상가가 어떤 특정한 "문제"를 우리 자신이 규범적으로 "올바르다"고 간주하는 방식으로 "해결한다"; 어떤 사람이 예컨대 "올바르게" 계산한다; 그가 어떤 의도된 목적을 위해 ─ 우리 자신의 인식에 따르면 ─ "올바른" 수단을 사용한다. 그리고 이러한 현상들에 대한 우리의 이해는 특히 명증한데, **그 이유는** 이 이해가 객관적으로 "타당한 것"의 실현에 결부되기 때문이다. 그럼에도 불구하고 우리는, 이 경우에 규범적으로 올바른 것이 갖는 구조가, 논리적으로 볼 때, 그것이 모든 과학적 연구의 아프리오리라는 일반적인 위상에서 갖는 구조와 동일하다고 믿지 않도록 조심해야 한다. 오히려 규범적으로 올바른 것이 "이해"의 수단으로서 수행하는 기능은, 논리적으로 볼 때 비합리적인 감정적 및 정서적 현상을 이해의 방법을 통해 인식하려고 할 경우에 순수한 **심리학적** "감정이입"이 수행하는 기능과 동일한 것이다. 후자에서 이해적 설명[68]의 수단이 되는 것은, **규범적** 올바름이 아니라, 한편으로는 일정한 방식으로 사고하는 연구자와 교사의 **관습**과, 다른 한편으로는, 필요한 경우에, 그들의 사고에서 벗어나는, 따라서 그들의 버릇에 따라 판단하면 규범적으로 "잘못된" 것으로 보이는 사고를 "감정이입"을 통해 이해할 수 있는 그들의 능력이다.[69] 다음과 같은 사실 하나만 보더라도, 즉 "잘못된" 사고, 그러니까 "오류"도 원칙적으로

---

66 이에 대해서는 이 책의 37~38쪽, 주 9를 볼 것.

67 베버의 이해과학 및 이해사회학에 대한 자세한 논의는 김덕영, 『막스 베버: 통합과학적 인식의 패러다임을 찾아서』, 466쪽 이하를 볼 것.

68 이에 대해서는 이 책의 37~38쪽, 주 9를 볼 것.

69 이 문장에서 굳이 연구자라는 말과 교사라는 말을 함께 쓴 이유는, 연구자가 이론적 관심에서 감정적 및 정서적 현상 일반에 대한 감정이입적 이해를 추구하는 반면, 교사는 실천적-교육적 관점에서 자신이 가르치는 학생들의 감정과 정서를 감정이입적으로 이해하고자 함을 나타내기 위함이다.

는 "올바른" 사고와 똑같이 이해될 수 있다는 사실 하나만 보더라도, 규범적으로 "올바른 것"으로 간주되는 것이 여기서는 **그 자체로서가** 아니라 단지 특별히 이해하기 쉬운 **관습적** 유형으로서 의미를 가질 뿐이라는 점이 증명된다. 이로써 우리는 규범적으로 올바른 것이 사회학적 인식에서 하는 역할에 대한 마지막 논의에 이르게 된다.

자명한 일이지만 다음을 할 수 있기 위해서는, 즉 어떤 "잘못된" 계산 또는 논리적 명제를 "이해하고" 이것들이 실제적으로 야기한 결과에 의거하여 그 영향을 규명하고 서술할 수 있기 위해서는, 연구자 스스로가 "올바르게" 계산하거나 논리적으로 사고하면서 잘못된 계산이나 논리적 명제를 검토해야 하는 것은 두말할 나위도 없으려니와, 더 나아가 "올바른" 계산이나 "올바른" 논리의 수단을 통해 바로 **어떤 점에서** 연구의 대상이 되는 계산이나 논리적 명제가 연구자 자신이 규범적으로 "올바르다"고 간주하는 것과 **다른지**를 명확하게 제시해야 한다. 이러한 차이점을 명확하게 제시해야 하는 것은, 반드시 실제적-교육적 목적을 위해서만은 아닌데, 예컨대 빈델반트가 자신의 저서 『철학사』서문에서 그와 같은 목적을 전면에 내세우고 있다("그릇된 길"에 대한 "경고판"을 세우는 것)[70]; 그러나 실제적-교육적 목적은 단지 역사적 작업의 바람직한 부차적 결과일 뿐이다. 또한 어떤 논리적, 수학적 또는 다른 과학적 인식과 관련되는 모든 역사적 문제의 기저에는 불가피하게 **단지** 우리가 타당하다고 인정하는 "진리가치"만이 — 따라서 이 가치를 향한 "진보"만이 — 선택을 결정할 수 있는 유일한 궁극적 가치연관으로 깔려 있기 때문에 그리해야 하는 것도 아니다(설령 그렇다 하더라도, 우리는 빈델반트가 그토록 자주 지적하는 점에 주목해야 한다: 이러한 의미에서의 "진보"는 직

---

70 베버가 인용한 구절은 빈델반트의 저서 『철학사』가 아니라(이에 대해서는 이 책의 77쪽, 주 56을 볼 것), 1905년에 나온 빈델반트의 논문 「철학사」에서이다. 이 글의 179쪽에서 그는 말하기를, "역사학은 까닭 없이 자신이 이야기해야 하는 오류들 옆에 '이것은 오류이다'라는 경고판을 세우는 것이 아니다".

접적인 길 대신에 "오류", 즉 문제들의 착종이라는 — 경제학적으로 표현하자면 — "풍요로운 우회생산"의 길을 통한 경우가 빈번했다).[71] 상기한 차이점을 명확하게 제시해야 하는 것은 오히려 다음과 같은 이유 때문이다(그리고 따라서 단지 그러한 한에서이다). 즉 연구 대상이 되는 정신적 사유 구성물이 연구자 자신이 "올바르다"고 간주할 수밖에 없는 것과 다르게 나타나는 측면들은, 일반적으로 그가 보기에 이 대상의 "특유한" 측면들에, 다시 말해 그가 판단하기에 직접적으로 가치에 연관된 측면들이거나 아니면 가치에 연관된 다른 사안들의 관점에서 볼 때 인과적으로 **중요한** 측면들에 속하기 때문이다(그리고 따라서 단지 이러한 한에서이다). 그런데 통상적으로 보면, 이렇게 될 가능성은 사고의 진리가치가 역사적 서술을 주도하는 가치가 될수록 더욱더 커지는데, 특히 한 특정한 "과학"의 (가령 철학이나 이론경제학의) 역사에서 그러하다. 그러나 이것은 반드시 그와 같은 경우에만 한정되는 것이 결코 아니다. 오히려 주관적으로, 즉 그 의도에 따라 볼 때 합리적인 행위가 과학적 서술의 대상이 되며, 따라서 "사고 오류"나 "계산 오류"가 행위 과정의 **인과적** 구성 요소가 될 수 있는 경우에는 언제나 적어도 그와 유사한 상황이 발생할 수 있다. 예컨대 어떤 전쟁의 수행 과정을 "이해하기" 위해서는, 불가피하게 — 물론 반드시 명시적으로 표현되거나 또는 상세한 형태를 취할 필요는 없지만 — 양쪽 진영 모두에 다음과 같이 이상적인 최고지휘관을 상정해야 한다: 쌍방의 군사력의 전체 현황과 배치 그리고 이로부터 도출되는 모든 가능성, 즉 적의 군사력의 파괴라는 구체적이고 명료한 목표를 달성할 수 있는 모든 가능성을 잘 알고 있고 항상 그것을 의식하고 있으며, 이러한 지식에 근거하여 오류가 없고 논리적으로도 "결점이 없이" 행위하는 최고지휘관을 상정해야 한다. 왜냐하면 이렇게 해야만 현실 속의 쌍방 최고지휘관들이 상기한 지식도 무오류성도 지니지 않았으

71　예컨대 빈델반트는 『철학사』, 11~13쪽에서 문제들의 착종이라는 표현을 쓰고 있다.

며 그들은 결코 순수하게 합리적인 사고기계가 아니었다는 사실이 실제적인 전쟁의 수행 과정에 끼친 영향을 명확하게 규명할 수 있기 때문이다. 다시 말해 여기에서 합리적 구성물의 가치는 올바른 인과적 "귀속"의 수단으로 기능하는 데에 있다. "순수" 경제이론이 제시하는, 엄격하고 무오류적으로 합리적인 행위에 대한 유토피아적 구성물들도 이와 똑같은 의미를 갖는다.[72]

요컨대 우리는 경험적 현상들의 인과적 **귀속**이라는 목적을 위해 합리적인 구성물을 필요로 하는데, 이 구성물은 경우에 따라 경험적-기술적 또는 논리적 성격을 가지며 다음과 같은 질문에 답변을 준다: 만약 절대적인 합리적, 경험적 및 논리적 "올바름"과 "무모순성"이 전제된다면, 행위의 외적 관계 또는 가령 사유구성물(예컨대 어떤 철학적 체계)과 같은 사실이 어떤 모습을 띠게 **될 것인지**(또는 띠었을지)라는 질문에 대한 답변을 준다. 그런데 논리적으로 보면, 이처럼 합리적으로 "올바른" 유토피아의 구성은 단지 "이념형"이 — 나는 그와 같은 개념구성을 이렇게 불렀다(물론 나는 이 용어가 다른 어떤 것으로 대체되더라도 전혀 개의치 않는다) — 취할 수 있는 다양한 형태들 가운데 **하나**일 뿐이다. 왜냐하면, 다른 곳에서 언급한 바와 같이,[73] 특이하게 **그릇된** 추론 방식이나 또는 전형적으로 목적에 **반하는** 특정한 행동이야말로 이념형으로서 더 크게 기여할 수도 있는 경우를 얼마든지 생각할 수 있기 때문이다. 그뿐만 아니라 무엇보다도 논리적 합리성의 최대치가 아니라 분리하고 추상하는 과정을 통해 얻어지는 명료성이야말로 이념형으로서 가장 크게 기여하

---

72 여기에서 말하는 "순수' 경제이론"은 흔히 한계효용학파라고 불리는 오스트리아 학파의 이론경제학을 가리킨다. 이 이론경제학에 대한 자세한 논의는 베버, 『문화과학 및 사회과학의 논리와 방법론』, 198~202쪽을 볼 것.

73 이는 구체적으로 1904년에 나온 「사회과학적 및 사회정책적 인식의 "객관성"」, 특히 69쪽과 77쪽에서이다. 베버, 『문화과학 및 사회과학의 논리와 방법론』, 특히 313쪽과 324~25쪽을 볼 것.

는 행동의 영역도 많이 존재한다(예컨대 "비합리적인 것"의 영역이 그것이다). **실제적인 측면에서 보면** 연구자는 아주 빈번하게 규범적으로 "올바르게" 구성된 "이념형"을 사용한다. 그러나 **논리적인 측면에서 보면** 바로 이 점, 즉 이러한 유형의 규범적 "올바름"이 본질적인 것은 결코 아니다.[74] 오히려 예컨대 어떤 연구자가 한 특정한 시대를 살아가는 인간들이 공유하는 전형적인 신념의 특수한 성격을 규명하려고 하는 경우, 그는 그 자신의 관점에서 볼 때 윤리적으로 규범에 맞는, 그리고 이러한 의미에서 객관적으로 "올바른" 것으로 보이는 신념유형뿐만 아니라 그의 관점에서 볼 때 완전히 규범에 어긋나는 것으로 보이는 신념유형도 구성할 수 있으며, 그러고 난 다음에 연구 대상이 되는 인간들의 행동을 이 유형들과 비교할 수 있다; 그리고 더 나아가 그가 개인적으로는 어떤 긍정적 또는 부정적 평가도 내리지 않는 신념유형을 구성할 수도 있다. 요컨대 규범적으로 "올바른 것"은 이러한 목적에 대해 어떤 종류의 독점적 위치도 차지하지 않는다.[75] 왜냐하면 합리적 이념형의 내용이 무엇이든 상관없이 — 그것은 윤리적, 법교의적, 미학적 또는 종교적 신념규범일 수도 있고, 또는 기술적, 경제적, 법정책적, 사회정책적 또는 문화정책적 준칙일 수도 있으며, 또는 어떤 종류이든 상관없이 가능한 한 합리적인 형태로 표현된 "가치판단"일 수도 있다 — 이 이념형의 구성이 경험적 연구에서 가지는 **유일한** 목적은 항상 다음과 같은 것이기 때문이다: 경험적 현실을 이념형과 "비교하고", 전자가 후자와 어떻게 대비되는지 또는 전자가 후자로부터 얼마나 먼지 또는 전자가 후자에 상대적으로 얼마만큼 근접하는지를 규명하며, 이렇게 해서 경험적 현실을 **가능한 한 명료하게 이해될 수 있는 개념들**을 통해 기술하고 인과적으로 귀속시키

---

74 이 문장에서 "이러한 유형"은 "이념형"을 가리킨다. 원래 이념형이라는 용어는 "이념"(Ideal)과 "유형"(Typus)이라는 단어가 결합된 것이다.

75 이 문장에 나오는 "이러한 목적"은 이 단락의 맨 앞에 언급된 "경험적 현상들의 인과적 **귀속**이라는 목적"을 가리킨다.

면서 이해하고 설명할 수 있도록 하는 것이다. 이러한 기능은 예컨대 합리적인 법교의적 개념구성이 법제사라는 경험적 과학분야를 위해 수행하며(이에 대해서는 『사회과학 및 사회정책 저널』, 제24권, 132~33쪽을 참고할 것),[76] 또한 합리적인 계산론이 영리경제 체제 내에서의 개별 경제주체들의 실제적인 행동의 분석을 위해 수행한다. 물론 방금 언급한 두 가지 교의적 과학분야는 더 나아가 "기술론"으로서 아주 중요한 규범적-실천적 목적을 갖는다. 그러나 이 두 과학분야는 교의적 과학이라는 속성으로 인해 여기에서 논의되는 의미에서의 경험과학이 될 수 없는데, 이는 가령 수학, 논리학, 규범적 윤리학 또는 미학이 경험과학이 될 수 없는 것과 마찬가지이다. 그 밖의 점에서는 그리고 다른 이유들에서 상기한 두 과학분야는 후자의 과학분야들과 완전히 다를 뿐만 아니라, 후자의 경우에도 각각의 과학분야가 서로 완전히 다르다.

경제에 대한 과학적 이론의 과제

마지막으로 경제이론은 가령 법교의학과는 논리적으로 매우 다른 의

---

76 이는 「루돌프 슈탐러의 유물론적 역사관 "극복"」의 일부분을 가리킨다. 이 논문은 번역되어서 『문화과학 및 사회과학의 논리와 방법론』, 455~558쪽에 수록되어 있으며, 베버가 말하는 132~33쪽은 이 번역서의 557~58쪽(원주 23)에 해당한다. 참고로 베버는 1907년 『사회과학 및 사회정책 저널』 제24권 제1호에 「루돌프 슈탐러의 유물론적 역사관 "극복"」이라는 글을 발표한다. 이 논문은 1906년에 나온 독일의 사회철학자이자 법철학자인 루돌프 슈탐러(1856~1938)의 저서 『유물론적 역사관에서 본 경제와 법: 사회철학적 연구』, 제2판을 그 대상으로 하고 있다(제1판은 1896년에 나왔다). 베버의 슈탐러 논문은 그 제목만 보면 순수한 서평이라는 인상을 줄 수 있다. 물론 서평이지만, 슈탐러 저작의 존재의의 자체를 부정하는 비판적이고 논쟁적인 서평이다. 그러나 다른 한편으로 베버는 이 비판적 고찰을 계기로 그리고 거기에 접목하면서 자신의 방법론을 제시한다. 요컨대 베버는 「루돌프 슈탐러의 유물론적 역사관 "극복"」에서 그 이전에 나온 논문들과 동일한 전략을 구사한다. 그것은 비판서 또는 논쟁서이면서 방법론서이다. 이 논문에 대한 자세한 것은 베버, 『문화과학 및 사회과학의 논리와 방법론』 뒷부분에 나오는 「해제」, 635~40쪽을 볼 것.

미에서 교의학임이 분명하다. 경제이론의 개념들이 경제적 현실과 갖는 관계는 법교의학의 개념들이 경험적 법제사 및 법사회학의 대상이 되는 현실과 갖는 관계와 독특하게 다르다. 그러나 교의론적 법개념들이 경험적 법제사와 법사회학을 위해 "이념형"으로 사용될 수 있고 또 사용되어야 하듯이, 순수 경제이론이 가지는 **유일한** 의미는 현재와 과거의 사회적 현실에 대한 인식을 위해 그와 같은 방식으로 사용되는 데에 있다.[77] 순수 경제이론은 현실에서는 거의 실현될 수 없지만 현실에 다양한 정도로 근접하는 특정한 가정들을 설정하고는 다음과 같이 묻는다: 인간의 사회적 행위는, 만약 엄격하게 합리적으로 진행된다면, 이러한 가정들 하에서는 어떤 모습이 될 것인가를 묻는다. 순수 경제이론은 특히 순수한 경제적 이해관계가 지배한다고 가정하며, 따라서 권력정치적 요소뿐만 아니라 다른 경제 외적 요소들이 행위의 지향성에 끼치는 영향을 배제한다.

그러나 순수 경제이론은 "문제들의 착종"[78]의 전형적인 과정을 경험했다. 사실상 방금 언급한 의미에서 "국가로부터 자유로운", "도덕으로부터 자유로운" 그리고 "개인주의적인" 순수이론은 방법론적 보조 수단으로 불가결했고 또 앞으로도 그럴 것이다; 그러나 급진적인 자유무역 학파는 이러한 순수이론을 "자연적인", 다시 말해 인간의 어리석음에 의해 왜곡되지 않은 현실의 완벽한 모사로 간주했으며, 또한 더 나아가 그리고 바로 이에 근거하여 순수이론을 "당위"로 파악했다: 존재하는 것에 대한 경험적 연구를 위해 유용한 이념형이 아니라 가치영역에서 타당성을 갖는 이상으로 파악했다. 그러다가 국가의 경제정책적 및 사회정책적 역할에 대한 평가가 바뀌었고 그로 인해 가치판단의 영역에서도 변화가

---

77 이 문장의 끝 부분에 나오는 "그와 같은 방식으로"는 앞부분에 나오는 "'이념형'으로"를 가리킨다.

78 이에 대해서는 앞의 90쪽과 그에 따르는 주 71을 볼 것.

일어났는데, 이 변화는 다시금 곧바로 존재의 영역으로 파급되면서 순수 경제이론이 비단 이상의 표현으로서뿐만 아니라 ─ 사실 순수 경제이론이 이상의 표현으로 간주되어야 한다는 주장은 애초부터 잘못된 것이었다 ─ 실제적인 것에 대한 연구의 방법론적 수단으로서도 배척되었다. 이제 온갖 종류의 "철학적" 숙고가 인간 행위에 대한 합리적인 이론을 대체하게 되었고, "심리학적으로" 존재하는 것과 윤리적으로 타당한 것이 동일시됨으로 인해 가치판단 영역과 경험적 작업을 명확하게 구별하는 것이 불가능해졌다. 이러한 과학적 발전의 담지자들이 역사학, 사회학 그리고 사회정책의 영역에서 이룩한 탁월한 업적은 일반적으로 인정받고 있지만, 다른 한편으로 공평무사한 관찰자라면 다음과 같은 사실, 즉 상기한 문제 혼합의 자연스러운 결과로 경제학에서 지난 수십 년에 걸쳐 이론적이고 엄격하게 과학적인 작업이 완전히 쇠퇴하고 말았다는 사실을 분명하게 인지할 수 있을 것이다. 순수이론의 적대자들이 제시한 두 가지 핵심 명제들 중의 하나는, 이 이론의 합리적인 구성물들은 "순수한 허구"이며, 따라서 실제적인 사실들에 대해서는 아무것도 말해주지 않는다는 것이었다. 옳게만 이해된다면, 이러한 주장은 타당한 것이다. 왜냐하면 이론적 구성물은 어떤 경우에도 현실을 인식하기 위한 수단에 지나지 않을 뿐 그 자체로는 결코 현실 인식을 제공할 수 없기 때문이다. 다시 말해 현실에서는 이론적 구성물의 전제조건에 포함되지 않은 다른 일련의 상황과 동기가 함께 작용하며, 그 결과로 현실은 심지어 가장 극단적인 경우에서조차도 이론적으로 구성된 진행 과정에 근접할 수 있을 뿐이기 때문이다. 그러나 이것은, 이미 앞에서 언급한 바에 따르면, 순수이론의 유용성과 필수성을 반증할 수 있는 그 어떤 증거도 되지 못한다. 순수이론의 적대자들이 제시한 두 번째 핵심 명제는, 여하튼 가치판단으로부터 자유로운 경제정책 이론은 과학으로 존재할 수 없다는 것이다. 물론 이것은 완전히 잘못된 명제이다; 이것이 그토록 잘못된 명제라는 점은 다음의 사실, 즉 오히려 "가치판단자유"야말로 ─ 이미 앞에서 제시한 의미에서 — 정책, 특히 사회정책과 경제정책에 대한 **모든** 순수한 과학적 접근의 전제조건이라는 사실을 보면 단적으로 드러난다. 다음과 같은 유형의 명제들을 구성하는 것이 물론 가능하며, 과학적으로 유용하고 필요하다는 것은 새삼스레 반복할 필요가 없을 것이다: x라는 (경제정책적) 결과를 달성하기 위해서는 y가 유일한 수단이라든지 또는 — b^1, b^2, b^3이라는 조건 하에서는 — y^1, y^2, y^3이 유일한 또는 가장 효과적인 수단이라는 명제가 그것이다. 다만 한 가지 점을 강력하게 상기시키고자 하는바, 여기에서 문제가 되는 것은 우리가 추구하는 목표를 절대적으로 **명백하게** 정의하는 것이 가능한가라는 점이 바로 그것이다. 만약 그렇다면, 인과명제를 간단히 도치할 수 있으며, 따라서 상기한 경우들은 순수하게 "기술적인" 문제가 된다. 바로 이런 까닭에 이 모든 경우에서 과학이 다음과 같이 하지 말아야 할 그 어떤 필연적인 이유도 없다. 즉 이 기술적-목적론적 명제들을 단순한 인과명제, 다시 말해 y에 따라 항상, 또는 b^1, b^2, b^3이라는 조건 하에서는 y^1, y^2, y^3에 따라 항상 x라는 결과가 온다는 식으로 표현하지 말아야 할 그 어떤 필연적인 이유도 없다. 왜냐하면 이런 식의 표현이 의미하는 바는 상기한 유형의 명제들이 의미하는 바와 동일하며, 또한 "실천가들"은 그로부터 어렵지 않게 "처방전"을 이끌어낼 수 있기 때문이다. 그러나 경제에 대한 과학적 이론의 과제는 다음의 두 가지에 한정되지 않는다: 한편으로는 순수한 이념형적 공식들을 정립하는 작업과 다른 한편으로는 상기한 바와 같은 **경제의 개별적인** 인과관계들을 규명하는 작업에 한정되지 않는다(후자가 경제에 대한 과학적 이론의 과제가 되는 것은, "x"가 충분히 **명백해야** 하고 따라서 결과를 원인에 귀속시키는 일, 그러니까 수단을 목적에 귀속시키는 일이 충분히 엄격해야 하는 경우이다: 왜냐하면 이럴 경우에는 예외 없이 경제의 개별적인 인과관계들을 규명하는 작업이 문제가 되기 때문이다). 그 밖에도 경제에 대한 과학적 이론은 사회적 현상 전체가 어떻게 — 다른 원인들과 더불어 — 경제적 원인에 의해서도 조건지어지는가를 연구해야 한

다: 다시 말해 역사와 사회를 경제적으로 해석해야 한다. 그리고 경제에 대한 과학적 이론은 다른 한편으로 경제과정과 경제구조가 다양한 종류와 발전 단계의 사회적 현상에 의해 어떻게 조건지어지는가를 규명해야 한다: 이는 경제사와 경제사회학의 과제이다. 이러한 사회 현상에는 자명한 일이지만, 그리고 무엇보다도 정치적 행위와 조직, 특히 국가와 국가에 의해 보증되는 법이 속한다. 그러나 이에 못지않게 자명한 일이지만 정치적 행위나 조직만이 거기에 속하는 것은 아니다. 오히려 ― 과학적 관심을 끌 만큼 **충분히 중요한 정도로** ― 경제에 영향을 끼치는 모든 조직이 거기에 속한다. 물론 "경제**정책**" 이론이라는 표현은 이 모든 문제를 지칭하기에는 매우 부적절할 것이다. 그럼에도 불구하고 이 표현이 그러한 목적으로 사용되는 것은 단지 국가에 대한 고찰이 갖는 실제적인 중요성에 의해서만 설명될 수 있는데, 구체적으로 이 중요성은 외적으로는 대학이 국가관료의 교육기관으로서 갖는 성격에서, 그리고 내적으로는 국가가 경제에 큰 영향을 미칠 수 있는 막강한 권력 수단을 보유하고 있다는 사실에서 비롯된다. 이 모든 연구에서[79] "원인과 결과"에 대한 진술이 "수단과 목적"에 대한 진술로 전환될 수 있는 것은, 단지 논의의 대상이 되는 **결과**가 충분히 명백하게 제시될 수 있는 경우뿐이라는 점은 다시 언급할 필요가 없을 것이다. 물론 진술이 그렇게 전환된다고 해도 가치판단의 영역과 경험적 인식의 영역 사이의 관계에는 조금의 변화도 일어나지 않는다. 마지막으로 이 맥락에서 한 가지 점만 더 지적하기로 한다.

국가의 역할

지난 수십 년간의 발전, 그리고 특히 현재 우리가 그 증인인 미증유의

---

79 이는 "경제에 대한 모든 과학적 연구에서"라고 읽으면 된다.

사건들로 인해 **국가**의 위세가 엄청나게 상승했다. 오늘날에는 모든 사회적 공동체들 가운데 오직 국가만이 인간의 생사와 자유에 대한 "정당한" 권력을 부여받고 있으며, 국가의 조직들은 전시에는 외적에 대하여 그리고 전시와 평시에는 내적인 저항에 대하여 이 권력을 사용하고 있다. 국가는 평시에는 최대의 기업가이자 시민들에 대한 가장 강력한 조세 징수자이며, 전시에는 자신이 손에 넣을 수 있는 모든 경제적 재화에 대한 그야말로 무제한적인 처분권자이다. 국가의 근대적이고 합리화된 경영 방식은 수많은 영역에서 그것과 다른 식으로 조직된 그 어떤 공동행위에 의해서도 결코, 심지어 대략적으로라도, 이룩될 수 없음이 확실한 업적들을 가능케 했다. 이 모든 것으로부터 다음과 같은 결론이 도출된 것은 거의 피할 수 없는 일이었다: 국가는 ─특히 "정치" 영역에서의 가치판단이라는 관점에서 볼 때─ 궁극적인 **"가치"**여야 하며, 모든 사회적 행위는 궁극적으로 국가의 존속이라는 목적에 따라 평가되어야 한다는 결론이 그것이다. 그러나 이러한 결론은 존재 영역에 속하는 사실들을 가치판단 영역에 속하는 규범들로 전환하는 것에 지나지 않으며, 따라서 절대로 용납될 수 없는 일이다 ─ 이는 ("국가"의 "존속" 또는 "진흥"을 위한) "수단"에 대한 어떤 논의에서도 금방 드러나기 마련인 사실, 즉 상기한 가치판단이 갖는 함의가 불명확하다는 사실을 차치하더라도 그렇다. 순전히 사실적인 것의 영역 내에서는 상기한 위세에 반하여 우선, 국가가 일정한 일들은 할 수 **없다**는, 그것도 심지어 그 가장 고유한 영역으로 간주되는 곳, 즉 군사적 영역에서마저도 그렇다는 점을 지적할 수 있다. 작금의 전쟁[80]으로 인해 **다민족**으로 구성된 국가들의 군대에서 벌어지는 많은 현상을 관찰해보면, 개인이 자신의 국가가 수호하고자 하는 대의에 자발적으로 헌신하는 것 ─ 이것은 국가에 의해 강요될 수 없다 ─ 은 군사적 성공을 위해서 아무런 중요성도 갖지 않는 것이 결코 아

---

80 이는 제1차 세계대전(1914~18)을 가리킨다.

님을 확인할 수 있다. 그리고 경제적 영역에서는 단지 다음의 한 가지만을 간략하게 언급하고자 한다: 만약 전시경제의 형태와 원리를 평시경제의 **지속적인** 체제로 전환한다면, 이로부터 국가이상의 확대를 옹호하는 사람들의 계획을 망쳐버리는 결과가 곧바로 초래될 수도 있을 것이다. 하여간 여기서는 이 점을 더 이상 논의할 수 없다. 그러나 **가치판단**의 영역에서는 다음과 같은 견해를 내세우는 것이 매우 유의미할 수 있다. 즉 한편으로 국가는 저항을 제거하는 강제 수단으로 사용될 수 있고 바로 이 사용 가능성을 보장하기 위해 국가의 권력을 가능한 한 극대화해야 하며, 다른 한편으로 국가에 그 어떤 **고유**가치도 부여하지 않고 국가를 완전히 다른 가치들의 실현을 위한 단순한 기술적 보조 수단으로 봉인해야 한다는 견해를 내세우는 것이 매우 유의미할 수 있는데, 이 견해에 따르면 국가의 존엄성은 오직 이 완전히 다른 가치들로부터만 도출되며, 따라서 국가가 자신의 이러한 보조자 역할을 버리려고 하지 않는 동안에만 유지될 수 있다.

물론 나는 여기에서 이러한 가치판단적 입장이나 또는 가능한 가치판단적 입장들 가운데 어느 하나를 전개하거나 또는 심지어 옹호하지 않을 것이다. 다만 다음과 같은 점을 상기시키고자 한다: 만약 직업적인 "사상가들"에게 특히 요구해야 할 무엇인가가 있다면, 그것은 냉철한 머리를 보존해야 할 의무인바, 이는 다시 말해 그때그때의 지배적인 이상들에 직면하여, 심지어 이 이상들이 가장 장엄한 것일지라도, 필요하다면 "대세에 역행할 수 있는" 개인적인 능력을 보존해야 할 의무를 가리킨다. 사실 "1914년의 독일의 이념들"[81]은 지식인들의 작품이었다. 또한

---

81 이는 1914년에 발발한 제1차 세계대전 이전과 그 동안에 독일 지식인들 사이에 확산된 민족주의적-국수주의적 신념으로, 그 중요한 내용으로는 우선 독일은 다른 유럽 국가들에 대해 전쟁의 수단을 동원해서라도 자신의 문화를 보존해야 한다는 견해를 들 수 있다; 그리고 프랑스대혁명의 이상(자유, 평등, 박애), 이른바 "1789년의 이념들"과 영국의 의회주의를 지양하고 독일을 정치적으로 재편해야 한다는 견해를 들 수 있는데,

"미래의 사회주의"[82]는 관료제를 강화하는 동시에 이해당사자들로 하여금 목적연맹[83]을 관리하도록 함으로써 경제를 합리화해야 한다는 상투적인 주장일 뿐이다. 그리고 경제정책의 영역 애국자들[84]은 이 순수하게 기술적인 조치들에 광적으로 열광한 나머지, 상당 부분 아주 냉정하게 재정정책적 요인들에 의해 조건지어지는 그 조치들의 적절성을 객관적으로 논의하지 않고, 독일 철학의 그리고 더 나아가 종교의 축복이 내리기를 간청하는데 ── 이러한 현상은 오늘날 광범위하게 일어나고 있다

<hr>

그 근저에는 국가와 민족에 대한 반자유주의적, 반민주주의적 및 조합주의적 관념이 자리하고 있었다(이처럼 "1914년의 독일의 이념들"을 주창하거나 옹호한 지식인들에는 구체적으로 학자[경제학자, 법학자, 사회학자, 신학자, 역사학자, 정치학자, 철학자, 자연과학자] 및 정치가 그리고 예술가와 문인이 속하며, 개중에는 당대를 풍미하던 1급 지식인들도 눈에 띈다). 베버가 보기에 이러한 이념들은 ── 바로 아래의 주 82에서 보듯이 ── 단지 강화된 국가적-경제적 관료주의화에 대한 욕구의 표현에 지나지 않으며, 따라서 거기에는 하등의 정치적 책임의식도 수반되지 않는다.

82 이는 "의회 없는 사회주의"를 요구하던 당시의 사상적 조류를 가리킨다. 베버는 1917년 『프랑크푸르트 신문』에 기고한 일련의 논설 「새로운 질서의 독일에서 의회와 정부」에서 말하기를, "미래의 사회주의"란 "국가관료주의에 의해 정당화되고 (이른바!) 통제되는 이해집단들이 적극적으로 신디케이트-자치를 담지하고 소극적으로 국가에 의해 부과되는 책무를 담지하는" 경제조직을 의미한다. 이러한 미래의 사회주의에서 "관료들은 신디케이트화된 **영리** 및 이윤의 이해관계자들에 의해 통제될 뿐, 그러한 능력이 전혀 없는 군주나 대표가 없는 국민들에 의해 통제되지 않는다". 베버가 보기에 이러한 경제조직은 ── 예컨대 고대 이집트 등에서 볼 수 있는 ── "고대 '부역국가'의 근대적이고 합리적인 대응물"에 지나지 않는다. 베버, 「새로운 질서의 독일에서 의회와 정부」, 541쪽. 참고로 이 글에서 베버는 "미래의 사회주의"라는 말을 462쪽에서 단 한 번만, 그것도 "1914년의 독일의 이념들"과 함께 언급하고 있다. 그에 따르면 미래의 사회주의라는 조합주의적 경제와 1914년의 독일의 이념이라는 민족주의적-국수주의적 신조 그리고 이와 유사한 그 당시의 모든 표현의 배후에는 "**보편적 관료주의화**라는 냉엄한 사실"이 자리하고 있다. 같은 글, 462쪽.

83 목적연맹(Zweckverband)이란 여러 공동체나 집단이 공동의 목적을 실현하기 위해 결성하는 조직을 의미한다.

84 영역 애국자(들)이라는 말은 합성 독일어 'Ressortpatriot(en)'을 직역한 것으로, 'Ressort'는 영역 또는 관할권을 가리키며, 'Patriot'는 애국자를 의미하는 단어이다. 여기서는 경제정책이라는 영역과 그 관할권을 ── 마치 애국자가 자신의 조국에 대해 그리하는 것처럼 ── (맹목적으로) 신봉하고 고수하려는 사람들을 가리키는 의미로 읽으면 된다.

—, 사실 이것은 교만한 지식인들의 지적 감각이 정상적인 궤도를 벗어나 역겨운 상태로 타락한 결과 이외에 아무것도 아니다. 진정한 "1918년의 독일의 이념들"—이것들이 형성되는 과정에서는 전선에서 귀향하는 군인들이 발언권을 가지게 될 것이다—이 어떤 모습이 될 수 있을지 또 어떤 모습이 되어야 할는지는, 오늘날 아직 그 누구도 예견할 수 없을 것이다.[85] 그러나 이 이념들은 우리의 미래를 위해서 중요한 의미를 가질 것이다.—

---

85 앞의 주 82에서 인용한 「새로운 질서의 독일에서 의회와 정부」를 보면 알 수 있듯이, 베버는 전후의 독일이 민족주의적이고 국수주의적인, 그러니까 보수반동적인 1914년의 이념들을 벗어나 민주주의나 의회주의와 같은 근대의 보편적인 발전 과정에 편입되어야 한다고 확신하고 있었다. 베버, 「새로운 질서의 독일에서 의회와 정부」, 596쪽을 볼 것.

제1장 생산성의 개념
1909년 9월 29일 사회정책학회 빈 총회에서의 토론회 발언*

---

* 이 글은 토론회에서의 발언이라는 점을 감안하여 평서문이 아니라 존칭문을 사용하기로 한다. 그리고 "님"이나 "씨"를 의미하는 독일어 'Herr'는 번역하지 않기로 한다.

신사 여러분,[1] 나는 우선 몇 마디로 전(前) 연사[2]에게 반론을 제기할 수

---

1 잘 알려져 있듯이, 독일어권에서 학회에서의 강연이나 발제 또는 토론은 "신사 여러분" (Meine Herren)이 아니라 "신사 숙녀 여러분"(Meine Damen und Herren)이라는 말과 더불어 시작된다. 그런데 베버가 "신사 여러분"이라고 말한 것은 시대 상황을 반영하는 것이다. 당시의 과학과 대학은 남성들의 전유물이었으며, 따라서 학회에 참석하는 사람들도 자연스레 모두 남성이었다. 그리하여 학회에서 진행되는 강연이나 발제 또는 토론은 "신사 숙녀 여러분"(Meine Damen und Herren)이 아니라 "신사 여러분"(Meine Herren)이라는 말과 더불어 시작되었던 것이다. 그들은 교수나 교수가 되는 길을 걷는 남성들이었거나, 아니면 해당 과학분야에 관련이 있거나 관심이 있는 남성들이었다. 그런데 이러한 시대적 상황에 정면으로 배치되는 지적 풍광을 연출하는 과학분야가 하나 있었으니, 그것은 다름 아닌 정신분석학이었다. 이는 예컨대 1911년 9월 21일부터 22일까지 바이마르에서 개최된 제3차 국제정신분석학회 총회를 보면 잘 드러난다. 그 당시 국제정신분석학회의 회원 수는 106명이었으며, 총회에는 몇몇 방문객을 포함해 총 55명이 참석했다. 그때 찍은 단체사진을 보면 저 유명한 루 안드레아스-살로메(1861~1937)를 비롯해 총 8명의 여성이 등장한다. 이처럼 여성들이 그 창시자가 아직 생존해 있던 초창기부터 정신분석학에 적극적으로 관여하고 그 발전에 기여할 수 있었던 데에는, 정신분석학이 대학에 제도화된 이른바 강단심리학이 아니었다는 점이 결정적인 역할을 했다. 강단

밖에 없는데, 그는 나의 친구 좀바르트[3]에게 완전히 동의한다고 하면서 발언을 시작했지만 실제로는 그와 정반대되는 것을 말했습니다. 좀바르트의 입장은 내가 오래전부터 글을 통해 피력해온 견해와도 완전히 일치합니다.[4] 확실히 "국민복지"라는 개념에는 세상에 존재하는 모든 윤

심리학의 경우에는 — 다른 모든 강단과학의 경우가 그랬듯이 — 당연히 남성, 보다 정확히 말하자면 남성 교수들이 연구와 강의의 중심을 이루었다. 이에 대한 자세한 논의는 김덕영, 『프로이트, 영혼의 해방을 위하여: 사회학자의 눈을 통해 본 프로이트의 삶과 사상 그리고 정신분석학』, 336쪽 이하를, 그리고 정신분석학과 관련이 있는 여성들의 명단은 336~37쪽을 볼 것.

2　베버가 이 문장에서 말하는 전(前) 연사, 즉 베버 바로 앞에서 발언한 토론자는 당시 프라이부르크 대학의 경제학 교수로 재직하고 있던 로베르트 리프만이다. 이에 대해서는 리프만, 「토론회에서의 발언」을 볼 것. 리프만은 — 그 앞의 앞에서 발언한 — 좀바르트처럼 생산성에 대한 가치판단이 배제된 순수한 과학적 이론을 제시하고자 한다고 말하면서 토론을 시작했지만(같은 글, 577쪽), 정작 좀바르트와 달리 가치판단이 개입된 생산성 이론을 전개했다. 베버가 보기에 이러한 리프만의 논리적 모순은 그가 생산성 개념을 국민복지에 연결한다는 사실에서 기인한다.

3　베버와 좀바르트는 1880년대 후반부터 우정 관계를 유지해왔다. 그들은 친구이자 동료이며 경쟁자였다. 좀바르트도 「토론회에서의 발언」, 566쪽에서 베버를 친구라고 부르며, 프로테스탄티즘의 윤리와 자본주의 정신에 대한 베버의 연구를 언급하고 있다. 그러나 제1차 세계대전 중 둘의 관계는 멀어지기 시작했다.

4　베르너 좀바르트는 「토론회에서의 발언」에서 경제학이 규범적 당위가 아니라 경험적 존재를 대상으로 하고, 따라서 그 어떤 가치판단과도 관계없는 가치자유적인 과학이라는 견해를 제시했으며, 이 가치자유의 원칙을 다음과 같이 문학적이고 상징적인 명제로 표현했다: "우리는 금발의 여인이 더 아름다운지 또는 갈색머리의 여인이 더 아름다운지 **과학적으로 증명할** 수 없으며, 또한 그런 한 이에 대해서 논의할 수도 없다." 같은 글, 572쪽. 그리고 베버는 이미 1895년에 행한 프라이부르크 대학 교수 취임강연인 「국민국가와 경제정책」에서 이 주제를 단초적으로, 그리고 특히 1904년에 출간된 논문 「사회과학적 및 사회정책적 인식의 "객관성"」, 제1장에서 본격적으로 다루었다. 전자의 강연은 그해에 같은 제목의 소책자로 출간되었다. 베버, 『국민국가와 경제정책』을 볼 것(베버의 교수 취임강연에 대한 자세한 논의는 김덕영, 『막스 베버: 통합과학적 인식의 패러다임을 찾아서』, 289~304쪽을 볼 것). 그리고 후자의 논문은 두 개의 장으로 구성되어 있는데, 제1장에는 『사회과학 및 사회정책 저널』 편집진의 공통적인 견해가 — 그러니까 공동 편집자인 에드가 야페와 베르너 좀바르트로부터 명시적으로 승인을 받은 —, 그리고 제2장에는 베버 자신의 개인적인 견해가 개진되고 있다. 이에 대한 자세한 내용은 김덕영, 「해제: 문화과학과 사회과학의 논리적-방법론적 정초를 위하여」, 619~28쪽을

리가 포함되어 있습니다. 이를 배제하기 위해 어떤 이들은 "국민복지"가 한 경제집단에서 모든 개별적인 참여자들이 가능한 한 많은 소득을 올리는 상황과 동일하다는 관념에서 출발합니다.[5] 이에 반해 나는 좀바르트의 탁월한 책에 접목하면서 로마의 캄파냐를 언급하고자 합니다.[6] 그것은 엄청나게 부유한 소수의 지주들 수중에 있습니다. 이들은 엄청나게 부유한 한줌의 아주 적은 소작인을 고용하고 있습니다. 다시금 이 소작인들은 ─ 조금 과장하자면 ─ 몇 줌의 적은 목자를 고용하고 있는데, 이 목자들은 막대한 돈을 가진 소작인들로부터 쉽게 임금을 받을 수 **있을** 것이고 따라서 도둑질하거나 굶주릴 필요가 없을 것이며, 결국 그들도 또한 "만족할" 것입니다. 이러한 상황에서는 이 "황무지"에 거주하는 인구가 희박한 이 집단은 그들 자신의 모든 요구를 충족할 수 있는 일정한 정도의 사경제적 복지를 향유할 수 **있을** 것입니다. 그러나 신사 여러분, 만약 그대들이 이 적은 사람들의 이기적인 이해관계와, 즉 순수한 **사**경제적 수익성에 대한 그들의 이해관계와 완전히 일치하지 **않는** 평가적 입장을 선택한다면 ─ 이 입장이 어떤 종류의 것이든 상관없이 ─, 나는

볼 것. 참고로 야페(1866~1921)는 독일의 상인이자 경제학자로 1903년에 『사회입법 및 통계 저널』을 인수하여 ─ 방금 언급한 ─ 『사회과학 및 사회정책 저널』로 개칭하고 1904년부터 막스 베버 및 베르너 좀바르트와 공동으로 편집을 담당했다.

5 예컨대 1909년 9월 29일 사회정책학회 빈 총회에서 생산성 개념의 발제자인 오이겐 폰 필리포비치는 주장하기를, 민족경제의 궁극적인 목적은 생산성 증가를 통한 국민복지의 진흥에 있는데, 이 민족경제적 생산성과 그 증가는 모든 경제주체들의 실질소득과 그 증가에 의해 측정할 수 있다. 폰 필리포비치, 「민족경제적 생산성의 본질과 그 측정 가능성」, 여러 곳을 볼 것. 그리고 로베르트 리프만은 이 발제에 대한 토론에서 주장하기를, 사경제적 수익성과 민족경제적 복지의 증진은 동일한 것이며, 민족경제의 모든 구성원들이 가능한 한 많은 화폐소득을 올릴 때 가장 큰 생산성이 달성되고, 따라서 국민복지가 가장 크게 증진된다. 리프만, 「토론회에서의 발언」, 579~80쪽을 볼 것.

6 여기에서 좀바르트의 책은 1888년에 출간된 『로마의 캄파냐: 사회경제적 연구』이다. 원래 이 저작은 좀바르트가 같은 해에 베를린 대학에서 ─ 독일 역사학파 경제학의 거두인 구스타프 폰 슈몰러와 아돌프 바그너의 지도로 ─ 박사학위를 취득한 논문으로, 로마 캄파냐(평원)의 소작 및 임금을 그 주제로 하고 있다.

그대들에게 묻고자 합니다: 그대들은 이러한 상황에 만족합니까?; 그 상황은 다음의 사실을 고려할 때, 즉―다른 관점들은 차치하고―만약 이 광대한 경작지에 수많은 농부들이 정착한다면 현재 상기한 황무지에서 나오는 소득보다 엄청나게 더 큰 현금소득을 올릴 수 있을 것이라는 사실을 고려할 때, "수익성"에 대한 그대들의 이상에 부합합니까? 그러나 누군가 오늘날의 상황을 그와 같은 관점들 가운데 어떤 하나에서 비판한다면, 그는 즉각 여기에서 우리에게 제시된 것과는 **다른** "복지"의 개념을 전제하게 됩니다. 아무튼 나는 우리의 동료인 리프만이 방금 제시한 국민복지의 개념에도,[7] 다만 단어 선택이 좀 다를 뿐 우리가 거부하는 바로 그것이 포함되어 있다고 믿는 바입니다. 이는 다름 아닌 건포도 및 쌀의 폐기와 관련하여 그가 사용한 예를 통해 증명될 수 있을 것입니다. 리프만은 말하기를, 기업가들에게는 건포도와 쌀의 조달에 투자할 자본과 노동력을 그들의 사적인 소득을 적정선에서 유지하는 데 필요한 정도로 축소할 수밖에 없다는 것이 분명해졌습니다.[8] 그렇다면 좋습니

---

7 앞의 주 5를 볼 것.
8 리프만은 「토론회에서의 발언」, 577~79쪽에서 가격인하를 방지하기 위해 마르세유 항구에서 쌀을 폐기한 사실과 그리스에서 건포도를 폐기한 사실을 예로 들면서 민족경제의 생산성에 대해 논의하고 있다. 그에 따르면 이 두 사건은 일반적으로 생각하는 것처럼 비생산적인 것이 아니라 생산적인 것이다. 첫째, 쌀의 폐기는 "쌀의 조달에 **너무 많은 자본**이 사용되었기" 때문에 이를 조정하기 위해 발생한 것이며, 이로부터 "**생산성의 문제가 가용할 수 있는 생산물들의 양에 결부되는 것이 아니라 […] 한 생산물의 조달에 사용되어야 하는 자본 및 노동의 양과 한 민족경제에서 가용할 수 있는 자본 및 노동의 양 사이의 올바른 관계의 문제라는 것임**"이 드러난다. 자명한 일이지만 프랑스나 독일 등과 같은 한 특정한 민족경제가 갖고 있는 자본과 노동의 총량은 제한적인 것이며, 따라서 "자본과 노동을 무제한적으로 쌀의 생산이나 수입에 사용할 수 없고 합목적적으로 분배되어야 한다". 같은 글, 578쪽. 이 점에서 마르세유 항구에서 수입된 쌀의 일부분을 폐기함으로써 가격하락을 방지한 것은 프랑스 민족경제에 생산적인 효과를 가져왔으며, 그 결과로 프랑스의 국민복지를 증진하는 효과를 가져왔다. 둘째, 건포도의 폐기가 생산적인 이유는 아주 간단하게 "그리스에서 수확되는 건포도는 전량 **수출되며**, 따라서 단지 이를 통해 달성되는 총매출고만이 복지를 증진하는 데에 결정적이기 때문이다". 다시 말해 "단지 양의 감소를 통해서만 복지를 증진할 수 있기" 때문이다. 같은 곳. 그러니까

다 — 그러나 쌀의 폐기는 그럼에도 불구하고 의심의 여지 없이 존재하는 특정한 이해관계, 즉 건포도나 쌀을 가능한 한 싸게 사서 먹을 수 있었다면 매우 행복했었을 사회계층들의 이해관계를 손상했으며, 따라서 그들의 사적 "복지"는 쌀의 폐기로 인해 손상되었습니다.[9] 이 폐기의 근거가 된 것은 전적으로 기업가들의 이해관계였습니다.

나는 나의 친구 좀바르트 교수와 마찬가지로 당위의 문제와 과학적 문제를 뒤섞는 것은 악마가 하는 짓이라고 생각합니다 — 그러나 사회정책학회는 빈번하게 그리고 광범위하게 이 악마의 짓을 해왔습니다.

이로써 나는 본론에 이르게 됩니다. 확실히, 경험과학은 오직 존재에만 근거할 수 있고 당위에 대해서는 **아무것도** 말해줄 수 없다는 것은 진실입니다. 그러나 그렇다고 해서 — 이 점은 좀바르트 자신도 인정할 것입니다 — 마치 내가 당위의 영역을 대상으로 하는 과학적 **논의**가 전혀 존재할 수 없다고 말한다는 식으로 이해되어서는 안 될 것입니다. 문제는 다만 어떤 의미에서 이러한 과학적 논의가 가능한가입니다. 우선 나는 한 특정한 가치판단을 가지고 나를 만나는 누군가에게 다음과 같이 말할 수 있습니다: 친애하는 이여, 그대는 그대 자신이 진정으로 **원하는** 것에 대해 잘못 생각하고 있습니다; 내가 그대를 위해 **논리**를 수단으로 삼아 그대의 가치판단을 변증법적으로[10] 분석하여 그것의 근거가 되는

이 경우에 수확되는 건포도의 일부분을 폐기하거나 아니면 아예 일부분을 수확하지 않음으로써 가격하락을 방지한 것은 그리스 민족경제에 생산적인 효과를 가져왔으며, 그 결과로 그리스의 국민복지를 증진하는 효과를 가져왔다는 것이다.

9   이 문장에서 "쌀의 폐기"는 "건포도와 쌀의 폐기" 또는 "쌀과 건포도의 폐기"로 읽는 것이 보다 논리적일 것이다.

10 여기에서 말하는 변증법이란 우리가 흔히 이해하는 헤겔의 관념론적 변증법이나 마르크스의 유물론적 변증법, 그러니까 관념론적 또는 유물론적 운동법칙과는 아무런 관련이 없다. 이는 오히려 이 단어의 원래 의미, 즉 이성적 대화를 통해 진리를 확립하는 방법과 절차를 의미한다. 구체적으로 말해 대화를 통해 개념과 대상 사이, 대화 참가자들 사이, 자연과 사회 사이의 대립 또는 모순을 극복하여 종합에 이르는, 그러니까 정명제와 반명제의 합명제를 찾아냄으로써 진리에 도달하는 방법과 절차를 가리킨다.

궁극적인 공리들로 소급할 터이니 주목하기 바랍니다―나는 이를 통해 이 공리들에 이런저런 **가능한** "궁극적인" 가치판단들이 내포되어 있음을, 다시 말해 그대가 전혀 보지 못했던, 그리고 아마도 상호간 절대로 화해할 수 없는 또는 타협이 없이는 화해할 수 없는 가치판단들이 내포되어 있음을, 따라서 그대는 이 가치판단들 사이에서 **선택할** 수밖에 없음을 그대에게 보여줄 것입니다. 이것은 경험적인 지적 작업이 아니라 **논리적인** 지적 작업입니다. 또한 나는 더 나아가 다음과 같이 말할 수 있습니다: 만약 그대가 한 특정한 당위에 대한 관심에서 진정으로 명료한 이 특정한 가치판단에 따라 행위하기를 원한다면, **그렇다면** 그대는, 과학적 경험에 따라 볼 때, 상기한 가치공리에 상응하는 그대의 목적을 달성하기 위해서는 이런저런 **수단들**을 사용해야 합니다. 만약 이 수단들이 그대에게 적합하지 않다면, 그대는 수단들과 목적 사이에서 **선택해야** 합니다. 그리고 마지막으로 나는 그에게 다음과 같이 말할 수 있습니다: 그대는, 과학적 경험에 따라 볼 때, 그대의 가치판단을 실현하는 데 불가결한 수단으로 인해 의도하지 않은 다른 **부차적 결과들**이 초래될 수도 있다는 점을 고려해야 합니다―그대에게는 이 부차적 결과들도 바람직한 것입니까; "그렇다"인가요 또는 "아니다"인가요? **과학**은 그 사람을 이 "그렇다"와 "아니다"의 경계까지 이끌 수 있습니다―왜냐하면 이 경계의 차안에 존재하는 것은 모두 경험적 과학분야가, 또는 논리학이 답을 줄 수 있는 문제이기 때문입니다―다시 말해 순수한 과학적 문제이기 때문입니다. 그러나 이 "그렇다" 또는 "아니다" **자체**는 더 이상 그 어떤 과학의 문제가 **아니라** 양심 또는 주관적 취향의 문제입니다―어쨌든 그에 대한 답이 다른 정신적 영역에 있는 문제입니다. 그러므로 **과학적** 단체에서 실천적인 문제들을 논의한다고 하더라도 그 자체가 완전한 난센스는 아닙니다―물론 여기에는 우리가 궁극적으로 단 한 가지만 물을 수 있다는 사실을 분명히 알고 있다는 조건이 따릅니다: 그 단 한 가지란, 만약 누군가 이런 또는 저런 원리에 따라 행위한다면 어떤 수

단들과 어떤 부차적 결과들을 감수해야만 하는가입니다; 이것은 경험과
학의 문제입니다 ─ 그리고 더 나아가 서로 투쟁하는 가치판단들에 어
떤 **궁극적인** 입장들이 내포되어 있는가는, 논리적인 논의를 통해 답할
수 있는 문제이며, 이 논의의 결과도 마찬가지로 이론적으로 사고하는
모든 인간에게 구속력을 가집니다. 원죄는 이 일련의 순수한 경험적 또
는 순수한 논리적 사고가 주관적인 실천적 가치판단과 뒤섞일 때 비로
소 시작됩니다. 나는 좀바르트가 나와 견해를 같이한다고 생각합니다.

그런데 오늘 우리에게 이 점에서 존재하는 최악의 개념들 가운데 하나
가 제시되었는데, 지금까지 이 개념을 그것이 속하는 명부(冥府)에 던져
버리는 대신에 구제하려는 시도들이 있었습니다. 물론 민족경제적 생산
성이라는 개념이 ─ 오늘날 모든 대중 선동가들이 이 개념으로 자신을
치장합니다 ─ 얼마나 많은 전적으로 다른 "문제들"로 가득 차 있는가를
분석하려는 아주 멋진 시도들이 있었습니다; 그러나 종국에는 다시금,
일반적으로 그 개념의 척도로 기능해야 한다고 간주되었던 "평균판단
들"로 귀결되었습니다. 그리고 마침내 민족경제적 생산성이라는 개념은
이 형태로 받아들여졌는데, 이는 심지어 우리의 존경하는 동료 폰 필리
포비치처럼[11] 비범한 체계적 사유능력을 갖춘 지식인조차도, 그리고 더
나아가, 비록 희미한 암시를 통해서이기는 하지만, 심지어 폰 비저처럼[12]
순수한 이론가조차도 그랬습니다. 그러나 나는 이것을 받아들일 수 없다
고 말할 수밖에 없습니다.

나는 결국에는 아무도 그것을 받아들이지 않기를 바라 마지않습니다;
그리고 나는 **이론적인** 문제가 여기에서 이러한 방식으로 논의되는 것을
정말로 유감스럽게 생각하는 바입니다. 이 얼마나 모순적인 일입니까!

---

11 앞의 109쪽, 주 5를 볼 것.
12 이에 대해서는 폰 비저, 「화폐가치와 그 변화」와 「화폐가치 변화의 측정에 대하여」를
   볼 것.

우리는 폰 필리포비치의 탁월하고 투명하며 명료한 발제문에서 전적으로 올바른 견해를 접할 수 있습니다: "**우리는 그 어떤 통일적인 가치판단도 갖고 있지 않다.**"[13] 그러나 이 말을 하자마자 다시 "생산성"이 등장하면서 다음과 같은 말, 즉 "우리는 무엇이 일어나야 하는가에 대해서는 어디서나 '평균판단'을 내리게 된다"는 말이 이어집니다. 좋습니다 ― 그러나 다른 어떤 것이 아니라 바로 이 평균판단을 비판하고 그 배후에 있는 문제를 들추어내는 것, 바로 **이것이** 과학의 과제가 될 것입니다. 나는 기회가 있을 때마다, 나름대로의 근거에서 일정한 정도의 현학적인 태도로, 당위와 존재를 뒤섞는 것을 매우 격렬하게 논박하는데, 그 이유는 내가 당위의 문제를 과소평가하기 때문이 아닙니다 ― 그 정반대로 나는 다음의 사실을 견딜 수가 없기 때문입니다: 세계를 움직일 정도의 의의를 갖는, 지극히 큰 이념적 의의를 갖는 문제들, 어떤 의미에서 인간의 가슴을 움직일 수 있는 지극히 고귀한 문제들이, "생산성"이라는 기술적-경제적 질문으로 변해서는 경제학과 같은 **전문적** 과학분야의 논의 대상이 되었다는 사실을 견딜 수가 없기 때문입니다. 왜 계속해서 상기한 아주 단순한 원칙들을 어기는지, 특히 우리 학회 구성원들이 그러는지 우리 자신에게 물어보기로 합시다: 사회정책학회는 과학적 단체가 아니라 **실천적** 단체로 창립되었는데,[14] 이 시대적 상황에서 강력한 적대자들에게 맞서는 작은 투쟁집단이 무엇보다도 이해관계자들이 과학인 체하며 쏟아내는 온갖 종류의 공허한 말을 분쇄하면서 시작할 수밖에 없었던 것은 자명한 일이었습니다. 그런데 이렇게 하면서 **과학적** 집단

---

13 폰 필리포비치는 그의 서면 발제문인 「민족경제적 생산성의 본질과 그 측정 가능성」, 354쪽에서 다음과 같이 말하고 있다: "**우리는 민족경제의 생산성에 대한 그 어떤 척도도 갖고 있지 않다.**"

14 사회정책학회는 산업자본주의 사회 독일의 사회문제, 특히 노동자문제를 해결할 목적으로 구스타프 폰 슈몰러, 루요 브렌타노, 아돌프 바그너를 위시한 독일 역사학파 경제학의 제2세대를 주축으로 창립되었다(막스 베버는 제3세대에 속한다). 이에 대한 자세한 내용은 이 책의 16~17쪽, 주 6을 볼 것.

들 내에 만연해 있는 다음과 같은 선입견에 맞닥뜨리게 되었습니다: 경제적 이익의 추구를 사회적 삶을 **움직이는 원인**으로 다루어야 하는 과학은, **바로 이 때문에** 또한 그러한 추구를 인간이나 사물이나 또는 현상을 **평가하는** 유일한 **척도**로 간주해야 한다는 선입견에 맞닥뜨리게 되었습니다. 그러나 우리의 스승들은 이러한 과학과 가치판단의 혼동에 맞서 투쟁하는 과정에서 방금 언급한 것과 완전히 동일한 죄를 범하게 되었는데, 다만 그 방향이 다를 뿐이었습니다. 상기한 **가치척도**가 유일하게 타당하다는 주장을 논박하기 위해, 그들은 경제적 이익의 개인적 추구 이외에도 인간 행위의 **다른** 원인들이 경제적으로 중요하다는 것을 증명하고자 했습니다 — 물론 이것은 완전히 정당한 일이었습니다! — **그러나** 그 결과로, 이제 과학적 연구와 가치판단이 **더욱더** 뒤섞이면서 아예 서로 매우 긴밀히 휘감기게 되었으며, 또한 여전히 사실들과 그 관계들의 규명을 통해 **당위**에 대한 판단을 지지하고자 했습니다. 이것은 굉장히 쉽게 설명할 수 있는 죄였으며, 우리 모두가 흔히 저지르는 그리고 우리의 모든 적대자들은 더욱더 흔히 저지르는, "용서할 수 있는", 거의 불가피한 죄였습니다. 그러나 이 빈번하지만 그래도 경우에 따라 저지르는 죄가 지적 관습이 되었고 심지어 미덕이 되었다면, 우리는 거기에 저항해야 하는데, 이는 특히 우리가 계속해서 그로부터 곤혹스러운 결과가 많이 초래되는 것을 보아왔기 때문입니다. 다음과 같은 일, 즉 만약 누군가 우리의 **윤리적** 가치판단을 공유하지 않는다면 그는 **과학적으로** 끝장난 것이라고 믿는 일이 계속해서 일어났습니다. 이것은 말도 안 됩니다. 우리는 과거의 위대한 투쟁을 이끈 세대 학자들의 후예로서 그들에게 절대적인 존경심을 표합니다. 그들이 지금까지 구축해놓은 강력한 토대 없이는 오늘날 우리의 지적 작업은 전혀 불가능했을 것입니다. 그러나 그럼에도 불구하고 우리는 그들과 함께할 수가 없습니다. 바로 이것이 우리가 그들과는 전혀 다른 새로운 기반을 찾고자 시도해야 하는 이유인 것이며, 또한 나는 우리가 과학과 **실천적** 의지라는 두 영역을 순수하게 분리해야만 전자뿐만 아니라 **특히** 후자에도 기여할 수 있다는 점에서 좀바르트 교수의 견해와 완전히 일치합니다. 그리고 만일 우리가 매우 유감스럽게도 오늘날 심지어 우리들의 한가운데에서도 그 이전보다 더욱더 가치판단들이 분화되었다는 사실을 목도할 수밖에 없다면, 우리는 이것을 솔직하게 말하는 정직함을 보여주어야 할 것입니다. 우리는 **과학적으로** 입증할 수 있는 이상에 대해서 아는 바가 없습니다. 이미 주관주의적 문화의 시대가 되어버린 오늘날에는 각 개인이 스스로 자신의 이상을 창출해야 하는데, 이는 확실히 더 힘든 일입니다. 그러나 우리는 피안과 차안, 사고와 행위 모두에서, 그 어떠한 게으름뱅이의 천국과 그곳으로 인도하는 그 어떠한 포장된 탄탄대로도 언약할 수 없습니다; 그리고 우리 영혼의 평화가 그와 같은 천국을 꿈꾸는 자의 평화만큼 클 수 없다는 사실은 우리 인간 존엄성에 찍힌 낙인입니다.

II

나는 골트샤이트 박사가 말한 것에 대해 몇 가지 언급하고자 다시 발언권을 신청했습니다. 그는 두 가지 경우를 통해 경험과학에는 가치문제들이 포함된다는 것을 보이고자 했습니다. 첫 번째 경우와 관련하여 나는 그가 옳다는 것을 인정합니다─나는 심지어 나 자신이 수년 전부터 똑같은 것을 말해왔다고 주장하는 바입니다.[1] 우리는 **어떤** 문제를 연

---

1 골트샤이트는 「토론회에서의 발언」, 595쪽에서 다음과 같이 말하고 있다: "[……] 경제적으로 존재하는 것에 대한 과학이 경제적으로 마땅히 존재해야 하는 것에 대한 연구와 혼합되어도 좋다고 생각해서는 결코 안 된다. 이러한 혼합이야말로 우리가 오늘날 접하는 가장 심각한 문제이다. 가치판단적인 고찰과 가치자유적인 고찰은─그리고 이 점에서 나는 막스 베버 교수와 일치한다─엄격하게 구별되어야 한다." 그리고 계속해서 주장하기를, 인과적-기술적 경제학 이외에도 규범적 경제학도 존재 근거와 의의를 갖는다는 사실을 무조건적으로 인정해야 한다. 요컨대 사실판단의 경제학과 더불어 규범판단의 경제학이 절대적으로 필요하다는 것이다. 그런데 이 규범적 경제학에는 규범과 가치의 규명이라는 과제가 주어진다. 왜냐하면 "모든 이론과 모든 이론에 불가결한 것은 정밀하게 규명되는 규범과 가치이기" 때문이다. 이 규범과 가치가 없다면 경제학은 "완전

구해야 하는가, 다시 말해 우리는 무엇에 관심을 가져야 하는가, 무엇이 알 만한 **가치가 있는가**, 이러한 물음은 가치에 대한 물음이며 단지 주관적인 가치판단에 근거해서만 답할 수 있습니다. 그러나 자명하게도 이것은 다른 물음과는 아무런 관계가 없는데, 그 다른 물음이란 우리가 우리의 관심을 끄는 문제를 다음과 같은 방식으로, 즉 모든 **평가를** ― 다른 정신의 영역에 속하는 것으로 보고 ― **과학적** 논의로부터 배제하는 방식으로 다루어야 하는가라는 문제입니다. 다만 이 점을 덧붙이고자 합니다. ― 그러나 골트샤이트가 논의한 두 번째 경우에는 사정이 다릅니다. 그는 경제학도 일반적으로 인정되는 것을 인정하고 모든 과학들 중에서 가장 인정받는 과학인 자연과학을 이정표로 삼을 것을, 특히 **당위적인 것**과 관련하여 그리할 것을 권유했습니다.[2] 그러나 나는 우선, 이른바 "자연과학"에 근거하는 기존의 이정표들은 내가 보기에 완전히 무가치하다고 터놓고 말할 수밖에 없습니다. 나는 이 맥락에서 동료 츠비디넥이 발언한 것에 기꺼이 접목하고자 하는바, 그는 나에게 자연과학의 발견들로부터 당위에 대한 판단을 도출하려는, 예로부터 지금까지 지속적으로 그리고 광범위하게 존재해온 아마추어적이고 도락적인 시도들 가운데 가장 최근의 형태를 상기시켜주었습니다: 오늘날에는 에너지 변환

히 미분화된 이상들"로 만족할 수밖에 없다. 같은 글, 595~96쪽. 그렇다면 왜 규범과 가치가 요구되는가? 그것은 소재 선택의 문제 때문이다. 골트샤이트에 따르면 모든 인과적-기술적 연구, 아니 심지어 경제적 현상과 과정에 대한 단순한 기술도 무한한 현상과 과정으로부터의 선택이다. 이 세계는 사실들로 꽉 차 있고 모든 연구자에게는 무수한 문제들이 밀려들며, 따라서 "우리는 단지 사실들의 올바른 선택을 통해서만 문제의 무한성을 지배할 수 있다. 그러나 경제학에서 그와 같은 선택을 할 수 있으려면, 우리는 기술적-인과적 경제학의 횃불로 규범적 경제학을 필요로 한다. 원인 없는 목적은 맹목적이고, 목적 없는 원인은 죽은 것이다". 같은 글, 597쪽. 이에 대한 자세한 논의는 이 책의 뒷부분에 나오는 해제, 237~40쪽을 볼 것.

2 골트샤이트는 「토론회에서의 발언」, 596쪽에서 주장하기를, 경제학은 자연과학, 특히 진화론에 지향되어야만 "분화된 이상들"에 도달할 수 있다. 이는 골트샤이트가 자신이 말하는 규범적 경제학, 더 나아가 규범적 사회과학을 자연과학적, 특히 진화론적 인식의 토대 위에 구축하려는 시도를 암시하는 대목이다.

법칙으로부터, 엔트로피 이론[3]으로부터, 그리고 정적인 상태를 띠려는 자유에너지[4]의 지속적인 성향으로부터 당위에 대한 판단을 도출하려고 합니다.[5] 심지어 이 관점에 근거하여 회화(繪畵)는 무엇을 주제로 해야 하는가 등등을 판단하려는 시도도 있어왔습니다. 내 생각으로는, 진정한 자연과학자는, 만약 이와 같은 실천적 가치판단을 자신의 작업에 도입할 것을 또는 그 가치판단이 자신의 작업의 결과라고 사칭할 것을 요구받는다면 참으로 전율할 수밖에 없을 것입니다.

우리가 바로 이 자연과학으로부터 기대한 것은, 그것이 우리 자신의 가장 나쁜 죄보다 더 나쁜 죄를 범하는 것을 자신의 과제로 간주하는 것이 아니라, 우리가 방향을 전환하거나 또는 자아성찰을 할 때 버팀목이 되어주는 것이었습니다.

나는 일단 이 기술적으로 지향된 "이상들"을 언급했기 때문에, 오늘 우리가 논의하는 문제, 즉 생산성 개념이 우리 과학분야에서 어떤 유용성을 갖는가 하는 문제에 대해 기꺼이 몇 가지 보다 긍정적인 것을 말하고자 합니다. ― 이 개념이 오늘날 실제적인 경제적 삶에서 차지하는 진정한 위치는 어디입니까? 그것은 우리 자본주의적 기업들의 사적(私的) 부기입니다. 거기서는 "생산적인" 지출들 사이가 그리고 "비생산적인"

---

3 이는 열역학 제2법칙을 가리키는데, 이에 따르면 고립계에서 엔트로피(무질서도)는 항상 증가하거나 일정하게 유지되지 결코 감소하지 않는다. 다시 말해 에너지 전달에는 방향이 있으며, 따라서 자연계에서 일어나는 과정은 가역적이 아니라는 것이다.

4 자유에너지는 어떤 화학 과정에서 유효한 일을 하는 에너지를 가리킨다.

5 오토 폰 츠비디넥-쥐덴호르스트에 따르면 민족경제적 생산성에서 문제가 되는 것은 언제나 생산준비인데 ― 이는 달리 생산능력이라고 할 수 있을 것이다 ―, 이것은 가용할 수 있는 에너지의 양과 관련되며, 이 에너지는 구체적으로 소재의 에너지, 자연력의 에너지 그리고 인간 노동력의 에너지로 구성된다. 어떤 민족경제가 이 세 종류의 에너지를 가용할 수 있으면, "개별적인 문제들과 관련하여 소모되는 에너지와 획득되는 에너지가 어떻게 균형을 이루는가를 확인하면 된다." 다시 말해 "우리가 이 세 범주의 에너지 사이에 성립하는 방정식을 분명히 인식하게 되는 순간, 상기한 그것은[균형을 확인하는 것은] 하나의 순수한 계산이 될 것이다." 츠비디넥-쥐덴호르스트, 「토론회에서의 발언」, 587쪽.

지출들 사이가 구별되는데, 후자에는 예컨대 특히 빈번하게 사용되는 산출 방식에 따르면 기계를 사용해 특정한 노동을 수행하는 성과급 노동자의 임금비용으로 계산될 수 없는 모든 것이 포함됩니다. 이 "생산적인" 임금이 아닌 다른 모든 이른바 **"비생산적인"** 지출은 전자에 대한 추가비용으로 계산되는데, 이 지출에는 동력, 작업장, 공구에 드는 비용 이외에 보조직공, 마이스터, 단순 사무원, 관리직원 전체 그리고 경영진을 위한 모든 임금과 급여도, 다시 말해 본래적인 의미에서의 기업경영 자체에 드는 모든 비용도 속합니다(이런 식의 계산을 접하게 되면, 때때로 마르크스주의적 세계로 옮겨와 있다는 생각이 들 것입니다).[6] ─ 다시 말해 단지 특정한 노동자들의 육체노동만이 "생산적인 것"으로 간주되고 회계상으로 처리됩니다. 왜입니까? 그 이유는 이렇게 해야만 기업이 추구하는 비용 계산의 정확성을 상대적으로나마 최대한 ─ 동료 헤르크너가 아주 정확하게 지적한 바와 같이 미미한 정도로 ─ 달성할 수 있기 때문입니다.[7] 만약 우리가 이로부터 "생산성" 개념을 받아들여 우리의 고찰

---

6 잘 알려져 있다시피, 마르크스에 따르면 자본주의에서는 직접적으로 잉여가치를 생산하는 노동만이 생산적이라고 주장한다. 예컨대 그는 『자본』, 제1권, 497쪽에서 다음과 같이 주장한다: "자본주의적 생산은 단순한 **상품의 생산**이 아니라 본질적으로 **잉여가치의 생산**이다. 노동자는 자신을 위해서가 아니라 자본을 위해서 생산한다. 그러므로 그가 생산한다는 사실만으로는 더 이상 충분하지 않다. 그는 잉여가치를 생산해야 한다. **자본가를 위하여 잉여가치를 생산하거나 또는 자본의 자기증식에 기여하는 노동자, 오직 이러한 노동자만이 생산적이다.** 물적 생산 이외의 영역에서 하나의 예를 들어본다면, 교사는 어린아이의 두뇌가 형성되고 발전하는 과정에서 작용할 뿐만 아니라 기업가를 부유하게 하는 데에도 전력을 다해야 비로소 생산적인 노동자가 된다. 기업가가 자신의 자본을 소시지 공장이 아니라 교육 공장에 투자했다고 해서 이 관계가 조금이라도 변하는 것은 아니다. 그러므로 생산적 노동자라는 개념은 행위와 효율성 간의 관계 그리고 노동자와 노동생산물 간의 관계만을 포함하는 것이 결코 아니라 더 나아가 특수한 사회적 생산관계, 즉 노동자를 자본의 직접적인 가치증식으로 봉인하는 것도 포함한다. 바로 이런 연유로 노동자가 된다는 것은 결코 행운이 아니라 불운인 것이다."

7 하인리히 헤르크너는 자신의 토론회 발언에서 사회적 비용의 개념과 이것이 민족경제적 생산성과 국민복지에 대해 갖는 의미에 논의의 초점을 맞춘다. 그에 따르면 재화의 생산에서 사회적 비용이 낮으면 낮을수록 그리고 사회적 사용가치가 높으면 높을수록 민족

대상에 적용한다면, **그렇다면** 거기서도 이 개념이 자리할 곳은 사경제에서 고려되는 생산요소들, 즉 특정한 노동자들의 육체노동과 같은 생산요소들이 될 것입니다. 우리는 가령 다음을 숙고해야 할 것입니다: 우리의 고찰에서도 비용을 산정할 때 어떤 방식으로든 "추가임금"을 가지고 작업하는 것이, 다시 말해 가령 특정한 생산분야에서 노동하는 주민들로 구성된 특정한 생산지를 하나의 단위로 다루고 다음과 같이 묻는 것이 가능하고 유용한가를 숙고해야 할 것입니다; 이 단위에서 생산원가를 유지하려면 한 노동자의 임금에 무엇이 산지의 지리적, 정치적 또는 유사한 조건들로 인해 발생하는 "기타비용"으로 가산되어야 할 것인가? 이러한 추가비용은 어떻게 구성됩니까? 그것은 **다른 산지들의 추가비용**과 비교해볼 때 얼마나 높습니까? 이런 식으로 계산을 시도하는 것이 오늘날 과학적으로 어떤 중요한 의미를 가질 수 있는지는, 여기에서 완전히 논외로 하고자 합니다. 그러나 **만약** 우리가 "생산성 개념"을 가지고 작업하고자 한다면, 그것이 속하는 것은 바로 여기, 즉 "민족경제적 기타비용"에 대한 이론, 다시 말해 그것이 사경제에서 위치하는 것과 똑같은

경제적 생산성은 더욱더 높아지며 따라서 민족복지도 더욱더 높아진다. 헤르크너, 「토론회에서의 발언」, 550쪽. 그런데 이 사회적 비용의 — 그리고 사경제적 비용의 — 가장 중요한 구성 요소는, 많은 사람들의 주장에 따르면 심지어 유일한 구성 요소는 다름 아닌 노동비용이다. 여기에서 말하는 노동은 "물리적-기계적 의미에서 파악되는 그리고 시간에 의해 측정되는 육체노동"을 가리키는데, 이 육체노동은 노동자 자신과 사회의 복지에 기여한다. 같은 글, 551, 554쪽. 그런데 이 노동의 개념에는 단순히 노동의 시간당 생산량뿐만 아니라 더 나아가 직업선택, 노동조건, 노동의욕, 노동에 대한 노동자들의 주관적인 감정 등과 같은 다양한 객관적-주관적 요소들이 속하며, 따라서 생산성과 사회적 비용은 "불확정적이고 불분명한 개념"이 될 수밖에 없다. 요컨대 사회적 비용은, 아니 심지어 사경제적 비용도, 정확하게 파악하는 것이 불가능하다. "나는" — 헤르크너는 결론적으로 말하기를 — "대기업에 의해 생산되는 어떤 개별적인 상품의 사경제적 비용을 과학적으로 정밀하게 밝혀낼 수 있다고 가정하는 것을 적어도 환상으로 간주한다. 다음과 같은 다소간 자의적인 가정, 즉 기업과 거래에 드는 일반적인 기타비용 등의 소모와 분배를 계산하고 회계할 목적으로 제시되는 가정은 과학과 아무런 관계도 없다." 같은 글, 559쪽.

자리이지, 계급들의 정치적 또는 사회적 "가치"에 대한 이론도 아니고 어떤 구체적인 산업분야가 "공공"의 이해관계에 대해 갖는 "의의"를 평가하는 일도 아니며 또한 생각할 수 있는, 그러나 민족경제적 기타비용에 대한 이론에 속하지 않는 그 어떤 문제도 아닙니다.

오늘 여기에서 개진된, 방금 언급한 것과 대조적인 **종류**의 "생산성" 개념이 진정으로 유용할 수 있으려면, 어떤 의미에서, 적어도 원칙상, 그 개념의 근거가 되는 비용과 산출 사이의 관계가 경험적으로 **명백하고**, 모든 관찰자에게 똑같이 계산 가능하거나 또는 적어도 추정 가능하다는 것이, 물론 말했듯이 "원칙상" 그래야 한다는 것이 요구될 수밖에 없을 것입니다. 경제의 영역에서 우리가 이러한 의미에서 "원칙상" 계산 가능한 것으로 들 수 있는 것은 단지 세 가지 관계뿐인데, 이 관계들에서는 오늘 여기에서 논의된 종류의 생산성 개념의 사용이 문제시됩니다. 첫째, 우리는 순수한 물리적 영역에서 한 특정한 생산과정과 관련하여 다음과 같이 물을 수 있습니다: 이 생산과정에 의해 얼마만큼의 에너지가 변환되었는가, 그리고 획득된 에너지, 예컨대 어떤 생산된 식료품의 화학적 에너지는 소모된 에너지와 ― 이것은 그 생산과정에서 사용된 유료의 **그리고 무료의** 에너지임을 유념하기 바랍니다 ― 어떤 "효율 관계"에 있는가? 그런데 이것은 우리에게 단지 이론적 유희일 뿐입니다. 예컨대 오스트발트[8]와 그의 추종자들이 한 것처럼 누군가 그러한 유희를 하려고 한다면, 그냥 즐기도록 놔둡시다. 그러나 그들은 일상적 삶의 비용 뒤에는 이러한 에너지적 관계가 숨어 있으며, 또한 우리가 기술적 진보라고 부르는 것은 단순히 "효율 관계", 즉 사용된 에너지량과 획득된 에너지량의 관계의 개선과 **동일하다**고 믿는데, 이로써 그들의 놀라운 무지

---

8 대표적으로 1909년에 나온 빌헬름 오스트발트의 저서『문화과학의 에너지론적 토대』를 들 수 있는데, 같은 해에 베버는 「"에너지론적" 문화이론」이라는 서평을 써서 아주 신랄한 비판을 가했다. 이 글의 번역은 2021년 말경에 출간될 예정인 막스 베버 선집 제3권『이해사회학』(김덕영 옮김)에 실릴 것이다.

가 드러날 따름입니다. 여러분은 다만 다음의 사실을, 즉 인간의 근육이야말로 그 어떤 인공적 기계에 의해서도 결코 달성될 수 없는 "효율 관계"를 보이는 자연적 기계, 즉 자신에게 공급된 소재의 40퍼센트를 사용할 수 있는 기계라는 사실을 상기하기 바랍니다[9]; 그러면 여러분은 다음과 같이, 즉 인간의 근육을 인공적 기계로 대체하는 모든 기술적 진보는 **순수한 물리적** 의미에서 보면 에너지적 효율 관계의 **악화**라고 말할 수밖에 없을 것입니다.

이제 두 번째 관계인 경제적 관계, 즉 한편으로 주어진 지리적, 사회적, 기술적 그리고 다른 조건들 하에서 소모되는 **인간 "노동"**의 양과 다른 한편으로 "산출되는" 생산량 간의 관계에 대해 논의할 차례입니다. 누군가는 이것이 순수한 **기술적** 관계라고 말할 것입니다. 그러나 사실상 기술학[공학]이란 특정한 문제제기에 따라 표현된 경제학에 다름 아닙니다: 왜냐하면 기술자라면 누구라도 궁극적으로 경제학자와 마찬가지로 사안이 얼마만큼의 **비용을 필요로 하는가**를 묻기 때문입니다. 이러한 관계는 우리에게 중요한 많은 문제제기들에서 되풀이됩니다. 예컨대 우리는 다음과 같이 묻습니다: 한 특정한 노동자 집단이 아프리카의 뜨거운 하늘 아래에서 또는 북극에서 또는 우리의 기후 하에서 동일한 노동을 수행한다면, 그 성과는 어느 정도가 될까? 그러나 이 노동자 집단의 비교 가능성이 갖는 가치는 확실히 미미합니다: 우리의 동료 좀바르트[10]는

---

9   베버는 1908~09년에 나온 일련의 논문 「산업노동의 정신물리학에 대하여」, 181쪽에서 독일의 생리학자 이마뉴엘 뭉크(1852~1903)를 인용하고 있는데, 뭉크는 인간의 근육을 "가장 완벽한 역학기계"라고 칭하면서 그 근거로 인간의 근육은 사용된 에너지의 40퍼센트를 일로 전환할 수 있다는 점을 들고 있다. 방금 언급한 베버의 논문에 대해서는 김덕영, 『막스 베버: 통합과학적 인식의 패러다임을 찾아서』, 248쪽 이하를 볼 것.
10   좀바르트는 백 켤레의 장화를 제조하는 두 가지 경우에 드는 작업비용을 비교할 것을 제안했는데, 그 하나는 한 사람의 제화공이 수공업적 방식으로 한 켤레의 장화를 제조하는 것이고(이 경우에는 개별 주문자들이 생산자로부터 직접 장화를 받는다), 그 다른 하나는 고객들로부터 멀리 떨어진 한 큰 제화공장에서 분업의 방식으로 하루에 백 켤레의 장화를 제조하는 것이다(이 경우에는 구매자들이 상인을 통해 시장에서 장화를

"동일한" 양의 노동이 개별적으로, 다시 말해 각각의 노동자가 스미스가 든 예에 따라 핀을 A부터 Z까지 제조하는 것과 그들이 분업적으로 공동 생산하는 것을 비교하는 문제를 제기했습니다[11] — 그러나 이미 이러한 경우만 하더라도 부분노동자와 전체노동자를 비교할 수 있는 가능성이 결여되어 있습니다. 왜냐하면 그들의 노동은 더 이상 "동일한" 노동이 아니기 때문입니다: 전체노동자가 수행하는 것은 부분노동자가 수행하는 것과 물리적으로 다른 것이고, 정신적으로는 더욱더 다른 것이며, 따라서 이 둘을 양적인 측면에서 실제로 정확하게 관련시킬 수 있다고 믿지 않도록 주의해야 합니다. —

마지막으로 수익성에 대해 말하고자 합니다. 우리는 이것을 기업가의 회계장부로부터 "측정할" 수 있지만, 여기에도 유보조항이 따릅니다. 나는 모든 수익성 계산은 상당히 정확성이 떨어진다는 헤르크너의 견해[12]에 동의합니다; 때때로 매우 조야하고 자의적인 "원칙들"을 볼 수 있는데, 그 가운데 어떤 것에 따르면 임금과 원료비가 생산원가로 계산되고

산다). 좀바르트, 「토론회에서의 발언」, 571~72쪽.

11 애덤 스미스는 『국부론』, 제1편, 제1~3장에서 노동생산성을 향상시키는 주요 원인인 분업을 다루면서 핀의 생산을 예로 들고 있다. 스미스에 따르면 "핀을 만드는 중요한 작업은 약 18개의 독립된 조작으로 분할되어 있는데, 어떤 공장에서는 이 18개의 조작을 18명의 직공들이 나누어서 하고 있고, 다른 공장에서는 한 직공이 두세 가지 조작을 담당하고 있다. 나는 이러한 종류의 작은 공장을 본 적이 있다. 거기에는 10명만이 고용되어 있었고, 따라서 약간의 노동자들은 두세 가지 서로 다른 조작을 하고 있었다. 그들은 매우 빈곤했고, 따라서 필요한 기계를 거의 가지지 않았지만, 그들은 힘써 일할 때 하루 약 12파운드[5.4킬로그램]의 핀을 만들 수 있었다. 1파운드는 중간 크기의 핀 4,000개 이상이 된다. 그러므로 10명이 하루에 48,000개 이상의 핀을 만들 수 있고 한 사람은 하루에 4,800개의 핀을 만든 셈이 된다. 그러나 그들이 각각 독립적으로 완성품을 만든다면, 그리고 그들 중 누구도 이 특수 업종의 교육을 받은 적이 없었다면, 그들 각자는 분명히 하루에 20개도 만들 수 없을 것이며, 어쩌면 하루에 1개도 만들 수 없을지도 모른다. 다시 말하면, 상이한 조작들의 적당한 분할과 결합이 없다면, 그들 각자가 지금 생산할 수 있는 것의 1/240은 물론 아마 1/4,800도 만들 수 없을 것이다". 스미스, 『국부론』(상), 8~9쪽.

12 앞의 120~21쪽, 주 7을 볼 것.

또 다른 어떤 것에 따르면 단지 임금만이, 그것도 30~40퍼센트 또는 100퍼센트가 생산원가로 계산됩니다.—그 밖에도 근래 들어 민족경제에 대한 우리의 작업이 "부정확하다"는 비난이 일었는데, 이 부정확성은 지금도 여전히 볼 수 있습니다.[13] 그리고 특히 이러한 부기와 대차대조표는 사실상 특정한 **이해관계들**의 조정의 산물인 한에서만 "객관적인" 것인데, 이는 심지어 개별 기업가들의 경우에서도 그렇습니다. 누가 "감가상각"이나 이와 같은 것에 대한 보편타당한 "객관적" 척도를 제시하려고 하겠습니까?

어쨌든 **이러한** 경우들에서는 "계산 가능성"이 적어도 "원칙적으로" 존재합니다. 이에 반해 **도덕적으로** 허용된 것이나 또는 "**공공복지에 기여하는 것**"에 대한 항상 **순수하게 주관적인** 견해들의 경우에는, 설령 이 견해들이 "평균판단"이라 할지라도, 계산 가능성이라는 것 자체가 **원칙적으로 존재하지 않습니다.**—나는 방금 동료 헤르크너를 인용했기 때문에,[14] 끝으로 한 가지만 더 언급하겠습니다: 비단 광산 노동자들뿐만 아니라 예컨대 섬유 노동자들도 나이가 듦에 따라 노동의 압박을 점점 더 심하게 느낀다는 것은 결코 부정할 수 없는 사실입니다.[15] 그리고 더

---

13 여기에서 "민족경제에 대한 우리의 작업"은 구체적으로 독일 역사학파 경제학자들이 주축이 된 사회정책학회 회원들의 작업을 가리킨다. 1890년대 말부터 사회정책학회를 비판하는 경제학자 집단이 형성되었는데, 여기에는 1897년에 처음으로 반(反)사회정책적 이념을 주창한 율리우스 볼프(1862~1937)를 위시해 리하르트 에렌베르크(1857~1921), 안드레아스 포이크트(1860~1940), 루트비히 폴레(1869~1926), 루트비히 베른하르트(1875~1935) 등이 속한다. 대표적으로 에렌베르크를 거론할 수 있는데, 그는 한편으로 이론을 도외시한 채 일면적인 역사적 방법에 의존하는 독일 역사학파 경제학은 경제적 현실을 제대로 파악할 수 없다고, 그리고 다른 한편으로 윤리적 가치판단에 기반하는 사회정책학회의 사회정책적 이념은 그 전제가 잘못된 것이라고 비판했다. 그는 독일 역사학파 경제학의 역사적 방법에 반하여 엄밀한 비교적-양적 방법을 제시했다. 이 일군의 경제학자들에 대해서는 린덴라우프, 『사회정책학회에서의 노선투쟁』, 12~13쪽을 볼 것.

14 앞의 120쪽을 볼 것.

15 헤르크너, 「토론회에서의 발언」, 552~53쪽에 따르면, 노동자들은 기계에 의해 일자리

나아가 만약 헤르크너가 언급한 설문조사의 피설문자인 노동자들을 임금수준에 따라 분류하고 통산(通算)한다면,[16] 우리는 자주 인간**행복**의 촉진을 최종적인 척도로 간주하는 사회정책가들에게 큰 충격을 주는 결과를 얻게 될 것입니다: 그 결과란 임금수준이 높아질 때마다 자신의 직업노동에 만족하는 노동자들의 비율은 더 낮아진다는 것입니다. 내가 틀리지 않는다면, 섬유 노동자 집단에서는 이 비율이 노동자들의 출신 지역에 따라서는 그야말로 0으로까지 떨어질 수도 있습니다. 내가 보기에 헤르크너가 존재하는 "노동의욕"[17]의 정도와 그 가망성에 대해 갖는 인상은 너무나도 낙관적입니다.

를 빼앗기거나 임금이 낮아질 우려가 없다면 "자신들이 사용하는 기계를 열광적으로 사랑하며 이 기계와 더불어 그리고 이 기계 속에서 삶을 영위하고", 따라서 "임금, 노동시간 등 다른 요소를 고려하지 않는다면 ─ 기계를 사용하지 않는 석탄광산 노동자들의 노동 불만족도가 가장 크다".

16 사실 헤르크너는 「토론회에서의 발언」에서 자신의 연구를 명시적으로 언급하지 않았다. 그러나 그는 가치판단 논쟁이 일어나기 몇 해 전에 취리히 노동자들의 직업숙명에 대한 설문조사를 실시했으며, 그 결과를 1905년에 「민족경제의 이론과 실천에서 노동의욕이 갖는 의의」라는 논문으로 발표했다.

17 헤르크너는 노동을 구성하는 중요한 요소들 가운데 하나인 "노동의욕"이 기계의 사용을 통해 크게 증가될 수 있다는 견해를 내세우고 있다. 헤르크너, 「토론회에서의 발언」, 552쪽 이하를 볼 것.

제2장 사회정책학회 위원회에서의
가치판단 논의를 위한 소견서
1913*

• 원서에는 두 개의 장이 제목도 없이 로마자 〈I〉과 〈II〉로만 구분되어 있을 뿐이고 절도 나누어져 있지 않다. 이에 독자들의 편의를 위해 옮긴이가 이 논문의 앞에 나오는 「사회학 및 경제학에서 "가치자유"의 의미」를 참조하여 각 절의 제목을 붙였음을 일러둔다(그런데 각 장의 제목은 붙이지 않았는데, 그 이유는 제2장이 하나의 제목으로 묶기에는 너무나 다양한 측면을 다루고 있기 때문이다). 그리고 이 논문의 맨 앞에 있는 전체적인 차례도 옮긴이가 첨가한 것이다.

아래의 논의는 명시적으로 **경험적** 과학분야들에 한정되는데, 여기에는 우리가 전문적으로 관심을 갖는 사회학("정치학"을 포함하여), 경제학("경제정책"을 포함하여), 역사학(모든 종류의 역사학, 따라서 명시적으로 예컨대 법제사, 종교사, 문화사를 포함하여) 같은 것이 속한다.

I

사회정책학회에서의 실천적 가치판단

나는 개인적으로 위원회에서의 토론이라는 이 틀 내에서도 견해를 달
리하는 사람들과 다음의 점을 **논의하지 않고자** 한다[1]:

1. **사회정책학회**에서는 "세계관"의 문제, 보다 정확하게 말하자면 실
천적-정치적 "가치판단"[2]을 다루어야 하는가?

---

1 여기에서 "위원회에서의 논의"는 1914년에 사회정책학회 위원회에서 벌어진 가치판단
  논쟁을 가리킨다. 그리고 베버가 "이 틀 내에서"가 아니라 "이 틀 내에서도"라고 말하는
  것은, 그때까지 가치판단 문제와 관련하여 견해를 제시해온 여러 글에서와 마찬가지로
  이 소견서에서도 아래에 제시되는 것들(I. 1.-I. 4.)을 논의하지 않으려는 의중을 표현하
  는 것으로 읽으면 된다.
2 이 용어는 'Wertung'(동사는 'werten')이라는 독일어를 옮긴 것이다. 우리가 일반적으로
  알고 있는 "가치판단"은 독일어로 'Werturteil'이다. 그런데 베버는 「사회학 및 경제학에
  서 "가치자유"의 의미」에서와 마찬가지로 이 소견서에서도 139쪽, 아래에서 여덟 번째

왜냐하면 내가 보기에 사회정책학회는 주로 이 목적을 위해 창립되었고 존속해왔으며 앞으로도 계속 이 목적을 위해 존속해야 한다는 것이 우리 모두에게 확실하기 때문이다. 사회정책학회는 지금까지 내부에서의 논의를 통해 이 점을 **올바르게 이해해왔으며** 앞으로도 계속 그리해야 할 것이다. 사회정책학회는 명시적으로 "결의" 및 이와 유사한 것을 포기해왔고, 따라서 논의자들의 일부분은 이단자가 될 수밖에 없는 "종교적 담화"의 유형을 논의로부터 배제해왔고, 의도적으로 다양한 그리고 가능한 한 대립적인 입장들이 발표되도록 하는 것을 원칙으로 삼아왔으며, 또한 이렇게 함으로써 실천적 가치판단들에 대한 논의에서 요청되는 모든 것을 충족해왔다 ─ 이러한 논의의 **과학적** 목표는 대립적인 입장들의 근거가 되고 더 이상 환원될 수 없는 결정적인 공리들을 밝혀내며, 이를 통해 사람들로 하여금 **선택할** 수 있도록 하는 것일 수 있다. 그런데 이러한 상황에서 기이한 것은, 사회정책학회의 일부 회원들이 비록 실천적으로는 상기한 바에 따라 행위해왔음에도 불구하고 그것을 이론적으로 올바르게 이해하지 못한다는 사실이다. 사회정책학회가 "선전하고자" 하는 것은 그 창립 이래로 단지 다음과 같이 아주 일반적으로만 표현할 수 있는 입장뿐이었다: **만약** 우리가 경제적 삶이라는 현상을 **가치판단적으로** 고찰한다면, 우리는 이것을 그때그때 존재하는 영리기업들이 갖는 사업적 수익성에 대한 이해관계에 따라서뿐만 아니라 **또한 다른** 가치척도들에 따라서도 평가할 수 있다. 나는 그 밖에 무엇이 진정으로 "공통적인 것인지" 전혀 알 길이 없다. 다음의 사실, 즉 사회정책학회의 창립자들과 회원들 각자가 **자신의** (다른 공동 창립자들과 자주 크게 배치되는) 가치판단이 가장 매혹적으로 작용하기를 바라 마지않는

줄과 148쪽 네 번째 줄에서 딱 두 번만 'Werturteil'이라는 단어를 사용할 뿐, 그 밖에는 'Wertung'이라는 단어를 사용하고 있다. 이 단어는 "평가", "가치를 인정하기" 또는 "가치평가"라고 옮길 수 있는데, 여기서는 "가치판단"으로 옮기기로 한다. 베버가 인정하듯이, 이 둘 사이에는 사실상 아무런 차이도 없다(아래 148쪽을 볼 것).

다는 사실은, 다른 곳에서와 마찬가지로 여기서도 자명한 일이다. 사회정책학회는 그 내부에서 무엇보다 실천적-**정치적** 문제들이 논의되어왔고 또한 논의되어야 할 조직인데, 그것도 이 논의를 위한 **하나의** 특수한 전제조건, 즉 **사실들**에 대한 박학한 전문지식을 갖춘 사람들이 현저하게 참여하여 그리해왔고 또한 그리해야 할 조직이다. 그러나 바로 이 박학한 **전문**지식이 실천적으로 가치판단하는 입장에 대한 우선권을 부여하는 하나의 특수한 자질이라고 믿는 것은 심각한 오류일 것이다. 이러한 오류가 널리 퍼져 있다는 것은 분명해 보이며, 따라서 사회정책학회에서 통상적으로 논의되는 것의 "**의미**"를 명백하게 아는 것이 진정으로 바람직하다. 이는 나중에 다루기로 한다.

대학 강의에서의 실천적 가치판단

나는 더 나아가 개인적으로 다음을 논의하지 않기로 한다:

2. 그것은 **대학 강의**에서 자신의 윤리적, 미학적, 세계관적 또는 다른 실천적 가치판단을 "고백해야" **하는지** 또는 아닌지 하는 것이다.

나는 이러한 문제를 끌어들이는 것을 유감스럽게 생각한다. 왜냐하면 그것 자체가 전적으로 실천적 가치에 의존하며 바로 그런 까닭에 명확하게 결말을 지을 수 없는 문제이기 때문이다. 여기서는 두 가지 극단적인 입장을 들기로 한다:

a) 순수하게 논리적인 또는 순수하게 경험적인 사실과 실천적인 윤리적 또는 "세계관적" 가치판단, 이 둘은 **논리적으로** 응당 서로 구별되어야 한다; 그러나 그럼에도 불구하고 또는 심지어 바로 그렇기 때문에 이 두 범주는 강단에 속한다 ―

b) 비록 그 둘을 논리적으로 일관되게 구별한다는 것은 **불가능한** 일이지만, 그럼에도 불구하고 강단에서는 가능한 한 상기한 실천적 가치문제를 배제하는 것이 바람직하다.

물론 나는 나 자신의 견해에 대한 언급을 삼간다는 비난을 받지 않기 위해 여기에서 이 문제를 다루어야만 한다.

우선 입장 (b)는 내가 보기에 (주관적으로) 받아들일 수 없을 것이다. 특히 내 생각으로는 드물지 않게 볼 수 있는 시도, 즉 실천적 가치판단을 "**정당**정치적" 가치판단이나 이것과는 다른 성격의 가치판단으로 구분하려는 시도는 결코 실현될 수 없으며, 단지 수강생들에게 은연중 불어넣은 입장의 실천적 의의를 은폐하는 데 적합할 뿐이다. 게다가 다음과 같은 견해, 즉 강단에서는 "무(無)열정"이 요구되며, 따라서 "열정적인" 토론을 불러일으킬 위험이 있는 사안들은 배제되어야 한다는 견해는 관료들이나 가질 법하며, 만약 일단 가치판단이 이루어진다면 ─ 나의 주관적인 견해에 따르자면 ─ 독립적인 교사[3]라면 누구나 마땅히 거부해야 할 것이다. 다음과 같은 학자들, 즉 경험적인 논의에서 "실천적인" 가치판단을 포기해서는 **안 된다**고 믿는 학자들 가운데에서 바로 이 두 영역의 원칙적 구별이라는 관점에서 볼 때 가장 견딜 만한 것은 다름 아닌 가장 열정적인 학자들이다(가령 트라이치케[4]가, 그리고 몸젠[5]도 나름의 방식으로 이 부류에 속한다). 왜냐하면 수강생들**로서는** 이 한껏 고조된 감정이 갖는 남달리 강력한 힘을 보고서 적어도 서로 뒤섞인 문제들을 비교적 쉽게 구별할 수 있게 되고, 다시 말해 교사의 가치판단의 주관성이 얼마나 그의 경험적인 사실규명을 왜곡하는가를 가늠할 수 있게 되며, 따

---

3 이 글에는 교사, 교수, 교원이 단어가 등장하는데, 각각 독일어의 'Lehrer', 'Professor', 'Dozent'를 옮긴 것이다. 이 가운데 교사는 우리가 일반적으로 이해하는 바와 같이 초중고교에서 일정한 자격을 가지고 학생을 가르치는 사람이 아니라 대학에서 일정한 자격을 가지고 학생을 가르치는 사람을 이르는 말이다. 그리고 교원은 교수를 포함해 대학에서 학생들을 가르치는 사람을 통틀어 이르는 말이다. 이렇게 보면 교사와 교원은 같은 의미로 볼 수 있고, 교수는 강사 등과 구별되는 대학의 교사 또는 교원으로 해석할 수 있다. 사실 이 글에서는 이 세 단어를 호환되는 것으로 보아도 무방하다.
4 이에 대해서는 이 책의 13쪽, 주 3을 볼 것.
5 이에 대해서는 이 책의 13~14쪽, 주 4를 볼 것.

라서 교사가 그의 정열로 인해 할 수 없었던 것을 수강생들 자신이 할 수 있게 되기 때문이다. 요컨대 강단에서의 실천적인 가치판단을 옹호하는 사람들이 청년들의 정신에 기꺼이 영향을 끼치고자 한다면, 그들은— 나는 이렇게 가정한다— 진정한 파토스를 통해 이 목표를 달성할 수 있는데, 그렇다고 해서 수강생들에게 상이한 영역들을 혼동하도록 그릇된 교육을 한다는 것은 아니다; 반면 이 그릇된 교육이 필연적으로 일어나게 되는 경우가 있는데, 그것은 한편으로는 순수한 사실성의 규명과 다른 한편으로는 중대한 삶의 문제들에 대해 실천적인 입장을 정립하라고 고무하는 것, 이 두 가지가 똑같이 아무런 열정도 없이 차갑게 수강생들에게 전달되는 경우이다.

그리고 입장 (a)는 내가 보기에— 그 옹호자들 자신의 주관적인 관점에서 볼 때에— 다음과 같은 조건에서 그리고 오직 그런 조건에서만 받아들일 수 있다. 즉 **만약** 대학 교사가 모든 개별적인 경우에 수강생들에게 그리고 무엇보다도 **자기 자신에게** 자신의 강의에서 **무엇이** 경험적 사실규명이며 **무엇이** 실천적인 가치판단인지를 가차 없이 (사정에 따라서는 "현학적으로") 밝히는 것을, 심지어 이로 인해 자신의 가치판단이 더욱더 무미건조해질 수 있다는 위험을 무릅쓰고라도 밝히는 것을 자신의 절대적인 의무로 간주한다면, 그 입장을 받아들일 수 있다. 내가 보기에 일단 두 영역의 이질성을 인정한다면, 이렇게 하는 것은 지적 성실성의 직접적인 명령이며, 따라서 요구되는 절대적 최소한이다. —

전문적 교육과 강단 가치판단[6]

이에 반해 다음과 같은 문제, 즉 강단에서 **도대체** (상기한 유보조건 하에서도) 실천적-정치적으로 가치판단을 해야 하는지 말아야 하는지의

---

6 여기에서 "강단 가치판단"은 "강단에서의 가치판단"이라고 읽으면 된다.

문제는 실제적인 대학정책의 문제이며, 따라서 궁극적으로는 각 개인이 자신의 가치판단에 근거하여 대학에 부여하고자 하는 과제에 따라서만 결정될 수 있는 것이다. 누군가는 대학이 (그리고 이에 따라 그 자신도 대학 교사로서의 자신의 자격에 의거하여) 오늘날에도 여전히 다음과 같은 보편적인 역할, 즉 인간을 형성하며 정치적 신념을 전파하는 역할을 수행한다고 주장할 것이다. 그리고 다른 누군가는 다음과 같은 사실을 (그리고 그 결과를), 즉 오늘날 대학은 단지 **전문적인** 자격을 갖춘 사람들에 의한 **전문적인** 훈련을 통해서만 진정으로 가치 있는 영향력을 행사할 수 있다는 사실을 (그리고 그 결과를) 인정해야 한다고 믿을 것이다. 자명한 일이지만, 이 둘은 강단에서의 실천적인 가치판단이라는 문제에 대해 서로 다른 입장을 취할 것이다. 우리는 아주 다양한 "궁극적" 관점에서 전자의 입장을 지지할 수도 있고 후자의 입장을 지지할 수도 있다. 특히 후자의 입장은 (나는 개인적으로 이 입장을 받아들인다) "전문적" 교육이 가지는 의의에 대한 매우 과도한 평가에서뿐만 아니라 그 정반대로 아주 조심스러운 평가에서도 도출될 수 있다.[7] 예컨대 누군가 그러한 입장을 취하는 것은, 그가 모든 인간이, 내면적인 의미에서, 가능한 한 순수한 "전문인"이 되기를 바라지 않기 때문일 수 있다. 그리고 정반대로 한 인간이 자신의 삶과 관련하여 자율적으로 내려야 하는 궁극적이고 지극히 개인적인 결단이 전문적 훈련과 — 이 훈련이 젊은이들의 일반적인 사고훈련에 대해서뿐만 아니라 가령 그들의 자기규율과 도덕적 태도에 대해서도 가지는 의의가 얼마나 높이 평가되든 상관없이 — 같은 냄비에서 뒤섞여버리지 **않기를** 그리고 강단에서 교사가 눈에 띄지 않게 암시하는 것 때문에 수강생들이 그와 같은 삶의 문제를 해결하지 못하게 되는 일이 **없기를** 원하기 때문에 그러한 입장을 취할 수 있다.

---

7 원문에는 주어와 동사가(kann man ableiten) 빠져 있는데,「사회학 및 경제학에서 "가치자유"의 의미」(491쪽)를 참조하여 끼워 넣었음을 일러두는 바이다. 이 책의 16쪽을 볼 것.

폰 슈몰러 교수가 강단에서의 가치판단에 대해 가지는 호의적인 선입견은, 내 개인적으로는 그와 그의 동료들이 협력하여 그 형성에 기여한 한 위대한 시대의 반향으로 충분히 이해할 수 있는 일이다.[8] 그러나 내가 보기에 심지어 그 자신도 간과할 수 없는 사실이 있으니, 그것은 젊은 세대가 처한 상황이 한 가지 중요한 점에서 크게 달라졌다는 것이다.[9] 40년 전에는 우리 분야에 속하는 학자들 사이에 다음과 같은 믿음, 즉 실천적-정치적 가치판단의 영역에서는 여러 가능한 입장들 가운데 궁극적으로는 단 하나만이 "**윤리적으로**" 옳을 수밖에 없다는 믿음이 널리 퍼져 있었다(물론 슈몰러 자신은 항상 매우 제한적으로만 그렇게 생각했다).[10] 그러나 오늘날에는 특히 강단에서의 가치판단을 추종하는 사람들 사이에서, 쉽게 확인할 수 있는 바와 같이, 더 이상 그러한 믿음을 찾아볼 수 없다. 이들은 오늘날 더 이상 (상대적으로) 소박한 정의의 요청에 기반하는 윤리적 요구의 이름으로 강단에서의 가치판단의 자유를 주장하지 않는데, 이 정의의 요청은 그 궁극적 근거 제시의 방식에서나 그 결과에서나 (상대적으로) 단순했거나 단순한 것으로 보였으며, 또한 명백하고도 독특하게 **초**개인적인, 따라서 특히 (상대적으로) 비개인적인 성격을 가졌다. 그 대신에 (불가피한 발전의 결과로) "문화적 가치판단들" ― 이것들은 실제로는 문화에 대한 주관적인 **요구들**을 뜻한다 ― 의 다채로운 꽃다발의 이름으로, 또는 아주 대놓고 말하자면, 이른바 교사의 "**인격권**"의 이름으로 강단에서의 가치판단의 자유를 주장한다. 그건 그렇고 내가 보기에 갖가지 예언 가운데에서도 방금 언급한 의미에서 "개인적" 색채를 띠는 **교수-예언**이야말로 도저히 참을 수 없는 단 하나의 예언인

---

8 여기에서 말하는 폰 슈몰러는 독일 역사학과 경제학의 거두인 구스타프 폰 슈몰러 (1838~1917)를 가리킨다 슈몰러와 7의 동류득에 대해서는 이 책의 16~17쪽, 주 6 을 볼 것.

9 이 문장에 나오는 "젊은 세대"에 대해서는 이 책의 17쪽, 주 7을 볼 것.

10 이에 대해서는 이 책의 18쪽, 주 8을 볼 것.

데, 이것이 의미하는 바는 구체적으로 다음과 같다: 공식적으로[11] 공중을 받은 수많은 예언자들이 길거리나 교회나 또는 대중이 모이는 다른 어떤 장소에서, 아니면 — 만약 사적인 차원이라면 — 자신이 개인적으로 선택한 (그리고 신앙집회로서의 정체성을 갖고 신앙집회임을 고백하는) 신앙 집회에서 설교를 하는 것이 아니라, 국가로부터 특권을 부여받은 강의 실의 이른바 객관적이고, 통제할 수 없고, 토론도 없으며, 따라서 일체의 반론으로부터 주도면밀하게 차단된 정숙한 분위기 속에서 "과학의 이름 하에" 세계관의 문제들에 대해 권위적인 결정을 내리는 주제넘은 짓을 하고 있다. 물론 누군가는 나의 이러한 입장에 대해 격노할 것이지만, 그렇다고 해서 — 거기에도 하나의 "실천적 가치판단"이 내포되어 있기 때문에 — 그것을 "논박할" 수는 없을 것이다. 슈몰러는 오래전 어떤 기회에 강의실에서 일어나는 일은 공개적인 논의에서 배제되어야 한다는 원칙을 강력히 내세운 적이 있다. 물론 이 원칙은 때때로, 심지어 경험과학의 영역에서도, 일정한 불이익을 초래할 수 있다는 견해도 가능하다. 그러나 일반적으로는 다음과 같이 생각하며, 나 또한 그렇다: "강의"는 "공개적인 강연"이나 "에세이"와 다른 무엇이어야 **하고**, 강의에서 진술되는 내용의 불편부당한 엄밀성, 객관성 및 냉철성이 여론의 — 예컨대 언론의 — 간섭에 의해 손상될 수 있으며, 이는 교육적 목적을 해칠 수 있다. 그러나 이러한 무통제의 특권은 어떠한 경우에도 교수의 순수하게 **전문적인** 자격의 영역에만 적합한 것으로 보인다. 이에 반해 개인적 예언에 대해서는 전문자격이란 있을 수 없으며, 따라서 다음과 같은 특권도 있을 수 없다: 학생이 "출세"를 위해 특정한 강의를 들을 수밖에 없는 **불가피한 상황**을 빌미로 그 학생에게 거기에 필요한 해석력과 사고력을 일깨우고 훈련하며 지식을 전달하는 일 이외에 그 어떤 반론에도 부딪

---

11 「사회학 및 경제학에서 "가치자유"의 의미」에서는 "국가로부터"라고 되어 있다. 이 책의 18쪽을 볼 것.

히지 않은 채 — 때로는 확실히 매우 흥미로운 (그러나 종종 아주 하찮기도 한) — 자신의 이른바 "세계관"을 심어주는 데 악용하는 특권이 있을 수 없다.

다른 모든 사람들에게와 마찬가지로 교수에게는 자신의 세계관을 선전할 수 있는 다른 기회들이 주어져 있다. 만약 그렇지 않다면, 그 스스로가 쉽게 적합한 형태의 기회를 만들어낼 수 있다: 이에 대한 모든 진지한 노력이 성공한다는 것을 우리는 경험을 통해서 잘 알고 있다. 그러나 교수는 **교수로서** 자신의 책가방에 정치가의 (또는 문화개혁가의) 원수(元帥) 지휘봉을 넣어 다니는 것처럼 행동해서는 안 된다 — 만약 그가 자신이 강단에서 차지하는 요지부동의 지위를 정치적 또는 문화정책적 사안에 대한 자신의 감정을 표현하는 데 이용한다면, 그는 실제로 그렇게 행동하는 것이다. 그는 언론매체, 집회, 단체, 에세이, 간단히 말해 다른 모든 시민들도 접근할 수 있는 모든 형태의 기회를 통해 자신의 신 또는 악마가 자신에게 명령하는 바를 해도 좋다 (그리고 해야 한다). 그러나 오늘날 학생이 **강의실**에서 그의 교사로부터 배워야 하는 것은 무엇보다도 다음과 같은 것이다: (1) 주어진 과제를 소박하게 완수하는 것에 만족할 수 있는 능력; (2) 사실을, 개인적으로 불편한 사실도 그리고 특히 이러한 사실을, 일단 인정하고 그것에 대한 규명을 그것에 대한 주관적 입장과 구별할 수 있는 능력; (3) 자기 자신이 아니라 "객관적 과업"을 앞세우며 무엇보다도 자신의 개인적 취향이나 그 밖의 다른 느낌을 적절치 않은 때에 그리고 이른바 "정숙하지 못하게" 드러내 보이려는 욕구를 억제할 수 있는 능력. 내가 보기에 오늘날 이것은 40년 전과는 비교할 수 없을 만큼 절실한 것인데, 그 시기에는 사실상 이 문제가 이러한 형태로 존재하지 않았다. 지금까지 "인격"은 다음과 같은 의미에서, 즉 만약 어떠한 상황에서든 알아볼 수 없게 된다면 말하자면 상실될 것이라는 의미에서 하나의 "통일체"이고 또 그래야만 "한다"고 주장되어왔는데, 실상 이 주장은 전혀 **옳지 않다.** 모든 "직업적" 과제에서 각각의 "사안"

은 그 자체로 권리를 가지며 자신의 내재적인 법칙에 따라 처리되어야
한다. 모든 직업적 과제에서 이를 수행하는 사람은 자기제한을 해야 하
며 엄격히 "사안에" 속하지 않는 모든 것, 특히 자신의 호오를 배제해야
한다. 그리고 "강력한" 인격은 (방금 언급한 바로부터 결론이 나오는 것처
럼) 어떠한 상황에서도 자신에게만 고유하고 전적으로 개인적인 "색채"
를 추구하는 태도에 의해 표명된다는 주장은 **옳지 않다**. 오히려 바람직
한 것은, 특히 현재 성장하고 있는 세대가 무엇보다도 다시금 다음과 같
은 생각에 익숙해지는 것이다. 즉 "인격이 된다"는 것은 의도적으로 욕
구할 수 있는 어떤 것이 아니며, 그것이 (아마도!) 될 수 있는 유일한 길은
아무런 거리낌 없이 하나의 "이상"에 헌신하는 것이라는 생각이 그것인
데, 여기에서 개별적인 경우에 이 이상이 그리고 그로부터 도출되는 "일
상의 요구"[12]가 무엇인가는 전혀 문제가 되지 않는다. 전문적인 사안에
대한 논의에 "개인적인" 용건을 뒤섞는 것은 원칙에 맞지 않는 일이다.
그리고 만약 우리가 "직업"에서 요구되는 독특한 형태의 자기제한을 이
행하지 않는다면, 직업은 그것이 오늘날에도 여전히 갖고 있는 진정으로
유효한 의미를 상실하고 말 것이다.[13] 작금에 왕좌, 관청, 또는 강단을 무
대로 하여 유행처럼 성행하고 있는 인격숭배는 외적으로 보면 거의 언
제나 효과적으로 작용하지만 그 가장 내면적인 의미에서 보면 어디서나
한결같이 하찮게 작용하며, 또한 어디서나 직업적 과제에 해를 끼친다.
그런데 나는 이미 앞에서 언급한 것을 고려하여 다음을 특별히 말하지
않아도 되기를 바란다: **이런** 식으로, 즉 단지 "인격적"이라는 이유만으
로 이루어지는 "인격"숭배는, 위원회[14] 내부에서 다른 견해를 내세울 것

---

12 이는 괴테의 교양소설 『빌헬름 마이스터의 편력시대』(1821), 167쪽에서 따온 것이다.
    이에 대해서는 이 책의 21쪽, 주 9를 볼 것.
13 베버는 자기제한을 강조하는데, 이 점에서 괴테와 상당한 유사점을 보여준다. 이에 대
    한 자세한 것은 이 책의 21~22쪽, 주 10을 볼 것.
14 이는 1914년에 가치판단 논쟁이 벌어진 사회정책학회의 위원회를 가리킨다.

으로 짐작되는 그리고 아래에서 내가 **구체적으로** 논박하게 되는 사람들과 전혀 무관하다는 점은 특별히 말하지 않아도 되기를 바라 마지않는다. 노장 세대는 40년 전의 완전히 다른 상황에서 완전히 이해할 수 있는 실천을 고수하고 있고, 젊은 세대는 내용적으로 다른 교육적 이상을 가지고 있는데, 나는 이 이상을 존중하기는 하지만 공유할 수는 없다. 그러나 나는 그들이 **지향하는** 것이 아니라, 그들이 자신들의 권위에 힘입어 정당화하는 것이 불가피하게 자기 과대평가 성향을 지니고 있는 한 세대에게 어떻게 **영향을 끼칠지를** 숙고할 것을 청하는 바이다.[15]

마지막으로 다음과 같은 사실은 우리 서클 내에서 특별히 언급할 필요가 없을 것이다. 즉 사회정책학회의 외부에 있거나 또는 사회정책학회와 적대적인 관계에 있는, 강단 가치판단의 많은 (다는 **아니지만**) 자칭 **반대자들**이 강의실 **밖에서** 완전히 공개적으로 진행되는 실천적-정치적 논의의 ── 그러니까 이전부터 사회정책학회에 뿌리를 내리고 있으며 명시적이고 공공연하게 실천적-정치적 문제에 지향된 ── 신용을 떨어뜨릴 목적으로 "가치판단"[16]의 배제라는 원칙을 내세우는 것은 (게다가 그들은 부분적으로 이 원칙을 심히 오해하고 있다) 완전히 정당성을 결여한다는 사실은 우리 서클 내에서 특별히 언급할 필요가 없을 것이다. 사실 그들 대부분은 전적으로 자기 자신들의 가치판단을 옹호하는 덕에 살아가며, 게다가 오늘날의 이해관계 상황과 유행에 더 잘 "적응한다"는 장점을 지닌다.

이처럼 겉으로만 그럴싸하게 가치자유적이고 편향적인 부류가 의심할 여지 없이 존재한다는, 그리고 이 부류가 강력한 이익집단들의 끈질

---

15 이 문장은 「사회학 및 경제학에서 "가치자유"의 의미」에서는 다음과 같이 좀 다르다: "그러나 우리는 그들이 지향하는 것을 숙고해야 할 뿐만 아니라 그들이 자신들의 권위에 힘입어 정당화하는 것이 그렇잖아도 불가피하게 강한 자기 과대평가 성향을 지니고 있는 한 세대에게 어떻게 **영향을 끼칠지도** 숙고해야 한다." 이 책의 22~23쪽을 볼 것.
16 베버는 여기에서 'Wertung'이 아니라 'Werturteil'이라는 단어를 사용하고 있다.

기고 목적의식이 뚜렷한 편듦에 의해 지지된다는 사실을 고려하면, 내 생각으로는—통상적인 의미에서의—"사회정책적인" 당파적 견해를 옹호하는 학자들도 현재 강단 가치판단을 고수한다는 사실이 진정으로 그리고 결정적으로 "정당화될" 수 있다. 나는 다음과 같은 사실을, 즉 이해관계자들이 공공연하게 또는 비밀리에 영향을 끼치는 시대에는 독립적으로 사유하는 학자들이야말로 단지 외견상의 "가치자유"라는 매우 실천적인 흉내 내기에 동참하고자 하지 않는다는 사실을 잘 이해할 수 있다. 내 개인적인 생각으로는, 그럼에도 불구하고 (내가 보기에) 옳은 것이 행해져야 하며, 또한 학자의 실천적 가치판단은, 그가 이것을 강의실 밖에서의 적합한 기회에서만 대변한다면, 그리고 특히 그가 강의실에서는 엄격하게 "자신의 직분에 합당한 것"만을 수행한다는 사실이 우리에게 알려진다면, 그 무게가 오히려 증가할 것이다. 그런데 이 모든 것은 사실상 "실천적 가치판단의 문제"이고, 따라서 명확하게 해결될 수 없다.

아무튼 만약 우리가 **원칙적으로** 강단 가치판단의 권리를 요구한다면, 이는 내가 보기에 **모든** 당파적 견해가 강단에서 관철될 수 있는 기회가 보장되어야만 비로소 일관성을 띨 수 있을 것이다. (이를 위해서는 다음과 같은 네덜란드 원칙을 적용하는 것으로는 결코 충분하지 않다: 신학부를 모든 신앙고백의 강제로부터 해방하는 것, 재원이 확보되고 교수 채용을 위한 자격규정을 준수한다는 조건 하에서의 대학 설립의 자유, 그리고 민간이 교수직을 창설하고 그 후보자를 추천할 수 있는 권리. 왜냐하면 이것은 돈을 가진 사람들과 권위적인 조직들에만 특전을 베푸는 체제이기 때문이다: 잘 알려진 대로 성직자 집단들이 이러한 체제를 이용했다). 그러나 우리나라의 경우에 강단 가치판단의 자유를 옹호하는 사람들은, 모든 경향이 (생각할 수 있는 "가장 극단적인" 경향까지도 포함하여) 동등하게 대변되어야 한다는 원칙과 정반대되는 것을 옹호하는 것이 일반적이다. 예컨대 슈몰러는 "마르크스주의자들과 맨체스터주의자들[17]"은 대학교수직을 가질 자격이 없다고 선언했는데,[18] 이는 그의 개인적인 입장에서 보면 당연히 일관된 것이었다 — 그렇다고 해서 그가 바로 이 두 진영의 학자들이 이룩한 **과학적** 업적을 무시하는 부당한 짓을 한 것은 결코 아니다. 그러나 바로 이 점에서 나는 개인적으로 우리의 존경하는 대가에 결코 동조할 수 없었다. 그리고 우리의 가장 탁월한 법학자들 가운데 한 명이며 정치적으로 엄격하게 보수적인 어떤 사람은 독일 대학교원대회의 한 회합에서(그는 거기에서 사회주의자들을 강단에서 배제하는 것에 **반대한다**고 분명히 밝혔다) 그 자신 역시 최소한 "무정부주의자"는 법학 교사로 받아들일 수 없다고 천명하면서, 그 근거로 무정부주의자는 법의 타당성 자체를 부정한다는 사실을 제시했다[19] — 그는 이 논리가 결정적인 설득력을 갖는다고 생각했음이 분명하다. 그러나 나는 정반대의 견해이다. 무정부주의자도 확실히 아주 좋은 "법학자"가 될 수 있다. 그리고 만약 그렇다면, 그가 자신의 신념으로 인해 갖게 되는 (이 신념이 진정한 것이고 실천적으로 증명된 것이라면) 그리고 우리에게는 아주 자명한 관습과 전제의 **바깥에** 존재하는 이른바 아르키메데스의 점[20]은, 그로 하여금 통상적인 법학의 기본 사상들에 내포되어 있지만 이 기본 사상들이 너무나도 자명한 것으로 보이는 모든 사람이 간과할 수밖에 없는 문제점을 인식할 수 있도록 한다. 가장 극단적인 회의는 인식의 아버지이다. —

그러나 오늘날 국립대학의 강단에서는 상황의 특성으로 인해 다름 아닌 가장 다양하고 중요한 가치**문제들**이 **배제되어** 있다.[21] 누구든 국가

---

17 맨체스터주의자들에 대해서는 이 책의 24쪽, 주 14를 볼 것.

18 이에 대해서는 이 책의 24쪽, 주 15를 볼 것.

19 여기에서 말하는 법학자는 아돌프 바흐이며, 독일 대학교원대회의 한 회합은 1909년 10월 12일부터 13일까지 라이프치히에서 개최된 제3회 독일 대학교원대회이다. 이에 대해서는 이 책의 25쪽, 주 16을 볼 것.

20 아르키메데스의 점에 대해서는 이 책의 25쪽, 주 18을 볼 것.

21 이 문장에서 말하는 국립대학은 사립대학에 반대되는 개념이 아니라, 독일 대학을 가리키는 개념이다. 당시 독일의 대학은 — 독일제국을 구성하는 — 영방국가들에 의해 설립되고 운영된 국립대학이었다. 1917년에 나온 「사회학 및 경제학에서 "가치자유" 의 의미」에는 "독일 대학"으로 되어 있다. 이 책의 26쪽을 볼 것. 오늘날에도 독일의 대

의 이해관계를 그것의 **모든** 구체적인 제도들 위에 설정하게 되면, 다음을 결정적으로 중요한 문제로 간주하게 된다: 예컨대 독일 군주의 위상에 대한 오늘날의 지배적인 견해는 국가의 권력적 이해관계 및 이 이해관계를 실현하는 수단인 전쟁 및 외교와 양립할 수 있는가? 다음과 같은 사람들이, 즉 오늘날 여러모로 이러한 가능성을 부정하며, 따라서 근본적인 변화가 일어나지 않는 한 상기한 **두** 영역에서의 지속적인 성공을 기대할 수 없다고 생각하는 사람들이 반드시 가장 저급한 애국자가 아니며 또한 결코 반군주주의자도 아니다. 그러나 국가의 이 중대한 문제들이 독일 대학의 강단에서는 완전히 자유롭게 그리고 공평무사하게 토론될 수 없다는 사실은 누구나 잘 알고 있다. 내가 보기에, 다음과 같은 사실, 즉 다름 아닌 실천적-정치적으로 가장 결정적인 가치판단의 문제들이 강단에서의 논의로부터 지속적으로 배제되어 있다는 사실을 고려할 때, 과학을 대변하는 사람들의 품위에 가장 잘 부합하는 태도는, 심지어 우리가 그들로 하여금 다루도록 "허용한" 가치문제들에 대해서조차도 **침묵을 지키는 것**이다. ──

그런데 어떠한 경우에도 다음의 두 가지가 서로 뒤섞여서는 안 된다: 한편으로는 **강의**에서 실천적인 가치판단을 해도 좋은지, 해야 하는지 또는 할 수밖에 없는지라는 문제와, 다른 한편으로는 경험적 과학분야들에서 가치판단이 수행하는 역할에 대한 순수하게 **논리적인** 논의는 어떠한 경우에도 서로 뒤섞여서는 안 된다. 누구나 잘 알고 있듯이, 방금 언급한 ── **해결할 수 없는** ── 실천적 문제를 모든 교원은 자신의, 때로는 오랫동안 해온 방식대로 처리할 것이며, 또한 어느 누구도 그로부터 유익한 화해를 기대할 수 없을 것이다.[22] 다만 증명된, 따라서 확고한 "입장

학은 기본적으로 각 주나 한자도시에 속하는 공립대학이다. 그리고 이 문장의 후반부에 나오는 "가장 다양하고"는「사회학 및 경제학에서 "가치자유"의 의미」에서는 "가장 결정적이고"로 되어 있다. 같은 곳을 볼 것.

22 이 문장의 앞부분에 나오는 "방금 언급한 ── **해결할 수 없는** ── 실천적 문제"는 그 앞

들"이라는 관악기와 타악기로 구성된 군악대만이 있을 따름이다.[23] 만약 방금 언급한 두 범주가 서로 뒤섞인다면, 본래 논리적 영역에 속하는 **사안**에 대한 공평무사한 논의도 해를 입게 될 것이다. 그리고 이 논리적 사안에 대한 해결은 그 자체로 상기한 문제[24]에 대해 (명료성과 이질적인 문제영역들의 분명한 구별이라는 논리적인 측면에서의 지침을 제외하면)[25] 그 어떤 지침도 제공할 수 없다. 나는 개인적으로 다른 방향의 취향들에는 흥미를 느끼지만 이와 반대로 **단지** 개인적인 가치판단에 따라서만 결정해야 하는 문제에는 전혀 흥미를 느끼지 못한다. ──

　3. 내가 여기에서 논의하지 않고자 하는 또 한 가지 점은, 경험적 작업과 실천적 가치판단을 분리하는 것이 "어려운지" 하는 문제이다. 그것은 어렵다. 사실 우리 모두는, 즉 이름을 내걸고 이 둘의 분리에 대한 요청을 지지하는 사람들이나 그렇지 않은 사람들 모두는, 계속해서 그 요청을 위반한다. 그러나 적어도 이른바 **"윤리적"** 경제학의 추종자들은, "도덕법칙" 역시 실현될 수 없지만 그럼에도 불구하고 "의무"로 간주된다는 사실을 알아야 할 것이다. 그리고 우리의 양심을 검토해보면, 아마도 다음과 같은 사실이 드러날 것이다. 즉 경험적 작업과 실천적 가치판단의 분리라는 요청을 이행하기가 어려운 주된 이유는 우리가 가치판단이

　　문장에 나오는 "**강의**에서 실천적인 가치판단을 해도 좋은지, 해야 하는지 또는 할 수밖에 없는지라는 문제"를 가리킨다.

23　이 문장의 앞부분인 "따라서"와 "확고한" 사이에는 원래 "de pactis puris"라는 라틴어 구절이 나오는데, 그 정확한 의미를 알 수 없어서 생략했다. 사실 옮긴이는 이를 해독하기 위해 저명한 베버 연구가로 『막스 베버 전집』의 편집에 참여했던 ──라틴어와 헬라어에 아주 밝은── 독일 사회학자한테 질문을 했는데, 그들은 편집 과정에서 상당한 노력을 기울였음에도 끝내 그 의미를 밝혀낼 수 없었다는, 그리고 그것이 로마법의 용어임이 분명해 보인다는 답변을 받았다.

24　이는 이 단락의 앞부분에 나오는 "**강의**에서 실천적인 가치판단을 해도 좋은지, 해야 하는지 또는 할 수밖에 없는지라는 문제"를 가리킨다.

25　여기에서 "논리적 지침"은 교원을 위한 것이다. 다시 말해 교원은 명료해야 하고 이질적인 문제영역들을 분명하게 구별해야 한다는 지침이 그것이다.

라는 매우 흥미로운 영역에 들어서는 것을 **포기하기**를 꺼리며, 특히 가치판단이 매우 자극적인 "개인적 색채"를 띠는 경우에는 더욱더 꺼리기 때문이라는 사실이 드러날 것이다. 대학 교원이라면 누구나 당연히 관찰할 수 있는 현상이 있으니, 그것은 그가 개인적인 신념을 "고백하기" 시작하면 학생들의 얼굴이 밝아지고 그들의 표정이 긴장되며, 또한 그가 이렇게 할 것이라는 기대로 인해 수강생의 숫자가 크게 늘어난다는 것이다. 게다가 누구나 잘 알고 있는 바와 같이, 학생 수를 둘러싼 대학들 간의 경쟁으로 인해 제아무리 하찮은 예언자라 할지라도 강의실만 가득 채운다면 교수 채용 시 그보다 학술적으로 훨씬 더 탁월하며 강의에서 **자신의 본분을 다하는** 다른 후보들보다 유리한 위치를 점한다 ─ 물론 그의 예언이 정치적인 측면이나 관습적인 측면에서 그때그때 "정상적인 것"으로 간주되는 견해를 너무 벗어나지 않는다는 조건 하에서 그렇다. 단지 물질적 이해관계가 특히 큰 경제주체들을 대변하는 **사이비** 가치자유적 예언자만이 그보다 더 좋은 기회를 갖는데, 그 이유는 이 이해관계자들이 정부에 영향력을 행사하기 때문이다. 내가 보기에 이 모든 것은 바람직하지 않으며, 따라서 다음과 같은 주장, 즉 실천적 가치판단의 배제에 대한 요구는 "당파적인" 그리고 "편협한" 것이며 강의를 "지루하게" 만들 것이라는 주장은 다루지 않겠다. 왜냐하면 내가 보기에 그러한 주장은 설득력이 없기 때문이다. 그러나 나로서는 대학 교원의 너무 "흥미로운" 인간적 색채로 인해 학생들이 장기적으로 볼 때 소박하고 객관적인 작업에 대한 취향을 상실할까 봐 걱정된다.

4. 나는 여기에서 다음도 마찬가지로 논의하지 않고자 하지만, 그래도 분명히 짚고 넘어가고자 한다: 우리는 다름 아닌 모든 실천적 가치판단의 근절이라는 **미명** 하에 "사실이 말하도록 한다"라는 잘 알려진 도식에 따라 매우 강력한 암시적 방법으로 실천적 가치판단을 불러일으킬 수 있다. 우리의 의회나 선거 유세에서는 바로 이 수사적 수단을 이용하여 연설의 질을 높이는 사람들을 볼 수 있는데 ─ 이는 그들의 목적에 비추

어볼 때 아주 정당한 일이다. 그러나 만약 이 수단이 강단에서 이용된다면, 그것은 경험적 작업과 실천적 가치판단의 분리의 요청이라는 관점에서 볼 때 모든 악용 중에서도 가장 개탄스러운 악용이 될 것임은 두말할 나위가 없다. 그리고 어떤 요청이 준수되지 않지만 그럼에도 불구하고 마치 **정말로** 준수되는 것처럼 보일 수 있다고 해서 이 요청 자체를 비판할 수 있는 것은 아니다. 그 요청은 다음과 같다: **만약** 교사가 모든 의구심에도 불구하고 실천적 "가치판단"을 포기해서는 안 된다고 믿는다면, 그것 자체를 학생들에게 **그리고 자기 자신에게** 절대적으로 **명백하게** 밝혀야 한다.

5. 만약 나와 다르게 생각하는 사람들이 "주관적"이라는 표현에 (나는 "가치판단"을 말할 때 이 표현을 사용했다) 꼭 매달리고자 한다면, 그로부터 얻을 수 있는 것은 아무것도 없을 것이다. 물론 **경험적인** 영역에서 "주관적인 것"으로 다루어야 하는 것이, 그와 다른 이질적인 영역에서 규범적인 근거를 가질 수 있다. 그러나 우리가 오늘날 가치판단의 영역에서 적어도 **또한** 그 자체로서 "규범적인" 근거를 전혀 요구하지 않는 가치판단도 논의의 대상으로 한다는 것은 확실하다. 이 둘 사의의 경계 설정은 어쨌든 우리의 과학분야가 부수적으로 처리할 수 없는 사안일 것이다.

6. 내가 아주 단호하게 배척하는 것은 다음과 같이 드물지 않게 접하는 생각이다: "객관성"에 이르는 길은 다양한 가치판단들을 서로 "저울질하고" 이것들 사이에서 "정치가적인" 타협점을 찾아내는 데에 있다는 생각이 그것이다. 그때그때의 "중도 노선", 즉 그때그때 힘의 관계로부터 그리고 **권력**을 가진 사람들의 매우 구체적으로 조건지어진 가치판단으로부터 결과하는 노선은, "가장 극단적인" 두 노선의 가치판단과 **마찬가지로** 경험적인 수단에 의해서는 ㄱ 타당성이 증명될 수 없다. 게다가 **가치판단**의 영역에서는 중도 노선이야말로 어떤 상황에서도 **규범적으로** 명료한 것이 아니다. 그것은 강단에 속하는 것이 아니라 ─ 관청에 속

하는 것이다. 과학이, 규범적인 과학이든 경험적인 과학이든 상관없이,
정치적 행위자들과 투쟁하는 정당들에게 줄 수 있는 **단 하나의** 귀중한
도움은 다음과 같이 말하는 것이다: (1) 이 문제에 대해서는 이런저런 여
러 가지 "궁극적인" 입장들을 **생각할 수 있다**; (2) 그대들이 그대들 자신
의 입장에서 고려해야 할 사실, 특히 실제적인 결과와 수단은 이러저러
하다.

"가치판단"의 개념; 순수한 논리적 또는 경험적 인식과 가치판단은 이질적인 문제영역들로서 원칙적으로 구별된다; "목적"과 "수단"의 비판

가치판단 문제 자체와 관련하여 나는 내가 이전에 『사회과학 및 사회정책 저널』, 제19권에서 말한 것, 그리고 더 나아가 제22권과 제24권에서 말한 것에 준거할 수밖에 없다[1](이 글들에서 때때로 세부적인 논의의 정확성이 떨어지는 일이 충분히 있을 수 있지만, 이로부터 그 어떤 문제의 핵심도 영향을 받지 않을 것이다). 그리고 한 중요한 문제영역에서의 일정한 궁극적 가치판단들의 "중재 불가능성"에 대해서는 특히 구스타프 라트부르

---

1 여기에서 말하는 바 베버가 『사회과학 및 사회정책 저널』, 제19권과 제22권, 제24권에서 논의한 것은 각각 「사회과학적 및 사회정책적 인식의 "객관성"」(제19권, 1904), 「문화과학적 논리 영역에서의 비판적 연구」(제22권, 1906), 「루돌프 슈탐러의 유물론적 역사관 "극복"」(제24권, 1907)을 가리킨다.

흐의 『법학 개론』(제2판, 1913)을 참조하도록 권하는 바이다. 나는 몇몇 점에서 그와 견해를 달리하지만, 이는 여기에서 논의되는 문제에는 전혀 중요하지 않다.

"가치판단"[2]이라는 말에 대해서는 엄청난 오해가 있어왔으며 무엇보다도 용어상의, 따라서 완전히 비생산적인 논쟁이 있어왔는데, 이는 분명히 문제 해결에 아무런 기여도 하지 못한다. 다음에는 이론의 여지가 없다. 즉 가치판단에 대한 논의가 이루어질 때 문제가 되는 것은 사회적 사실을 윤리적 또는 문화적 관점에서 실제적으로 바람직하다고 또는 바람직하지 않다고 내리는 **실천적인** 평가임에는 이론의 여지가 없다. 그럼에도 불구하고 다음과 같은 견해(이것은 적어도 내가 이미 상기한 논문들에서 자세하게 논의했다)가 매우 진지하게 "반론"으로 제기되어왔다 — 과학은 (1) 논리적이고 객관적으로 "판단할" 때 **올바르다**는 의미에서 "가치 있는" 결과를 얻기를 원하고, (2) 과학적 관점에서 볼 때 **중요하다**는 의미에서 "가치 있는" 결과를 얻기를 원하며, 더 나아가 소재의 선택 그 자체가 이미 "가치판단"을 내포한다는 견해가 그것이다. 이와 마찬가지로 거의 납득할 수 없을 정도로 심각한 오해가 되풀이해서 일어나고 있으니, 그것은 경제학이 (또는 심지어 모든 경험과학이) 인간의 "주관적" 가치판단을 **대상**으로 다룰 수 없다고 생각하는 것이다(이에 반해 한계효용 이론 전체가 그 정반대의 전제에 근거하고 있다[3]). 그러나 우리는 단지 다음과 같이 지극히 평범한 것을 요구할 뿐이다. 즉 연구하고 서술하는 사람은 한편으로 경험적 사실(여기에는 그가 연구하는 인간들의 "가치판단적" 행위도 포함된다)의 규명과 다른 한편으로 **자신의** 실천적 가치판단의 입장, 즉 경험적 사실(만약 경험적 인간들의 "가치판단"이 그의 연구 대상이 된다면, 그것도 여기에 속한다)을 바람직하거나 바람직하지 않은 것으로

---

2 베버는 여기에서 'Wertung'이 아니라 'Werturteil'이라는 단어를 사용하고 있다.
3 이에 대해서는 이 책의 32쪽, 주 3을 볼 것.

판단하는 입장을 절대적으로 **구별할** 것을 요구할 뿐이다 ─ 왜냐하면 이 둘은 어차피 이질적인 문제들이기 때문이다. 더 나아가 어떤 저술가는 다른 점에서는 탁월한 한 논고에서, 연구자는 자기 자신의 가치판단도 "사실"로 받아들이고 그로부터 결론을 도출할 수 있다고 말한다.[4] 그가 의미하는 바는 이론의 여지가 없이 옳은 반면 그가 선택한 표현은 오해의 소지가 다분하다. 물론 사람들은 어떤 토론에 앞서서 한 특정한 실천적 조치에 대해 합의를 볼 수 있다: 가령 군대증강에 소요되는 비용은 오직 부유층만이 지불하도록 하는 것이 토론의 "전제조건"이 되어야 하며, 단지 이를 실행하는 **수단**만이 논의의 대상이 되어야 한다는 데에 합의를 볼 수 있다. 이것은 많은 경우에 매우 합목적적이다. 그러나 우리는 이렇게 공동으로 전제된 실천적 의도를 공동적으로,[5] "선험적으로 확정된 목적"이라고 부르지, "사실"이라고 부르지 않는다. 그리고 "수단"에 대해 토론해보아도, 이 두 가지는 용어상으로뿐만 아니라 실제적으로도 서로 다르다는 사실이 드러날 것이다 ─ 물론 토론의 여지 없이 "전제된 목적"이 가령 지금 이 자리에서 여송연에 불을 붙이는 것만큼이나 구체적이라면 사정은 달라질 것이다. 만약 이렇게 구체적이라면 심지어 수단에 대해서도 토론할 필요가 좀처럼 없을 것이다. 이에 반해 보다 일반적으로 표현된 상황이 문제가 되는 거의 **모든** 경우에, 예컨대 우리가 방금 예로 선택한 경우에, 우리는 수단에 대한 논의에서 각 개인들이 표면상 명백한 것으로 보이는 목적을 서로 완전히 다르게 이해한다는 사실을 경험하게 될 것이다; 그뿐만이 아니라, 그리고 특히, **동일한** 목적이 매우 다양한 궁극적 근거들에서 추구되며 이는 수단에 대한 논의에 영향을 끼친다는 사실을 확인하게 될 것이다. 그러나 이 문제는 여기에서 제쳐

---

4 이 저술가가 누구인지 그리고 그의 논고가 무엇인지 확인할 수 없다.
5 사실 이것은 불필요하게 들어간 것으로 보는 것이 타당할 듯하다. 실제로 「사회학 및 경제학에서 "가치자유"의 의미」에는 그 단어가 없다. 이 책의 33쪽, 15행을 볼 것.

두기로 하자. 사실상 지금까지 그 누구도 다음을 반박할 생각을 하지 않았다—즉 사람들은 공동으로 추구되는 어떤 특정한 목적에서 출발할 수 있고 따라서 단지 이 목적을 달성하기 위한 수단에 대해서만 토론할 수 있으며, 또한 이것은 순수하게 경험적으로 해결할 수 있는 토론이 될 수 있다는 사실이 바로 그것이다. 그러나 우리의 논의 전체는 다름 아닌 "목적"의 선택을 (분명하게 주어진 목적을 위한 "수단"의 선택이 아니라) 둘러싸고, 다시 말해 각 개인들이 근거로 삼는 가치판단이 어떤 의미에서 "사실"로 받아들여지지 **않고** 과학적 **비판**의 대상이 될 수 있는가를 둘러싸고 전개된다. 만약 이것을 명심하지 않는다면, 이 문제와 더 이상 씨름해봤자 아무런 쓸모도 없을 것이다. —

실천적 명령과 경험적 사실규명의 타당성 영역은 이질적이다

여기서는—적어도 내 입장에서는—다음을 일절 논의하지 않는 것이 좋을 듯싶다: 실천적 가치판단, 특히 윤리적 가치판단은 "규범적" 품위를 갖는다고 주장할 수 있는지, 따라서 예컨대 "갈색머리의 여인보다 금발의 여인을" 선호해야 한다는 견해나 또는 이와 유사한 주관적 취향 판단과는 다른 성격을 갖는가 하는 문제는 일절 논의하지 않는 것이 좋을 듯싶다.[6] 나는 다만 나 자신이 사실상 그러한 품위를 결코 논박하지 않는다는 점을 부가적으로 언급하면서, 이 논의의 맥락에서 유일하게 중요한 점을 더욱더 강조해서 지적하고자 한다: 그것은 규범으로서의 실천적 명령이 가지는 타당성과 경험적 사실규명이 가지는 진리타당성은 전혀 이질적인 차원의 문제에 속하며, 또한 만약 우리가 이것을 무시한

---

6 이 문장에 나오는 갈색머리 여인과 금발 여인의 예는 베르너 좀바르트가 1909년 9월 29일 오스트리아의 수도 빈에서 벌어진 사회정책학회의 가치판단 논쟁에서 제시한 것이다. 이에 대해서는 이 책의 34쪽, 주 5를 볼 것.

다면 그 둘 **각각의** 특수한 품위가 심하게 손상될 것이라는 점이다.

나는 개인적으로 특히 폰 **슈몰러** 교수가 나를 상당히 심하게 오해했다고 생각한다(『국가과학 사전』, 최근판에 실린 "경제학"에 대한 그의 논문에서).[7] 나는 과학적으로나 인격적으로나 우리의 대가를 존경해 마지않으며, 바로 이 때문에 내가 그와 견해를 달리한다고 생각하는 (사실은 몇 안 되는) 점들을 그냥 지나칠 수가 없다. 나는 다만 부수적으로 다음과 같은 주장에 대해 반론을 제기하고자 하는바, 그 주장이란 내가 가치판단적인 입장은 항상 "주관적인" 성격만을 갖는다고 생각하며, 이에 대한 증거로 가치판단적인 입장이 역사적으로 그리고 개인에 따라 달라진다는 단순한 사실을 제시한다는 것이다. 경험적인 사실규명도 매우 큰 논쟁의 대상이 되는 경우가 사실상 자주 있다.[8] 가령 (심지어 그리고 특히 전문가들 사이에서) 어떤 훼손된 비문의 해석을 둘러싸고 벌어지는 문제에 대해서보다 누군가를 악당으로 간주해야 할지의 여부에 대해서 훨씬 더 큰 합의가 가능한 경우가 자주 있다. 슈몰러는 실천적 가치판단의 주요 사안들에 대해 모든 신앙고백[9]과 인간들 사이에 관습적인 합의가 증대한다고 가정하는데, 이는 다른 사람들이 받는 인상과는 극단적인 대조를 이룬다. 그러나 내가 보기에 이 모든 것은 우리의 논의 주제에 대해 아무런 의미도 갖지 않는다. 내가 어떠한 경우에도 논박하고자 하는 것은 다음과 같이 생각하는 것이다: 만약 일정한 실천적 입장들이, 이것들이 제아무리 넓게 퍼져 있을지라도, 방금 언급한 바와 같이 어떻게든 관습적으로 실제적이고 자명한 것으로 받아들여진다면 과학은 안심해도

---

7 이는 구체적으로 1911년에 나온 「민족경제, 경제학 및 그 방법」이다. 아래의 주 16을 볼 것.

8 이 문장에 나오는 "경험적인 사실규명도" 바로 다음에 "주관적인 성격을 갖는 것과 마찬가지로"를 첨가해서 읽으면 의미하는 바가 보다 명확해질 것이다.

9 이는 단순한 교파나 분파를 가리키는 개념이 아니라 기독교의 모든 종교적 집단, 즉 가톨릭과 프로테스탄티즘을, 그리고 후자를 구성하는 다양한 교파와 분파, 예컨대 루터파교회, 개혁교회, 감리교, 침례교, 재세례파 등을 아우르는 개념이다. 이에 대한 자세한 내용은 베버, 『프로테스탄티즘의 윤리와 자본주의 정신』, 45~46쪽(주 1)을 볼 것.

된다고 생각하는 것이다. 내가 보기에 과학의 독특한 기능은 그와 정반 대로, 관습상 자명한 것을 **문제삼는** 것이다. 바로 이것이 슈몰러와 그의 동료들이 이전에 했던 것이다. 더 나아가 우리는 일정한 윤리적 또는 종 교적 확신의 **실제적인** 존재가 경제적 삶에 끼치는 **인과적인** 영향을 연 구하고 경우에 따라서 이 영향을 높이 평가할 수 있지만—내가 한 구체 적인 경우에 한 것처럼[10]—, 이로부터 다음과 같은 결론, 즉 인과적으로 매우 큰 영향을 끼친 그 확신을 바로 이 때문에 **공유해야** 한다거나 또는 가령 그 영향을 "축복받은 것"으로 간주해야 한다는 결론이 나오는 것 은 결코 아니다. 나는 이러한 문제들에 대해 아무것도 진술하지 않을 것 이며, 각 개인들은 자기 자신의 종교적 또는 다른 실천적 확신에 따라 그 것들을 매우 다양하게 판단할 수밖에 없다. 이에 반해 나는 예나 지금이 나 다음과 같은 견해를 단호히 거부하는바(그리고 이렇게 한다고 해서 내 가 슈몰러를—그가 자신의 논문에서 말하는 것처럼—그를 오해한 것은 결 코 아니다),[11] 그 견해란 윤리적인 것에 대한 어떤 "현실주의적" 과학, 다 시 말해 그때그때 어떤 인간집단 내에서 지배적인 윤리적 확신이 이 집 단의 여타 삶의 조건들에 의해 실제적으로 받은 영향과 역으로 그 윤리 적 확신이 이 삶의 조건들에 끼친 영향을 제시하는 과학 그 자체가 언젠 가는 당위적으로 타당한 것에 대해 무엇인가를 진술할 수 있는 "윤리" 가 된다는 것이다. 이는 중국인들의 천문학적 관념을 "현실주의적으로" 서술하는 것이—다시 말해 그들이 어떤 실천적인 동기에서 그리고 어 떻게 천문학을 발전시켰는지, 어떤 결과를 얻었으며 왜 그런 결과를 얻 었는지를 제시하는 것이—언젠가는 중국 "천문학"의 올바름을 증명한 다는 목적을 가질 수 없는 것과 마찬가지이다. 그리고 마찬가지로 로마

---

10 이는 1904년과 1905년에 두 편의 논문으로 나온 프로테스탄티즘의 윤리와 자본주의 정신에 대한 연구이다. 이에 대한 자세한 내용은 김덕영, 「해제: 종교·경제·인간·근 대—통합과학적 모더니티 담론을 위하여」, 특히 524~63쪽을 볼 것.

11 아래의 주 16을 볼 것.

의 농업 측량기사들이나 피렌체의 은행가들이 (후자는 심지어 아주 큰 재산을 상속분할할 때에도) 사용한 방법이 때때로 삼각법이나 구구법과 일치하지 않는 결과를 산출했다는 사실이 확인된다고 해서 삼각법과 구구법의 타당성이 논란의 대상이 될 수는 없다. 요컨대 내가 단호하게 논박하는 것은 다음과 같이 생각하는 것이다: 우리는 한 특정한 가치판단적 입장을 그 개인적, 사회적, 역사적 규정성이라는 관점에서 경험적-심리학적으로 그리고 역사적으로 연구함으로써 그 가치판단적 입장을 **이해하면서 설명하는 것** 이외의 어떤 것을 얻을 수 있다고 생각하는 것이다. 그것은[12] 우선 상대방에게 개인적으로 더 쉽게 "대처할 수" 있다는 개인적인 (과학적이 아닌) 부수효과 때문에 바람직한 것이다. 그리고 더 나아가 과학적으로도 다음과 같이 두 가지 측면에서 지극히 중요하다: (1) 경험적이고 인과적인 고찰을 목적으로 하는 경우에 **진정한** 궁극적 **동기**를 알아낼 수 있다[13]; (2) **가치논의**를 통해 자신과 상대방의 가치판단적 입장이 무엇인가를 밝혀낼 수 있다: 다시 말해 상대방이 (또는 자기 자신이) 진정으로 생각하는 것, 그러니까 그에게 진정으로 ─ 단지 외견상으로만이 아니라 ─ 중요한 가치가 무엇인지를 파악하고 이를 통해 이 가치에 대해 입장을 정립할 수 있게 된다.[14] 그러나 "모든 것을 이해하는 것"이 "모든 것을 용서하는 것"[15]을 의미하지 않듯이, 다른 사람의 입장을

12　이는 "한 특정한 가치판단적 입장을 이해하면서 설명하는 것은"으로 읽으면 된다.

13　이 부분의 경우에는 맨 앞에 "인간 행위에 대한"을 그리고 "경우에"와 **진정한** 사이에 "이 행위의"를 끼워 넣어서 읽으면 의미하는 바가 보다 명확해질 것이다. 실제로 「사회학 및 경제학에서의 "가치자유"의 의미」에는 그렇게 되어 있다. 이 책의 37쪽을 볼 것.

14　이 문장과 그 앞의 문장 그리고 앞의 앞 문장에 대해서는 약간의 설명이 필요할 듯하다. 여기에서 "이해하면서 설명하는 것"은 "verstehend erklären"이라는 독일어를 축어적으로 옮긴 것이다. 이는 "이해하고 설명한다"(verstehen und erklären)는 뜻이다. 이에 대한 자세한 논의는 이 책의 37~38쪽, 주 9를 볼 것.

15　이는 프랑스의 여성 문학가이자 정치사상가인 안 루이즈 제르멘 드 스탈(1766~1817)에서 연원하는 관용구 "Tout comprendre c'est tout pardonner"(모든 것을 이해하는 것은 모든 것을 용서하는 것이다)를 인용한 것이다.

"이해한다"는 단순한 사실 자체는 그것의 수용으로 이어지는 것이 아니라, 오히려 적어도 다른 사람의 입장을 수용하는 것으로 이어지는 것만큼이나 쉽게, 때로는 심지어 그렇게 되는 것보다 훨씬 더 개연적으로, 무엇 때문에 그리고 무엇에 대해서 합의가 이루어질 수 **없는가**에 대한 인식으로 이어진다. 그러나 이러한 인식은 진리의 인식**이다**; 그리고 "가치판단 논의"는 바로 **거기에** 기여한다. 이에 반해 우리가 이러한 방식을 통해서는 결코 획득할 수 없는 것이 있으니, 그것은 어떤 "규범적" 윤리 또는 일반적으로 말해 어떤 "명령"의 구속력이다 ─ 왜냐하면 이것은 정반대의 방향에 있기 때문이다. 누구나 잘 알고 있듯이, 가치판단에 대한 논의는 그와 같은 목표의 달성을 오히려 어렵게 만드는데, 그 이유는 이 논의가, 적어도 외견상, 가치판단들을 "상대화하는" 결과를 가져오기 때문이다. 물론 그렇다고 해서 가치판단에 대한 논의를 회피해야 한다는 것은 아니다. 오히려 그 정반대이다: 만약 어떤 "윤리적" 확신이 그와 배치되는 가치판단들에 대한 심리학적 "이해"에 의해 제거된다면, 그것은 과학적 인식에 의해 파괴되는 종교적 신념 ─ 이 또한 전형적으로 일어나는 일이다 ─ 정도밖에 **가치**를 갖지 못한다.

윤리적 규범과 문화이상; 윤리의 "한계"

마지막으로 슈몰러는 내가 개인적으로 단지 "형식적인" 윤리적 진리만을 (그는 이 개념을 『실천이성비판』의 의미에서 사용하고 있음이 분명하다) 인정할 뿐이라고 가정하는데[16] ─ 그가 어떤 의미에서 그리하는지 그리

---

16 슈몰러는 경험과학의 가치자유를 옹호하는 입장을 "윤리적 순수주의"라고 비판하면서, 막스 베버를 그 전형적인 예로 꼽는다. 그는 「민족경제, 경제학 및 그 방법」, 497쪽에서 다음과 같이 베버가 「사회과학적 및 사회정책적 인식의 "객관성"」에서 한 말을 인용한다: "역사의식이 깨어나면서 우리 과학에서는 윤리적 진화주의와 역사적 상대주의의 결합이 지배적인 경향이 되었다. 이러한 경향의 경제학자들은 윤리적 규범으로부

터 형식적 성격을 제거하고 모든 문화가치를 윤리적인 것의 영역으로 끌어들임으로써 이 영역을 내용적으로 규정지으려고 했으며 이를 통해 경제학에 경험적 토대에 근거하는 윤리적 과학의 품위를 부여하고자 했다. 그들은 가능한 문화적 이상들 모두에 윤리적인 것이라는 소인을 찍음으로써 이 이상들의 객관적 타당성을 증진하는 데에는 아무런 기여도 하지 못한 채 단지 윤리적 명령들의 특유한 품위만 증발시켰을 뿐이다.＂ 베버에 따르면 ― 슈몰러는 계속해서 인용하기를 ― 실무자들은 ＂하나의 특수한 경제적 세계관으로부터 가치판단을 창출하고 또 창출해야 한다＂는 생각을 갖고 있다[베버, 『문화과학 및 사회과학의 논리와 방법론』, 242~43쪽; 슈몰러는 베버 원문에 있는 강조와 문장부호를 생략했다]. 이어서 슈몰러는 다음과 같이 말하고 있다: ＂여기에서 막스 베버가 주로 나를 염두에 두고 있는지, 나는 알 수가 없다. 만약 그렇다면, 내가 보기에 그는 나를 근본적으로 오해한 것이다. / 당연히 나에게 윤리학은 경제학과 마찬가지로 현실주의적인 과학이다. 나는 막스 베버가 여기에서 유일하게 정당한 것으로 설정하는 선험적이고 순수하게 형식적인 윤리학은 잘못된 것이라고 생각하며, 따라서 오늘날의 대다수 철학자들과 견해를 같이한다. 나는 존 스튜어트 밀에서 오늘날까지의 많은 경제학들처럼 경제학을 윤리적 과학이라고 불렀다; 애덤 스미스도 경제학을 도덕철학의 일부분으로 간주했다; 그렇게 한 대부분의 학자들은 윤리학과 경제학을 뒤섞으려고 하지도 않았고 경제학에 보다 높은 품위를 부여하려고 하지도 않았으며 모든 가능한 문화이상을 경제학에 통합하려고는 더더욱 하지 않았다. 특히 하나의 특수한 경제적 세계관으로부터 가치판단을 창출하는 것은 나와 거리가 멀었다; 그 정반대로 나는 다만 경제적 행위가 선과 악의 피안에 존재한다고 인정하지 않고자 했을 뿐이다. 그 밖에도 막스 베버는 인간의 가슴을 움직이는 최상의 것, 즉 도덕적 이상들의 세계는 '기술적-경제적인 것'에 개입해서는 안 된다고 주장하는데, 이는 내가 따를 수 없는 윤리적 순수주의이다. 그리고 여하튼 우리의 과학분야는 비단 기술적-경제적인 것뿐만 아니라 경제적 사회구조와도, 따라서 도덕적 및 법적 문제와도 관계가 있다. 우리의 과학은 적어도 기술적-경제적인 것과 윤리적인 것의 경계 영역에 존재한다. 만약 막스 베버 자신이 경제적인 것과 윤리적인 것의 아주 밀접한 관계를 깊이 통찰하지 못했더라면, 프로테스탄티즘의 윤리와 자본주의에 대한 그의 탁월한 논문을 쓰지 못했을 것이다＂(같은 곳). 그리고 칸트의 윤리학은 형식적 윤리학으로 불리는데 ― 또는 형식주의적 윤리학이라고 비판을 받는데 ― , 이는 그의 윤리학적 주저로 간주되는 『실천이성비판』을 보면 확연하게 드러난다. 예컨대 그는 169쪽(정리 III)에서 다음과 같이 말하고 있다: ＂만약 어떤 이성적 존재가 자신의 준칙을 실천적인 보편법칙으로 생각해야 한다면, 그는 이것을 질료의 측면에서가 아니라 단지 형식적인 측면에서 의지의 규정근거를 포함하는 원리로만 생각할 수 있다.＂ 또한 171쪽(과제 I)에서는 ＂단지 준칙의 순수한 법칙부여적 형식만이 의지의 충분한 규정근거라고 전제하고, 바로 이 규정근거에 의해서만 결정될 수 있는 의지의 성질을 밝혀내는＂ 과제에 대해 말하고 있다. 그리고 172쪽(과제 II)에서 ― 한 가지 예만 더 들자면 ― 말하기를, ＂자유의지는 법칙의 **질료**에 독립적이지만 그럼에도 불구하고 법칙에서 규정근거를 찾아야 한다. 그러나 법칙에는 질료를 빼고 나면 법칙부여적 형식밖에 포함된 것이 없다. 그러므로 법칙부여적 형식은 그것이고 그리하는 것이 정당한지 또는 부당한지는 논의하지 않기로 한다. 왜냐하면 이것은 보다 개인적인, 다시 말해 적어도 지금 여기에서 논의되는 문제와 직접적인 관계가 없는 사안이기 때문이다. 나는 다만 윤리적 명령을 "문화이상"과 — 그것도 최상의 "문화이상"과 — 동일시하는 슈몰러의 견해에 대해서만 반론을 제기할 뿐이다. 왜냐하면 모든 윤리와 불가피하고 중재할 수 없는 갈등 관계에 있는 문화이상을 "의무"로 간주하는 입장이 있을 수 있기 때문이다. 어쨌든 이 둘은 동일한 것이 아니다. 다만 부가적으로 말해둘 것은, 가령 칸트의 윤리학에서 볼 수 있는 "형식적" 명제들은 그 어떤 **내용적** 지침도 포함하지 않는다고 생각하는 것은 내가 보기에 심각한 (그러나 널리 퍼진) 오해이다. — 그러나 다음으로 인해 규범적 윤리의 가능성이 의문시되는 것은 아니다: 1) 규범적 윤리가 자체적으로 그 어떤 명료한 지침도 줄 수 없는 **실천적** 성격의 문제들이 존재한다(내 생각으로는 특정한 제도적, 따라서 특히 "사회**정책적**" 문제들이 매우 독특한 방식으로 여기에 속한다); 더 나아가 2) 윤리는 아마도 세상에서 규범적인 "타당성을 갖는" 유일한 것이 아니라 그 밖에도 다른 가치영역들이 존재하며 이 가치들은 상황에 따라서는 윤리적 "죄과"를 감수할 때에만 실현될 수 있다. 여기에는 정치적 행위의 영역도 그리고 특히 정치적 행위의 영역이 속한다. 내가 보기에 바스티아[17] 식의 보편적인 세계관에 입각하여 정치적 행위의 영역이 윤리적인 것과 갖는 긴장 관계를 부인하려고 하는 것은 나약한 태도가 아닐 수 없다.

그 어떤 윤리에 의해서도 명백하게 결정될 수 없는 문제들 중에는 특히 "정의"의 요청[18]으로부터 도출될 수 있는 결론들과 관련된 문제가 있

준칙에 포함되어 있는 한 의지의 규정근거를 이룰 수 있는 유일한 것이다"(번역을 약간 수정했음을 일러둔다).

17 이는 19세기 전반에 수많은 글을 통해 자유무역론을 설파한 프랑스의 맨체스터주의자 클로드 프레데릭 바스티아(1801~50)를 가리킨다. 맨체스터주의자들에 대해서는 이 책의 24쪽, 주 14를 볼 것.

다. 예컨대 ─ 아마도 이것이 슈몰러가 이전에 표명했던 견해에 가장 근접할 것이다 ─ 많은 것을 성취하는 사람에게는 많은 것을 주어야 하는지, 또는 역으로 많은 것을 성취할 수 있는 사람에게는 많은 것을 요구해야 하는지라는 문제가 있다; 다시 말해 예컨대 정의의 이름으로 (왜냐하면 여기에서 다른 관점들은 배제되어야 하기 때문이다) 큰 재능에 대해서는 큰 기회를 제공해야 하는지, 또는 역으로 (바뵈프[19]가 주장한 것처럼) 정신적 능력의 불평등한 분배라는 부정의(不正義)를 다음과 같은 일이 일어나지 않도록 철저하게 대비함으로써 시정해야 하는지, 즉 재능을 소유한 사람들은 그 자체만으로도 이미 행복감을 얻고 영예감을 누릴 수 있는데 거기에 머물지 않고 더 나아가 자신들에게 주어진 그 더 좋은 기회를 세상에서 자신들을 위해 이용하는 일이 일어나지 않도록 철저하게 대비함으로써 시정해야 하는지라는 문제가 있다 ─ 이것은 "윤리적" 전제들을 근거로 해서는 해결될 수 없다. 그러나 대부분의 사회정책적 현안들의 **윤리적** 문제점은 바로 이러한 유형에 속한다. ─

경험적 진리, 가치판단 및 개인적 결단

아무튼 나는 다음을 생각할 수 없다. 즉 **규범적** 윤리의 가능성이나 불가능성을 둘러싸고, 또는 이 윤리가 단지 "형식적인" 규범들만을 규명할 수 있는가 아니면 거기에 더해 "내용적인" 규범들도 규명할 수 있는가라는 문제를 둘러싸고 (그리고 특히 이 결코 단순하지 않은 차이가 갖는 의미를

---

18 이 단어는 "요긴하게 부탁한다"는 일상적 의미가 아니라 "공리처럼 자명하지는 않으나 증명이 불가능하며 과학적 논의의 원리 또는 기본 전제가 되는 것"이라는 의미로 쓰이고 있다. 여기서는 "원칙"으로 읽으면 된다.

19 프랑수아-노엘 바뵈프(1760~97)는 프랑스대혁명 시기에 급진적인 평등주의 또는 평등공산주의 사상을 전개했다(자세한 내용은 이 책의 뒷부분에 나오는 "인명목록"을 볼 것).

둘러싸고) 위원회[20]에서 벌어지는 토론이, 어떤 긍정적인 결과를 가져올 것이라고 생각할 수 없다. 그리고 나는 이전에 다음과 같이 이 어려운 문제들과 완전히 무관한, 의심의 여지 없이 확실한 사실을 강조했다[21]: 만약 실천적-정치적 (특히 경제정책적 및 사회정책적) 가치판단으로부터 가치 있는 행위를 위한 지침을 도출해야 한다면, 경험적 과학분야가 그 수단으로 제시할 수 있는 유일한 것은 다음과 같다: (1) 불가피한 수단들, (2) 불가피한 부차적 결과들, (3) 이로부터 야기되는 여러 개의 가능한 가치들의 상호 경쟁과 그 실제적인 결과들. 그러나 다음과 같은 질문, 즉 어느 정도까지 목적이 불가피한 수단들을 정당화해야 하는지, 그리고 다음과 같은 다른 질문, 즉 어느 정도까지 의도하지 않은 부차적인 결과들을 감수해야 하는지, 그리고 다음과 같은 세 번째 질문, 어떻게 구체적인 상황에서 충돌하는 다수의 의도된 또는 마땅히 추구해야 하는 목적들 사이의 갈등을 조정해야 하는지 ── 이 모든 질문은 선택이나 타협의 문제이다. 이러한 질문들에 대해 결정을 내릴 수 있는 그 어떤 과학적 방법도 존재하지 않는다. 우리의 과학은 개인들에게 이 선택 자체[22]의 짐을 덜어주겠다고 감히 나설 수 없으며, 따라서 우리는 마치 우리가 그것을 할 수 있는 듯한 인상을 불러일으켜서는 안 된다. ──

　나는 "논점" 자체에서 아래에 언급하는 한 일련의 질문이 역시 아래에 언급하는 또 다른 한 일련의 질문과 **논리적으로** 다른 것이 아니다라고 주장하는 사람이 정말로 있는지 몹시 궁금한데, 그 한 일련의 질문은 다음과 같다: 하나의 구체적인 사실이 이런 모습인가 아니면 저런 모습인가? 왜 이 구체적인 상황이 달리 되지 않고 지금과 같이 되었는가? 하

20　이는 1914년 가치판단 논쟁이 벌어진 사회정책학회의 위원회를 가리킨다.
21　이는 베버가 1909년 9월 29일 사회정책학회 빈(오스트리아의 수도) 총회에서 벌어진 가치판단 논쟁에서 한 「토론회에서의 발언」을 가리키는데, 이것은 이 책의 105~26쪽에 번역되어 실려 있다.
22　이는 그 앞의 문장을 고려한다면, "선택과 타협 자체"라고 보는 것이 논리적일 것이다.

나의 주어진 상황이 사건규칙에 따라, 그리고 어느 정도로 명백하게 다른 하나의 상황으로 이어지곤 하는가? — 그 또 다른 한 일련의 질문은 다음과 같다: 우리는 하나의 구체적인 상황에서 실천적으로 무엇을 **해야** 하는가? 어떤 관점에서 이 상황이 실천적으로 바람직한 것으로 또는 바람직하지 못한 것으로 보일 수 있는가? 이 관점의 근거가 되면서 보편적인 정식화가 가능한 명제들(공리들)이 — 이것들이 어떤 종류의 것이든 — 존재하는가?; — 더 나아가 나는 다음과 같이 서로 대비되는 두 개의 질문과 관련하여 상기한 바와 같이 주장하는 사람이 정말로 있는지 몹시 궁금하다: 한편으로는 하나의 구체적으로 주어진 실제적인 상황이 (또는 일반적으로 말해서, 어떤 방식으로든 충분히 규정된 특정한 유형의 한 상황이) 어떤 방향으로, 그리고 어느 정도의 개연성을 갖고 이 방향으로 발전하게 될 것인가 (또는 이 방향으로 발전하는 것이 일반적이고 전형적인 것인가)? — 다시 말해 "발전경향"이 실제로 존재하는가?; 다른 한편으로는 우리가 하나의 구체적인 상황이 하나의 특정한 방향으로 — 이 방향이 개연적인 것이든, 그 정반대의 것이든 또는 다른 어떤 것이든 간에 — 발전하는 데에 **기여해야** 하는가? — 마지막으로 나는 다음과 같이 서로 대비되는 또 다른 두 개의 질문과 관련하여 상기한 바와 같이 주장하는 사람이 정말로 있는지 몹시 궁금하다: 한편으로는 특정한 인간들이 구체적인 상황에서, 또는 불특정 다수의 인간들이 동일한 상황에서 어떤 종류의 것이든 한 특정한 문제에 대해 아마도 (또는 확실히) 어떤 견해를 형성하게 **될 것인가**?; 다른 한편으로는 아마도 또는 확실히 형성될 이 견해가 **올바른 것인가**? — 요컨대 나는 다음과 같이 주장하는 사람이 정말로 있는지 몹시 궁금하다: 이처럼 상반되는 질문 쌍들의 각각은 그 의미상 조금이라도 서로 관계가 있다; 이 질문들은, 흔히 주장되듯이, 정말로 "서로 분리될 수 없다"; 그리고 그럴 수 없다는 주장은 과학적 사고의 요구와 모순되는 것이 **아니다**. 이에 반해 누군가가 상기한 두 종류의 질문의 절대적인 논리적 이질성을 인정하지만, 그럼에도 불구하고 같은 책에서, 같은 페이지에서, 심지어 같은 구문의 주문장과 부문장에서 한 편으로는 하나의 문제에 대해 그리고 다른 한편으로는 그것과 다른, 이질적인 문제에 대해 진술할 권리가 있다고 주장할 수 있는지 — 이것은 전적으로 그에게 달려 있는 일이다. 논리의 이름으로 그에게 요구할 수 있는 것은 단지, 본의 아니게 또는 자신의 글에 자극적인 맛을 더할 요량으로 그의 독자들에게 문제들의 절대적인 이질성을 **속여서는** 안 된다는 것이다. 내 개인적인 생각으로는, 세상의 그 어떤 수단도 이러한 종류의 혼동을 피하는 데 이용될 수 없을 만큼 "고루하지" 않다.

가치논의와 가치해석

그런데 나는 여기에서 내가 이미 자주 글을 통해 대변해온 것을 다시 한 번 반복할 수 없기 때문에, 다만 논의에서[23] 지금까지 때때로 오해되어온 몇 가지 점들에 국한하기로 한다.

1. **실천적 가치판단**에 대한 논의는 — 실제로 논의에 **관여하는** 사람들 자신이 내리는 가치판단의 경우에 — 단지 다음과 같은 네 가지 의미를 가질 수 있을 뿐이다:

(a) 그 첫 번째 의미는 서로 대립하는 견해들의 출발점이 되는 궁극적이고 내적으로 "일관된" 가치공리들을 규명하는 데에 있다. 우리는 상대방의 가치공리들에 대해 잘못 알고 있을 뿐만 아니라, 너무나 자주 우리자신의 가치공리들에 대해서도 잘못 알고 있다. 이 가치공리들을 규명하는 과정은 그 본질상 순수하게 **논리적인** 작업, 다시 말해 개별적인 가치판단과 그것의 논리적인 분석에서 출발하여 점점 더 보편적인 가치판단적 입장을 향하여 점점 더 높게 상승하는 작업이다. 그것은 어떤 경험적 과학분야의 수단으로 작업하는 것이 아니며 그 어떤 사실인식도 창출하

---

23 이 앞에 "가치(판단)에 대한"을 끼워 넣어서 읽으면 의미하는 바가 보다 명확해질 것이다.

지 않는다. 그것은 논리의 타당성에 힘입어 "타당하다".[24]

(b) 그 두 번째 의미는 우리가 특정한 궁극적 가치공리들에 그리고 오직 이 가치공리들에만 근거해 실제적인 상황을 실천적으로 평가할 경우, 이 가치공리들이 **가치판단적** 입장에 대해 가지게 될 "의의"를 연역하는 데에 있다. 이러한 연역은 순수한 의미 차원에서 진행되는 논증인데, 만약 실천적 평가를 위해 고려될 **수 있는** 경험적 상황들에 대한 가능한 한 완벽한 결의론[25]으로 이어지려면 경험적 사실규명에 연결되어야 한다.

(c) 그 세 번째 의미는 어떤 문제에 대해 실제로 한 특정한 실천적 가치판단적 입장을 가질 때 나타나게 될 **실제적인** 결과를 규명하는 데에 있다: 이 결과는 ① 특정한 불가피한 **수단**에 결부되어 있기 때문에 나타날 수 있다 ― ② 직접적으로 의도하지 않은 특정한 부차적 결과의 불가피성 때문에 나타날 수 있다. 이 순수하게 경험적인 작업은 특히 다음과 같은 결론에 도달할 수 있다: ⓐ 어떤 가치요청을 조금이나마 실현하는 것조차도 절대적으로 불가능한데, 그 이유는 그것을 실현할 수 있는 그 어떤 방법도 찾아낼 수 없기 때문이다 ― ⓑ 이 가치요청을 완전히 또는 어느 정도나마 실현할 수 있는 **개연성**이 거의 없는데, 그 이유는 ⓐ의 경우와 같거나 또는 의도하지 않은 부차적인 결과들이 발생해서는 직접적으로 또는 간접적으로 그것의 실현을 비현실적인 것으로 보이게 할 개연성이 있기 때문이다 ― ⓒ 상기한 실천적 요청을 대변하는 사람이 미처 고려하지 못한 수단이나 부차적 결과를 받아들여야 할 필요성이 대두되고, 따라서 그가 ― 불가피하게 오직 그 자신만이 ― 목적, 수단 및 부차적 결과 사이에서 내리는 가치결정이 그 자신에게 하나의 새로운 문제가 되며 다른 사람들에 대한 강제력을 상실하게 된다.

---

24 이 문장은 「사회학 및 경제학에서 "가치자유"의 의미」에서는 다음과 같이 되어 있다: "그것은 논리와 같은 방식으로 "타당하다". 이 책의 52쪽을 볼 것.

25 결의론(決疑論)은 종교, 윤리, 관습, 시민적 법규, 자연법칙 등에 대한 광범위한 지식을 동원하여 구체적인 도덕의 문제를 해결하는 방법이다.

(d) 그 네 번째이자 마지막 의미는 **새로운**, 다시 말해 어떤 실천적 요청의 대변자가 주목하지 않았고 따라서 그에 대한 입장도 정립하지 않았던 가치공리들과 그로부터 도출되는 요청들이 주창될 수 있다는 데에 있다. 그 결과 그 자신의 요청의 실현은 이 다른 요청들과 ① 원칙적으로 또는 ② 실제적인 결과들로 인해, 다시 말해 논리적 차원에서 또는 실제적인 차원에서 충돌한다. ①의 경우에 대한 더 자세한 논의는 상기한 유형 (a)의 문제들을 포함하며, ②의 경우에 대한 더 자세한 논의는 유형 (b)의 문제들을 포함한다.[26]

그러므로 가치판단에 대한 이러한 유형의 논의는 절대로 "무의미한" 것이 아니라, 오히려 — 나는 이에 대해 조금도 이론을 제기하지 않았다 — 매우 중요한 의미를 갖는다; 물론 이 논의의 목적이 올바로 이해된다는 전제 하에서 — 그리고 내가 보기에는 **어디까지나** 이러한 전제 하에서만 — 그렇다. 내가 (예컨대 빈에서) 아주 단호하게 맞서 싸운 그리고 여전히 맞서 싸울 수밖에 없는 것은 다음과 같은 주장이다: **경험**과학의 목적을 위해서는, 토론에 참여한 일부분의 학자들에 의해 받아들여진 "생산성 개념"의 몇 가지 유형들처럼, 불가피하게 사실과 (이 경우에 전적으로 주관적인) 가치판단이 혼합된 **개념들**이 **구성되어야** 한다는 주장이다.[27] 사회정책학회는 — 다른 사람들은 아마도 공유하지 않았을 나의 (주관적인) 견해에 따르면 — 이 경우에 일정한 경험적 사실들을 개념적으로 파악하는 방식에 대한 "이론적", 다시 말해 토론하는 사람들의 실천적 가치판단으로부터 **자유로운** 논의를 장려하고자 했으며 또한 장려했어야 했다. 그러므로 근본적인 문제는, 이것이 "생산성" 개념에서 과

---

26 「사회학 및 경제학에서 "가치자유"의 의미」에서는 "유형 (b)"가 "유형 (c)"로 되어 있다. 이 책의 53쪽을 볼 것.

27 여기에서 말하는 빈은 구체적으로 1909년 9월 29일 오스트리아의 수도 빈에서 생산성 개념을 둘러싸고 벌어진 가치판단 논쟁을 가리키는데, 당시 베버가 한 발언은 이 책의 105~26쪽에 번역되어 실려 있다.

연 그리고 어떠한 경우에 그런가 하는 것이었다. 그러나 이 본질상 순수하게 논리적인 논의는 전혀 거기에 속하지 않는 질문이 지속적으로 개입됨으로써 교란되었는데, 그 질문은 강단에서 또는 사회정책학회에서 **도대체** "실천적인 가치판단"을 해도 좋고 또 해야 하는가 아닌가인데—나는 개인적으로 "가치판단"에 대한 논의를 위한 진정한 기회들에서 그렇게 했고 또 그렇게 할 것이다.

2. 그런데 적합한 장소와 적합한 의미에서 이루어지는—그러니까 예컨대 사회정책학회와 같은 단체에서—실천적 가치판단에 대한 논의가 갖는 **유용성**은, 1번에서 서술한 바 그것이 창출할 수 있는 직접적인 "결과들"에 한정되는 것이 결코 아니다. 더 나아가 이러한 논의는 올바르게 수행되기만 한다면 경험적 연구를 지속적으로 풍요롭게 할 수 있는데, 왜냐하면 그것은 경험연구에 **다양한 문제제기**를 제공하기 때문이다.

물론 경험적 과학분야들에 의해 제기되는 문제들 자체는 "가치자유적인" 방식으로 해결되어야 한다. 그것들은 "가치문제"가 아니다. 그러나 그것들은 "역사적 문화과학"의 영역에서는 현실을 "가치에" 연관시키는 것에 의해 영향을 받는다. "문화과학"이라는 표현이 갖는 의미와 "가치연관"이라는 표현이 갖는 의미에 대해서는 앞에서 인용한 나의 논문들과 특히 하인리히 리케르트의 잘 알려진 저작들을 참조하기 바란다.[28] 여기에서 이 의미를 다시 한 번 상술하는 것은 불가능하며, 나는 위원회[29] 내부에서 **순수하게** 논리적인 문제들에 대한 생산적인 논의가 가능할지 의구심을 품을 수밖에 없다. 그러므로 다음과 같은 점만을, 즉 "가치연관"이라는 표현은 경험적 연구의 대상의 선택과 구성을 결정하는 특수

---

28 이 문장에 나오는 "앞에서 인용한 나의 논문들"은 앞의 147쪽 주 1에서 언급한 논문들을 가리킨다. 그리고 여기에서 베버는 주로 다음에 준거하고 있다: 베버, 「사회과학적 및 사회정책적 인식의 "객관성"」(1904); 리케르트, 『인식의 대상』(1892); 리케르트, 『자연과학적 개념구성의 한계』(1902).

29 이는 1914년에 가치판단 논쟁이 벌어진 사회정책학회의 위원회를 가리킨다.

한 과학적 **"관심"**에 대한 철학적 해석을 의미할 따름이라는 점만을 지적해두기로 한다.

어쨌든 경험적 연구에서는 이 순수한 논리적 사실이 어떤 종류의 "실천적 가치판단"도 정당화하지 않는다. 그러나 그 논리적 사실로부터, 그밖에도 역사적 경험으로부터 그리고 마지막으로 사회정책학회 자체의 실천과 이 학회가 촉진한 의심할 바 없는 과학적 업적들로부터 판명되는 것은, 순수한 경험과학적 작업에서도 그 길을 제시하는 것은 문화관심, 즉 **가치관심**이라는 점이다.

그리고 가치논의가 더 많이 이루어질수록 이 가치관심이 더욱더 집약적이고 결의론적으로 더욱더 풍부하게 전개될 수 있다는 것은 분명하다.[30] 가치논의는 과학적으로 작업하는 연구자에게, 심지어 역사적으로 작업하는 연구자에게도 그의 실제적인 경험연구를 위한 하나의 지극히 중요한 예비작업이 되는 **"가치해석"**의 과제를 크게 덜어주거나 또는 더 쉽게 해줄 수 있다. 가치판단과 가치연관 사이의 구별뿐만 아니라 가치판단과 가치해석(주어진 현상에 대한 **가능한** 그리고 이 현상과 관련하여 고려되는 유의미한 입장들을 제시하는 것)[31] 사이의 구별도 명료하게 이루어지지 않는 경우가 빈번하며, 이로 인해 특히 역사학이 처한 상황에 대한 평가가 불명료해진다; 그러므로 나는 이 점에서 『사회과학 및 사회정책 저널』, 제22권, 168쪽 이하의 논의[32]를 참고하라고 권하는 바이다 ─ 물론 그렇다고 이 논의가 최종적인 것이라고 주장하는 것은 아니다.

---

30 결의론에 대해서는 앞의 주 25를 볼 것.

31 베버는 이 대신에 "가치분석"이라는 용어를 사용하기도 한다. 이에 대해서는 베버, 『문화과학 및 사회과학의 논리와 방법론』, 387쪽 이하를 볼 것.

32 이는 1906년에 나온 논문 「문화과학적 논리 영역에서의 비판적 연구」의 일부분을 가리킨다. 이것은 번역되어 『문화과학 및 사회과학의 논리와 방법론』, 341~453쪽에 수록되어 있으며, 베버가 말하는 168쪽 이하는 이 번역서의 245쪽 이하에 해당한다. 이 논문에 대한 자세한 것은 이 책의 55쪽, 주 30을 볼 것.

"발전경향"과 "적응"

여기에서 논리적 근본문제들을 다시 한 번 논구하는 대신에 우리의 과학분야들을 위해 실제적으로 중요한 몇 가지 개별적인 문제를 고찰하고자 한다.

3. 나는 우선 회람에 제시된 한 명시적인 질문에 접속하고자 한다:[33]

제아무리 명백한 "발전경향"이라도, 우리가 이로부터 도출할 수 있는 것은 행위에 대한 명백한 명령인데, 그것도 이 명령은 단지 주어진 "궁극적인" 입장의 실현에 가장 적합한 것으로 예측되는 수단과 관련될 뿐 이 입장 자체와는 관련되지 않는다. 이 경우에 "수단"이라는 개념은 생각할 수 있는 가장 넓은 것이다. 가령 누군가 "국가의" 권력 추구를 "궁극적인" 목표로 설정한다면, 그는 주어진 상황에 따라 때로는 절대주의적 국가조직을, 때로는 급진민주주의적 국가조직을 (상대적으로) 더 적합한 "수단"으로 간주할 수밖에 없을 것이다; 그러나 만약 이 합목적적인 국가기구에 대한 그의 평가가 변한다면, 이를 "궁극적인" 입장의 변화로 생각하는 것은 그야말로 터무니없는 일이다. 물론 개인은, 1번의 (c)에서 언급한 바와 같이,[34] 지속적으로 다음과 같은 문제에 직면하게 된다: 그는 어떤 새로운 (또는 그가 새롭게 알게 되는) 상황에 처하는 경우에 자신의 입장을 바꾸어야 하는가라는 문제에 직면하게 되는데, 그 상황이란 그가 추구하는 가치가 자신에게 도덕적 관점에서 또는 다른 어떤 관점에서 문제가 있어 보일 수도 있는 새로운 수단을 사용해야만 또는 자

---

33 사회정책학회는 위원회에서의 가치판단 논의를 위해 1912년 11월 회원들에게 회람을 보내면서 토론할 주제를 네 가지로 제시했는데, 그 두 번째가 "발전경향과 실천적 가치판단의 관계"였다. 나머지 세 가지는 다음과 같다: 과학적 경제학에서의 도덕적 가치판단의 위상; 경제정책 및 사회정책의 목표; 일반적인 방법론적 원칙들과 대학 강의의 특수한 과제들의 관계. 이에 대해서는 이 책의 뒷부분에 나오는 「해제」, 210쪽을 볼 것.
34 앞의 161쪽에서이다.

신이 혐오하는 부차적 결과를 감수해야만 달성될 수 있거나, 또는 그 가
치가 달성될 개연성이 점점 적어지기 때문에 이를 위한 그의 노력이, 성
공이라는 기준으로 판단하면, 비생산적인 "돈키호테의 무모한 모험"으
로 보이게 하는 상황을 가리킨다. 여기에는 거의 변경할 수 없는 "발전경
향"에 대한 인식도 속한다. 그러나 이러한 인식은 그 어떤 특수한 지위도
차지하지 않는다. 이와 마찬가지로 **모든** 개별적인 새로운 "사실"은 목
적과 불가피한 수단 사이가 그리고 의도된 목표와 불가피한 부차적 결
과 사이가 새롭게 조정되도록 할 수 있다. 그러나 이러한 조정이 이루어
져야 할지 그리고 그로부터 어떤 결과가 나와야 할지는 확실히, 경험과
학이 답할 수 없는 문제, 아니 내 생각으로는 **그 어떤** 종류의 과학도 답
할 수 없는 문제이다. 예컨대 우리가 확신에 찬 생디칼리스트[35]에게 다
음을 아무리 설득력 있게 증명한다고 할지라도, 즉 그의 행위는 사회적
으로 "무용할" 뿐만 아니라, 다시 말해 프롤레타리아트의 외적 계급상황
의 변화에 전혀 기여할 수 없을 뿐만 아니라, 더 나아가 "반동적" 분위기
를 조성함으로써 프롤레타리아트의 외적 계급상황을 필연적으로 악화
시키게 될 것임을 아무리 설득력 있게 증명한다고 할지라도, 이것이 그
에게 — 만약 그가 진정으로 자신의 견해를 시종일관 신봉한다면 — "증
명하는" 것은 **아무것도 없다.** 그리고 그가 미친 사람이기 때문에 그런 것
이 아니라, — 곧 논의하겠지만 — 그가 그 자신의 입장에서 볼 때는 "옳
을" 수 있기 때문에 그런 것이다. 내가 보기에 인간은 전반적으로 성공
이나 그때그때 성공을 보장하는 것에 "적응하는" 아주 강한 내적 성향이
있으며, 이를 위해 비단 — 자명한 일이지만 — 수단을 조절하거나 그때
그때 궁극적인 이상의 실현을 위해 하는 노력의 정도를 조절할 뿐만 아
니라, 더 나아가 아예 이 이상들 자체를 포기하기도 한다. 독일에서는 이
렇게 하는 것을 "현실정치"[36]라는 이름으로 치장할 수 있다고 믿는다. 아

---

35 생디칼리스트(syndicaliste)는 급진적 노동조합주의자를 가리킨다.

무튼 이해할 수 없는 것은, 왜 하필 경험과학의 대변자들이 현실정치를 촉진할 욕구를 느껴야 하며, 이에 따라 다음과 같이 하는가이다: 이들은 그때그때의 "발전경향"에 박수갈채를 보내고 이 발전경향에의 "적응"을 궁극적인 **가치판단**의 문제에서, 다시 말해 어디까지나 각 개인이 개별적인 경우에 따라 해결할 수밖에 없는, 따라서 전적으로 각 개인의 양심에 속하는 문제에서 하나의 원칙으로 바꾸어놓는다.

성공적인 정치는 항상 "가능성의 예술"[37]이라는 주장은 — 올바르게 이해된다면 — 타당한 것이다. 그러나 이에 못지않게 타당한 것은, "가능한 것"은 그것을 넘어서는 "불가능한 것"을 추구함으로써 비로소 성취된 경우가 빈번했다는 사실이다. 결국 "가능한 것"에의 "적응"이라는 관점에서 볼 때 진정으로 일관되게 발전한 유일한 윤리, 즉 유교의 관료도덕[38]과 같은 것이, 다음과 같은 우리 문화의 고유한 특성들, 즉 우리 모두가 다른 모든 점에서는 견해를 달리함에도 불구하고 아마도 (주관적으로) 다소간 긍정적으로 평가하는 우리 문화의 고유한 특성들을 창출한 것이 아니다. 적어도 나는 (주관적으로) 우리 젊은이들이 다음과 같은 점, 즉 행위는 "성공가치" 이외에도 "신념가치"를 갖는다는 점을 인식하지 못하도록 다름 아닌 대학에 의해 체계적으로 교육되기를 원하지 않는다. 그렇게 교육된다면 심지어 직접적인 논리적 모순이 초래될 수 있을 것이다. 앞에서 예로 끌어들인 "생디칼리스트"로 다시 한 번 돌아가 논의를 전개하기로 한다: 누군가 — 일관되며 따라서 — 자신의 행동에 대한 원칙으로 "신념가치"를 택할 수밖에 없는 경우, 이 행동을 단지 그것

---

36 현실정치(Realpolitik)는 이념이나 가치보다는 권력에 기반하여 국가나 정당의 구체적인 목적이나 이해관계를 추구하는 현실적-실리적 정치를 가리킨다.

37 이는 1871년 독일 통일의 주역이자 독일 제국의 초대 총리를 역임한 오토 폰 비스마르크(1815~98)에서 연원하는 것이다. 그는 1867년 8월 11일 『상트페테르부르크 신문』 편집장과 한 대화에서 "정치는 가능성의 예술"이라고 주장했다고 하는데, 이는 현실정치를 추진한 비스마르크의 최상의 준칙이었다.

38 이에 대한 자세한 것은 이 책의 58~59쪽, 주 35를 볼 것.

의 "성공가치"에 따라서만 평가하는 것은 논리적으로도 무의미한 일이다. 진정으로 일관된 생디칼리스트가 원하는 것은 **단지**, 자신에게 절대적으로 가치 있고 신성해 보이는 하나의 특정한 신념을 자기 자신의 내면에 간직하며, 가능하다면 다른 사람들의 내면에서도 불러일으키는 것이다. 그의 외적인 행위, 특히 처음부터 완전히 "실패할 수밖에 없는 것"으로 판명된 행위가 갖는 궁극적인 목적은, 그 자신의 양심이라는 재판정 앞에서 그 스스로에게 이 신념이 "진정한 것", 다시 말해 단순한 허풍이 아니라 행위를 통해 "입증될" 수 있다는 것이 확실함을 보여주는 데에 있다. 사실상 이 목적을 위해서는 그와 같은 행위가 (아마도) **유일한** 수단일 것이다. 덧붙여 말하자면, 생디칼리스트의 제국은 — 만약 그가 일관되다면 — 모든 신념윤리의 제국이 그러하듯이, "이 세상에 속한 것이 아니다."[39] 우리가 — 만약 여기에서 우리 논의의 목적을 위해 가정될 수 있는 이 모든 것이 적합하다면 — 한편으로는 논리라는 수단을 가지고 다른 한편으로는 경험이라는 수단을 가지고 "과학적으로" 분명히 말할 수 있는 것은 단지, 생디칼리스트 자신의 이상을 이렇게 파악하는 것이 내적으로 무모순적이며 외적인 "사실들"에 의해 반증될 수 없는 유일한 것이라는 **점**이다. 나는 — 여기에서 가정되는 것들이 항상 옳다는 전제 하에 — 이렇게 말하는 것이 생디칼리슴의 추종자와 적대자 모두에게 도움이 되며, 더욱이 이 도움은 그들이 바로 과학에 정당하게 요구할 수 있는 것이라고 생각한다. 이에 반해 다음과 같이 한다면, 즉 "한편으로는"-"다른 한편으로는"이라는 도식에 입각해 어떤 특정한 현상에 (가령 총파업) 대한 일곱 가지 "찬성"의 이유와 여섯 가지 "반대"의 이유를 들고 이것들을 옛날 중상주의적 재정학의 방식에 따라 또는 가령 오늘날 중국의 건의서 방식[40]에 따라 주관적으로 "저울질한다면", 만약 이

---

39 이는 『신약성서』, 「요한복음」 제18장 제36절에 나오는 구절 "(예수께서 대답하시되) 내 나라는 이 세상에 속한 것이 아니니라"에서 따온 것이다.

렇게 한다면 내가 보기에 **그 어떤** 종류의 과학적 관점에서 보더라도 얻는 것이 없다.[41] 오히려 생디칼리슴의 입장을, 상기한 바와 같이, 그것의 가능한 한 합리적이고 내적으로 일관된 형태로 환원하고, 그것의 경험적인 발생 조건, 가망성과 경험에 따르는 실제적인 결과를 규명하는 것이야말로, "과학"이, 적어도 **가치판단으로부터 자유로운** "과학"이 생디칼리슴의 입장과 관련하여 할 수 있는 것의 전부이다. 어떤 사람이 생디칼리스트가 되어야 "할지" 아니면 되지 말아야 할지는, 아주 특정한 형이상학적 전제가 없이는 결코 논증될 수 없으며, 이 형이상학적 전제는 이 경우에 **그 어떤 종류의** 과학에 의해서도 "증명될" 수 없다. 이는 누군가 돈키호테의 역할과 산초 판사의 역할 사이에서 선택해야만 하는 숙명적인 입장에 처하게 될 **경우**, 전자 또는 후자 중 무엇을 선호해야 하는지가 "증명될" 수 없음과 마찬가지이다 — 그리고 적어도 이와 유사한 상황이 우리가 때때로 생각하는 것보다 자주 일어난다. 게다가 어떤 장교가 항복하느니 차라리 자신의 보루와 함께 산화하는 것은, 경우에 따라서는 **모든** 관점에서 완전히 무익한 것일 **수 있다**. 그러나 어떤 유익이 있는지를 묻지 않고 그렇게 하도록 하는 신념이 실제로 존재하는지 그렇지 않은지는 우리에게 상관없는 일이 아닐 것이다. 이러한 신념은 일관된 생디칼리스트의 신념과 마찬가지로 "무의미한 것"이 결코 아니다. 만약 교수가 안락하고 높은 강단에서 내려다보며 그와 같은 "카토주의"[42]

---

40 이것이 구체적으로 무엇을 가리키는지는 알 수 없다.

41 이 문장의 뒷부분에 나오는 "내가 보기에"와 " 그 어떤 종류의" 사이에 "생디칼리슴의 인식에 관한 한"을 끼워 넣어서 읽으면 의미하는 바가 보다 명확해질 것이다.

42 "카토주의"(Catonismus)는 마르쿠스 포르키우스 카토(기원전 95~기원전 46)에서 연원하는 말이다. 그의 이름은 증조할아버지(기원전 234~기원전 149)와 같기 때문에, 이 둘을 구별하기 위해 그는 소(小)카토라고, 그의 증조할아버지는 대(大)카토라고 불린다. 소카토는 고대 로마 공화정 말기의 정치가이자 스토아 철학자로, 공화정을 수호하기 위해 카이사르에게 항전하다가 패하고 자결하였다. 역사적으로 로마 공화정과 그 이상을 상징하는 인물로 추앙되어왔다.

를 추천한다면, 물론 이것은 별로 적절치 못한 처사로 보일 것이다. 그러나 — 결론적으로 말해[43] — 그가 카토주의와 정반대되는 것을 찬양하면서 보편적인 "발전경향"에 의해 주어진 기회에 이상을 적용시키는 것이 의무라고 설파하는 것도 바람직한 일이 아니다.

나는 방금 위에서 되풀이하여 "적응"이라는 표현을 사용했는데, 그 의미는 각각의 경우에 선택된 표현 방식을 고려하면서 읽으면 충분히 명료해질 것이다. 그런데 이 표현은 이중적 의미를 갖는다는 것이 드러났다: 그것은 먼저 "궁극적인" 입장의 실현을 위한 "수단"을 주어진 상황에 적응시키는 것을 뜻한다(좁은 의미에서의 "현실정치"); 아니면 그것은 궁극적인 입장 자체를 그때그때의 실현 가망성에 적응시키는 것을 뜻한다(독일의 정치가 25년 전부터 채택하여 그토록 장려하게 진척시킨 "현실정치"의 유형).[44] 그러나 이로써 적응이라는 표현이 가질 수 있는 의미가 모두 열거된 것은 결코 아니다. 그러므로 내가 보기에 우리의 문제들에 대한 **논쟁적인** 논의에서, "가치판단"의 문제에 대한 논의에서뿐만 아니라 다른 문제들에 대한 논의에서도, 많이 남용되는 이 개념을 차라리 완전히 배제하는 것이 좋을 것이다. 사실상 이 개념은 과학적 **논증**의 표현으

---

43 베버가 여기에서 굳이 "결론적으로 말해"라는 표현을 쓰는 것은, 원래 이 단락의 주제가 생디칼리슴(생디칼리스트)이 아니라 발전경향과 적응에 있었기 때문이다. 생디칼리슴은 단지 이를 위한 한 가지 예일 뿐이다. 물론 생디칼리슴에 대한 논의가 비교적 자세하게 전개되기 때문에, 마치 그것이 이 단락의 주제처럼 보이기는 한다. 그러나 베버가 이 단락에서 논박하고자 하는 바는 그 바로 앞 단락의 마지막 문장이다: "이들은[경험과학의 대변자들은] 그때그때의 '발전경향'에 박수갈채를 보내고 이 발전경향에의 '적응'을 궁극적인 **가치판단**의 문제에서, 다시 말해 어디까지나 각 개인이 개별적인 경우에 따라 해결할 수밖에 없는, 따라서 전적으로 각 개인의 양심에 속하는 문제에서 하나의 원칙으로 바꾸어놓는다."

44 여기에서 말하는 "25년 전부터"는 1888년을 가리키는데, 이 해는 독일 제국의 제2대 황제인 빌헬름 2세(1859~1941)가 즉위한 해이다(그의 재위는 1918년까지 지속되었다). 반면에 「사회학 및 경제학에서 "가치자유"의 의미」에는 "27년 전부터", 그러니까 1890년부터라고 되어 있는데, 바로 이 해에 빌헬름 2세에 의해 비스마르크가 제국의 총리직에서 해임되었다.

로서는 너무나도 오해의 소지가 크다; 그럼에도 불구하고 과학적 논증의 수단으로 번번이 등장하는데, 그것도 "설명"(가령 특정한 시기의 특정한 인간집단에서 경험적으로 존재하는 특정한 윤리관을 설명하는 것)의 목적을 위해서뿐만 아니라 "평가"(예컨대 그 실제로 존재하는 윤리관이 객관적으로 "적합하며", **또한 바로 그런 연유로** 객관적으로 "올바르고" 가치 있는 것으로 평가하는 것)의 목적을 위해서도 번번이 등장한다. 그러나 이 두 측면의 어느 것에서도 그것은 기여하는 바가 없는데, 왜냐하면 그것 자체가 항상 사전(事前)해석을 필요로 하기 때문이다. 적응이라는 개념은 생물학에서 유래한다. 만약 이것을 실제로 생물학적 의미에서 파악한다면, 다시 말해 어떤 인간집단이 풍부한 후손 번식을 통해 자신의 정신물리적 **유전**질을 유지할 수 있는 가망성으로 — 이 가망성은 상황에 의해 주어지며 상대적으로 산정할 수 있다[45] — 파악한다면, 예컨대 가장 풍부한 경제적 자원을 가지고 자신의 삶을 가장 합리적으로 통제하는 사회계층이야말로 "가장 적응하지 못한" 인간집단이 될 것이다. 생물학적 의미에서 보면 — 그러나 그 밖의 수많은 가능한 그리고 진정으로 순수한 경험적 의미들 가운데 어느 것에서 보아도 — 모르몬교도들의 이주 이전에 솔트레이크에 살았던 소수의 인디언들은 추측건대 그곳의 환경적 조건에 어떤 점에서는 이주 이후에 형성된 정착지에 거주하는 많은 수의 모르몬교도들만큼이나 잘 그리고 어떤 점에서는 이들만큼이나 잘못 "적응했다".[46] 요컨대 우리는 이 개념을 가지고 어떤 현상을 경험적으로 더 잘 "이해할" 수 있는 것이 결코 아닌데, 그럼에도 불구하고 그럴 수 있다고 쉽게 상상한다. 그리고 우리는 — 이 점은 여기에서 미리 확실히 해

---

45 여기에서 "상대적으로 산정할 수 있다"는 말은 "다른 인간집단들과의 관계 속에서 산정할 수 있다"라고 읽으면 된다.

46 솔트레이크는 1847년 7월 24일 모르몬교의 제2대 교주인 브리검 영(1801~77)이 이끄는 모르몬교도들이 종교의 자유를 찾아 이주하여 정착촌을 건설한 곳으로, 모르몬교의 중심도시이자 미국 유타 주의 주도이다.

두고자 한다 — **모든** 측면에서 완전히 동질적인 두 개의 조직에 **한해서만**, 이 둘 사이에 존재하는 한 특정한 구체적인 개별적 차이가 이 둘 가운데 어느 하나의 **경험적으로** "더 유리한", 그리고 이러한 의미에서 주어진 조건들에 "더 잘 적응된" 상황을 초래한다고 말할 수 있다. 그러나 **평가**를 하는 경우, 누군가는 모르몬교도의 숫자가 인디언보다 많았다는 점과 그들이 그곳에서 이룩한 물질적 및 그 밖의 다른 업적들 그리고 그들이 지니고 와서 발전시킨 특성들을 인디언들에 대한 모르몬교도들의 우월성에 대한 증거라는 입장을 취할 수 있다; 이에 반해 다른 누군가는 그러한 업적들을 이룩하는 데 적어도 일익을 담당한 모르몬교 윤리의 수단과 부차적 결과를 무조건적으로 혐오하면서 심지어 인디언이 한 사람도 없는 초원지대를 선호하거나, 아니면 특히 거기에서 인디언들이 낭만적으로 살아가는 모습을 선호할 수 있다. 그러나 이 세상의 어떤 과학도, 그 성격이 **여하하든** 간에, 상기한 두 평가적 입장을 전향시킬 수 있다고 주장해서는 안 될 것이다. 왜냐하면 우리는 여기에서 이미 "목적"과 "수단"의 **균형**이라는 해결할 수 없는 문제에 직면하기 때문이다.

우리가 이 문제를 진정으로 경험적인 방식에 의해 해결할 수 있는 것은 단지, 절대적으로 명백하게 주어진 "목적"에 적합한 "수단"을 찾는 경우뿐이다. 다음의 명제, 즉 x가 y를 위한 "수단"이라는 명제는, 사실상 다음의 명제, 즉 x에 y가 따른다는 명제를 뒤집어놓은 것에 지나지 않는다. 그러나 — 그리고 이것이 핵심적인 것이다 — "적응되었음"이라는 개념은 (그리고 이와 유사한 모든 개념은) 어쨌든 상기한 두 경우 각각의 그리고 유사한 모든 경우의 근거가 되는 가치판단들에 대해서는 그 어떠한 정보도 제공하지 않고, 오히려 — 예컨대 최근에 자주 언급되지만 내가 보기에 완전히 혼란스러운 개념인 "인간경제"[47]라는 개념과 마찬가지로 — 그 가치판단들을 은폐할 뿐이다. "문화"의 영역에서는 우리

---

47 이는 루돌프 골트샤이트의 개념이다. 이에 대한 자세한 것은 이 책의 64쪽, 주 45를 볼 것.

가 그 개념에 어떤 의미를 부여하느냐에 따라 모든 것이 "적응되었거나" 또는 아무것도 "적응되지" 않았다. 왜냐하면 모든 문화적 삶에서 배제할 수 없는 것이 "투쟁"이기 때문이다. 우리는 투쟁의 수단, 그 대상, 심지어 그 기본 방향과 담지자들을 바꿀 수는 있지만, 투쟁 그 자체를 제거할 수는 없다. 투쟁은 적대적인 인간들이 외적인 사물을 두고 벌이는 외적인 싸움에서 서로 사랑하는 사람들이 내적인 가치를 두고 벌이는 내적인 싸움이 될 수 있고, 따라서 외적인 강요에서 내적인 강압이 될 수 있으며 (특히 성애적 또는 박애적 "헌신"의 형태를 띤), 또는 마지막으로 그로부터 한 개인의 영혼 내에서 일어나는 자기 자신과의 내적인 싸움이 될 수도 있다 ― 어쨌든 투쟁은 항상 존재한다; 그리고 우리가 투쟁을 덜 인지하면 인지할수록, 다시 말해 투쟁이 둔감한 또는 안락한 방임의 형태 또는 환상적인 자기기만의 형태 또는 "선택"의 형태를 띠고 진행되면 진행될수록, 흔히 그 효과는 더욱더 커진다. "평화"가 의미하는 것은 투쟁 방식 또는 투쟁 상대 또는 투쟁 대상 또는 선택 가망성의 변동일 뿐 그 외에 아무것도 아니다. 이와 같은 변동이 "윤리적" 또는 다른 평가적 판단에 의해 용인될 수 있는지 그리고 언제 그럴 수 있는지에 대해서는, 자명한 일이지만 그 어떤 일반적인 진술도 절대로 불가능하다. 그러나 한 가지만은 확실하다: 어떤 종류의 사회적 관계의 질서라도 예외 없이 최종적으로, 그것이 외적 선택 또는 내적(동기-) 선택의 과정을 통해 **어떠한 인간유형에게** 지배적인 인간유형이 될 수 있는 최적의 기회를 제공하는가라는 관점에서 검토되어야 한다. 왜냐하면 그렇게 하지 않으면 경험적 연구가 진정으로 완벽한 것이 아니고 더 나아가 **평가**―이 평가가 의식적으로 "주관적인" 것이든 아니면 "객관적인" 타당성을 주장하는 것이든 상관없이 ― 에 필요한 실제적인 토대도 마련되지 않기 때문이다. 나는 이전에 나의 교수 취임강연에서 확실히 여러모로 미성숙한 형태로 이것을 표현하고자 했는데, 이제는 그 밖의 많은 중요한 점에서 나 자신을 더 이상 이 취임강연과 동일시할 수 없다.[48]

그러나 상기한 사실은 적어도 순수한 **조직적** 발전을 규명하는 과정에서 명백한 "진보" 개념을 가지고 작업할 수 있다고 믿는 수많은 동료들에게 상기시켜줄 필요가 있다.

"진보"의 개념

4. 만약 우리가 "진보"라는 개념을 추상화되어 고립된 채 고찰되는 어떤 구체적인 과정의 "진척"과 동일시한다면, 우리는 물론 이 개념을 가치자유적으로 ─ 그러나 항상 오해라는 큰 위험과 더불어 ─ 사용할 수 있다. 여기에서 곧바로 이 개념이 가치문제와 가장 밀접하게 결합된 경우들을 들어보기로 한다.

(a) 그러면 먼저 이것은 우리의 정신적 삶이 갖는 비합리적, 감정적 및 정서적 내용의 영역에서는 **가능한** (목적합리적 행동에 상반되는 "비합리적") 행동 방식의 양적 증가와 ─ 대개는 이와 연결되어 있는 ─ 질적 다양화를 가리키는데, 이 양적 증가와 질적 다양화는 (통상적인 표현을 사용하자면) 정신적 "분화", 즉 한 구체적인 "개인"의 정신적 "폭" 또는 "역량"의 증대 또는 ─ 이미 명료하지 않은 개념적 구성물이지만 ─ 한 "시대"의 정신적 "폭" 또는 "역량"의 증대(짐멜은 『쇼펜하우어와 니체』[49]에서 이것에 무조건적으로 긍정적인 가치를 부여하고 있다)와 결합된다.

이러한 "진보"가 일어난다는 데에는 의심의 여지가 없다. 그러나 여기에는 다음과 같은 상황으로 인해 우리가 그것의 존재를 믿는 곳에서 항

---

48 1894년 가을에 프라이부르크 대학의 경제학 및 재정학 정교수로 부임한 베버는 1895년 5월 13일에 "국민국가와 경제정책"이라는 주제로 교수 취임강연을 했으며, 이 강연은 그해에 같은 제목의 소책자로 출간되었다. 베버, 『국민국가와 경제정책』을 볼 것. 그리고 베버의 교수 취임강연에 대한 자세한 논의는 김덕영, 『막스 베버: 통합과학적 인식의 패러다임을 찾아서』, 289~304쪽을 볼 것.

49 이는 1907년에 출간된 그리고 총 8편의 강의로 이루어진 『쇼펜하우어와 니체: 연속강연』이다. 이에 대한 자세한 것은 이 책의 66~67쪽, 주 46을 볼 것.

상 실제로 존재하는 것은 아니라는 유보조항이 따르는데, 그 상황이란 구체적으로 현대에는 점점 더 감정의 뉘앙스들에 **주목하는** 경향이 있으며, 따라서 아주 쉽게 마치 "분화"의 증가라는 의미에서 "다양성"이 증가한 듯한, "복잡성"이 증가한 듯한 그리고 이와 유사한 착각을 하게 되는 것을 가리킨다; 그런데 이러한 경향은 모든 삶의 영역에서 합리화와 지성화가 증가한 결과로 나타날 수도 있고 각 개인이 자기 자신의 모든 삶의 표현들(아마도 다른 사람들의 눈에는 이것들이 자주 중요하지 않을 것이다)에 부여하는 주관적인 중요성이 증가한 결과로 나타날 수도 있다. 솔직히 말해 나는 오늘날 이러한 착각이 실제로 상당히 광범위하게 일어난다고 산정하는 바이다. 그러나 상기한 종류의 분화 과정의 실재 그 자체는 역사적으로 의심할 여지가 없는 사실이다. 그런데 누가 분화의 진척을 "진보"라고 **표현하느냐** 아니냐는 용어적 합목적성의 문제이다. 이에 반해 우리가 그것을 "진보"라고 **평가해야** 할지 말아야 할지는, 어쨌든 그 어떤 경험적 과학분야에 의해서도 결정될 수 없다. 다음과 같은 물음은, 즉 어떤 주어진 경우에 새로이 나타나는, 그리고 상황에 따라 새로운 "긴장"과 "문제"를 수반하는 감정적 가능성들을 "가치"로 인정해야 할지 말아야 할지라는 물음은, 경험적 과학분야와 전혀 무관한 것이다. 그러나 누군가 분화라는 사실 그 자체를 평가하려고 한다면 — 물론 어떤 경험적 과학분야도 누구에게든 이를 금할 수 없다 —, 그리고 그 근거가 되는 관점을 찾는다면, 그는 현대의 많은 현상들에 직면하여 자연스레 특히 다음과 같은 질문을 던질 수밖에 없을 것이다: 만약 현재 이 과정이 주지주의적 환상 이상의 어떤 것이라면, 그것에 대해 "치러야" 하는 대가는 무엇인가? —

예술적 진보[50]

나는 다음을 단지 부가적으로만 언급하고자 한다: **예술**의 영역에서는

(**평가**라는 의미에서의) "진보" 개념의 적용 가능성이 때때로 강력하게 부인된다. 냉철하게 숙고해보면, 지금까지 "예술에 대한" 그 어떤 "가치판단적 고찰"도 "예술"과 "비예술"이라는 배타적인 대립 쌍에 근거해서는 제대로 이루어질 수 없었음이 드러날 것이다; 그것은 거기에 더해 시도와 해결 사이의 구별, 다양한 해결이 갖는 가치들의 구별, 그리고 완벽한 성취와 어느 한 특정한 측면 또는 많은 측면들에서, 심지어 중요한 측면들에서 실패했지만 그렇다고 해서 전적으로 무가치하지는 않은 성취 사이의 구별을 사용해왔는데, 그것도 어떤 구체적인 형성의지뿐만 아니라 예술에 관련된 문제들 전체에 대해서도 사용해왔다. 그렇지 않다면 가령 뵐플린의 저서 『고전예술』뿐만 아니라 분석미학의 "가치 있는" 대다수의 업적들도 불가능했을 것이다.[51] 그러나 **이 점에** 이 영역의 가치판단 문제와 곧 자세하게 언급하게 될 "합리적" 진보의 가치판단 문제의 근본적인 차이가 존재하는 것이 아니다 ― 여기서는 이 차이에 대해 논의할 수 없다. 다만 예술에서의 가치실현은 이 "합리적" 진보와도 감정영역의 분화의 "진보"와도 아무런 관계가 없음은 물론이고, 이 모든 차원을 서로 뒤섞는 것은 여기서도 특히 치명적인 일이 된다는 점을 지적해두고자 한다.

---

50 베버는 「사회학 및 경제학에서 "가치자유"의 의미」 예술적 진보에 대한 자세한 논의를 전개하고 있다. 이 책의 68~77쪽을 볼 것.

51 여기에서 말하는 분석미학이란 예술의 미학적 고찰의 전제와 기본이 되는 개념과 이론을 대상으로 하는 미학의 분야를 가리킨다. 예컨대 뵐플린은 『고전미학』, IX쪽(서문)에서 다음과 같이 말하고 있다: "이러한 목표를[개별적인 예술가들에 대해 서술하지 않고 그들에게 공통적인 특징, 즉 전체적인 양식을 파악한다는 목표를] 더욱 확실하게 달성하기 위해서 역사적인 것을 다루는 제1부에 일종의 검증으로서 체계적인 것을 다루는 제2부를 덧붙인다. 그것은 개인들에 따라서가 아니라 개념들에 따라서 소재를 정리한 것이며, 이 제2부에는 동시에 현상에 대한 설명이 포함될 것이다." 뵐플린의 『고전미학』에 대해서는 이 책의 74쪽, 주 52를 볼 것.

합리적 진보

(b) 그런데 합리적인 것의 영역 자체에서도 ① "진척"이라는 의미에서의 "진보"와 ② 가치 증대라는 의미에서의 "진보"가 뒤섞이고 있다. 우선 "합리적인" 자아행동만 해도 "올바른" 행위, 다시 말해 "객관적으로" 올바른 수단을 사용하는 행위와 동일하지 않다; 그러한 자아행동 자체가 의미하는 바는 단지 다음과 같은 것, 즉 개인은 어떤 주어진 목표의 달성을 위해 올바르다고 **간주되는** 수단에 체계적으로 "지향하려는" **주관적인** 의도를 갖고 있다는 것뿐이다. 그러므로 행위의 "합리화"의 진척이 반드시 합리적으로 "올바른"(다시 말해 객관적으로 올바른 수단을 선택하는) 행위의 방향으로의 "진보"가 되는 것은 아니다. 주술도 물리학과 마찬가지로 체계적으로 "합리화"되었으며, 또한 최초의 "합리적", 그러니까 "과학적" 치료법은 거의 어디서나, 경험적인 "증세"를 경험적으로 검증된 수단으로 치료하는 것을 거부하고 질병의 (그 치료법이 추정하는) 진정한 (주술적, 악마적) "원인"을 제거하는 것을 의미했으며,[52] 따라서 형식적 측면에서 그 치료법은 근대적 치료법에서 가장 중요한 "진보"를 이룩한 많은 치료법들과 똑같이 그 이전보다 더 합리화된 구조를 지니고 있었다. 그리고 다른 한편으로 "올바른" 수단이라는 방향으로의 "진보"가 모두 첫 번째 의미에서의 "진척"을 통해 달성된 것은 결코 아니다.[53]

---

52 여기에서 "최초의 '합리적', 그러니까 '과학적' 치료법은"은 「사회학 및 경제학에서 "가치자유"의 의미」에서는 "의도적으로 사용된 최초의 '합리적' 치료법은"으로 되어 있는데, 내가 보기에는 후자가 타당해 보인다. 그리고 "경험적인 '증세'를 [……] 제거하는 것을 의미했으며"는 원문에 "질병의 (그 치료법이 추정하는) 진정한 (주술적, 악마적) '원인'을 위하여 경험적인 '증세'를 경험적으로 검증된 수단으로 치료하는 것을 거부하는 것을 의미해으며"로 되어 있는데 「사회학 및 경제학에서 "가치자유"의 의미」에 따라 본문처럼 옮겼음을 일러두는 바이다. 이 책의 78쪽을 볼 것.

53 이 문장에 나오는 "첫 번째 의미에서의"는 — 이 단락의 앞부분을 보면 알 수 있듯이 — "주관적 합리성이라는 의미에서의"를 가리킨다.

주관적으로 점점 더 합리적이 되는 행위가 객관적으로 "합목적적인" 행위로 이어지는 것은, 많은 가능성들 가운데 하나이며 (다양한 정도의) "개연성"을 가지고 기대할 수 있는 현상이다. 이렇게 될 경우, 우리는 "주관적인" 행동이 "기술적으로 올바른 것"이기 때문에 "객관적" 사실에 "부합한다"고 말한다. 만약 어떤 개별적인 경우에 다음과 같은 명제, 즉 x라는 조치는 y라는 결과를 달성하기 위한 수단이라는 (아니 유일한 수단이라고 가정하자) 명제가 옳다면 — 이것은 경험적인 문제이며, 사실상 x에 y가 따른다는 인과명제의 단순한 도치일 뿐이다 —, 그리고 사람들이 — 이것도 마찬가지로 경험적으로 규명할 수 있다 — 자신들의 행위를 지향할 때 이 명제를 의식적으로 사용한다면, — 그렇다면 그들의 주관적인 행동은 "기술적으로 올바른 것"이며, 따라서 사실에 "부합하는 것"이다. 인간의 행동이 (어떤 종류이건 상관없이) 어떤 개별적인 측면에서든지 이러한 의미에서 "더 올바르게" 지향되었다면, 우리는 이 경우에 **"경험적-기술적 진보"**가 존재한다고 말한다. 그리고 정말로 그렇게 지향되었는가 하는 **문제**는 — 물론 주어진 목적이 절대적으로 명백하다는 것이 항상 전제되어야 한다 — 경험적 과학분야가 실제로 경험적으로 규명할 수 있는 것이다.

그러므로 이러한 의미에서, 다시 말해 목적이 **명백하게** 주어진다는 전제 하에서, "기술적" 올바름에 대한 그리고 수단에서의 "기술적" 진보에 대한 개념들을 명백하게 규정하는 것이 가능하다(여기에서 "기술"은 가장 넓은 의미에서 모든 영역에서의 합리적인 자아행동 일반을 가리킨다). 우리는 다음과 같은 **조건 하에서** 특히 (우리에게 가까운 영역들만 언급하자면) 일반적으로 "기술"이라고 불리는 전문 영역에서, 그리고 더 나아가 통상 기술과 (법정책에서와 달리) 법기술의 영역에서도 얼추 명백하게 "기술적 진보에" 대해 말할 수 있는데, 그 조건이란 한 구체적인 상황을 출발점으로 삼는다는 것이다. 그러나 단지 얼추 명백하게 말할 수 있을 뿐인데, 그 이유는 기술적으로 합리적인 개별 원칙들이 — 누구나 잘 아는 사실이지만—서로 갈등을 일으키며, 이 갈등은 구체적인 이해당사자들이 그때그때 갖는 입장에 따라 조정될 수 있을 뿐 결코 "객관적으로" 조정될 수 없기 때문이다. 그리고 다음과 같이 일련의 가정을 하면, 우리는 더 나아가 수단 조달의 **주어진** 가능성 내에서 욕구 충족의 상대적인 최적화 방향으로 나아가는 "경제적" 진보에 대해서도 말할 수 있다: 그 일련의 가정은 먼저 욕구들이 **주어져 있다**는 것이고, 이 모든 욕구들 자체와 이것들에 대한 주관적 순위 결정은 비판의 **대상이 되어서는 안 된다**는 것이며, 어떤 종류의 경제질서가 확고하게 **주어져 있다**는 것이다— 여기에 더해 다시금 예컨대 이러한 욕구 충족의 지속성, 확실성 및 정도를 둘러싼 이해관계들이 갈등을 일으킬 수 있으며 또한 일으킨다는 유보조항이 따른다. 그러나 **단지** 이러한 전제조건들과 제한들 하에서만 "경제적" 진보에 대해서 말할 수 있다.

경제적 진보

5. 이러한 논리로부터 명료한 그리고 순수하게 **경제적인** 가치판단의 가능성을 도출하려는 시도가 있어왔다. 그와 같은 시도를 특징적으로 보여주는 예로는 리프만 교수가 (빈에서의 논쟁에서 처음으로) 인용한 범례, 즉 생산자가 갖는 수익성에 대한 이해관계로 인해 소비재가 의도적으로 폐기되는 예를 들 수 있다.[54] 그러나 이러한 진술 및 —여기서는 이 점

---

54 이는 로베르트 리프만이 1909년 9월 29일 오스트리아의 수도 빈에서 벌어진 사회정책학회의 가치판단 논쟁에서 제시한 것이다. 자세한 내용은 리프만, 「토론회에서의 발언」, 579쪽을 볼 것. 사실 본문의 문장은 그 의미하는 바가 명확하게 와 닿지 않는다. 「사회학 및 경제학에서 "가치자유"의 의미」, 527쪽(이 책의 80쪽)은 다음과 같은데, 이를 보면 리프만이 의도하는 바를 제대로 파악할 수 있다; "이러한 시도를 특징적으로 보여주는 예로는 이전에 리프만 교수가 인용한 범례를 들 수 있는데, 이에 따르면 소비재의 가격이 생산원가 아래로 떨어지면 생산자가 갖는 수익성에 대한 이해관계로 인해 그 소비재가 의도적으로 폐기된다는 것이다."

이 중요하다 — 그와 유사한 모든 진술은 논증할 수 없는 그 밖의 가치판단들은 차치하더라도 특히 다음과 같은 전제들을 자명한 것으로 가정하는데, 사실 이것들은 결코 자명한 것이 아니다: 첫째, 개인의 이해관계는 실제로 그의 죽음을 넘어서 지속될 뿐만 아니라, 그의 죽음을 넘어서 지속되는 것으로도 간주되어야 **한다**는 전제가 그것이다. 이처럼 "존재"가 "당위"로 전이되지 않으면 상기한 이른바 순수한 경제적 가치판단은 명료하게 수행될 수 없다. 왜냐하면 그렇지 않으면 예컨대 영속하는 인간들의 이해관계로서의 "생산자"와 "소비자"의 이해관계에 대해 말할 수 없기 때문이다. 그러나 개인이 자신의 **상속자들**의 이해관계를 고려한다는 것은 더 이상 순수한 **경제적** 사고가 아니다. 이러한 사고는 다음과 같은 인간의 실용주의, 즉 이윤 추구를 목적으로 "기업"에 자본을 투자하고 자기 자신의 기업의 "종"으로 일하며, 또한 이것이 경제적인 측면에서 합리적으로 운영되려면 그렇게 일할 수밖에 없는 인간의 실용주의로부터 나온다. 그것은 예컨대 노동자들의, 특히 자녀 없는 노동자들의 실용주의로부터 나오는 것이 결코 아니다. 그러나 유용한 이론적 허구가 실천적 가치판단의 근거가 되어서는 안 된다.[55] — 둘째, 상기한 입장은 다음과 같은 "계급상황", 즉 시장 원리의 지배 하에 자본과 노동이 다양한 생산영역에서 — 수익성의 관점에서 평가할 때 그때그때 가능한 한도 내에서 — "최적으로" 분배됨에도 불구하고, 아니 바로 그렇기 **때문에** 일정한 소비자 계층들에 대한 재화 공급이 절대적으로 악화될 수 있다는 (반드시 그렇게 되는 것은 아니지만) 사실을 무시하고 있다; 왜냐하면 수익성을 "최적으로" 분배하는 것은 지속적인 자본 투자의 전제조건이 되는데, 그렇게 하는 것 자체는 다시금 계급들 사이의 권력관계에 의존할 수 있으며 바로 이 관계로 인해 구체적인 경우에 일정한 소비자 계층

---

55 이 문장과 그 앞 문장 사이에 "이것은 유용한 이론적 허구이다"를 끼워 넣어서 읽으면 의미하는 바가 보다 명확해질 것이다:

들의 가격투쟁 입지가 약화될 수 있기 (반드시 그렇게 되는 것은 아니지만) 때문이다. ─ 셋째, 상기한 입장은 다양한 정치적 단위의 구성원들 사이에는 지속적이고 조정될 수 없는 이해관계의 대립이 존재할 가능성을 무시하고 "자유무역론"[56]의 편을 든다; 사실 자유무역론은 그 자체로는 중요한 색출적 수단이지만, 만약 우리가 거기에 근거하여 **당위적인** 요청들을 제시한다면 바로 그 순간에 결코 자명하지 않은 "가치판단"으로 변질되고 만다. 물론 상기한 입장은 이러한 갈등을 피하기 위해 세계경제의 정치적 통일성을 설정할 수 있지만─그리고 이것은 이론적으로 완전히 허용될 수 있는 일이다─, 그렇다고 해서 다음과 같은 비판의 가능성, 즉─여기에서 우리는 이렇게 가정할 수 있다─주어진 조건 하에서 **지속적으로** (생산자들의 **그리고** 소비자들의) 수익성을 최적으로 보장하기 위해 상기한, 즉 생산원가 아래로 떨어진 그러나 향유할 수 있는 재화를 폐기하는 것에 대한 비판의 가능성은─만약 경제적 관점에서 "가치판단"을 한다면─결코 근절될 수 없으며, 단지 그 범위가 변화할 뿐이다. 왜냐하면 이럴 경우 우리는 시장에 의한 재화 공급이라는 전체적인 **원리 그 자체**를 비판의 대상으로 삼을 수 있기 때문인데, 이 원리는 다시금 교환에 참여하는 개별 경제들이 확보하는 그리고 화폐로 표현될 수 있는 최적의 수익성과 같은 기제들에 의해 지배된다. 만약 재화 공급이 비시장적으로 조직된다면, 시장 원리에 의해 주어지는 개별 경제주체들의 이해관계의 상황이 고려될 필요가 적어질 것이며, 따라서 상기한, 즉 생산원가 아래로 떨어진 그러나 이미 존재하고 실제로 향유할 수 있는 재화를 소비할 수 없도록 폐기할 이유가 없을 것이다.

상기한 리프만 교수의 견해 자체는 다음과 같은 조건들이 주어진 것으로 전제될 때에 한하여, 여기에서 논의할 수 없는 그 자신의 명제들에 근거하여 볼 때 올바른 것이다: 1) 불변적인 것으로 가정된 개인들이 역시

불변적인 것으로 가정된 욕구를 지니며, 수익성에 대한 영속적인 이해관계를 주된 목적으로 추구한다 — 2) 시장 교환에 기반하는 사적 자본주의 방식의 수요 충족이 전적으로 지배하고, 이와 동시에 국가권력은 개인들의 이해관계를 초월하며 단지 법을 보증하는 기능을 할 뿐이다. 그러나 경제이론이 진술할 수 있는 것은 다음과 같은 것 이외에는 **아무것도 없다**는 사실은 불변의 진리이다: x라는 "목적"을 위해서는 y라는 조치가 유일하게 적절한 수단이거나 또는 y^1, y^2와 함께 적절한 수단이라는 점, 또한 y, y^1, y^2 사이에는 작용 방식과 — 이것이 개별적인 경우에 적합하려면 — 합리성의 차원에서 이러저러한 차이가 존재한다는 점, 그리고 이 수단들을 사용하여 목적 x를 달성하고자 하면 z, z^1, z^2라는 이런저런 "부차적 결과"를 감수해야 한다는 점 등이 그것이다. 이 모든 진술은 인과명제들의 단순한 전도이며, 또한 이 진술들에 "가치판단"이 결부된다면 그것은 어떤 가상적 행위의 합리성 정도를 평가하는 것이 되는데, 이러한 가치판단은 다음과 같은 경우에 그리고 오직 다음과 같은 경우에만 명료하게 내릴 수 있다. 즉 목적과 일반적인 조건들이 주어져 있고, 단지 여러 가지 **수단들** 가운데서 선택하는 것만이 문제가 되며, 또한 거기에 더해 이 수단들은 단지 목적 달성의 확실성, 신속성 및 양적 정도와 관련해서만 서로 다를 뿐 그 밖의 **모든** 측면에서는 예외 없이 완전히 동일한 경우가 그것이다. 오직 이럴 경우에만 어떤 한 수단을 — 단순히 그 밖에 가능한 차이들을 도외시한 채 (정확하게 제시할 수 있는) 전제조건들에 근거하여 특정한 **개별적인** 관계들에서 "합리적으로 더 올바른 것"이라고 규정하는 대신에 — 진정으로 그리고 무조건적으로 "가장 올바른 것"이라고 평가할 수 있다.

물론 이렇게 해서 "가치판단"의 궁극적인 명료성이 획득되는 것은 결코 **아니다**. 오히려 이러한 논의를 벗어나기만 하면 곧바로 가능한 가치판단들의 무한한 다양성의 혼란이 시작될 것이며, 이 다양성은 다시금 궁극적인 공리들로 조직적으로 환원함으로써만 통제될 수 있을 것이다.

왜냐하면 "행위"의 뒤에는 인간이 있기 때문이다. 인간에게는 행위의 주관적 합리성과 **기술적** "올바름"의 증가 **자체**가 어떤 일정한 한계치를 넘어서면 — 아니, 보는 관점에 따라서는 그 정도에 상관없이 일단 증가가 일어나기만 하면 — 중요한 (가령 윤리적으로 또는 종교적으로 중요한) 재화들에 대한 위협으로 간주될 수 있다. 예컨대 모든 목적행위를, 단지 그것이 목적행위라는 이유만으로 인간을 구원으로부터 멀어지게 한다고 거부하는 불교적 (극한)윤리를 공유할 사람은 우리 가운데 아무도 없을 것이다. 그러나 내가 보기에 이 윤리를 틀린 계산 문제나 잘못된 의학적 진단을 반증하듯이 그렇게 "반증하는" 것은 절대로 불가능하다. 이처럼 극단적인 예들을 들지 않더라도 다음은 사회정책학회에서 규합한 사회정책가들이 진정으로 공유해온 그리고 공유하고 있는 유일한 확신이다: 제아무리 의문의 여지 없이 "기술적으로 올바른" 경제적 현상이라 할지라도 이 기술적 올바름이라는 자격**만으로는** 가치를 **평가하는** 법정에서 결코 정당화될 수 없다. 이것은 은행 제도를 포함하여 모든 합리화 과정에 예외 없이 적용되는 논리인데, 은행 제도의 합리화 과정에 대해서는 빈에서 논의된 바가 있다.[57] 누군가 이와 같은 합리화 과정에 저항한다고 해서 그가 반드시 우둔한 것은 아니다. 오히려 **가치판단**을 하려고 하는 경우에 우리는 언제나, 그와 같은 합리화 과정이 계급상황 등의 변화에 끼치는 영향도 고려해야 한다. 다른 한편으로는 다음도 — 자주 망각되곤 하지만 — 자명한 일임에 틀림없다: **만약** 우리가 "가치판단"을 하고자 한다면, 주어진 조건들에서는 단호하게 다음과 같은 정치, 즉 주어진 개별적인 경우에 외견상 단지 수익성에 대한 이해관계만을 또는, 일반적으로 말해서, 재화 시장의 경제적 이성을 지침으로 삼는 것처럼 보이는

---

57 1909년 9월 27일부터 29일까지 빈에서 개최된 사회정책학회 총회에서는 가치판단 논쟁을 유발한 "민족경제의 생산성"과 더불어 "지방공공단체의 경제적 기업"이라는 두 개의 주제가 토론에 부쳐졌으며, 은행 제도는 단지 부차적으로 다루어졌을 뿐이다.

정책의 편도 들 **수 있다.** 그것도 평가의 다른 척도를 전혀 알지 못한다는 것과 완전히 다른 이유에서, 가령 상황에 따라 자신의 국가가 추구하는 정치적 권력이라는 평가의 척도에 따라 그리할 수 있다. 예컨대 독일인들이 일찍이 그 희생물이 된 모든 상투어들 가운데 가장 뻔뻔스러운 것은 지대에 대한 이해관계를 보호할 요량으로 내세운 "국내 일자리 보호"[58]라는 쓸데없는 말이었는데, 이 상투어에 상응하는 통상정책은, 일반적으로 주장되는 바와 달리, 비단 독일인들의 이해관계에만 영향을 끼친 것이 아니라 100만 명이 훨씬 넘는 외국인들의 이해관계에도 영향을 끼쳤다. —

내가 보기에 "진보"라는 표현의 사용은 심지어 그것이 경험적으로 볼 때 아무런 의구심 없이 평가될 수 있는 한정된 영역에서조차도, 그러니까 심지어 비합리적인 분야에서 진척되는 분화 과정이나 기술적-합리적 분야에서 진척되는 합리화 과정에서조차도 매우 **부적절한데**, 그 이유는 오해될 소지가 아주 명백하기 때문이다. 물론 우리는 누구에게도 어떤 표현을 사용하는 것을 금할 수는 없지만, 그래도 궁극에는 가능한 오해를 피할 수 있다. —

마지막으로 경험적인 것과 규범적으로 "타당한 것"의 관계에 대한 몇 가지 진술을 덧붙이고자 하는데, 이것들은 **"실천적인"** 가치판단의 문제와는 더 이상 관련이 **없다.**

---

58 독일 제국은 1879년 7월 15일 — 1860년대 초에 도입된 자유무역주의적인 관세법을 대체하는 — 보호무역주의적인 관세법을 공포했는데, 특히 곡물 관세를 높여 독일의 농업을 세계경제적 자유무역으로부터 분리하고 곡물 가격을 인위적으로 높게 유지함으로써 대지주들의 이해관계를 보호하고자 했다. 이처럼 반자유주의적이고 봉건적인 정책의 근거로 제시된 것이 바로, 외국과의 경쟁으로부터 국내 일자리를 보호하기 위한 조치가 필요하다는 것이었다.

경험적인 것과 규범적으로 타당한 것의 관계

6. 경험적인 과학분야들은 특정한 경우에 그 목적을 위해 순수한 "경험적" 사실규명과는 다른 방식을 보조 수단으로 **필요로 한다**(여기서도 모든 자세한 것에 대해서는 앞에서 인용한 논문들을 참조하기 바란다).[59] 물론 항상 그런 것도 아니고, 또한 어디에서든 그리고 어떻게든 때때로 그렇게 보인다는 의미에서 그런 것도 아니다. 예컨대 어떤 통계학자가 직업적으로 계산을 하는 한 특정한 영역 내에서 얼마만큼의 "계산 오류"가 발생하는가를 규명하려고 한다면 — 이것은 과학적 의미가 충분한 시도일 것이다 — , 그에게는 구구법의 원리가 완전히 다른 두 가지 의미에서 "타당하다". 한편으로 구구법의 원리가 갖는 규범적 타당성은 통계학자 **자신의** 계산 작업에 대한 절대적인 전제조건이 된다. 그러나 다른 한편으로 구구법의 사용의 정도가 연구의 **대상**이 되면, 이 구구법의 사용은 교육을 통해 우리에게 전해지고 **습관화된** 자아행동의 실제적인 준칙으로 다루어진다. 통계학자는 이 준칙의 실제적인 통계적 빈도수를 규명해야 하는데, 이는 가령 특정한 광기(狂氣) 현상들이 그와 같은 규명의 대상이 될 수 있는 것과 마찬가지이다. 구구법의 적용이 "대상"이 되는 이 경우에 그것의 규범적 "타당성", 다시 말해 그것의 "올바름"은 **논리적** 의미에서 볼 때 전혀 논의의 대상이 아니다. 구구법에 의거하여 계산하는 것은 오히려 순수한 관습으로 다루어지며, 여기에서 전제된 통계학자 자신도 피연구자들의 "계산"을 통계학적으로 검증할 때 이 관습에 "따라야" 함은 물론이다 — 이와 마찬가지로 그는 역사적으로 언젠가 통용된 규범적으로 "잘못된" 계산 방식의 경험적 사용의 빈도수를 통계학적으로 연구하고자 할 경우, 때때로 이 계산 방식을 사용할 수밖에 없을 것이다. 중세에 교황과 황제의 관계에 대하여 때때로 제시된 가정(해

---

59 이 책의 147쪽, 주 1을 볼 것.

와 달)[60]은, 예컨대 8×7은 오늘날 우리가 가정하듯이 56이 아니라 57이라는 전제에 근거한다. 삼위일체 교리[61]에 대한 모든 묘사는—우리의 가정에 비추어볼 때—계산적으로 불합리한 것을 받아들이고 그로부터 나오는 "논리적" 결과들을 설명해야 한다. 피타고라스의 음악론에 대한 모든 서술은—우리의 계산에 비추어보면—"잘못된" 계산, 즉 12개의 5도 음정은 7개의 옥타브와 같다는 계산을 일단 받아들여야 한다.[62] 이와 마찬가지로 논리학에 대한 모든 역사는—우리가 보기에—논리적으로 모순투성이의 명제들 또는 전적으로 "불합리한" 논리적 명제들이 역사적으로 실존했다는 사실을 일단 받아들여야 한다—그리고 이처럼 "불합리한 것들"에 대해, 마치 중세 논리학에서 매우 탁월한 업적을 남긴 한 역사학자가 그리한 것처럼,[63] 분노를 폭발하는 것이 인간적으로는 이해가 가지만 이미 과학적 작업과는 거리가 먼 일이다. 그러나 사실상 이와 같은 경우들에서 경험적 사실규명은 순수한 경험적 **수단들**에 의해 달성되는 것이 아니다. 이는 계속해서 다음과 같은 논의로 이어진다:

자명한 일이지만 다음을 할 수 있기 위해서는, 즉 어떤 "잘못된" 계산 또는 논리적 명제를 "이해하고" 이것들이 실제적으로 야기한 결과에 비추어 그 영향을 규명하고 서술할 수 있기 위해서는, 연구자 스스로가 "올바르게" 계산하거나 논리적으로 사고하면서 잘못된 계산이나 논리적 명제를 검토해야 하는 것은 두말할 나위도 없으려니와, 더 나아가 "올바른" 계산이나 "올바른" 논리의 수단을 통해 어떤 점에서 연구의 대상이 되는 계산이나 논리적 명제가 연구자 자신이 "올바르다"고 간주하는 것

---

60 중세에는 종교적 권력과 세속적 권력의 관계를 서술하기 위하여 교황과 황제를 각각 해와 달에 비유했는데, 이에 따르면 해는 스스로 빛나지만 달은 햇빛을 받아서 빛나며, 따라서 교황의 권력은 황제의 권력보다 우위에 있다.

61 이는 성부, 성자, 성령의 통일성과 본질동일성을 표현하는 기독교의 교리이다.

62 피타고라스의 음악론에 대해서는 이 책의 86쪽, 주 63을 볼 것.

63 여기에서 베버는 아마도 서양 논리학사에 대한 네 권의 저서를 남긴 카를 폰 프란틀을 염두에 두고 있는 듯하다. 이에 대해서는 이 책의 87쪽, 주 64를 볼 것.

과 다른지를 명확히 제시해야 한다. 이러한 차이점을 명확하게 제시해야 하는 것은 반드시 실제적-교육적 목적을 위해서만은 아닌데, 예컨대 빈델반트가 자신의 저서『철학사』서문에서 그와 같은 목적을 전면에 내세우고 있다("그릇된 길"에 대한 "경고판"을 세우는 것)[64]; 그러나 실제적-교육적 목적은 단지 바람직한 부차적 결과일 뿐이다. 또한 객관적으로 논리와 (또는 계산과) 관련되는 모든 역사적 문제의 기저에는 불가피하게 단지 "진리가치"만이 — 따라서 이 가치를 향한 "진보"만이 — 선택을 결정할 수 있는 유일한 주도적 가치연관으로 깔려 있기 때문에 그리 해야 하는 것도 아니다(설령 그렇다 하더라도, 우리는 당연히 빈델반트가, 다른 표현을 통해서이지만, 그토록 자주 지적하는 점에 주목해야 한다: 이러한 의미에서의 "진보"는 직접적인 길 대신에 "오류"라는 — 경제학적으로 표현하자면 — "풍요로운 우회생산"의 길을 통한 경우가 빈번했다). 상기한 차이점을 명확하게 제시해야 하는 것은 오히려 다음과 같은 이유 때문이다(그리고 따라서 단지 그러한 한에서이다): 논의 대상이 되는 정신적 사상이 — 이 가능한 한 무색한 표현을 사용하자면 — 연구자 자신이 "올바르다"고 간주할 수밖에 없는 것과 다르게 나타나는 측면들은, 일반적으로 그가 보기에 이 대상의 "특유한" 측면들에, 다시 말해 그가 판단하기에 직접적으로 "가치에 연관된" 측면들이거나 아니면 "가치에 연관된" 다른 사안들의 관점에서 볼 때 인과적으로 **중요한** 측면들에 속하기 때문이다(그리고 따라서 단지 이러한 한에서이다). 그런데 통상적으로 보면, 이렇게 될 가능성은 사고의 "진리가치"가 역사적 서술을 주도하는 가치가 될수록 더욱더 커지는데, 특히 한 특정한 "과학"의 (가령 이론경제학의) 역사에서 그러하다. 그러나 이것은 반드시 그와 같은 경우에만 한정되는

---

64 베버가 인용한 구절은 빈델반트의 저서『철학사』가 아니라(이에 대해서는 이 책의 77쪽, 주 56을 볼 것), 1905년에 나온 빈델반트의 논문「철학사」에서이다. 이 글의 179쪽에서 그는 말하기를, "역사학은 까닭 없이 자신이 이야기해야 하는 오류들 옆에 '이것은 오류이다'라는 경고판을 세우는 것이 아니다".

것이 결코 아니다. 오히려 "합리적인" 행위가 과학적 서술의 대상이 되며, 따라서 "사고 오류"나 "계산 오류"가 행위 과정의 **인과적** 구성 요소가 될 수 있는 경우에는 언제나 적어도 그와 유사한 상황이 발생할 수 있다. 예컨대 1866년 전쟁의 수행 과정을 "이해하기" 위해서는, 불가피하게 ─물론 반드시 명시적으로 표현되거나 또는 상세한 형태를 취할 필요는 없지만─ 다음과 같이 "이상적인" 최고지휘관을 상정해야 한다[65]: 쌍방의 군사력의 전체 현황과 배치 그리고 이로부터 도출되는 모든 가능성, 즉 적의 군사력의 파괴라는 구체적이고, 적어도 순수하게 군사적으로 보면, 명료한 목표를 달성할 수 있는 모든 가능성을 잘 알고 있고 항상 그것을 의식하고 있으며, 또한 오류가 없고 논리적으로도 "결점이 없이" 행위하는 최고지휘관을 상정해야 한다. 왜냐하면 이렇게 해야만 현실 속의 최고지휘관이 상기한 지식도 무오류성도 지니지 않았으며 그는 결코 순수하게 합리적인 사고기계가 아니었다는 사실이 실제적인 전쟁의 수행 과정에 끼친 영향을 명확하게 규명할 수 있기 때문이다. 여기에서 합리적 구성물의 가치는 올바른 인과적 "귀속"의 수단으로 기능하는 데에 있다. "순수" 경제이론이 제시하는, 엄격하고 무오류적으로 합리적인 행위에 대한 유토피아적 구성물들도 이와 똑같은 의미를 갖는다.[66]

요컨대 우리는 경험적 현상들의 인과적 **귀속**이라는 목적을 위해 합리적인 구성물을 필요로 하는데, 이 구성물은 경우에 따라 경험적-기

---

65 여기에서 말하는 1866년 전쟁은, 소(小)독일주의를 표방하던 프로이센과 대(大)독일주의를 표방하는 오스트리아 간에 독일연방 내의 주도권을 둘러싸고 벌어진 전쟁으로 프로이센-오스트리아 전쟁으로 불린다. 참고로 이 전쟁에서 프로이센군의 최고지휘관은 헬무트 폰 몰트케(1800~91)였다. 몰트케는 독일의 천재적인 전략가로서 1858년 프로이센군의 참모총장이 되어서 오스트리아와의 전쟁뿐만 아니라 1864년 덴마크와의 전쟁 그리고 1870~71년 프랑스와의 전쟁도 승리로 이끌었다. 그는 1870년에 백작 작위를 받았고 1871년에 원수로 진급했다.

66 여기에서 말하는 "순수' 경제이론"은 흔히 한계효용학파라고 불리는 오스트리아 학파의 이론경제학을 가리킨다. 이 이론경제학에 대한 자세한 논의는 베버, 『문화과학 및 사회과학의 논리와 방법론』, 198~202쪽을 볼 것.

술적 또는 논리적 "유토피아"로서 다음과 같은 질문에 답변을 준다: 만약 절대적인 합리적, 경험적 및 논리적 "올바름"과 "무모순성"이 전제된다면, 행위의 외적 관계 또는 가령 사유구성물(예컨대 어떤 철학적 체계)과 같은 사실이 어떤 모습을 띠게 **될 것인지**(또는 띠었을지)라는 질문에 대한 답변을 준다. 그런데 논리적으로 보면, 합리적으로 "올바른" 유토피아의 구성은 단지 "이념형"이 — 나는 그와 같은 개념구성을 이렇게 불렀다(물론 나는 이 용어가 다른 어떤 것으로 대체되더라도 전혀 개의치 않는다) — 취할 수 있는 다양한 형태들 가운데 **하나**일 뿐이다.[67] 특이하게 **그릇된** 추론 방식이나 또는 전형적으로 목적에 **반하는** 특정한 행동이 이념형으로서 똑같이 또는 더 크게 기여할 수도 있는 경우를 얼마든지 생각할 수 있으며, 또한 무엇보다도 논리적 합리성의 최대치가 아니라 분리하고 추상하는 과정을 통해 얻어지는 명료성이야말로 이념형으로서 가장 크게 기여하는 행동의 영역도 많이 존재한다(예컨대 "비합리적인 것"의 영역이 그것이다).[68] 요컨대 **실제적인 측면에서 보면** 연구자는 초경험적으로, 특히 — 상기한 예들에서 — 규범적으로 "올바르게" 구성된 "이념형"을 사용한다. 그러나 **논리적인 측면에서 보면** 바로 이 점, 즉 규범적 "타당성"이 본질적인 것은 결코 아니다.[69] 이와 마찬가지로 예컨대

---

67 이념형에 대한 자세한 논의는 베버, 『문화과학 및 사회과학의 논리와 방법론』, 306~36쪽을 볼 것.

68 이 문장의 두 번째 부분(또한 무엇보다도 [……] 영역이 그것이다])을 원서 그대로 옮기면 다음과 같다: "또한 무엇보다도 논리적 합리성의 최대치가 아니라 단지 분리하고 추상하는 과정을 통해 얻어지는 명료성만이 이념형으로서 기여하는 행동의 영역도 많이 존재한다(예컨대 "비합리적인 것"의 영역이 그것이다)." 그러나 이 소견서를 수정·보완한 「사회학 및 경제학에서 "가치자유"의 의미」(이 책의 91~92쪽)는 본문처럼 되어 있다. 옮긴이가 보기에는 베버가 전자에서 잘못된 것을 후자에서 바로잡았다고 보는 것이 타당하며, 따라서 후자를 따랐음을 일러둔다.

69 이 문장은 "즉"과 "규범적 '타당성'이" 사이에 "이러한 유형의"를 끼워 넣어서 읽으면 의미하는 바가 보다 명확해질 것이다. 이 "이러한 유형의"는 "이념형의"를 가리킨다. 원래 이념형이라는 용어는 "이념"(Ideal)과 "유형"(Typus)이라는 단어가 결합된 것이다.

어떤 연구자가 (한 특정한 "시대"를 지배한) 신념의 특수한 성격을 규명하려고 하는 경우, 그는 그 자신의 관점에서 볼 때 윤리적으로 "규범에 맞는", 그리고 이러한 의미에서 객관적으로 "올바른" 것으로 보이는 신념유형뿐만 아니라 그의 관점에서 볼 때 규범에 어긋나는 것으로 보이는 신념유형도 구성할 수 있으며, 그러고 난 다음에 (상기한 시대의) 인간들의 행동을 이 유형들과 비교할 수 있다; 그리고 더 나아가 그가 어떤 종류의 규범적 품위도 요구하지 않는 신념유형을 구성할 수도 있다. 요컨대 규범적으로 "올바른 것"은 어떤 종류의 독점적 위치도 차지하지 않는다. 왜냐하면 합리적 이념형의 내용이 무엇이든 상관없이 ─ 그것은 윤리적, 법교의적, 미학적 또는 종교적 신념규범일 수도 있고, 또는 기술적, 경제적, 법정책적, 사회정책적 또는 문화정책적 준칙일 수도 있으며, 또는 어떤 종류이든 상관없이 가능한 한 합리적인 형태로 표현된 "가치판단"일 수도 있다 ─ 이 이념형의 구성이 경험적 연구에서 가지는 유일한 목적은 항상 다음과 같은 것이기 때문이다: 경험적 현실을 이념형과 "비교하고", 전자가 후자와 어떻게 대비되는지 또는 전자가 후자로부터 얼마나 먼지 또는 전자가 후자에 상대적으로 얼마만큼 근접하는지를 규명하며, 이렇게 해서 경험적 현실을 가능한 한 명료한 개념들을 통해 기술하고 인과적으로 설명할 수 있도록 하는 것이다. 이러한 기능은 예컨대 합리적인 법교의적 개념구성이 법제사라는 경험적 과학분야를 위해 수행하며(『사회과학 및 사회정책 저널』, 제24권, 132~33쪽을 참고할 것),[70] 또

---

70 이는 「루돌프 슈탐러의 유물론적 역사관 "극복"」의 일부분을 가리킨다. 이 논문은 번역되어서 『문화과학 및 사회과학의 논리와 방법론』, 455~558쪽에 수록되어 있으며, 베버가 말하는 132~33쪽은 이 번역서의 557~58쪽(원주 23)에 해당한다. 참고로 베버는 1907년 『사회과학 및 사회정책 저널』 제24권 제1호에 「루돌프 슈탐러의 유물론적 역사관 "극복"」이라는 글을 발표한다. 이 논문은 1906년에 나온 독일의 사회철학자이자 법철학자인 루돌프 슈탐러(1856~1938)의 저서 『유물론적 역사관에서 본 경제와 법: 사회철학적 연구』, 제2판을 그 대상으로 하고 있다(제1판은 1896년에 나왔다). 베버의 슈탐러 논문은 그 제목만 보면 순수한 서평이라는 인상을 줄 수 있다. 물론 서평이

한 합리적인 계산론이 영리경제 체제 내에서의 개별 경제주체들의 실제적인 행동의 분석을 위해 수행한다. 물론 방금 언급한 두 가지 과학분야는 더 나아가 "기술론"으로서 아주 중요한 규범적-실천적 목적을 갖는다. 그러나 이 두 과학분야는 교의적 과학이기 때문에 여기에서 논의되는 의미에서의 경험과학이 될 수 없는데, 이는 가령 수학, 논리학, 규범적 윤리학 또는 미학이 경험과학이 될 수 없는 것과 마찬가지이다. 그 밖의 점에서는 그리고 다른 이유들에서 상기한 두 과학분야는 후자의 과학분야들과 완전히 다를 뿐만 아니라, 후자의 경우에도 각각의 과학분야가 서로 완전히 다르다.

인간 행위를 이해하는 과학으로서의 사회학과 경제학

경제이론은 법교의학과는 논리적으로 매우 다른 의미에서 "교의학"이다; 그것은 자체적으로 어떤 종류의 실천적인 "기술론"도 창출하지 않는다; 그것의 개념들이 경제적 현실과 갖는 관계는 법교의학의 개념들이 경험적 법제사와 갖는 관계와 독특하게 다르다. 그러나 법교의학의 개념들이 경험적 법제사를 위해 "이념형"으로 사용될 수 있고 또 사용되어야 하듯이, 순수한 경제"이론"이 가지는 **유일한** 의미는 그와 같은 방식으로 사용되는 데에 있다.[71]

순수 경제이론은 현실에서는 거의 실현될 수 없지만 현실에 다양한 정

지만, 슈탐러 저작의 존재의의 자체를 부정하는 비판적이고 논쟁적인 서평이다. 그러나 다른 한편으로 베버는 이 비판적 고찰을 계기로 그리고 거기에 접목하면서 자신의 방법론을 제시한다. 요컨대 베버는 「루돌프 슈탐러의 유물론적 역사관 "극복"」에서 그 이전에 나온 논문들과 동일한 전략을 구사한다. 그것은 비판서 또는 논쟁서이면서 방법론서이다. 이 논문에 대한 자세한 것은 『문화과학 및 사회과학의 논리와 방법론』 뒷부분에 나오는 「해제」, 635~40쪽을 볼 것.

71 이 문장의 끝 부분에 나오는 "그와 같은 방식으로"는 앞부분에 나오는 "'이념형'으로"를 가리킨다.

도로 근접하는 특정한 가정들을 설정하고는 다음과 같이 묻는다: 인간의 사회적 행위는, 만약 엄격하게 합리적으로 진행된다면, 이러한 가정들 하에서는 어떤 모습이 될 것인가를 묻는다. 비단 경제학뿐만 아니라 모든 사회학적인 경험적 고찰도 경험적인 것의 다양성을 지배하기 위해서는 그와 같은 합리적 구성을 필요로 한다. 나는 앞에서 말한 것(『사회과학 및 사회정책 저널』, 제19권, 64쪽 이하)[72]을 참조하라고 권하며, 단지 다음을 첨가하고자 한다: 체계적 경제학이 (몇 가지 유보사항과 더불어) 그 "특수한 경우"로 간주될 수 있는 사회학적 인식의 특별한 종류("이해사회학")는 인간 행위에 대한 과학이다.[73] 여기에서 인간 행위라 함은, (주관적으로) "대상들"에 지향된, 구체적으로 말해 전적으로 내적인 대상들에 지향된(예컨대 명상에서와 같이) 또는, 적극적인 행위의 경우, **외적인** 대상들(사물 또는 인간)에 지향된 "유의미"한 자아행동을 말한다. "공동체적 행위"는 (이 특별한 종류의 사회학에서) 자신의 (주관적으로 부여된) "의미"에 따라 **다른 사람들의** 행위에 지향된 행위이다. 그런데 이렇게 규정된 "행위"의 한 중요한 특수 경우는 "합리적" 행위, 다시 말해 "수단"과 "목적"에 의거하여 외적 세계에 (주관적으로) 지향된, 그리고 공동체적 행위 내에서는 다른 사람들의 행위에 지향된 행위이다. 경제적으로 합리적인 행위가 모두 "공동체적 행위"인 것은 아니다. 그러나 예컨대 가격형성이론이 구성하는 바 시장에서의 합리적인 행위는 그와 같은 행위이다. 그런데 (주관적이고) 유의미하게 다른 사람들의 행위에 지향

---

72 이는 이 책의 32쪽, 주 2에서 언급된 논문 「사회과학적 및 사회정책적 인식의 "객관성"」 (1904)을 가리킨다.

73 여기에서 체계적 경제학은 한계효용학파라고도 불리는 오스트리아 학파의 추상적 이론경제학을 가리킨다. 그리고 체계적 경제학이 "이해사회학"의 "특수한 경우"로 간주된다 함은 경제학이 사회학의 하부범주라는 뜻이 아니다. 그것이 의미하는 바는 오히려 경제학은 사회적 행위의 한 측면, 경제학을 인식의 대상으로 하는 반면에 사회학은 사회적 행위 일반, 그러니까 경제적 행위 이외에도 종교적, 과학적, 예술적, 윤리적, 성애적 행위 등을 포함한다는 사실이다.

된 행위 내에서, 다시 말해 공동체적 행위 내에서, 합리적 행위는 이론에 의해 "이념형"으로 사용되는데, 그 이유는 이 행위가 특히 명료하고 그 어떤 "심리학적" 논의 없이도 구성될 수 있기 때문이다. 그리고 — 여기에서 상술할 수는 없지만 — 경제적 현실에 대한 경험적 인식이 "심리학적" 통찰을 이용하는 경우, 이 통찰은, 어디까지나 중점에 따라 보면, "합리적 심리학"이라는(그러니까 사실상 비심리학적 인식이라는) 성격을 지니며, 그 나머지는 최근에 "이해"심리학이라고 불리는 유형에 속한다.[74] 왜

---

74 베버가 "최근에 '이해'심리학이라고 불리는 유형"과 더불어 염두에 두고 있는 것은 무엇보다도 카를 야스퍼스(1883~1969)의 심리학이다. 야스퍼스는 처음에 법학을 공부하다가 전공을 의학으로 바꾸었다. 그리고 1909년 하이델베르크 대학에서 의학분야의 박사학위를 취득했다. 바로 그해에 막스 베버를 알게 되었는데 베버는 야스퍼스에게 지식인의 표상이 되었다. 그 후 1913년에는 그해 출간된 저서 『일반 정신병리학: 학생, 의사 및 심리학자를 위한 지침서』를 바탕으로, 그리고 베버의 적극적인 후원에 힘입어 하이델베르크 대학에서 대학교수 자격을 취득했다. 야스퍼스는 이해심리학을 발전시켰는데, 이는 당시 강력한 세력을 떨치고 있던 자연과학적 심리학에 반하여 정신과학적 심리학을 구축하려는 시도였다. 야스퍼스가 보기에 정신적 현상을 간단한 요소들로 분해하고 그것들의 기능을 서술하며 그것들 사이의 양적 관계를 규명하고 인과관계를 설명하는 자연과학적 심리학으로는 인간과 인간의 정신적 삶 및 인격을 제대로 파악할 수 없다. 이를 위해서는 심리학이 정신과학의 인식 수단인 이해의 방법으로 재정립되어야 한다. 다시 말해 객관적 심리학 또는 설명심리학이 주관적 심리학 또는 이해심리학에 의해 대체되어야 한다. 야스퍼스는 이해심리학을 구축하는 과정에서 딜타이, 후설, 베버, 짐멜, 프로이트 등의 철학적-정신과학적 사고에 접목했다. 그리고 베버로부터 이념형을 받아들여 이념형적 이해심리학을 발전시켰다. 이에 따르면 심리학적 이해란 인식 주체가 인식 대상의 자리에 자신을 옮겨놓음으로써 타자에서 자아를 다시 발견하는 것이 아니라 인식 주체가 자신의 주관적 가치이념에 의해 이념형적으로 구성된 개념도식을 매개로 인식 대상에 다가가는 정신적 행위이자 과정이다. 예컨대 니체는 무력감 또는 고통의 감정과 도덕 또는 종교 사이의 발생적으로 이해 가능한 관계라는 이념형적 구성물을 사용하는데, 이 구성물은 심리학자로 하여금 그 자체로는 무질서하고 따라서 무의미하게 보이는 무수한 심리학적 현상을 구조화하고 질서화하며 이를 통해서 이해할 수 있도록 해준다. 심리학자에게 이해를 가능케 해주는 이념형적 구성물로는 무력감과 고통의 감정 이외에도 시기, 분노, 원한, 불신 그리고 다양한 세계관 등을 꼽을 수 있다. 베버는 심리학이 이해사회학의 토대, 즉 기본과학이 될 수 없음을 누누이 강조했다. 그러나 다른 한편으로 이해심리학이 이해사회학적 인식에 가지는 의미를 인정했다. "행위의 **비합리성**에 대한 사회학적 설명에 있어서" — 이와 관련하여 베

냐하면 경제학, 특히 역사적 경제학도, 인간 행위를 그 동기와 결과 속에서 "이해하는" 과학이며, 바로 이런 까닭에 "이해사회학"과 밀접하게 연결되기 때문이다. —그리고 사실 논리적 문제들은 이러한 방법론적 사안을 검토해야 비로소 명백해질 수 있지만, 그럼에도 불구하고 위원회[75]에서 이 사안을 부수적으로 논의하는 것조차도 거의 불가능할 것이다. 현재 우리 과학분야에서는 방법론적 흑사병과 같은 것이 지배하고 있다. 우리 과학분야의 저자들은 제아무리 순수한 경험적인 논문일지라도 이른바 자신의 명성을 위해서는 그에 대한 "방법론적" 진술이 필요하다고 생각하지 않고서는 거의 쓸 수가 없다. 이것은 아주 쉽게 "두꺼비의 저주"[76]라는 상황으로 이어질 수 있다. 인간은 자신의 다리에 대한 해부학을 알지 못하고도 걸을 수 있다. 단지 무엇인가 **잘못된** 경우에만, 걷기에 대한 해부학이 실제적인 고려의 대상이 된다.[77] —아무튼 나는 우리가

버는 『경제와 사회: 이해사회학 개요』, 9쪽에서 말하기를 —"**이해**심리학은 사실상 의심할 바 없이 결정적으로 중요한 기여를 할 수 있다." 바로 이 점에서 야스퍼스가 베버에 대해 갖는 의미가 있는 것이다. 이는 김덕영, 『막스 베버: 통합과학적 인식의 패러다임을 찾아서』, 470~71쪽, 주 77을 약간 수정한 것이다.

75 이는 1914년에 가치판단 논쟁이 벌어진 사회정책학회의 위원회를 가리킨다.
76 이는 구스타프 마이링크의 단편소설 「두꺼비의 저주」를 가리킨다. 이 이야기에 따르면 두꺼비가 지네를 증오했는데, 그 이유는 지네가 민첩하고 우아하게 반짝거리며 따라서 숲속의 관심을 한몸에 받는 반면, 두꺼비는 흉하고 무사마귀가 돋아 있으며 끈적끈적하기 때문이었다. 그리하여 두꺼비는 지네를 파멸시키고자 했는데, 그 방법은 다음과 같이 아주 간단하고 대수롭지 않은 질문으로 족했다: '오, 존경해 마지않는 자여, 그대는 그 많은 발로 기어갈 때마다 어떤 발로 시작하고, 두 번째로는 어떤 발이 오고, 세 번째로는 어떤 발이 오고, 네 번째로는 어떤 발이 오고 [……] 열 번째로는 어떤 발이 오고 [……] 백 번째로는 어떤 발이 오는가를 어떻게 매번 알 수 있단 말인가?' 그러자 지네는 땅바닥에 딱 달라붙어서 옴짝달싹할 수 없었다. 왜냐하면 어떤 발을 맨 먼저 움직여야 할지 잊어버렸으며, 거기에 대해 곰곰이 생각하면 생각할수록 더욱더 생각이 나지 않았기 때문이다. 참고로 구스타프 마이링크는 오스트리아의 작가이자 번역가이며 은행가인 구스타프 마이어(1868~1932)의 필명이다.
77 베버는 1906년에 나온 「문화과학적 논리 영역에서의 비판적 연구」에서 경험과학과 방법론의 관계를 걷는 것과 해부학의 관계에 비유하고 있다: "방법론은 어디까지나 과학적 실천에서 그 유용성이 **입증된** 수단들에 대한 자기성찰일 뿐이고, 이러한 수단들을

논의의 대상으로 제기된 단순한 문제, 즉 **실천적** 가치판단과 경험적 과
학의 **일반적인** 관계만을 다루게 될 것이라고 전제하며, 따라서 **합리적인
것**과 경험적인 것 사이의 더 자세한 관계는 매우 복잡하다는 점을 단지
암시하는 선에서 그치기로 하고 이 소견서와 때를 같이하여 『로고스』에
출간되는 나의 논문을 참조하라고 권하는 바이다.[78]

명확히 의식한다는 것은 생산적인 과학적 작업의 전제조건이 아닌데, 이는 해부학적
지식이 '정확하게' 걷는 것의 전제조건이 아닌 것과 마찬가지이다. 사실 끊임없이 자신
의 걸음걸이를 해부학적 지식에 비추어 통제하려는 사람은 넘어질 위험에 처할 수 있
는데, 방법론적 고찰에 근거하여 자신의 작업 목표를 다른 방식으로 결정하려는 전문
연구자에게도 그와 똑같은 일이 벌어질 수 있다. [……] 언제나 **실제적인** 문제의 제시
와 해결을 통해서만 과학들이 창립되었으며 그 방법이 지속적으로 발전했던 반면, 순
수한 인식론적 또는 방법론적 고찰이 거기에 결정적으로 기여한 바는 전혀 없었다." 베
버, 『문화과학 및 사회과학의 논리와 방법론』, 346쪽. 그렇다고 해서 해부학적 지식이
전혀 쓸모가 없다는 것은 결코 아니다. 만약 걷는 데에 심각한 문제가 생기게 되면 해부
학적 지식을 동원해 ─ 그리고 상황에 따라서는 그보다 멀리 떨어진 생물학적 지식, 생
리학적 지식, 생화학적 지식 등을 동원해 ─ 그 원인과 처방을 찾아야 한다. 이와 마찬
가지로 경험과학에도 인식론적 또는 방법론적 고찰이 중요해지는데, 이는 "어떤 소재
가 논의의 대상이 되도록 하는 '관점'이 현저하게 변화하고 새로이 형성되는 '관점'으
로 인해 기존의 과학적 '수행'이 따르고 있었던 논리적 형식도 수정해야 한다는 생각이
들게 되며, 그리고 그 결과로 전문 연구자가 자신이 하는 작업의 '본질'을 확신할 수 없
게 되는 경우뿐이다." 같은 곳.

78 여기에서 베버가 말하는 논문은 1913년 9월 『로고스: 국제 문화철학 저널』, 제4권,
   제3호, 253~94쪽에 실린 「이해사회학의 몇 가지 범주에 대하여」이다(이것은 2021년
   말경에 출간될 막스 베버 선집 제3권 『이해사회학』에 번역되어 실릴 것이다). 그리고
   이 소견서는 1913년 10월 말과 11월 초 사이에 제한된 독자를 위한 비공개용으로 인쇄
   되었다(이에 대한 자세한 것은 이 책의 뒷부분에 나오는 해제의 제3장, 제1절을 볼 것).
   참고로 『로고스』는 하이델베르크의 신칸트 학파 철학자들의 주도로 1910년에 창간되
   어 1933년까지 지속되면서 총 22권이 발간된 학술지로서, 리하르트 크로너(1884~
   1974)와 게오르그 멜리스(1878~1942)가 편집을 담당하고 베버를 비롯하여 다음과
   같이 나름대로 20세기 초 독일 정신사를 각인한 탁월한 지식인들이 편집에 협력했다
   (알파벳순): 철학자 루돌프 오이켄(1846~1926), 법학자이자 법제사가 오토 폰 기에르
   케(1841~1921), 철학자 에드문트 후설(1859~1938), 역사학자 프리드리히 마이네케
   (1862~1954), 철학자 하인리히 리케르트(1863~1936), 철학자이자 사회학자 게오르
   그 짐멜(1858~1958), 신학자이자 종교철학자 에른스트 트뢸치(1865~1923), 철학자
   빌헬름 빈델반트(1848~1915), 예술사학자 하인리히 뵐플린(1864~1945).

해제 | 가치자유냐 가치판단이냐?

차례

1. 머리말

　잘 알려져 있다시피, 막스 베버의 방법론에서는 가치이념, 가치연관, 가치자유, 가치판단 등과 같이 가치라는 말이 들어가는 개념들이 중요한 위치를 차지한다. 그리고 바로 이 개념들로 인해 그의 방법론은 심한 혼란과 수많은—사실 어떻게 보면 불필요한—오해를 불러일으킨다. 베버에 따르면 문화과학적 및 사회과학적 인식은 가치 또는 가치이념에 연관된 가치연관적 인식인 반면, 가치와 가치판단으로부터 자유로운 가치자유적 인식이다. 가치연관적 인식과 가치자유적 인식은 서로 화해할 수 없는 두 범주이다. 그러나 베버에게서는 이 둘이 버젓이 '동거'하면서 문화과학적 및 사회과학적 인식을 떠받치고 있다.

　나는 가치자유와 가치판단의 문제를 논의 대상으로 하는 이 해제에서 베버에 대한 또는 방법론에 대한 새로운 연구를 추구하지 않는다. 그보다는 이전에 나온 나의 글들[1]을 수정·보완하는 선에서 그치기로 한다. 이 해제에서 내가 추구하는 바는 지금까지의 연구물에 기반을 두면서 독자들에게 이 책에 번역되어 실린 세 편의 글에 대한 해설을 제공하는 것이다.

이 해제는 크게 세 부분으로 구성된다. 첫째, 지성사에서 불멸의 위치를 점하며, 베버의 이름과 밀접한 관계에 있는, 아니 떼려야 뗄 수 없는 가치판단 논쟁을 고찰한다. 이 책에 번역되어 실린 세 편의 글은 가치판단 논쟁과 밀접한 관계 속에서 형성되었으며, 따라서 가치판단 논쟁에 대한 고찰은 동시에 이 글들의 형성사가 되기도 한다. 둘째, 가치판단적 사회과학을 추구하는 사회정책학회와 가치자유적 사회과학을 추구하는 사회학회 및 이에 대한 베버의 입장을 고찰한다. 셋째, 문화과학적 및 사회과학적 인식에서 가치자유와 가치판단은 무엇을 의미하는가를 고찰한다.

사실 이런 식으로 해제를 구성하면, 이 책에 실린 글들의 순서와 잘 맞지 않는다. 왜냐하면 제2부에 배치된 두 편의 글 ―「생산성의 개념: 1909년 9월 29일 사회정책학회 빈 총회에서의 토론회 발언」과 「사회정책학회 위원회에서의 가치판단 논의를 위한 소견서」― 이 가치판단 논쟁과 관련된 것이고 제1부에 배치된 글 ―「사회학 및 경제학에서 "가치자유"의 의미」― 이 가치자유와 가치판단을 주제로 하기 때문이다. 또한 제1부의 글이 나온 시점은 1917년인 반면, 제2부의 두 글이 나온 시점은 각각 1909년과 1913년이다. 그리고 제1부의 글은 제2부의 두 번째 글을 수정·보완한 것이다. 이 모든 것을 감안하면 제1부와 제2부의 위치가 바뀌는 것이 더 논리적이고 합리적으로 보일 것이다. 그럼에도 불구하고 굳이 1917년에 나온 글을 맨 앞에 배치한 것은, 여기에 문화과학적 및 사회과학적 인식의 가치자유와 가치판단에 대한 베버의 입장이

---

1 김덕영, 『논쟁의 역사를 통해 본 사회학: 자연과학·정신과학 논쟁에서 하버마스·루만 논쟁까지』, 한울아카데미 2003, 제4장(155~97쪽); 김덕영, 『막스 베버: 통합과학적 인식의 패러다임을 찾아서』, 도서출판 길 2012, 534~46쪽.

완성된 형태로 제시되어 있기 때문이다. 어떻게 보면 제2부에 실린 두 글은 제1부의 글을 위한 예비작업으로 보아도 무방할 것이다. 그러므로 방법론이나 이론사회학의 전문가가 아니라면 제1부만 읽어도 충분하다. 그러나 가치자유와 가치판단에 대한 베버의 입장이 어떻게 발전해왔는 가를 이해하고자 한다면, 그리고 제1부의 글을 보다 잘 이해하기 위해서 는 제2부에 실린 두 편의 글도 같이 읽는 것이 좋다.

2. 용어에 대한 약간의 고찰

본격적인 논의에 앞서서 용어에 대한 약간의 고찰이 필요할 듯하다. 누구나 잘 아는 사실이지만, 한국 학계에는 베버가 가치중립의 대변자 또는 옹호자로 알려져 있다. 나 역시 그렇게 배웠고, 별다른 생각 없이 가치중립이라는 용어를 사용했다. 예컨대 2003년에 나온 사회학 논쟁의 역사에 관한 책의 제4장을 가치판단 논쟁에 할애하면서 "가치중립이냐 가치연관이냐?"라는 제목을 부여했다.[2] 나는 이 책에서 가치자유라는 의 미의 독일어 'Wertfreiheit'를 가치자유와 가치중립의 두 가지 의미로 사 용했지만, 주로 후자를 염두에 두고 있었다. 전자를 사용한 것은 — 그것 도 간헐적으로 또는 (가치중립과 가치자유 하는 식으로) 후자와 더불어 사 용한 것은 — 원어에 충실해야 한다는 일종의 '의무감' 때문이었다. 그 러다가 2012년에 나온 막스 베버에 관한 책에서는 제6장(방법론) 제3절 을 가치연관적 인식에 할애하면서 "가치연관과 가치자유"라는 제목을 부여했다.[3] 그럼에도 불구하고 가치자유와 가치중립이 여전히 혼재되어 있다. 게다가 가치판단자유, 가치판단배제, 가치판단중지라는 말도 나온

2 김덕영, 앞의 책(2003), 155쪽.
3 김덕영, 앞의 책(2012), 446쪽.

다. 사실 그때까지도 용어에 대해 깊이 생각하지 않고 있었다. 물론 여기에 언급된 용어들은 호환해서 사용할 수 있다. 그러나 너무 많은 용어들이 사용되면서 개념적 엄밀성이 떨어진다는 데에 문제가 있다.

내가 가치자유 또는 가치중립이라는 용어를 놓고 고민하기 시작한 것은 2020년 초의 일이었다. 나는 2019/20년 겨울학기에 독일 카셀 대학 석사과정 학생들을 대상으로 베버 방법론에 대한 세미나를 하면서 『문화과학 및 사회과학의 논리와 방법론』을 번역하고 있었는데, 이 번역과 관련하여 그리고 그다음 순서인 이 책의 번역과 관련하여 『막스 베버 전집』 중 한 권의 편집자와 자주 만나서 토론을 하고 있었다. 그러던 2020년 1월의 어느 날 둘이서 이 얘기 저 얘기 하던 중 그로부터 무척 흥미로운 일화를 한 가지 듣게 되었다. 그에 따르면 『막스 베버 전집』 I/12권(2018)이 출간된 뒤 그 제목 때문에 편집진 내에서 약간의 동요가 있었다고 한다. 그 제목은 "이해사회학과 가치판단자유"이다. 문제가 된 것은 후자였다고 한다. 베버는 가치판단자유를 의미하는 'Werturteilsfreiheit'라는 용어를 사용한 적이 없는데, 편집진은 이 단어가 제목으로 들어가 있는 『막스 베버 전집』 I/12권이 출간된 뒤에야 이 사실을 알고서 당황했다고 한다.

이 작은 일화는 나에게 'Wertfreiheit'라는 용어를 되새기는 계기가 되었고, 이 책의 번역을 시작할 때까지 반년 이상의 되새김질 끝에 가치중립이나 가치판단자유 또는 가치판단배제가 아니라 가치자유로 옮기는 것이 베버의 의도를 가장 잘 반영하는 것이라는 결론에 도달했다. 우선 가치중립은 말 그대로 어느 가치에도 치우치지 않고 중간적인 입장을 지킨다는, 그러니까 소극적인 의미로 해석될 수 있다. 그리고 가치판단자유 또는 가치판단배제는 베버가 가치판단을 절대적으로 또는 정언적으로 배제한다는 식으로 해석될 수 있지만, 실상은 ─ 제5장에서 보게 되겠지만 ─ 그렇지 않다. 이에 반해 가치자유는 문화과학적 및 사회과학적 인식이 과학 외적 가치로부터 ─ 예컨대 정치적, 경제적, 종교적,

윤리적, 미학적 가치로부터 ─ 자유로워야 한다는 것을 의미한다. 이 가치자유적 인식은 일견 그것과 모순되어 보이는 가치연관적 인식과 동전의 양면을 이루면서 베버 방법론의 중요한 구성 요소가 된다. 가치연관적 인식이란 과학적 가치, 즉 진리가치 또는 알 만한 가치에 의해 주도되는 인식을 의미한다. 베버의 문화과학적 및 사회과학적 인식은 가치연관적이며 가치치자유적인 인식이다.

3. 가치판단 논쟁에 대하여

이 책에 번역되어 실린 세 편의 글은 가치판단 논쟁과 밀접한 관계에 있다. 일반적으로 가치판단 논쟁은 1909년 9월 오스트리아의 수도 빈에서 개최된 사회정책학회 총회에서 생산성 개념을 둘러싸고 벌어진 논쟁을, 그리고 1914년 1월 베를린에서 개최된 사회정책학회 위원회 회합에서 가치판단을 주제로 진행된 내부토론을 가리킨다. 이 둘을 편의상 제1차 가치판단 논쟁 및 제2차 가치판단 논쟁으로 부를 수 있을 것이다. 이 책에 번역되어 실린 세 편의 글 가운데 1909년에 나온 「생산성의 개념: 1909년 9월 29일 사회정책학회 빈 총회에서의 토론회 발언」은 제1차 가치판단 논쟁과 관계가 있고, 1913년에 나온 「사회정책학회 위원회에서의 가치판단 논의를 위한 소견서」와 1917년에 나온 「사회학 및 경제학에서 "가치자유"의 의미」는 제2차 가치판단 논쟁과 관계가 있다. 1917년의 글은 1913년의 글을 수정·보완한 것이다. 그러므로 가치판단 논쟁을 고찰하는 작업은 동시에 이 책에 번역되어 실린 세 편의 글이 형성된 역사를 추적하는 작업이 되기도 한다.

방금[4] 언급한 대로, 가치판단 논쟁은 1909년과 1914년 두 번에 걸쳐

---

4 이 단락은 같은 책, 74~75쪽을 약간 보완한 것임.

사회정책학회 내부에서 일어난 '사건'을 가리킨다. 그러나 가치판단 논쟁은 이 두 사건에만 국한할 수는 없다. 왜냐하면 1905년 만하임에서 그리고 1911년 뉘른베르크에서 개최된 사회정책학회 총회에서도 비록 방금 언급한 두 사건만큼 강력하지는 않았지만 가치판단에 대한 논의가 있었기 때문이다. 그리고 가치판단 논쟁은 공적인 회합에서 구술의 형태로 진행된 논쟁으로만 보아서도 안 될 것이다. 이미 1880년대부터, 그리고 특히 베버 세대가 본격적으로 과학의 무대에 등장하는 1890년대부터 수많은 학자들의 글을 통해서 가치판단 논쟁이 전개되었다고 보는 것이 보다 타당할 것이다. 예컨대 1880년대 독일 역사학파 경제학과 오스트리아 이론경제학파 사이에 벌어진 경제학 방법론 논쟁에서도 가치판단의 문제가 중요하게 다루어졌다.[5] 그리고 베버의 프라이부르크 대학 교수 취임강연 「국민국가와 경제정책」(1894),[6] 그의 논문 「사회과학적 및 사회정책적 인식의 "객관성"」(1904) 그리고 그의 강연 「직업으로서의 과학」(1917)은 가치판단을 그 직접적인 대상으로 하지는 않지만 그 주제에 대한 매우 중요한 논리와 내용을 포함하고 있다.[7] 아무튼 가치판단 논쟁은 좁은 의미의 가치판단 논쟁과 넓은 의미의 가치판단 논쟁으로 나누어볼 수 있다. 이처럼 가치판단에 대한 논쟁이 장기간에 걸쳐 다양한 저술 및 구술의 형태로 진행된 이유는 무엇보다도 그 논쟁에서 다루어진 문제들이 단순히 어느 특정한 개별 과학이나 어느 특정한 측면에 제한된 것이 아니라 **"모든 과학적 인식의 기본 규정"**에 관한 것이기 때문

---

5 이에 대한 자세한 것은 김덕영, 앞의 책(2003), 제2장(80~116쪽)을 볼 것.

6 1894년 가을에 프라이부르크 대학의 경제학 및 재정학 정교수로 부임한 베버는 1895년 5월 13일에 "국민국가와 경제정책"이라는 주제로 교수 취임강연을 했으며, 그해에 같은 제목의 소책자로 출간되었다. 베버, 『국민국가와 경제정책』을 볼 것. 그리고 베버의 교수 취임강연에 대한 자세한 논의는 김덕영, 앞의 책(2012), 289~304쪽을 볼 것.

7 가치판단에 대한 베버 입장의 발전 과정에 대해서는 다음을 볼 것: Herbert Keuth, Wissenschaft und Werturteil, Tübingen: J. C. B. Mohr (Paul Siebeck) 1989, 7쪽 이하.

이다.[8] 그것은 사회과학의 과학 내적 자아상과 과학 외적, 즉 사회적 정체성을 둘러싸고 벌어진 논쟁이자 투쟁이었다. 베버는 이처럼 중차대한 의미를 갖는 가치판단 논쟁에서 중심적인 위치를 차지했으며, 또한 그 주제에 대한 논의와 연구에서도 중심적인 위치를 차지하고 있다.

(1) 가치판단 논쟁의 전개 과정

이 절에서는 좁은 의미에서의 가치판단 논쟁, 즉 1909년 사회정책학회 총회에서 벌어진 제1차 가치판단 논쟁과 1914년 사회정책학회 위원회 회합에서 벌어진 제2차 가치판단 논쟁의 전개 과정을 살펴보기로 한다.

a. 제1차 가치판단 논쟁(1909)

사회정책학회는 1909년 9월 27일부터 29일까지 오스트리아의 수도 빈에서 총회를 개최하여 "지방공공단체의 경제적 기업"과 "민족경제의 생산성"이라는 두 개의 주제를 다루었다. 베버는 이 둘에 대한 토론에 참여했으며, 이 책에 번역되어 실린 「생산성의 개념」은 두 번째 주제에 대해 발언한 것이다.

막스 베버의 부인 마리안네 베버(1870~1954)에 따르면, 사회정책학회는 독일이 도나우 왕국(1867~1918년의 오스트리아·헝가리 왕국)과 같은 문화공동체에 속한다는 사실 및 독일 지식인들과 오스트리아 지식인들이 공동의 노력을 경주한다는 사실을 내외에 과시하려는 목적으로 빈에서 총회를 개최했다고 한다. 여기에는 독일 역사학과 경제학을 대변하는 세 세대가 자리를 같이했다. 아돌프 바그너(1835~1917), 구스타프 폰 슈몰러(1838~1917), 게오르그 프리드리히 크납(1842~1926), 루요 브렌

---

8 Dirk Kaesler, Einführung in das Studium Max Webers, München: C. H. Beck 1979, 183쪽.

타노(1844~1931) 같은 제2세대, 그리고 카를 라트겐(1856~1921), 오이겐 폰 필리포비치(1858~1917), 베르너 좀바르트(1863~1941), 하인리히 헤르크너(1863~1932), 막스 베버(1864~1920) 그리고 그의 동생 알프레트 베버(1868~1958) 같은 제3세대(이들은 제2세대의 옛 제자였다)가 대회를 주도하게 되었으며, 또한 이미 그다음 세대를 대변하게 될 새로운 인물들의 얼굴이 보였다고 한다.[9]

사회정책학회의 총회 첫날인 1909년 9월 27일에는 개회식이 있은 직후에 독일 경제학자 게오르그 한센(1809~94)을 추모하는 회합이 있었으며, 이어서 지방공공단체의 경제적 기업에 대한 토론이 시작되었는데, 이는 두 번째 날인 9월 28일까지 계속되었다. 그리고 총회 세 번째이자 마지막 날인 9월 29일에는 민족경제의 생산성에 대한 토론이 있었다.[10] 사실 사회정책학회는 순수하게 이론적인 문제는 다루지 않았다. 그러나 주지하다시피 생산성 개념은 순수하게 이론적인 문제이다. 그러니까 민족경제의 생산성에 대해 토론한 1909년 9월 29일은 사회정책학회가 최초로 이론적인 것을 주제로 삼은 날로 기록될 것이다. 생산성 개념이 토론 주제로 선택된 것은 윤리적 경제학의 대변자들이 이 개념을 과학적으로 필수불가결한 것으로 보았기 때문이다(윤리적 경제학에 대해서는 다음 장을 볼 것).[11] 바로 이날 가치판단 논쟁이 점화되었다(이 논쟁에 대해서는 다음 장에서 자세하게 다루어질 것이다).

아무튼 민족경제의 생산성에 대해 발제를 한 사람은 빈 대학의 경제학 및 재정학 교수이자 오스트리아 강단 사회주의의 대표자인 오이겐 폰

---

9   Marianne Weber, Max Weber. Ein Lebensbild, Tübingen: J. C. B. Mohr (Paul Siebeck) 1926, 419~20쪽.

10 Johannes Weiss, "Editorischer Bericht" zu Max Weber, Verstehende Soziologie und Werturteilsfreiheit. Schriften 1908~1917: Max Weber Gesamtausgabe I/12, Tübingen: J. C. B. Mohr (Paul Siebeck) 2018b, 201~05, 329~35, 441~44쪽, 여기서는 202쪽, 주 10.

11 같은 글, 202, 329쪽.

필리포비치였다. 필리포비치는 총회가 개최되기 전에 「민족경제적 생산성의 본질과 그 측정 가능성」이라는 서면 발제문을 학회에 제출했고(이것이 총회 참석자들에게 언제 배포되었는지는 알 수 없다), 토론 당일에는 구두로 발제를 했다.[12]

이 발제에 대해 막스 베버를 비롯하여 다음과 같이 여러 학자가 토론에 참여했다(발언순, 베버는 리프만 다음에 여섯 번째로 발언했음): 하인리히 헤르크너, 게오르그 프리드리히 크납, 베르너 좀바르트, 프리드리히 폰 고틀-오틀릴리엔펠트(1868~1958, 그는 일반적으로 프리드리히 고틀이라고 불린다), 로베르트 리프만(1874~1941), 막스 베버, 오토 폰 츠비디넥-쥐덴호르스트(1871~1957), 오트마르 슈판(1878~1950), 아르투어 잘츠(1881~1963), 루돌프 골트샤이트(1870~1931), 오토 노이라트(1882~1945). 이들의 토론이 끝난 후에 베버가 다시 한 번 등장하고 주제 발표자인 필리포비치가 마지막 발언을 하면서 전체 토론이 종결되었다. 이때 베버는 청중석에서 세 번에 걸쳐 필리포비치의 발언에 끼어들어 의문을 제기하거나 부정함으로써 자신과 필리포비치의 견해가 근본적으로 다르다는 것을 다시 한 번 보여주었다. 그리고 당시의 기록을 보면, 청중들이 토론 중간중간에 "브라보"를 외치면서 박수를 치거나, 이의를 제기하거나, "옳소", "아주 맞는 말이오", "아니오", "거기에 대해서

---

12 Eugen von Philippovich, "Das Wesen der volkswirtschaftlichen Produktivität und die Möglichkeit ihrer Messung", in: Verein für Sozialpolitik, Verhandlungen des Vereins für Sozialpolitik in Wien 1909, Leipzig: Duncker & Humblot 1910, 329~58, 359~70, 607~15쪽(첫 번째는 서면 발제문이고 두 번째는 구두 발제이며, 세 번째는 토론이 모두 끝나고 한 발언임). 사실 민족경제의 생산성에 대해서는 필리포비치만이 발제를 한 것은 아니었다. 그 밖에도 네 개의 발제가 ─ 기술의 발전이 생산성에 끼치는 영향, 농업의 생산성, 화폐가치와 그 변화, 그리고 화폐가치 변화의 측정을 주제로 하는 ─ 더 있었다. 그러나 이 네 개의 발제에 대한 토론은 필리포비치의 발제에 대한 토론에 비하면 거의 없었다고 해도 과언이 아닌데, 이는 필리포비치의 발제에 대한 토론이 『1909년 빈 사회정책학회 의사록』, 550~615쪽에 달하는 반면 나머지 네 개의 발제에 대한 토론은 모두 합해서 615~20쪽에 지나지 않는다는 사실만 보아도 금방 납득할 수 있을 것이다.

는 아무도 말하지 않았소", "아니오, 우리는 그런 적이 없소"를 외치거나, 또는 자주 웃음이 터져 나오는 등 분위기가 매우 고조되고 격앙되어 있었다.[13] 방금 언급한 바와 같이 베버는 두 번에 걸쳐 발언을 했으며, 당위의 문제와 과학적 문제를 엄격하게 구별해야 한다고 주장했다.

베버가 토론한 내용은 1910년에 출간된 『1909년 빈 사회정책학회 의사록』(이는 『사회정책학회 출판 시리즈』, 제132권에 해당한다), 580~85쪽과 603~07쪽에 실려 있는데,[14] 원고는 전해지지 않고 속기된 것을 베버가 교정을 본 후 출간한 것이다.[15] 이 두 글 모두 별도의 제목이 없는데, 이 책에서는 편의상 "생산성의 개념"이라는 제목을 붙였음을 일러둔다.

b. 제2차 가치판단 논쟁(1914)

1909년 9월 29일 사회정책학회 빈 총회에서 생산성 개념을 둘러싸고 벌어진 가치판단 논쟁은 그 어떤 결말도 보지 못한 채 끝나고 말았다. 이 논쟁에서 독일 역사학파 경제학의 제3세대는 그때까지 제2세대가 너무나도 당연시하던 가치판단의 원칙을 철저하게 비판했다. 이는 독일 역사학파 경제학 및 사회정책학회의 자아상과 정체성이 외부로부터가 아니라, 바로 같은 학파 내의 젊은 세대로부터, 그것도 공개적인 토론의 장에서 강력한 도전에 직면하게 된 것을 의미한다. 그리하여 슈몰러를 위시한 제2세대 역사학파 경제학자들은 그야말로 커다란 충격에 휩싸였으며, 개중에는 다른 사람에게 사회정책학회 빈 총회가 끝난 후 마음을 안정시키고 무사히 귀가했느냐고 안부를 묻는 경우도 있었다고 한다.[16]

---

13 Verein für Sozialpolitik, Verhandlungen des Vereins für Sozialpolitik in Wien 1909, Leipzig 1910, 550~615쪽.

14 Max Weber, "Diskussionsbeitrag", in: Verein für Sozialpolitik, Verhandlungen des Vereins für Sozialpolitik in Wien 1909, Leipzig: Duncker & Humblot 1910, 580~85, 603~07쪽.

15 Johannes Weiss, 앞의 글(2018b), 204쪽.

16 Franz Boese, Geschichte des Vereins für Sozialpolitik 1872~1932, Berlin: Duncker &

그 후에도 이 문제에 대한 논란은 좀처럼 수그러들 줄 몰랐으며, 급기야 1914년 1월에 다시 한 번 가치판단 논쟁이 벌어지게 된다. 이 두 번째 가치판단 논쟁은 1912년 10월 베를린에서 개최된 사회정책학회의 위원회 회합으로 거슬러 올라간다. 여기에서 잠시 사회정책학회의 위원회에 대해 알아볼 필요가 있다. 사회정책학회에는 위원회 또는 일반위원회라고 불리는 상설기관이 있었는데,[17] 이 기관은 학회와 관련된 중요한 사안을 결정하는 권한을 갖고 있었다. 예컨대『사회정책학회 출판 시리즈』에 실릴 원고를 결정했다(이 시리즈에 대해서는 다음 장을 볼 것). 또한 위원회는 새로운 연구 주제를 결정했는데, 이때 위원회가 직접 설문지의 작성, 배포, 회수 등과 같은 세부적인 작업을 하는 경우도 있었고 별도로 소위원회를 설치해 위임하는 경우도 있었다. 전자의 예로는 1890~92년에 수행된 농업노동자 실태에 대한 연구를, 그리고 후자의 예로는 1909~11년에 수행된 산업노동 연구를 들 수 있다.[18] 그리고 위원회는 정기적으로 열리는 총회를 준비했는데, 이 총회에서는 회원들과 초청자들이 모여 사회정책학회가 그동안 수행한 연구에 대한 보고를 받고 그에 대해 토론했다. 베버는 1888년에 사회정책학회에 가입했고 1893년에 위원회의 구성원이 되었다.[19]

아무튼 1912년 10월 베를린에서 개최된 사회정책학회의 위원회 회합은 당시 진행 중인 연구 작업과 다음 총회의 장소 및 거기서 다루어질 주제들에 대해 논의했다. 이때 경제정책과 경제학의 관계를 다루자는 제안

Humblot 1939, 137쪽.

17 사회정책학회에 대해서는 다음 절을 볼 것.

18 이 두 연구에 대한 자세한 것은 김덕영, 앞의 책(2012), 제3장(193~264쪽)을 볼 것.

19 Wolfgang Schluchter, "Editorischer Bericht" zu Max Weber, Zur Psychophysik der industriellen Arbeit. Schriften und Reden 1908~1912. Max Weber Gesamtausgabe I/11, Tübingen: J. C. B. Mohr (Paul Siebeck) 1995, 63~77, 150~61, 381~97, 399~404, 409~15쪽, 여기서는 63~64쪽. 이 단락은 김덕영, 앞의 책(2012), 214~15쪽을 약간 수정한 것임.

이 있었다. 그러나 근본적으로 경제학에서의 가치판단 문제와 관련된 이 주제는 3년 전 빈에서의 경험에 비추어볼 때 너무나 어렵고 막연하며, 따라서 그에 대한 토론은 수많은 "샛길"로 빠질 것으로 보였다. 그리하여 사회정책학회 회장인 구스타프 폰 슈몰러(1838~1917)는 이 문제를 비공개적인 위원회 회합에서 다룰 것을 제안했다. 이에 대해 총회에서 공개적으로 다루자는 반대의견도 있었으나, 장시간에 걸친 갑론을박 끝에 참석자들은 다음과 같은 슈몰러의 제안, 즉 위원회 이사회에 다음 위원회 회합에서 가치판단 문제를 토론할 준비를 하도록 위임하자는 제안에 동의했다. 그리하여 사회정책학회는 이미 1912년 11월에 회원들에게 경제학에서의 가치판단에 대한 논의에 참여할 의향이 있으면 1913년 4월 1일까지 다음의 네 항목에 대한 견해를 서면으로 제출하라는 회람을 보냈다(이 회람은 사회정책학회의 회장인 구스타프 폰 슈몰러와 부회장인 하인리히 헤르크너 그리고 서기인 프란츠 뵈제와 카를 가이벨[1842~1910]이 서명했다): 1) 과학적 경제학에서의 도덕적 가치판단의 위상, 2) 발전경향과 실천적 가치판단의 관계, 3) 경제정책 및 사회정책의 목표가 갖는 특성, 4) 일반적인 방법론적 원칙들과 대학 강의의 특수한 과제들의 관계.[20]

이에 막스 베버를 비롯하여 총 15명이 응했는데, 베버 이외의 기고자 명단은 다음과 같다(이들의 기고문이 아래에 언급되는 브로슈어에 실린 순서; 베버의 기고문은 열세 번째로 나옴): 야코프 헤르만 엡슈타인(1838~1919), 프란츠 오일렌부르크(1867~1943), 루돌프 골트샤이트, 루도 모리츠 하르트만(1865~1924), 알베르트 헤세(1876~1965), 오토 노이라트, 카를 올덴베르크(1864~1936), 헤르만 옹켄(1869~1945), 발터 로르백(1885~1956), 조지프 슘페터(1883~1950), 오트마르 슈판, 에두아르

20 Max Weber, Briefe 1913~1914: Max Weber Gesamtausgabe II/8, Tübingen: J. C. B. Mohr (Paul Siebeck) 2003, 141쪽.

트 슈프랑거(1882~1963), 레오폴트 폰 비제(1876~1969), 로베르트 빌
브란트(1875~1954).[21] 이 가운데 슈몰러와 같은 해인 1838년에 태어난
엡슈타인을 독일 역사학파 경제학의 제2세대로, 1850~70년대에 태어
난 학자들을 제3세대로, 그리고 1880년대에 태어난 학자들을 제4세대
로 분류할 수 있을 것이다(물론 관점에 따라서는 1850~60년대를 제3세대
로, 그리고 1870년 이후를 제4세대로 볼 수도 있을 것이다; 여기에서 중요한
것은 정확한 세대 구분이 아니라 슈몰러를 위시한 노장 세대와 베버를 위시한
일군의 젊은 세대의 차이점이다). 그리고 골트샤이트, 슈판 및 노이라트는
1909년 9월 빈에서 벌어진 제1차 가치판단 논쟁에서 발언한 적이 있다.

이들 15명이 서면으로 제출한 견해는 한 출판사에서 『사회정책학회
위원회에서의 가치판단 논의를 위한 의견 표명들』이라는 제한된 독자를
위한 비공개용 브로슈어로 아주 적은 부수만 인쇄되었는데(보다 정확하
게 말하자면 활자가 아니라 타자기 글씨로 인쇄되었다), 그 총분량이 134쪽
에 달했다. 이 브로슈어는 1913년 10월 말에서 11월 초에 인쇄된 것으로
추측되며, 사회정책학회 위원회의 구성원들과 토론에 참석한다고 등록
한 사람들에게만 발송되었다.[22] 그리고 1914년 1월 4일과 5일의 위원회
회합의 결정에 따라 이 브로슈어는 『사회정책학회 출판 시리즈』에 실리
지도 않았고 서점에 배포되지도 않았다. 그러나 위원회는 모든 저자에게
원한다면 다른 곳에서 출판할 수 있는 권리를 부여했다.[23] 여기에서 또
한 가지 흥미로운 점은, 브로슈어 표지에 출판사 이름도 표시되어 있지
않다는 사실이다(여러 가지 정황으로 볼 때 베를린 소재의 둔커 & 훔블로트
출판사에서 출간된 것으로 보인다).

---

21 이들의 자세한 인적사항은 다음을 볼 것: Heino Heinrich Nau (Hrsg.), Der
    Werturteilsstreit. Die Äusserungen zur Werturteilsdiskussion im Ausschuss des Vereins für
    Sozialpolitik, Marburg: Metropolis 1996a, 201~03쪽.
22 Johannes Weiss, 앞의 글(2018b), 332~33, 334쪽.
23 같은 글, 333쪽.

베버의 기고문은 다른 저자들의 기고문과 달리 — 그리고 루돌프 골트샤이트의 기고문과 마찬가지로 — 제목이 없고, 따라서 "막스 베버"라는 표제 하에 브로슈어, 83~120쪽에 실려 있다. 베버 자신이 별도의 제목을 원하지 않았던 것으로 보인다. 이 책에서는 편의상 "사회정책학회 위원회에서의 가치판단 논의를 위한 소견서"라는 제목을 붙였음을 일러둔다.[24] 그리고 엡슈타인과 로르벡의 기고문을 제외한 모든 기고문의 제목에는 "가치판단"('Werturteil' 또는 'Wertung')이라는 단어가 들어가 있다. 전자의 제목은 「사회정책과 도덕성」이고, 후자의 제목은 「경제학과 경제정책」이다.

이 모든 준비 과정을 거쳐 1914년 1월 5일 베를린에서 개최된 사회정책학회 위원회의 회합에서 가치판단 문제에 대한 토론이 벌어졌는데, 여기에는 사회정책학회 회원들 및 위원회 구성원들 그리고 이 문제에 관심 있는 사람들을 포함하여 총 52명이 참석했다. 슈몰러의 제안에 따라 토론이 시작되기 전에 다시 한 번 속기록도 남기지 않고 논의된 내용을 공표하지도 않으며 브로슈어에 실린 소견서들을 『사회정책학회 출판 시리즈』에 싣지도 않기로 결의했다. 이렇게 해서 슈몰러는 한편으로 — 대외적으로 — 사회정책학회 내부의 대립과 갈등이 여론에 의해 이 단체에 부정적인 이미지를 덧씌우는 데 악용되는 것을 막고자 했으며, 다른 한편으로 — 대내적으로 — 사회정책학회가 분열되거나 심지어 해체될 가능성을 막고자 했다.[25]

이렇게 개최된 토론이 1909년 9월 29일 빈에서의 가치판단 논쟁에 이

---

24 이 제목은 다음을 따른 것이다: Eduard Baumgarten, Max Weber. Werk und Person, Tübingen: J. C. B. Mohr (Paul Siebeck) 1964, 102쪽.

25 Johannes Weiss, 앞의 글(2018b), 333쪽; Heino Heinrich Nau, "'Zwei Ökonomien'. Die Vorgeschichte des Werturteilsstreits in der deutschsprachigen Ökonomik", in: ders. (Hrsg.), Der Werturteilsstreit. Die Äusserungen zur Werturteilsdiskussion im Ausschuss des Vereins für Sozialpolitik, Marburg: Metropolis 1996b, 9~64쪽, 여기서는 51쪽.

은 두 번째 가치판단 논쟁이다. 이 논쟁에서는—1912년 11월의 회람을 통해 추측한다면—발제 없이 곧바로 토론으로 들어간 것으로 보인다.[26] 그리고 이 논쟁은 비공개로 진행되었기 때문에, 그리고 그에 대한 의사록도 없었기 때문에 그 구체적인 분위기나 진행 과정 그리고 누가 어떤 내용의 발언을 했고 누가 누구를 비판했는지 등에 대해서는 알 길이 없다. 다만 1872년부터 1932년까지의 사회정책학회 역사를 쓴 이 학회의 서기 뵈제가 전하는 바에 따르면, 아주 대립적이고 격렬한 논쟁에서 베버가 주도적인 역할을 했으며, 단지 좀바르트만이 베버에게 전적으로 동의를 했고 나머지 토론자들은 그를 반박하거나 또는 적어도 부분적으로 반박하는 견해를 표명했다고 한다.[27] 이 두 번째 가치판단 논쟁은 첫 번째 가치판단 논쟁에서와 마찬가지로 그 어떤 결말도 보지 못한 채 끝나고 말았다. 베버의 소견서가 갖는 의의는 사회정책학회 위원회의 내부토론이나 측근에게 끼친 영향에서 찾을 수 있는 것이 아니라, 거기에서 처음으로 가치자유와 가치판단의 문제에 대해 체계적인 고찰을 시도하면서 이 문제와 관련된 모든 중요한 측면을 검토했다는 사실에서 찾을 수 있다.[28]

방금 앞에서 언급한 바와 같이, 1914년 1월의 사회정책학회 위원회 내부토론을 위해 기고한 글들은 출판되지 않았지만, 그 저자들은 원한다면 다른 곳에 출간할 권리를 갖고 있었다. 이에 따라 베버는 자신의 소견서를 수정·보완하여 1917년 11월 『로고스: 국제 문화철학 저널』 제7권, 제1호, 40~88쪽에 「사회학 및 경제학에서 "가치자유"의 의미」라는 논문으로 게재했다. 거기에서 베버는 "단지 이 단체[사회정책학회]에만 관련된 모든 것은 가능한 한 삭제한 반면, 일반적인 방법론적 고찰은 확

---

26 Max Weber, 앞의 책(2003), 142쪽.
27 Johannes Weiss, 앞의 글(2018b), 333쪽.
28 같은 곳.

대했다".[29]

이처럼 두 글 사이에는 3년 이상의 시간차가 있는데, 그 정확한 이유
는 알 수 없다. 다만 1914년 제1차 세계대전이 발발하자 베버가 곧바로
하이델베르크 소재 야전병원 위원회의 훈육장교가 되어 아주 정열적으
로 일하면서 연구 활동이 중단되었다는 점을 들 수 있다.[30] 그러다가 야
전병원의 업무가 점차 전문화하면서 1915년 9월에 퇴임하고 다시 연구
에 몰두할 수 있었는데, 먼저 중단된 종교사회학 연구를 재개했고(그 결
과는 1916~19년 『사회과학 및 사회정책 저널』에 일련의 논문으로 발표되었
다), 이어서 1914년 1월의 사회정책학회 위원회 내부토론을 위해 기고
한 소견서를 수정·보완하는 작업을 했다.

그 결과가 바로 1917년 11월 『로고스』에 실린 「사회학 및 경제학에
서 "가치자유"의 의미」였다. 원래 베버는 주로 『사회과학 및 사회정책
저널』에 글을 실었는데, 왜 이 가치자유에 대한 논문을 『로고스』에 실었
는지 알 수 없다(이 둘은 같은 출판사에서 출간되었다). 물론 베버는 그 이
전에도 『로고스』에 글을 실은 적이 있는데, 그것은 1913년 9월 제4권,
제3호, 253~94쪽에 게재된 「이해사회학의 몇 가지 범주에 대하여」로
베버는 이 논문에서 처음으로 이해사회학에 대한 본격적인 논의를 시작
했다. 참고로 『로고스』는 하이델베르크의 신칸트 학파 철학자들이 주도
해 1910년에 창간되어 1933년까지 지속되면서 총 22권이 발간된 학술
지인데, 베버도 그 편집에 협력했다.

---

29 Max Weber, Gesammelte Aufsätze zur Wissenschaftslehre, 4. Auflage, Tübingen: J. C. B.
    Mohr (Paul Siebeck) 1973, 489쪽, 주 1 [이 책 10쪽, 원주]. 앞으로 이 책의 쪽수는 [ ] 안
    에 표기한다(이는 여기에 번역된 베버의 원문 489~540쪽에 해당된다). 이는 이 책의
    제2부를 구성하는 「생산성의 개념」과 「사회정책학회 위원회에서의 가치판단 논의를
    위한 소견서」에도 적용된다. 이 둘의 경우에도 원서의 쪽수를 기재함을 원칙으로 하고
    이 책의 쪽수는 [ ] 안에 표기한다.
30 베버의 야전병원 활약상에 대해서는 Marianne Weber, 앞의 책(1926), 527쪽 이하를
    볼 것.

214

(2) 사회정책학회 ─ 가치판단 논쟁의 산실

이미 앞 절에서 살펴본 바와 같이, 사회정책학회는 가치판단 논쟁의 산실이었다. 제1차 가치판단 논쟁은 1909년의 총회에서 그리고 제2차 가치판단 논쟁은 1914년의 위원회에서 전개되었다. 그렇다면 사회정책학회는 무엇인가? 이를 제대로 알기 위해서는 우선 이 단체의 설립과 활동의 배경이 된 독일의 산업화 및 이로부터 발생한 사회문제, 그중에서도 특히 노동자 문제에 대해 살펴볼 필요가 있을 것이다.

19세기의 독일 하면 일반적으로 비약적인, 아니 가히 혁명적인 산업화를 연상하게 된다. 후발국가인 독일은 19세기 초반에 이르러서야 비로소 본격적으로 산업화를 추진하기 시작했지만, 채 한 세기도 안 된 19세기 말에는 이미 선도적인 산업국가 대열에 끼게 되었다. 독일 산업화의 또 다른 특징은 그 주도 세력에서 찾아볼 수 있다. 아직 시민계층이 성숙하지 못했기 때문에 귀족계급이 산업화를 기획하고 주도해 나갔다. 이와 더불어 민간기업이 아니라 국영기업이나 국가의 지원을 받는 기업이 산업화의 전면에 나섰다. 다양한 산업 부문 가운데에서도 특히 철강 생산, 철도 건설, 광산 그리고 기계공업과 같은 분야가 이른바 전략적 산업의 지위를 점하고 독일의 산업화를 이끌어 나갔다.

이러한 국가 주도의 산업화는 매우 효율적이어서 이미 1830년대 중엽에 산업경제가 혁명적으로 발전할 조짐이 보이기 시작했다. 그러나 1845년부터 1847년까지 지속된 농업과 공업의 위기, 1848/49년의 혁명 그리고 1850년까지 지속된 전후 불황으로 인해 1840년대에는 침체기를 겪을 밖에 없었다.[31] 그 이후에는 혁명적인 산업 발전이 뒤따랐는데, 이는 1873년까지 지속되었다. 이렇게 해서 이미 1870년대 초에 산업

---

31 Hans-Ulrich Wehler, *Das deutsche Kaiserreich*, Göttingen: Vandenhoeck & Ruprecht 1973, 24, 41쪽.

자본주의가 비약적으로 발전할 수 있는 결정적인 계기가 마련되었다. 그러나 곧 이어서 독일 경제는 모든 선발 산업국가의 그것과 마찬가지로 1896년까지 지속된 이른바 대공황의 시기로 접어들었다. 그런데 여기에서 중요한 것은 이 시기를 몰락이나 쇠퇴 또는 침체의 시기가 아니라 단지 성장과 발전이 완화된 시기로 보아야 한다는 사실이다. 더구나 바로이러한 상승 운동의 완화는 그동안 혁명적으로 추진된 산업화를 공고하게 하고 심화하는 계기가 되었다는 역사적 의미를 지닌다.[32] 결과적으로 독일은 19세기 말에는 이미 전형적인 자본주의적 산업국가로의 이행을 마무리할 수 있었다.

우리는 이러한 경제 발전을 중심으로 19세기 독일의 발달 과정을 기술하고 논할 수 있을 것이다. 그러나 당시의 독일 사회가 처한 상황을 제대로 이해하기 위해서는 다양한 경제 외적 측면과 요소를 함께 고려해야 할 것이다.

19세기의 독일은 사회 전반에 걸쳐서 신분적-봉건적 사회질서로부터 시민계층적-자본주의적 사회질서로 이행하고 있었으며, 산업화는 바로이 전반적인 이행 과정의 한 측면인 경제적인 측면을 구성하고 있었다. 독일이 전통적인 사회질서에서 근대적인 사회질서로 이행하는 과정은 영국이나 프랑스 그리고 미국의 그것에 비해서 특수한 발달 과정으로 보는 것이 일반적이다. 독일은 다른 나라들과 달리 성공적인 경제적 근대화와 성공적이지 못한 정치적-사회적 근대화 사이의 모순을 안고 있었으며, 이로 인해 다양한 문제가 발생했다. 이를 "사회문제"라고 불렀다. 이 개념은 1848년부터 사용되기 시작했는데, 원래는 근대화에 따르는 문제들을 포괄적으로 지칭했다. 당시 독일 사회는 사회문제라는 개념

---

32 Hans Rosenberg, "Wirtschaftskonjunktur, Gesellschaft und Politik in Mitteleuropa 1873~1896", in: Hans-Ulrich Wehler (Hrsg.), Moderne deutsche Sozialgeschichte, Köln: Kiepenheuer & Witsch 1966, 225~53쪽, 여기서는 232쪽 이하.

을 통해 근대화 과정에서 발생하는 수많은 사회적 위기 현상을 사회변동에 따른 보편적인 구조적 위기의 증후군으로 보고 이에 대해 과학적-이론적으로 접근하며, 또한 그 결과를 바탕으로 실천적-정치적으로 근본적인 사회개혁을 추진하고자 시도했다.[33]

그러나 시간이 지남에 따라 사회문제는 점차 노동자 문제라는 특수한 영역에 한정되기 시작했다. 제4의 신분인 노동자들은 자유로운 시장에서 자신들의 물질적 욕구를 충족할 수 있다고 주장하는 자유주의적 경제학 이론의 가정과는 정반대로, 다음과 같은 수많은 노동자 문제가 나타났다: 노사관계, 노동시간, 노동의 조건과 환경, 노동임금과 수입, 노동자 집단의 교육, 주택, 건강, 생활수준 등. 그런데 사회문제를 노동자 문제에 국한하게 된 또 다른 이론적-실천적 이유는 — 어쩌면 이것이 더 중요한지도 모른다 — 노동자 집단이 점차 독자적인 사회계급으로 발전하고, 이에 따라 계급의식이 형성되며 사회주의적 선동의 영향으로 노동자 집단이 자신의 계급적 이해관계를 주장하고 관철하기 위해서 정치화되고 있다는 사실에 있었다. 임금 상승이나 생활수준의 향상과 같은 정책을 통해서 해결할 수 있는 노동자 문제의 물질적 차원과는 달리, 정치적 차원은 국가와 민족의 존립 자체를 위협하기에 이르렀다. 1840년대까지는 사회문제를 일차적으로 빈곤 문제와 동일시했는바, 이는 신분적-봉건적 사회질서 하에서 하층민의 물질적 이해관계를 충족해줌을 의미한다. 그러나 그 이후로는 사회문제를 주로 노동자 문제와 동일시했는바, 그 중심에는 노동자 집단을 어떻게 자본주의적 산업사회 질서에 평화롭고 조화롭게 통합할 수 있는가 하는 문제의식이 자리하고 있었다. 달리 표현하자면, 이제 자본과 노동의 화해 또는 평화적 공존이 주된 관심사가 되었다.

---

33 Eckart Pankoke, Sociale Bewegung-Sociale Frage-Sociale Politik. Grundfragen der deutschen "Socialwissenschaft" im 19. Jahrhundert, Stuttgart: Ernst Klett 1970, 49쪽.

사회문제는 이론적 분석을 추구하는 개인이나 집단 그리고 실천적 해결을 모색하는 개인이나 집단 모두에게 실로 커다란 자극이자 도전이 아닐 수 없었다. 실제로 다양한 사회과학의 조류와 다양한 단체가 다양한 관점 — 이를테면 경제적, 종교적, 인도주의적, 윤리적, 정치적, 군사적, 심리적 관점 같은 — 과 다양한 이념이나 목표의식 — 이를테면 사회개혁적인 또는 사회혁명적인 이념이나 목표의식 같은 — 을 가지고 사회문제에 적극적으로 대응했다. 사회과학에서는 사회주의와 역사학파 경제학이 대표적인 경우이며, 사회정책학회, 개신교-사회 연합회 또는 사회개혁협회와 같은 여러 단체가 생겨났다. 이 중에서 우리의 논의대상인 사회정책학회는 독일 역사학파 경제학의 공동연구 및 토론의 광장이었다.

사회정책학회는 1872년에 창립되었다. 이 학회의 연구와 논의 대상은 다름 아닌 사회문제이며, 그 인식관심의 중점은 바로 노동자 문제에 있었다. 구체적으로 말하자면, 사회정책학회는 노동자의 상태와 노사관계를 규명하고, 노동조합 결성에 필요한 사항을 확인하여 이를 적극적으로 지원해주며, 또한 서로 갈등하고 투쟁하는 사회집단들을 화해시킬 수 있는 모든 가능한 수단을 제시하는 것에 일차적인 의미를 부여했다. 그다음에는 건강 문제, 교육제도, 교통 문제, 주식 또는 조세 문제와 같은 다른 사회적-경제적 문제에 초점을 맞추었다. 사회정책학회가 추구한 실천적인 이념이나 목표는 사회개혁이었다. 이 학회의 창립 회원들은 경쟁과 영리추구가 점점 더 확대됨에 따라서 점차 심화하는 자본과 노동의 갈등과 투쟁은 이제 기존 체제를 위협하기에 이르렀으며, 따라서 시급하게 국가와 사회에 평화로운 개혁의 필요성과 과제 그리고 방향 및 수단을 제시해야 한다는 견해를 공유하고 있었다. 이러한 사회개혁적 발상과 개념은 한편으로는 자유주의 경제학의 자유방임주의를, 다른 한편으로는 사회문제를 혁명적으로 해결하려는 사회주의를 겨냥하는 것이었다.

사회정책학회는 인도주의라는 철학적-세계관적 이념에서 사회문제에 접근했다. 이는 구체적으로 국가 또는 민족 전체의 복지를 지칭하는 것이다. 이 학회의 창립자들과 구성원들은 모두 개인이나 집단의 특수한 이해관계는 결코 전체의 보편적인 복지를 보장하거나 이에 기여할 수 없다는 신념을 공유하고 있었다. 이제 전체의지와 인도주의에 대한 요구는 경제적 삶의 영역에서도 실현되어야 한다는 것이 그들의 확신이었다. 개인의 이기주의와 계급의 이해관계는 그보다 지속적이고 고차원적인 국가와 민족 전체에 비하면 이차적인 위치를 점하고 부차적인 의미를 지닌다고 사회정책학회를 창립하거나 구성하고 있던 회원들은 누구나 믿어 의심치 않았다.

그리고 자아 정체성의 측면에서 보면 사회정책학회는 순수한 정당도 아니고, 또한 순수한 학회도 아니었다. 그보다는 당시의 지배적인 사회과학 이론과 사회정책이라는 실천의 결합을 추구했다. 이러한 제도적－조직적 특성은 무엇보다도 학회 구성원들의 직업을 통해서 쉽게 알 수 있을 것이다. 전체 회원들 가운데에서 대학교수와 행정관료의 비율이 압도적으로 높았는데, 이들은 조사연구의 발표와 이에 대한 토론이나 위원회에서도 주도적인 역할을 했다. 그런데 여기에서 한 가지 중요한 점은, 사회정책학회의 이중적인 성격은 이 단체의 전(全) 역사 내내 언제나 조화로운 관계를 유지하지는 않았다는 사실이다. 이 학회의 자아 정체성은 독일의 사회경제적 상황의, 그리고 특히 정치적 상황의 변화에 따라 이론적－과학적인 것과 실천적－정치적인 것 사이를 오갔다. 전체적으로 보면, 자유로운 분위기가 지배하는 시기에는 정치적 목표 설정이, 그리고 반동적인 시기에는 정치와는 무관한 과학적 목표 설정이 전면에 나섰다. 이는 일차적으로 정치권력과의 갈등과 투쟁을 피하고자 하는 일종의 생존 전략이라고 보아야 할 것이다.[34]

34 Irmela Gorges, Sozialforschung in Deutschland 1872~1914. Gesellschaftliche Einflüsse
    auf Themen－ und Methodenwahl des Vereins für Sozialpolitik, Königstein/Ts.: Hain

사회정책학회는 구체적으로 사회정책과 밀접한 연관이 있는 주제나 문제에 대한 사회과학적인 조사, 분석 및 설명을 바탕으로 사회정책을 담당하거나 이와 관련된 정치, 행정 그리고 여론에 영향을 미침으로써 사회과학과 사회정책의 결합이라는 이념과 목표를 실현하고자 했다. 이 것은 기존의 사회 상태가 사회개혁의 기초이자 출발점이 되어야 한다는 기본 입장에 근거를 두고 있는 것이다. 그러나 초창기의 활동은 주로 회 원들이 외부에서 진행된 조사연구 결과에 대한 평가를 하는 일에 한정 되어 있었다. 그러다가 비로소 1880년대 초에 이르러서 원래는 국가기 관의 과제에 속하던 앙케트를 학회의 가장 중요한 경험적 조사연구 수 단으로 받아들였다. 이러한 역사적 사실을 흔히 사회조사 연구의 민영화 라고 부른다.[35] 이에 대해서는 다음과 같은 중요한 이유가 있었다. 즉 고 전경제학이 구사하는 추상적이고 연역적인 접근 방법으로는 새로이 발 전하는 독일의 시민계층적-자본주의적 사회질서를 적합하게 파악할 수 없다는 인식이 팽배해지기 시작했으며, 이에 대한 대안을 통계적 처리, 특정한 사항에 대한 구체적인 연구, 선별된 사람들—특정한 주제나 문 제의 전문가나 이에 대해 이해관계나 관심을 가지고 있는 사람들—에 대한 설문조사 및 과학적 권위를 지닌 평가 작업을 결합하는 데에서 찾 았다.[36] 이 대안이 다름 아닌 앙케트였던 것이다.

(3) 가치판단 논쟁은 독일 역사학파 경제학의 세대 간 논쟁이다

이미 앞에서 언급했듯이, 가치판단 논쟁은 공식적으로는 단 두 번에 걸친 논쟁으로 구성되어 있는 사건에 지나지 않는다. 그럼에도 불구하고

1980, 505쪽.

35 같은 책, 137쪽 이하.

36 Horst Kern, Empirische Sozialforschung. Ursprünge, Ansätze, Entwicklunglinien, München: C. H. Beck 1982, 89쪽.

이 논쟁이 지성사에서 또는 사회과학사에서 그토록 중요한 위치를 점하고 커다란 의미를 지니고 있는 결정적인 이유는 다음과 같이 두 가지에서 찾을 수 있다. 첫째, 가치판단 논쟁은 한 시대를 풍미하며 한 사회를 결정적으로 각인하던 사회과학의 정체성과 존재의의를 그 뿌리부터 송두리째 흔들어버린 사건이었다. 사회과학적 인식의 가치판단은 슈몰러를 위시한 독일 역사학파 경제학의 제2세대를 규정짓는 매우 중요한 특징이었는데, 바로 그다음 세대인 제3세대로부터 근본적인 도전을 받게 되었다. 둘째, 가치판단 논쟁은 경제학과 사회과학 일반, 그리고 한 걸음 더 나아가 과학적 인식 전체가 공유하는 이론 및 실천의 문제와 직접적으로 연결되어 있는 논쟁이었다.

물론 이렇게 말한다고 해서 독일 역사학파 경제학의 제2세대와 제3세대가 서로 완전히 다른 두 진영으로 갈라져서 대립하고 갈등하며 투쟁했다는 식으로 이해해서는 안 될 것이다. 그보다는 젊은 세대에 속하는 일군의 학자들이 노장 세대에 반기를 든 반면, 또 다른 일군의 학자들은 여전히 노장 세대와 입장을 같이했다고 말하는 것이 역사적 사실에 부합한다. 실제로 두 차례의 가치판단 논쟁을 보더라도 젊은 세대들에서도 경제학에서의 가치판단을 옹호한 참여자들이 많았다.

그렇다면 왜 사회정책학회 내에서의 가치판단 논쟁을 군이 독일 역사학파 경제학의 세대 간 논쟁이라고 규정한단 말인가? 그 이유는 — 방금 언급한 바와 같이 — 가치판단 논쟁이 한 시대를 풍미하며 한 사회를 결정적으로 각인하던 사회과학의 정체성과 존재의의를 그 뿌리부터 송두리째 흔들어버린 사건이었기 때문이다. 그것은 독일 역사학파 경제학의 제3세대에 속하는 일군의 학자들이라는 아들이 그 제2세대라는 아버지를 살해한 것과 같은 것이었다. 가히 극적이라고 할 수 있는 이 지성사적 대사건의 중심에는 다름 아닌 막스 베버가 있었다.[37]

그렇다면, 우리는 여기에서 다음과 같은 질문을 던질 수 있다. 왜 같은 과학자 공동체 내에서, 그것도 역사학파 경제학이라는 커다란 테두리 안에 있는 과학자 공동체 내에서 세대 간의 대립과 갈등 그리고 투쟁이 일어났을까? 왜 독일 역사학파 경제학의 내부에서는 심지어 아들인 제3세대가 아버지인 제2세대를 살해하는 사태가 일어났을까?

이에 대한 답은 일차적으로 두 집단 사이에 존재하는 근본적인 지적-정신적 입장에서 찾을 수 있다. 독일 역사학파 경제학의 제3세대는 ─ 보다 정확하게 말하자면 베버를 위시한 일군의 제3세대 학자들은 ─ 사회과학과 사회정책에 대해 제2세대와는 근본적으로 다른 입장을 갖게 되었다. 이들 젊은 세대는 독일이 자본주의적 산업사회로 이행하는 과정에서 사회적 질서와 세력의 다양화, 집단들이나 계급들 간의 대립과 갈등 및 투쟁의 일상화 그리고 사회적 관계의 물화 및 탈도덕화를 인지하게 되었으며, 이 모든 것은 사회정책학회, 아니 역사학파 경제학이 추구하는 이론과 실천의 직접적인 결합 및 사회과학과 사회정책의 직접적인 결합의 방식으로는 해결할 수 없다고 생각했다. 그래서 그들은 사회과학의 과제를 객관적 현상과 과정에 대한 경험적이고 실증적인 인식에서 찾아야 한다는 결론에 도달하게 되었다.

달리 말하자면, 사회정책학회와 독일 역사학파 경제학의 젊은 세대는, 엄밀한 의미에서 ─ 단순히 시간적인 의미에서가 아니라, 사회적 행위와 관계 그리고 사회질서를 규정하고 근거짓는 이념과 원리의 의미에서 ─ 진정한 근(현)대성을 발견하고 이를 실증적인 방법으로, 그러니까 객관적 사실에 대한 경험적 인식에 입각하여 해결해야 한다는 사실을 통찰했으며, 이에 따라 인식과 행위, 이론과 실천, 과학과 정치, 존재와 당위, 사실과 가치, 분석과 판단 그리고 사회과학과 사회정책 사이의 노동분업과 이에 기반을 둔 상호 협력관계의 의미와 필요성을 절감했던

---

37 이에 대한 자세한 것은 다음을 볼 것: 김덕영, 「해제: 문화과학과 사회과학의 논리적-방법론적 정초를 위하여」, 막스 베버(김덕영 옮김), 『문화과학 및 사회과학의 논리와 방법론』, 도서출판 길 2021, 599~720쪽, 여기서는 642쪽 이하.

것이다.[38] 요컨대 독일 역사학파 경제학의 제2세대와 제3세대는 공히 근대를 대상으로 하는 과학, 즉 근대의 과학을 추구했지만, 구스타프 폰 슈몰러를 위시한 노장 세대와 이 세대를 추종하는 일군의 젊은 세대는 근대적인 과학을 구축하지 못한 반면, 막스 베버를 위시한 또 다른 일군의 젊은 세대는 근대적인 과학을 구축했다. 전자는 근대(적인 것)에 대한 전(前)근대적 과학에 머물렀던 반면, 후자는 근대(적인 것)에 대한 근대적인 과학으로 나아갔다. 바로 이 두 유형의 과학이 독일 역사학파 경제학과 사회정책학회에 공존하면서 대립, 갈등 및 투쟁은 불가피해졌으며, 이것이 공적인 형태로 표출된 것이 1909년과 1914년 두 차례에 걸쳐 벌어진 가치판단 논쟁이다.

이제 사회정책학회에서 벌어진 두 차례의 가치판단 논쟁을 구체적으로 살펴보기로 한다. 그런데 이미 언급한 바와 같이 1914년 1월 사회정책학회 위원회에서 벌어진 제2차 가치판단 논쟁은 의사록이 존재하지 않기 때문에 그 구체적인 모습을 알 길이 없다. 다만 그 전에 토론을 위해 제출된 소견서를 통해 논쟁에 참여한 학자들의 입장을 알 수 있을 뿐이다. 베버의 경우에는 소견서를 수정·보완하여 1917년 「사회학 및 경제학에서 "가치자유"의 의미」라는 논문으로 출간했기 때문에, 전자는 여기에서 따로 다루지 않고 제5장에서 가치자유 및 가치판단의 문제와 관련하여 후자와 같이 다루기로 한다. 대신에 에두아르트 슈프랑거를 간략하게 언급하기로 하는데, 그 이유는 슈프랑거의 소견서가 여러 가지로 베버의 소견서에 대한 "안티 소견서"로 볼 수 있기 때문이다.[39]

베버가 자신의 소견서를 수정·보완한 논문인 「사회학 및 경제학에서 "가치자유"의 의미」의 한 각주에서 언급하듯이, 슈프랑거는 그의 소

---

38 Ortheim Rammstedt, "Wertfreiheit und die Konstitution der Soziologie in Deutschland", in: Zeitschrift für Soziologie, Jahrgang 17, Heft 4, 1988, 264~71쪽, 여기서는 269~70쪽.

39 Herbert Keuth, 앞의 책(1989), 38쪽.

견서를『입법, 행정 및 민족경제 슈몰러 연보』(1914년 이 저널의 제38권, 제2호, 557~81쪽)에 게재했다.[40] 참고로 슈프랑거의 소견서는 베버의 소견서가 출간되기 이전에 출간된 유일한 소견서이다(그 이후에도 출간된 것은 없는 것으로 보인다). 사실 베를린에서의 제2차 가치판단 논쟁에서는 주로 베버와 슈프랑거의 입장만이 고찰의 대상이 되어왔는데, 그 이유는 아마도 이 둘의 기고문만이 학술지에 게재됨으로써 연구자들의 접근이 용이했다는 사실에서 찾을 수 있을 것이다. 아무튼 베버는 1914년에 출간된 슈프랑거의 논문에 대해 "나[그] 역시 높이 평가하는 이 철학자의 그 저작이 명료성의 결여로 인해 이상하리만큼 빈약하다고 생각하면서도" 1917년의 논문에서는 "지면 부족의 이유만으로도 그에 대한 일체의 논박을 피하기로" 했다.[41]

a. 좀바르트와 베버 ― 가치자유적 과학을 위하여

먼저[42] 1909년 9월 29일 오스트리아의 수도 빈의 사회정책학회 총회에서 전개된 제1차 가치판단 논쟁이다. 이미 제3장 제1절에서 언급한 바와 같이, 이 논쟁은 민족경제의 생산성이라는 주제를 둘러싸고 벌어졌다. 그렇다면 여기에서 다음과 같은 질문이 제기될 수 있을 것이다. 도대체 생산성이라는 개념과 가치판단 논쟁이 무슨 관계가 있단 말인가? 당시의 의사록을 읽어보면 가치판단 논쟁이 아니라 차라리 '생산성 논쟁'이라고 부르는 것이 더 적합해 보인다. 가치판단에 대해 직접적으로 언급한 참석자도 좀바르트와 베버 단 둘만을 꼽을 수 있다.

내가 보기에 민족경제적 생산성이라는 개념은 가치판단 논쟁에서 ―

40 Max Weber, 앞의 책(1973), 489쪽, 주 1[10쪽, 원주].
41 같은 곳.
42 이 아래에서 인용하는 토론회에서의 발언은 모두 존칭어가 아니라 평서어로 표기하기로 한다.

좀바르트의 표현을 빌리자면 — "실험용 토끼"의 역할을 했다.[43] 다시 말해 비록 사회정책학회의 총회에서 직접적으로 가치판단의 문제에 대해 토론하지는 않았지만 발제자와 토론자들이 생산성의 문제를 가치판단적으로 접근하려는 진영과 가치자유적으로 접근하려는 진영으로 나누어져 논쟁을 벌였기 때문이다. 전자는 생산성의 문제를, 아니 더 나아가 모든 경제적 현상과 과정을 — 그것이 사경제적인 것이든 민족경제적인 것이든 상관없이 — 민족경제적 생산성의 증가와 국민복지의 증진이라는 가치판단적 관점에서 고찰하고 평가해야 한다고 주장한 반면, 후자는 생산성을 비롯한 모든 경제학적 문제는 가치자유적으로, 즉 순수하게 이론적으로 분석하고 설명해야 한다고 주장했다. 발제자인 필리포비치를 위시한 많은 토론자가 전자에 속하는 반면, 후자에는 좀바르트와 베버가 속한다.

그런데 좀바르트 및 베버와 유사하지만 완전히 일치하지 않는 두 토론자가 있으니, 그것은 리프만과 골트샤이트다. 먼저 리프만은 좀바르트처럼 — 그리고 베버처럼 — 경제학적 고찰에서 가치판단을 배제한다고 천명했지만, 실제로 그의 논의에는 정반대로 윤리적 판단이 개입되었음이 드러난다. 그리고 골트샤이트는 베버처럼 — 그리고 좀바르트처럼 — 가치판단과 가치자유를 엄격하게 구별해야 한다는 견해를 내세웠지만, 가치를 베버와 달리 — 그러니까 연구자의 주관적 가치, 즉 연구자의 주관적 인식관심으로 간주하는 입장과 달리 — 보편적 가치 또는 사회적 목적으로 간주한다.

그리고 이 두 진영 어디에도 분명하게 귀속시키기 어려운 토론자들도 있는바, 그들은 크납, 노이라트, 고틀이다. 첫째, 크납은 화폐가치에 대해

---

43 Werner Sombart, "Diskussionsbeitrag", in: Verein für Sozialpolitik, Verhandlungen des Vereins für Sozialpolitik in Wien 1909, Leipzig: Duncker & Humblot 1910, 563~72쪽, 여기서는 564쪽.

발언했는데,[44] 사실 이것만 가지고는 가치판단 문제에 대해 그가 어떤 입장을 취했는지 파악할 수 없다. 그러나 그가 슈몰러와 같은 세대에 속하면서 윤리적 경제학과 강단사회주의를 옹호해왔다는 점을 감안한다면, 그는 가치판단 진영으로 분류할 수 있다. 둘째, 노이라트는 화폐가치의 생산성에 대해 토론했는데,[45] 이것만 보고는 가치판단에 대한 그의 입장을 파악할 수가 없다. 그러나 1914년에 사회정책학회 위원회에서의 가치판단 논의를 위해 제출한 소견서를 보면 그의 입장이 명백하게 드러난다. 거기에서 그는 경제학이 두 가지 경우에, 즉 구체적인 쾌락과 불쾌의 관계를 연구하는 경우와 쾌락이나 불쾌를 산출하는 사회적 조직들을 평가하는 경우에 윤리적 가치판단과 결부된다고 주장하고 있다.[46] 셋째, 고틀은 민족경제의 생산성에 대해 말하는 것 자체를 모순이라고 거부했는데,[47] 사실 이것만 보고는 그가 가치판단적 입장을 취하는지 가치자유적 입장을 취하는지 정확하게 판단할 수 없다. 그런데 자신은 좀바르트가 제시한 가치자유의 원칙을 방법론적 입장에서 조명하고자 한다는 고틀의 말을 감안한다면,[48] 그는 좀바르트와 베버처럼 가치자유 진영으로

44 Georg Friedrich Knapp, "Diskussionsbeitrag", in: Verein für Sozialpolitik, Verhandlungen des Vereins für Sozialpolitik in Wien 1909, Leipzig: Duncker & Humblot 1910, 559~63쪽.

45 Otto Neurath, "Diskussionsbeitrag", in: Verein für Sozialpolitik, Verhandlungen des Vereins für Sozialpolitik in Wien 1909, Leipzig: Duncker & Humblot 1910, 599~603쪽.

46 Otto Neutath, "Über die Stellung des sittlichen Werturteils in der wissenschaftlichen Nationalökonomie"(1913), in: Heino Heinrich Nau (Hrsg.), Der Werturteilsstreit. Die Äusserungen zur Werturteilsdiskussion im Ausschuss des Vereins für Sozialpolitik, Marburg: Metropolis 1996, 93~95쪽, 여기서는 93~94쪽.

47 Friedrich von Gottl-Ottlilienfeld, "Diskussionsbeitrag", in: Verein für Sozialpolitik, Verhandlungen des Vereins für Sozialpolitik in Wien 1909, Leipzig: Duncker & Humblot 1910, 572~77쪽, 여기서는 576쪽.

48 같은 글, 572쪽. 좀바르트도 주관적 가치평가는 객관적으로 규명할 수 없음을 그 바로 다음에 발언을 하게 되는 고틀이 방법론적으로 논증할 것을 기대한다. 좀바르트, 앞의 글(1910), 568쪽.

분류할 수 있다.

자명한 일이지만 여기에서 1909년 9월 사회정책학회 총회에서 생산성에 대해 발언한 학자들 모두의 입장을 정리할 수는 없고, 다만 우리의 논의를 위해서, 특히 베버를 이해하기 위해서 필요하다고 생각되는 토론자들의 입장을 간략하게 소개하는 선에서 그치기로 한다.

우선 주제 발표자인 필리포비치에 따르면 모든 경제적 현상과 과정에 대한 고찰에서 ― 그것이 사경제적인 것이든 민족경제적인 것이든 상관없이 ― 결정적인 것은 민족경제의 생산성이며, 민족경제적 생산성에 대해 말할 수 있는 것은 민족경제적 유용성이 증가할 때이다.[49] 필리포비치는 민족경제적 유용성을 달리 사회적 유용성, 사회적 수요, 사회적 복지 또는 국민복지라고 부른다. 그러므로 경제학이라는 과학은 다음과 같은 질문, 즉 **"민족경제의 수행 능력은 사회적 수요의 어느 정도에 상응하는가?"**라는 질문에 대답해야 하며, 이를 위해서는 모든 경제적 현상과 과정을 ― 가장 간단한 경제의 구성 요소들로부터 민족경제적 삶에 이르기까지 ― 하나의 통일적인 척도, 즉 국민복지로 환원한 다음 서로 비교해야 한다. 어떤 경제적 현상이나 과정은 국민복지를 저해할 수 있고, 다른 경제적 현상이나 과정은 국민복지를 증진할 수 있다. 만약 이런 식으로 환원하고 비교하지 않는다면, 경제학은 그 어떤 경제적 현상과 과정도 과학적으로 파악할 수 없다.[50]

그렇다면 민족경제적 생산성과 그 증가는 어떻게 측정할 수 있는가? 필리포비치에 따르면 화폐소득과 그 증가가 아니라 실질소득과 그 증가에 의해 측정할 수 있다. 그 이유는 사회적 수요를 충족할 수 있는 것은 화폐소득이 아니라 실질소득이기 때문이다. 그러므로 민족경제적 생산성의 문제에서, 그러니까 경제학에서 중심적인 위치를 차지하는 문제에

---

49 Eugen von Philippovich, 앞의 글(1910), 362∼63쪽.
50 같은 글, 364, 614쪽.

서, 결정적인 것은 "실질적인 생산량과 소득 형성의 관계에 대한 문제"이다.[51] "우리는" — 필리포비치는 이렇게 주장한다 — "실질소득의 증진에 관심을 기울여야 하는데, 이에 대한 전제조건은 어떤 수단이 민족경제적 생산성을 증가시키고 어떤 수단이 그것을 감소시키는가를 관찰하는 것이다."[52]

필리포비치가 보기에 민족경제의 궁극적인 목적은 국민복지에 있으며, 따라서 그 어떤 민족경제적 현상과 과정에 대한 경제학적 고찰도 그것이 국민복지에 대해 갖는 의미라는 가치판단에서 출발해야 한다.[53] 모든 경제적 발전과 그에 대한 모든 과학적 고찰에서 본질적인 요소는 가치판단이며, 따라서 민족경제적 유용성에 대한 판단이 없다면 경제학은 "더 이상 실천적 삶과 관련이 없고 단지 자의적인 방식으로 추상된 사유상들과 관련이 있을 뿐이다".[54] 이러한 경제학의 가치판단은 민족경제의 생산성과 국민복지라는 문제로 귀결된다.

이에 반하여 좀바르트와 베버는 가치자유의 원칙을 내세운다. 먼저 좀바르트는 경제학이 규범적 당위가 아니라 경험적 존재를 대상으로 하며, 따라서 그 어떤 가치판단과도 관계없는 가치자유적인 과학이라고 주장한다. 그에 따르면 모든 가치판단은

궁극적으로 인간의 개인적 세계관에 뿌리를 내리고 있다. 그리고 개인적 세계관은 항상 형이상학적 토대에 근거하기 때문에 경험세계의 바깥에 존재하는 영역으로 들어서며, 과학적 인식의 그 어떠한 측연(測鉛)도 이러한 세계관의 심연에 도달하지 못한다. 우리는 이것을 명명백백하게 말하고 또 확인해야 한다. 물론 그렇게 하는 것은 일종의 체념이다. 그러나 성숙은

---

51 같은 글, 611~12쪽.
52 같은 글, 370쪽.
53 같은 글, 608쪽.
54 같은 글, 609, 612쪽.

어떤 의미에서 체념과 더불어 설명하고 정의할 수 있다. 물론 우리는 어떻게 사는 것이 가장 좋은 것인가를 기꺼이 알고자 한다. 그러나 우리가 이것을 과학적으로 인식할 수 있는 길은 없다.[55]

좀바르트는 과학적 인식이 가치판단과 무관하다는 자신의 견해를 다음과 같이 문학적이고 상징적인 명제로 표현하고 있다.

> 우리는 금발의 여인이 더 아름다운지 또는 갈색머리의 여인이 더 아름다운지 **과학적으로 증명할** 수 없으며, 또한 그런 한 이에 대해서 논의할 수도 없다.[56]

이러한 가치자유적 관점에 입각하여 좀바르트는 경제학의 핵심 개념 가운데 하나인 생산성의 개념이 순수하게 과학적으로, 즉 민족경제나 국민복지 등에 대한 가치판단 없이 정의되어야만 경제학적 의의를 가질 수 있다고 주장한다. 그에 따르면 생산성은 특정한 관계, 즉 소모된 노동의 양과 생산된 재화의 양 사이의 관계로 정의되며, 이 관계가 변화하면 생산성이 증가하거나 감소한다고 할 수 있다.[57]

이 맥락에서 리프만을 언급할 만한 가치가 있다. 다섯 번째로, 그러니까 좀바르트 다음다음에 토론자로 등장한 그는 다음과 같이 말하면서, 즉 자신은 가치판단 문제에 대해 좀바르트가 제시한 견해에 완전히 동의하며, 따라서 일체의 가치판단을 배제하고 "생산성에 대한 **순수한 과학적** 이론"을 제시하고자 한다고 말하면서 토론을 시작한다.[58] 이 점에

---

55 Werner Sombart, 앞의 글(1910), 568~69쪽.

56 같은 글, 572쪽.

57 같은 글, 571쪽.

58 Robert Liefmann, "Diskussionsbeitrag", in: Verein für Sozialpolitik, Verhandlungen des Vereins für Sozialpolitik in Wien 1909, Leipzig: Duncker & Humblot 1910, 577~80쪽,

서 그는 베버의 입장과도 일치한다고 할 수 있다. 실제로 그는 1912년에 발표한 논문 「경제적 생산성 이론의 기초」에서 자신은 베버와 좀바르트에 의해 대변되는 견해, 즉 당위는 과학의 대상이 아니라는 견해에 완전히 동의한다고 분명하게 밝히고 있다.[59]

아무튼 리프만은 가치자유적으로 정초된 순수한 생산성 이론을 제시하기 위해 두 가지 예를 드는데, 그것은 마르세유 항구에서 쌀을 폐기한 사실과 그리스에서 건포도를 폐기한 사실이다. 그에 따르면 이 두 사건은 일반적으로 생각하는 것처럼 비생산적인 것이 아니라 생산적인 것이다. 첫째, 쌀의 폐기는 "쌀의 조달에 **너무 많은 자본**이 사용되었기" 때문에 이를 조정하기 위해 발생한 것이다. 자명한 일이지만 프랑스나 독일 등과 같은 한 특정한 민족경제가 갖고 있는 자본과 노동의 총량은 제한적인 것이며, 따라서 "자본과 노동을 무제한적으로 쌀의 생산이나 수입에 사용할 수 없고 합목적적으로 분배되어야 한다".[60] 이 점에서 마르세유 항구에서 수입된 쌀의 일부분을 폐기함으로써 가격 하락을 방지한 것은 프랑스 민족경제에 생산적인 효과를 가져왔으며, 그 결과로 프랑스의 국민복지를 증진하는 효과를 가져왔다. 둘째, 건포도의 폐기가 생산적인 이유는 아주 간단하게 "그리스에서 수확되는 건포도는 전량이 **수출되며**, 따라서 단지 이를 통해 달성되는 총매출고만이 복지를 증진하는 데에 결정적이기 때문이다". 다시 말해 "단지 양의 감소를 통해서만 복지를 증진할 수 있기" 때문이다.[61] 그러니까 이 경우에 수확되는 건포도의 일부분을 폐기함으로써 가격 하락을 방지한 것은 그리스 민족경제에 생산적인 효과를 가져왔으며, 그 결과로 그리스의 국민복지를 증진하는

여기서는 577쪽.

59 Robert Liefmann, "Grundlagen einer ökonomischen Produktivitätstheorie", in: Jahrbücher für Nationalökonomie und Statistik III. Folge, Band 43, 1912, 273~327쪽.
60 Robert Liefmann, 앞의 글(1910), 578쪽.
61 같은 곳.

효과를 가져왔다. 이 두 예로부터 리프만은 다음과 같은 이론적인 명제를 도출한다.

> 개별 경제주체들에게 자유경쟁과 완전한 활동의 자유가 보장되면 [……] 그들은 자신의 자본과 노동을 항상 가장 수익성이 높은 사업에 투자할 수 있게 되며, 그 결과로 **사경제적 수익성과 민족경제적 복지의 증진은 동일한 것이 될 수밖에 없다.**[62]

리프만에 따르면 민족경제의 생산성과 이를 통해 가능해지는 국민복지는 화폐소득으로 측정할 수 있으며, 따라서 "모든 경제주체들이 가능한 한 큰 화폐소득을 올릴 때 가장 큰 생산성이 달성되고, 따라서 국민복지가 가장 크게 증진된다."[63]

이 리프만의 바로 다음에 등장한 토론자가 베버인데, 그는 리프만을 비판하면서 토론을 시작한다. 그 이유는 리프만이 "좀바르트에게 완전히 동의한다고 하면서 발언을 시작했지만 실제로는 그와 정반대되는 것을 말했기" 때문이다. 다시 말해 리프만은 좀바르트처럼 생산성에 대한 가치판단이 배제된 순수한 과학적 이론을 제시하고자 한다고 말했지만 정작 좀바르트와 달리 가치판단이 개입된 생산성 이론을 전개했기 때문이다. 사회과학적 인식은 가치자유적이어야 한다는 좀바르트의 입장은 베버가 "오래전부터 글을 통해 피력해온 견해와도 완전히 일치한다".[64] 베버가 보기에 리프만의 논리적 모순은 그가 생산성 개념을 국민복지에 연결한다는 사실에서 기인한다.[65] 왜냐하면 국민복지라는 개념에는 "세

---

62 같은 글, 579쪽.

63 같은 글, 580쪽

64 Max Weber, "Diskussionsbeitrag", in: Verein für Sozialpolitik, Verhandlungen des Vereins für Sozialpolitik in Wien 1909, Leipzig: Duncker & Humblot 1910, 580~85, 603~07쪽, 여기서는 580~81쪽[108쪽].

상에 존재하는 모든 윤리가 포함되어 있기"때문이다. 그런데 어떤 이들
은 이를 배제하기 위해 국민복지가 "한 경제집단에서 모든 개별적인 참
여자들이 가능한 한 많은 소득을 올리는 상황과 동일하다는 관념에서
출발한다".[66] 이에 반해 베버는 좀바르트의 탁월한 책에 접목하면서 로
마의 캄파냐를 언급한다.[67]

그것은[68] 엄청나게 부유한 소수의 지주들 수중에 있다. 이들은 엄청나
게 부유한 소수의 소작인들을 고용하고 있다. 다시금 이 소작인들은 —조
금 과장하자면 — 몇 안 되는 몹시 바쁜 목자들을 고용하고 있는데, 이 목자
들은 막대한 돈을 가진 소작인들로부터 쉽게 임금을 받을 수 **있을** 것이고
따라서 도둑질하거나 굶주릴 필요가 없을 것이며, 결국 그들도 또한 "만족
할" 것이다. 이러한 상황에서는 이 "황무지"에 거주하는 인구가 희박한 이
집단은 그들 자신의 모든 요구를 충족할 수 있는 일정한 정도의 사경제적
복지를 향유할 수 **있을** 것이다. 그러나 [……] 만약 그대들이 이 적은 사람
들의 이기적인 이해관계와, 즉 순수한 **사경제적** 수익성에 대한 그들의 이
해관계와 완전히 일치하지 **않는** 평가적 입장을 선택한다면 — 이 입장이
어떤 종류의 것이든 상관없이 —, 나는 그대들에게 묻고자 한다: 그대들은
이러한 상황에 만족하는가?; 그 상황은 다음의 사실을 고려할 때, 즉 — 다
른 관점들은 차치하고 — 만약 이 광대한 경작지에 수많은 농부들이 정착
한다면 현재 상기한 황무지에서 나오는 소득보다 엄청나게 더 큰 현금소득
을 올릴 수 있을 것이라는 사실을 고려할 때, "수익성"에 대한 그대들의 이

---

65 물론 베버는 생산성 개념도 비판하는데, 여기서는 지면 관계상 이에 대한 검토를 생략
    하기로 한다. 자세한 것은 같은 글, 604쪽 이하[119쪽 이하]를 볼 것.
66 같은 글, 581쪽[108~09쪽].
67 이것은 구체적으로 1888년에 출간된 『로마의 캄파냐: 사회경제적 연구』이다. 원래 이
    저작은 좀바르트가 같은 해에 베를린 대학에서 박사학위를 취득한 논문으로 로마 캄파
    냐(평원)의 소작 및 임금을 그 주제로 하고 있다.
68 이 인용구절에 나오는 "그대들"은 토론회의 참석자들을 가리킨다.

상에 부합하는가? 그러나 누군가 오늘날의 상황을 그와 같은 관점들 가운데 어떤 하나에서 비판한다면, 그는 즉각 여기에서 우리에게 제시된 것과는 **다른** "복지"의 개념을 전제하게 된다.[69]

베버가 보기에 리프만이 제시한 국민복지의 개념에도 사용된 단어만 좀 다를 뿐 그가 거부하는 바로 그것이 포함되어 있는데, 이는 다름 아닌 건포도와 쌀의 폐기와 관련하여 리프만이 사용한 예를 통해 증명될 수 있을 것이다.

리프만은 말하기를, 기업가들에게는 건포도와 쌀의 조달에 투자할 자본과 노동력을 그들의 사적인 소득을 적정선에서 유지하는 데 필요한 정도로 축소할 수밖에 없다는 것이 분명해졌다. 그렇다면 좋다 ― 그러나 쌀의 폐기는 그럼에도 불구하고 의심의 여지 없이 존재하는 특정한 이해관계, 즉 건포도나 쌀을 가능한 한 싸게 사서 먹을 수 있었다면 매우 행복했었을 사회계층들의 이해관계를 손상했으며, 따라서 그들의 사적 "복지"는 쌀의 폐기로 [그리고 건포도의 폐기로] 인해 손상되었다. 이 폐기의 근거가 된 것은 전적으로 기업가들의 이해관계였다.[70]

요컨대 베버가 보기에 리프만이 앞문으로 내다 버린 가치판단이 다시 뒷문으로 슬그머니 들어왔으며, 그 이유는 리프만이 국민복지라는 윤리적 가치판단의 관점에서 생산성의 문제에 접근했기 때문이다. 그만큼 리프만은 사회과학 및 경제학의 가치자유적 원칙에 철저하지 못했던 것이다. 말하자면 리프만의 입장은 일종의 과도기적인 것이라고 할 수 있다. 그러나 비록 그 논리적 비일관성으로 인해 베버로부터 비판을 받았지만,

---

69 Max Weber, 앞의 글(1910), 581쪽[109~10쪽].
70 같은 글, 581~82쪽[110~11쪽].

리프만은 존재와 당위를 결합하는 독일 역사학파의 전통에 반기를 들었으며, 이 점에서 베버와 좀바르트의 가치자유 진영에 속한다고 볼 수 있다. 아무튼 베버는 리프만에 대한 반론을 통해 자신의 주된 관심사인 가치자유와 가치판단의 문제로 넘어간다.

베버가 보기에 —— 그리고 좀바르트가 보기에 —— "당위의 문제와 과학적 문제를 뒤섞는 것은 악마가 하는 짓"인데, 사실 사회정책학회는 빈번하게 그리고 광범위하게 이 악마의 짓을 해왔다.[71] 물론 베버는 이 악마의 짓을 해온 노장 세대의 업적을 인정하는데, 그 이유는 그들이 없었다면 그 후예인 젊은 세대의 지적 작업이 불가능할 것이기 때문이다. 그러나 중요한 것은 국가주의를 정점으로 하는 집단주의에 결부된 노장 세대의 윤리적-가치판단적 원칙은 주관주의적 시대, 즉 각 개인이 스스로 자신의 이상을 창출해야 하는 시대에는 적합하지 않으며, 따라서 이 시대에 상응하는 새로운 과학적 원칙, 즉 가치자유적인 사회과학 및 경제학의 기반을 찾아야 한다는 것이다. 이와 관련하여 베버는 다음과 같이 말한다.

우리는 과거의 위대한 투쟁을 이끈 세대 학자들의 후예로서 그들에게 절대적인 존경심을 표한다. 그들이 지금까지 구축해놓은 강력한 토대 없이는 오늘날 우리의 지적 작업은 전혀 불가능했을 것이다. 그러나 그럼에도 불구하고 우리는 그들과 함께할 수가 없다. 바로 이것이 우리가 그들과는 전혀 다른 새로운 기반을 찾고자 시도해야 하는 이유인 것이며, 또한 나는 우리가 과학과 **실천적** 의지라는 두 영역을 순수하게 분리해야만 전자뿐만 아니라 **특히** 후자에도 기여할 수 있다는 점에서 좀바르트 교수의 견해와 완전히 일치한다. 그리고 만일 우리가 매우 유감스럽게도 오늘날 심지어 우리들의 한가운데에서도 그 이전보다 더욱더 가치판단들이 분화되었

---

71 같은 글, 582쪽[111쪽].

다는 사실을 목도할 수밖에 없다면, 우리는 이것을 솔직하게 말하는 정직함을 보여주어야 할 것이다. 우리는 **과학적으로** 입증할 수 있는 이상에 대해서 아는 바가 없다. 이미 주관주의적 문화의 시대가 되어버린 오늘날에는 각 개인이 스스로 자신의 이상을 창출해야 하는데, 이는 확실히 더 힘든 일이다. 그러나 우리는 피안과 차안, 사고와 행위 모두에서, 그 어떠한 게으름뱅이의 천국과 그곳으로 인도하는 그 어떠한 포장된 탄탄대로도 언약할 수 없다; 그리고 우리 영혼의 평화는 그와 같은 천국을 꿈꾸는 자의 평화만큼 클 수 없다는 사실은 우리 인간 존엄성에 찍힌 낙인이다.[72]

물론 그렇다고 해서 베버가 당위를 과학적 논의의 대상에서 배제한다고 생각해서는 안 될 것이다. 그에 따르면 오히려 당위에 대해서도 다음과 같은 방식으로 얼마든지 과학적 논의가 가능하다.

확실히, 경험과학은 오직 존재에만 근거할 수 있고 당위에 대해서는 **아무것도** 말해줄 수 없다는 것은 진실이다. 그러나 그렇다고 해서 ─ 이 점은 좀바르트 자신도 인정할 것이다 ─ 마치 내가 당위의 영역을 대상으로 하는 과학적 **논의**가 전혀 존재할 수 없다고 말한다는 식으로 이해되어서는 안 될 것이다. 문제는 다만 어떤 의미에서 이러한 과학적 논의가 가능한가이다. 우선 나는 한 특정한 가치판단을 가지고 나를 만나는 누군가에게 다음과 같이 말할 수 있다: 친애하는 이여, 그대는 그대 자신이 진정으로 **원하는** 것에 대해 잘못 생각하고 있다; 내가 그대를 위해 **논리**를 수단으로 삼아 그대의 가치판단을 변증법적으로[73] 분석하여 그것의 근거가 되는 궁극적

---

72 같은 글, 584~85쪽[115~16쪽].
73 여기에서 말하는 변증법이란 이성적 대화를 통해 진리를 확립하는 방법과 절차를 의미한다. 구체적으로 말해 대화를 통해 개념과 대상 사이, 대화 참가자들 사이, 자연과 사회 사이의 대립 또는 모순을 극복하여 종합에 이르는, 그러니까 정명제와 반명제의 합명제를 찾아냄으로써 진리에 도달하는 방법과 절차를 가리킨다.

인 공리들로 소급할 터이니 주목하기 바란다 — 나는 이를 통해 이 공리들에 이런저런 **가능한** "궁극적인" 가치판단들이 내포되어 있음을, 다시 말해 그대가 전혀 보지 못했던, 그리고 아마도 상호간 절대로 화해할 수 없는 또는 타협이 없이는 화해할 수 없는 가치판단들이 내포되어 있음을, 따라서 그대는 이 가치판단들 사이에서 **선택할** 수밖에 없음을 그대에게 보여줄 것이다. 이것은 경험적인 지적 작업이 아니라 **논리적인** 지적 작업이다. 또한 나는 더 나아가 다음과 같이 말할 수 있다: 만약 그대가 한 특정한 당위에 대한 관심에서 진정으로 명료한 이 특정한 가치판단에 따라 행위하기를 원한다면, **그렇다면** 그대는, 과학적 경험에 따라 볼 때, 상기한 가치공리에 상응하는 그대의 목적을 달성하기 위해서는 이런저런 **수단들**을 사용해야 한다. 만약 이 수단들이 그대에게 적합하지 않다면, 그대는 수단들과 목적 사이에서 **선택해야** 한다. 그리고 마지막으로 나는 그에게 다음과 같이 말할 수 있다: 그대는, 과학적 경험에 따라 볼 때, 그대의 가치판단을 실현하는 데 불가결한 수단으로 인해 의도하지 않은 다른 **부차적 결과들**이 초래될 수도 있다는 점을 고려해야 한다 — 그대에게는 이 부차적 결과들도 바람직한 것인가; "그렇다"인가 또는 "아니다"인가? **과학**은 그 사람을 이 "그렇다"와 "아니다"의 경계까지 이끌 수 있다 — 왜냐하면 이 경계의 차안에 존재하는 것은 모두 경험적 과학분야가, 또는 논리학이 답을 줄 수 있는 문제이기 때문이다 — 다시 말해 순수한 과학적 문제이기 때문이다. 그러나 이 "그렇다" 또는 "아니다" **자체**는 더 이상 그 어떤 과학의 문제가 **아니라** 양심 또는 주관적 취향의 문제이다 — 어쨌든 그에 대한 답이 다른 정신적 영역에 있는 문제이다.[74]

이렇게 보면 사회정책학회와 같은 학술단체에서 실천적인 문제를 논의하는 것은, 만약 일정한 조건이 충족된다면, 가능하고 또 의미 있는 일이

74 Max Weber, 앞의 글(1910), 582~83쪽[111~12쪽].

될 것이다. 베버는 방금 인용한 구절에 이어서 다음과 같이 말하고 있다.

그러므로 **과학적** 단체에서 실천적인 문제들을 논의한다고 하더라도 그 자체가 완전한 난센스는 아니다 — 물론 여기에는 우리가 궁극적으로 단 한 가지만 물을 수 있다는 사실을 분명히 알고 있다는 조건이 따른다: 그 단 한 가지란, 만약 누군가 이런 또는 저런 원리에 따라 행위한다면 어떤 수단들과 어떤 부차적 결과들을 감수해야만 하는가이다; 이것은 경험과학의 문제이다 — 그리고 더 나아가 서로 투쟁하는 가치판단들에는 어떤 **궁극적인** 입장들이 내포되어 있는가는, 논리적인 논의를 통해 답할 수 있는 문제이며, 이 논의의 결과도 마찬가지로 이론적으로 사고하는 모든 인간에게 구속력을 가진다. 원죄는 이 일련의 순수한 경험적 또는 순수한 논리적 사고가 주관적인 실천적 가치판단과 뒤섞일 때 비로소 시작된다. 나는 좀바르트가 나와 견해를 같이한다고 생각한다.[75]

이 맥락에서 골트샤이트를 언급할 만한 가치가 있다. 그는 좀바르트의 저 상징적이고 문학적으로 표현된 명제 — "우리는 금발의 여인이 더 아름다운지 또는 갈색머리의 여인이 더 아름다운지 **과학적으로 증명할 수 없다**"는 명제 — 를 거론하면서 자신의 견해를 개진하기 시작한다. 그가 보기에 이 명제는 미학과 관련된 것이며, 따라서 경제학에 대해서는 아무런 의미도 갖지 못한다. 경제학에서 사용하는 개념인 "생산성"(산출 증가)에는 "경제"(에너지 소모를 통한 유용성의 획득)에서와 마찬가지로 이미 가치요소가 들어 있다. 이 둘 모두 가치 개념이다.[76] 그러나 그렇다고 해서 — 그는 다른 한편으로 강조하기를 — "경제적으로 존재하는 것에

75 같은 글, 583쪽[112~13쪽].

76 Rudolf Goldscheid, "Diskussionsbeitrag", in: Verein für Sozialpolitik, Verhandlungen des Vereins für Sozialpolitik in Wien 1909, Leipzig: Duncker & Humblot 1910, 594~99, 여기서는 594~95쪽.

대한 과학이 경제적으로 마땅히 존재해야 하는 것에 대한 연구와 뒤섞여도 좋다고 생각해서는 결코 안 된다. 그렇게 하는 것이야말로 우리가 오늘날 접하는 가장 심각한 문제이다. 가치판단적인 고찰과 가치자유적인 고찰은 — 그리고 이 점에서 나는 막스 베버 교수와 일치한다 — 엄격하게 구별되어야 한다."[77]

이처럼 골트샤이트는 가치판단과 가치자유를 엄격하게 구별한다는 점에서 베버와 입장을 같이한다. 이와 관련하여 베버는 말하기를, 골트샤이트는 "두 가지 경우를 통해 경험과학에는 가치문제들이 포함된다는 것을 보이고자 했다. 첫 번째 경우와 관련하여 나는 그가 옳다는 것을 인정한다 — 나는 심지어 나 자신이 수년 전부터 똑같은 것을 말해왔다고 주장하는 바이다."[78]

그러나 골트샤이트와 베버 사이에는 결정적인 차이가 존재한다. 골트샤이트는 계속해서 주장하기를, 가치판단과 가치자유를 엄격하게 구별해야 함에도 불구하고 인과적-기술적 경제학 이외에도 규범적 경제학도 존재 근거와 의의를 갖는다는 사실을 무조건적으로 인정해야 한다.[79] 요컨대 사실판단의 경제학과 더불어 규범판단의 경제학이 절대로 필요하다는 것이다. 그런데 이 규범적 경제학에는 규범과 가치의 규명이라는 과제가 주어진다. 왜냐하면 "모든 이론과 모든 실천에 불가결한 것은 정밀하게 규명되는 규범과 가치이기" 때문이다. 이 규범과 가치가 없다면 경제학은 "완전히 미분화된 이상들"로 만족할 수밖에 없다.[80]

---

77 같은 글, 595쪽.
78 Max Weber, 앞의 글(1910), 603쪽[117쪽]. 그러나 베버는 골트샤이트가 논의한 두 번째 경우에 대해서는 전적으로 비판적인 입장을 취하는데, 그 경우란 구체적으로 골트샤이트가 경제학, 특히 규범적 경제학은 자연과학, 특히 진화론에 지향되어야 한다고 주장한 것이다. 자세한 내용은 같은 글, 603~04쪽[118~19쪽]과 Rudolf Goldscheid, 앞의 글(1910), 596쪽 이하를 볼 것.
79 Rudolf Goldscheid, 앞의 글(1910), 595쪽.
80 같은 글, 595~96쪽.

그렇다면 왜 규범과 가치가 요구되는가? 그것은 소재 선택의 문제 때문이다. 골트샤이트에 따르면 모든 인과적-기술적 연구, 아니 심지어 경제적 현상과 과정에 대한 단순한 기술조차도 무한한 현상과 과정으로부터의 선택이다. 이 세계는 사실들로 꽉 차 있고 모든 연구자에게는 무수한 문제들이 밀려들며, 따라서 "우리는 단지 사실의 올바른 선택을 통해서만 문제의 무한성을 지배할 수 있다. 그러나 경제학에서 그와 같은 선택을 할 수 있으려면, 우리는 기술적-인과적 경제학의 횃불로 규범적 경제학을 필요로 한다. 원인 없는 목적은 맹목적이고, 목적 없는 원인은 죽은 것이다".[81] 골트샤이트에 따르면,

오직 기술적 경제학과 규범적 경제학이 상호 보완하는 경우에만, 오직 가치자유적 고찰과 가치판단적 고찰이 과학적으로 동등한 권리를 갖는 것으로 인정될 뿐더러 엄격하게 분리되어 적용되는 경우에만, 우리의 이론적 작업뿐만 아니라 실천적 작업도 발전할 수 있으며 또한 이론과 실천이 서로 소외되는 것을 방지할 수 있다.[82]

우리는 여기에서 다시 한 번 골트샤이트와 베버의 유사점을 볼 수 있는바, 그것은 소재 선택의 문제이다. 골트샤이트와 마찬가지로 베버도 경제학과 같은 사회과학은 다름 아닌 가치연관을 통해서 소재를 선택될 수 있다고 본다. 그러나 동시에 이 둘 사이에는 결정적인 차이가 존재함을 간과할 수 없는바, 그것은 가치에 대한 표상이다. 골트샤이트가 말하는 가치는 보편적 가치 또는 사회적 목적을 가리키는 반면,[83] 베버가 말하는 가치는 어디까지나 연구자의 주관적 가치, 즉 연구자의 주관적 인

---

81 같은 글, 597쪽.
82 같은 글, 598쪽.
83 같은 글, 596, 598쪽.

해제 | 가치자유냐 가치판단이냐?   239

식관심이다. 그리하여 베버는 골트샤이트를 겨냥하여 말하기를 "우리는 **어떤** 문제를 연구해야 하는가, 다시 말해 우리는 무엇에 관심을 가져야 하는가, 무엇이 알 만한 **가치가 있는가**, 이러한 문제는 가치문제이며 단지 주관적인 가치판단에 근거해서만 답할 수 있다".[84] 바로 이런 까닭에 베버는 골트샤이트처럼 규범적 경제학을 필요로 하지 않는다. 그에게 경제학은 어디까지나 경험과학 또는 현실과학, 골트샤이트 식으로 말하자면 기술적-인과적 경제학이다.

결론적으로 말해 1909년 9월 29일은 다음과 같은 의미에서, 즉 가치판단 논쟁이라는 공개적인 토론을 통해 한 시대를 풍미하던 독일 역사학파 경제학이 일군의 젊은 세대에 의해 자아비판을 받았다는 점에서 역사적인 날이다. 이 역사적인 날을 장식한 학자는 루돌프 골트샤이트, 로베르트 리프만, 프리드리히 고틀, 그리고 누구보다도 막스 베버와 그의 친구 베르너 좀바르트였다.

b. 에두아르트 슈프랑거의 안티테제

이어서 1914년 베를린의 사회정책학회 위원회에서 전개된 제2차 가치판단 논쟁이다. 이 절의 앞부분에서 말한 바와 같이, 여기서는 여러 모로 베버의 소견서에 대한 "안티 소견서"를 제출한 슈프랑거의 입장에 대해 간략하게 살펴보기로 한다.

슈프랑거[85]는 독일의 철학자, 심리학자, 교육학자이자 빌헬름 딜타이(1833~1911)와 프리드리히 파울젠(1846~1908) 등의 제자로 정신과학적 심리학(이것은 자연과학적 심리학과 상반되는 조류이다)의 토대 위에 문화이론을 구축하고자 했으며, 또한 정신과학적 심리학에 기반을 둔 인문주의를 주창하면서 이를 "제3의 인문주의"라는 개념으로 표현했다. 슈

---

84 Max Weber, 앞의 글(1910), 603쪽[117~18쪽].
85 그의 자세한 인적사항은 이 책의 뒷부분에 나오는 "인명목록"을 볼 것.

240

프랑거의 문화이론적 작업은 심리학적 이해의 방법을 통해 정신과학을 철학적으로 정초하는 데에 그 중점이 있었다.

이처럼 정신과학적 심리학에 근거하고 이를 지향하는 슈프랑거는 경제학에서 가치판단을 부정하는 입장을 실증주의라고 비판한다. "과학으로서의 경제학은 정치적 또는 윤리적 성격의 가치판단과 요구를 제시할 임무가 없다는 견해는"—이 문장과 더불어 슈프랑거는 자신의 소견서인 「경제학에서 가치판단이 차지하는 위상」을 시작한다—"정신과학에 근대 실증주의가 확산된 흥미로운 징후이다".[86] 자연과학, 특히 물리학을 모델로 하는 실증주의는 인과인식을 추구하는 가치자유적 과학이다. 이에 반하여 슈프랑거는 "'인식에 **근거하는** 가치판단"을 내리는 것은 "정신과학의 특성에 속한다는 사실"을 그리고 "이러한 입장과 정당인이나 선동가의 입장 사이에는 정확하게 규정할 수 있는 차이가 존재한다는 사실"을 보여주고자 한다. 그리하면 "경제적-사회적 인식**으로서의** 가치판단"이라는 하나의 극단도 "모든 사회적-경제적 인식 **밖에서의** 가치판단"이라는 또 다른 극단도 피할 수 있다.[87]

여기에서 슈프랑거가 말하는 정신과학의 특성이란 구체적으로 인간의 정신적 삶을 이해하는(해석하는), 보다 정확하게 말하자면 심리학적으로 이해하는(해석하는) 것을 가리키며, 바로 이 점에서 정신과학은 자연과학적 방식에 따라 사물들 또는 사실들 사이의 관계를 인과적 또는 법칙적 그리고 기능적으로 설명하는 실증주의와 근본적으로 구별된다. 왜냐하면 인간의 정신적-사회적 삶은 단순한 기계적 운동이나 작용이 아니라 다양한 심리학적 요소들이 개입되는 과정이기 때문이다. 그런데

---

86 Eduard Spranger, "Die Stellung der Werturteile in der Nationalökonomie"(1913), in; Heino Heinrich Nau (Hrsg.), Der Werturteilsstreit. Die Äusserungen zur Werturteilsdiskussion im Ausschuss des Vereins für Sozialpolitik, Marburg: Metropolis 1996, 122~46쪽, 여기서는 122쪽.

87 같은 곳.

슈프랑거에 따르면 경제적-사회적 사실을 이해하고자 하는 사람은 누구든지 "주관적 장치를 필요로 한다: 즉 그는 인간의 가치경험과 목적설정을—우리는 이것들을 앞으로 '가치'라는 다의적인 그리고 여기서는 아직도 완전히 **주관적-심리학적으로** 이해되는 표현으로 요약하고자 한다—그는 이 가치를 내적으로 복제할 수 있어야 한다".[88] 달리 표현하자면, 경제적-사회적 사실의 연구자는 타자의 가치—경제적, 도덕적, 종교적, 미학적 가치 등—를 추체험할 수 있어야 한다. 이렇게 해서 사실의 인식에 근거하는 가치판단이 가능해진다. 예컨대 경제적 삶에 대한 실증적 연구를 보면 어디서나 "어떻게 **실제로**, 즉 어떤 조건에서 어떤 방향으로 그리고 어떤 실행력으로 경제적 가치판단이 **형성되는지**"가 명백하게 드러난다.[89]

이렇게 보면 경제적 사실을 연구하는 연구자가 경제학적 가치판단의 주체라고 생각할 수 있을 것이다. 그러나 가치판단을 하는 연구자의 의식은 그의 개인적인 인식관심에 머물며, 따라서 순수한 주관성의 차원을 넘어설 수 없다. 슈프랑거에 따르면 이처럼 주관적인 연구자의 의식은 경제학적 가치판단의 과학성의 "하한선"을 구성한다. 그 상한선, 즉 그 어떤 가치관점도 넘어설 수 없는 경계는 "비교적 포괄적인 객관성에 근거하는 주관성"에 있다.[90] 경제적 삶을 연구하는 연구자는 이 객관적 주관성을 달성하기에 적합한 인간집단을 선택하고 바로 그 이름으로 가치판단을 해야 한다. 슈프랑거에 따르면 인류는 모든 가치관점을 포괄하기 때문에 객관적 주관성을 담보할 수 없다. 가치판단을 하는 사람은 누구나 "하나의 관점에 입각하고 다른 관점들은 배제해야 한다. 가치평가는 동시에 정반대의 무가치들을 배척하는 것을 의미하며", 따라서 "투쟁은

88 같은 글, 123쪽.
89 같은 글, 133쪽.
90 같은 글, 137쪽.

가치평가의 본질에 속한다".[91] 바로 이런 까닭에 ─ 방금 언급한 바와 같이 ─ 그 어떤 가치관점도 객관적 주관성, 즉 비교적 포괄적인 객관성에 근거하는 주관성을 넘어설 수 없는 것이다.

슈프랑거가 보기에 경제학적 가치판단의 객관적 주관성을 담보할 수 있는 인간집단은 다름 아닌 **"국가적으로 연합된 민족"**이다.[92] "경제학은" ─ 슈프랑거는 계속해서 주장하기를 ─

> 요구와 가치판단을 표명하는 한 오늘날에도 여전히 [세계경제이론이 아니라] **민족경제학** 또는 **국가경제이론**이다. 순수하게 기술하는 과학으로서의 경제학은 냉정하고 공평무사하게 세계교역의 국제적 관계들을 기록한다. **그러나 가치평가를 하고 요구하는 과학으로서의 경제학은 주체로 ─ 그리고 이는 그것의 자의적인 경계이다 ─ 전체로서의 민족을 선택한다.** 그러므로 또한 바로 이 점에서 과학의 국제성이 중단된다: 오늘날 영국의 경제학이 독일의 경제학과 미래에 대한 동일한 요구를 한다는 것은 생각할 수 없는 일이다. 여기서는 가치가 가치와 대립한다. 이와 반대로 민족적 과학에 대해 다음과 같이 요구하는 것, 즉 단순한 집단적 이해관계의 입장을 넘어서 민족경제 전체를 주시하라고 요구하는 것은 생각해볼 수 있는 일이다. 이미 이 점 하나만으로도 과학은 정당 정치인들의 도그마와 구별된다. 다시 말해 과학은 그 실증주의적 토대와는 별도로 자신의 가치판단의 완전히 다른 주체 또한 구성한다: 과학은 민족 전체와 그 특성에 따라 가치와 규범을 부과한다.[93]

요컨대 경제학자는 자신의 이름으로가 아니라 자신의 민족이나 국가

---

91 같은 곳.
92 같은 글, 139쪽.
93 같은 글, 139~40쪽.

의 이름으로 가치판단을 한다는 것이 슈프랑거의 결론인 것이다.

여기까지의 슈프랑거에 대한 간략한 논의를 요약하자면, 첫째 실증적 인식에 기반을 둔 가치판단의 근거를 정신과학적 심리학의 관점에 서서 타자의 가치를 내적으로 복제할 수 있는 또는 추체험할 수 있는 의식의 능력에서 찾는다. 이는 베버의 눈에 심리학주의로 비쳤을 것이다. 왜냐하면 베버에게 가치판단은 행위하는 개인들이 사물이나 대상에 대해 주관적인 입장을 설정하고 거기에 의미를 부여하는 것을 뜻하기 때문이다.

둘째, 슈프랑거는 경제학을 정신과학의 일부분으로 간주하며, 따라서 실증적 연구에 기반을 둔 경제학적 가치판단의 가능성과 의미를 인정한다. 이는 베버에게 경제학의 과학적 본질과 특성을 오해한 소치로 보였을 것이다. 베버에게 경제학은 경험과학이며, 따라서 경제학적 인식은 당위판단이 아니라 존재판단에 머물러야 한다. 경제학은 가치자유적 과학이다. 물론 가치판단은 경제학을 비롯한 경험과학의 중요한 인식 대상이 될 수 있는데, 그 이유는 가치판단이 개인들의 유의미한 행위에 속하기 때문이다. 경제학을 비롯한 경험과학의 과제는 개인들의 이 가치판단적 행위에 대한 가치판단을 내리는 데 있는 것이 아니라 가치자유적으로 그것을 이해하고 설명하는 데에 있다. 경험과학으로서의 경제학은 가치판단적인 과학이 아니라 가치판단적인 것의 과학, 보다 정확하게 말하자면 가치판단적인 것에 대한 가치자유적 과학이다.

셋째, 슈프랑거는 경제학적 가치판단의 주체를 전체로서의 민족이나 국가에서 찾는다. 이는 베버의 눈에 집합주의로 비쳤을 것이다. 베버에게 행위하는 집합인격체는 존재하지 않는다.[94] 가치판단의 주체는 경제

---

94 베버의 이해사회학에는 "'행위하는' 집합인격체란 존재하지 않는다. 사회학이 '국가'나 '민족'이나 '주식회사'나 '가족'이나 '군대'나 또는 이와 유사한 '구성체'에 대해 말하는 경우, 그것이 뜻하는 바는 오히려 **다만** 개인들의 실제적인 또는 가능한 것으로 구성된 사회적 행위가 특정한 방식으로 진행된다는 것이다". Max Weber, Wirtschaft und Gesellschaft. Grundriss der verstehenden Soziologie, 5. Auflage, Tübingen: J. C. B. Mohr

학자가 아니며, 민족이나 국가의 이름으로 인식하고 판단하는 경제학자는 더더욱 아니다. 가치판단의 주체는 유의미하게 행위하는 개별적인 경제주체들이다. 경제학자는 바로 이 가치판단을 이해하고 설명하는데, 그것도 민족이나 국가의 일원으로서가 아니라 주관적인 가치이념과 인식관심을 따르는 개인적인 인식주체로서 그리한다.

이렇게 해서 우리는 1909년과 1914년에 사회정책학회 내에서 벌어진 두 차례의 가치판단 논쟁을 간략하게 살펴보았다. 그런데 이미 이 장의 서두에서 언급한 바와 같이, 가치판단은 이 두 공식적인 '사건'에 국한되지 않는다. 예컨대 1905년(만하임)과 1911년(뉘른베르크)의 사회정책학회 총회에서도 가치판단에 대한 논의가 있었으며, 1880년대 독일 역사학파 경제학과 오스트리아 이론경제학파 사이에 벌어진 경제학 방법론 논쟁에서도 가치판단이 중요한 문제였다. 게다가 1909년의 가치판단 논쟁에 참여한 사람들과 1914년의 가치판단 논쟁에 참여한 사람들은 암묵적으로 구스타프 폰 슈몰러와 카를 멩거(1840~1921)의 입장에 준거했고, 따라서 이 두 차례의 가치판단 논쟁은 경제학 방법론 논쟁에 연결되며 더 나아가서는 오스트리아 이론경제학파의 창시자인 멩거의 『경제학 원리』가 출간되면서 독일어권에 두 개의 경제학이 — 오스트리아 이론경제학과 독일 역사학파 경제학이 — 서로 갈등하고 투쟁하기 시작한 1871년까지 거슬러 올라간다. 1909년의 제1차 가치판단 논쟁은 이처럼 비교적 긴 역사를 갖는 가치판단에 대한 논의가 공식적인 — 그리고 첨예한 — 형태를 띤 사건이었으며, 1914년의 제2차 가치판단 논쟁은 가치판단에 대한 논의가 "그 형식적인 절정"에 도달한 사건이었다.[95] 그 이후에도 가치판단에 대한 논의는 지속되었다. 아무튼 가치판단 논쟁을 통해, 또는 보다 일반적으로 말해 가치판단에 대한 논의를 통해 역사적-윤

(Paul Siebeck) 1972, 6~7쪽.

95　Heino Heinrich Nau, 앞의 글(1996b), 9, 14쪽.

리적으로 지향된 독일 역사학파 경제학의 "끝의 시작"이 대내외적으로 공표되었는데, 이 학파는 1945년 이후에는 완전히 과학적 무대의 뒷전으로 물러나면서 역사적으로 종언을 고했다.[96] 이 과정에서 가장 결정적인 역할을 한 것은 독일 역사학파 경제학의 후예인 막스 베버였다.

4. 사회정책학회와 사회학회 그리고 막스 베버

1909년 9월 오스트리아의 수도 빈에서 벌어진 제1차 가치판단논쟁은 노장 세대의 입장을 따라 사회정책학회를 가치판단적인 학회로 존속시키거나, 또는 젊은 세대의 입장을 따라 가치자유적인 학회로 전환시키는 해결책으로 귀결되지는 않았다. 그보다는 젊은 세대의 입장을 관철할 수 있는 새로운 학회의 존재에 대한 필요성이 대두되었다. 이는 젊은 세대뿐만이 아니라 노장 세대도 공감하는 대안이었다. 가치자유적인 학회라는 이 새로운 필요성에 부합할 수 있는 것이 다름 아닌 독일 사회학회였다.

물론 그렇다고 해서 제1차 가치판단 논쟁을 계기로 사회학회가 창립되었다는 것은 아니다. 이 학회는 이 논쟁이 벌어지지 전인 1908년부터 준비를 거쳐 1909년 1월 30일에 창립되었기 때문이다. 그러나 이미 1890년대부터 윤리적 가치판단에 기반을 둔 사회정책학회의 사회정책적 이념을 비판하는 경제학자들이 나타났으며,[97] 그 결과로 "두 개의 경제학"이 형성되었다.[98] 1909년의 제1차 가치판단 논쟁은 ─ 그리

---

96 같은 글, 51쪽.

97 이에 대해서는 다음을 볼 것: Dieter Lindenlaub, Richtungskämpfe im Verein für Sozialpolitik. Wissenschaft und Sozialpolitik im Kaiserreich vornehmlich vom Beginn des "Neuen Kurses" bis zum Ausbruch des Ersten Weltkrieges(1890~1914), Wiesbaden: F. Steiner 1967, 12~13쪽.

고 1914년의 가치판단 논쟁은 — 바로 이 두 개의 경제학이 공개적인 토론장에서 충돌한 사건이었다. 그러니까 독일 역사학파 경제학 내부에서는 이미 가치자유적인 인식에 대한 욕구가 존재하고 있었으며, 이 욕구를 실현할 수 있는 — 사회정책학회에 대한 — 제도적 대안이 바로 사회학회였던 것이다. 젊은 세대의 경제학자들은 사회학회가 사회학이라는 개별 과학을 대변하는 학회가 아니라 가치자유적 사회과학을 대변하는 학술단체로 간주하고 사회학회에 참여했다. 경제학 이외에도 철학, 통계학, 심리학, 역사학, 법학, 신학과 같이 실로 다양한 분야의 학자들이 독일 사회학회를 구성했다. 독일 사회학회는 이처럼 다양한 지적 배경을 지닌 지식인들이 모여서 현대사회의 문제들에 대해 토론하는 공공의 장이었다.

아무튼 독일 사회학회 정관의 일반규정 제1조는 학회의 목적을 다음과 같이 정의하고 있다:

순수한 과학적 연구와 조사를 통해, 출판과 순수한 과학적 작업의 지원을 통해 그리고 정기적으로 개최되는 독일 사회학대회의 조직을 통해 사회학적 인식을 진흥하고 촉진하는 것.[99]

이에 따라 독일 사회학회는 사회학의 모든 과학적 방향과 방법에 동등한 기회를 부여하고, 그 어떠한 실천적인 목적 — 윤리적, 종교적, 정치적, 미학적 목적 등 — 도 거부했다.[100] 이렇게 해서 사회(과)학과 사회정책의 노동분업이 제도화되었다. 독일 사회학회의 초대 회장으로는 페르디난트 퇴니스(1855~1936)가 선출되었는데, 이는 아마도 이미 1887년

---

98 Heino Heinrich Nau, 앞의 글(1996h)

99 Deutsche Gesellschaft für Soziologie, Verhandlungen des Ersten Deutschen Soziologentages von 1910 in Frankfurt, Tübingen: J. C. B. Mohr (Paul Siebeck) 1911, V쪽.

100 같은 곳.

해제 | 가치자유냐 가치판단이냐? 247

에 출판된 그의 저서인『공동사회와 이익사회』가 중요한 사회학적 저술로 높이 평가되었기 때문인 것 같다.

당시 독일 사회학의 판도를 감안하면, 사회학회의 창립은 실상 때 이른, 좀 성급한 과학적 인식의 제도화라는 사실을 감지할 수 있을 것이다. 우선 사회학회가 창립된 당시 그 어떠한 독일 대학에도 사회학과가 존재하지 않았으며, 심지어 사회학 교수나 교수직조차도 존재하지 않았다. 단지 몇몇 학교에서 사회학을 가르치고 있었을 따름이다. 심지어 학회장인 퇴니스도 킬 대학의 철학 교수로 재직하고 있었다. 그는 토머스 홉스에 대한 연구로 명성을 떨친 철학자이며, 그의 주저로 간주되는『공동사회와 이익사회』는 짐멜이나 베버의 사회학과는 다른 성격을 띠고 있었다.[101] 비로소 1919년에 이르러서야 프랑크푸르트, 쾰른 및 베를린 대학에 독일 최초의 사회학 교수직이 설치되었다. 그러나 여전히 사회학 전담 교수직은 존재하지 않았으며, 경제학이나 철학 등 다른 교수직의 학자가 사회학 교수직을 겸임했다.[102] 또한 사회학 전문 학술지 하나 존재하지 않는 실정이었다. 그리고 독일 사회학회의 창립 회원 39명 가운데 본업이 사회학인 사람은 아무도 없었으며, 심지어 사회학이라는 명칭에 걸맞은 사회학자도 거의 찾아보기 힘들었다. 아마도 게오르그 짐멜(1858~1918)—그는 철학이 본업이고 사회학은 부업이었다—이 유일한 경우였을 것이다. 짐멜은 이미 1890년에『사회분화론: 사회학적 및

---

101 퇴니스의 사회학적 기본개념은 "본질의지"와 "자의의지"인데, 이 두 개념은 사회적 삶의 어느 특정한 측면에 지향된 특수개념이 아니라 각각 공동사회와 이익사회 유형을 전체적으로 포괄하고 있는 보편개념이다. 그리고 공동사회와 이익사회에 대한 그의 논의는 실증적-경험과학적이라기보다는 역사철학적 성격이 강하다. 요컨대 퇴니스는 개별 과학으로서의 사회학을 추구한 짐멜이나 베버보다는 보편사회이론으로서의 사회학을 추구한 콩트나 스펜서에 가깝다.

102 이에 대해서는 다음을 볼 것: Dirk Kaesler, Die frühe deutsche Soziologie 1909 bis 1934 und ihre Entstehungsmilieus. Eine wissenschaftssoziologische Untersuchung, Opladen: Westdeutscher Verlag 1984, 626쪽 이하.

심리학적 연구』라는 저서를 출간했으며, 1894년에는「사회학의 문제」라는 논문에서 개별 과학으로서의 사회학이란 무엇인가라는 문제를 다루기도 했다. 그리고 독일 사회학회가 창립되기 직전인 1908년에는『사회학: 사회화 형식들에 대한 연구』라는 그의 사회학 주저가 출간되었는데, 이는 그동안의 사회학적 연구를 총결산하는 방대한 저작이다.

그래서인지는 몰라도, 짐멜은 1910년 10월 프랑크푸르트에서 제1차 독일 사회학대회가 개최되었을 때 "친교의 사회학"이라는 주제로 대회 전야제를 위한 강연을 했다.[103] 이 주제는 사회과학적 인식의 가치자유라는 대원칙을 표방하는 독일 사회학회에서 진행된 첫 번째 공개 발표라는 점에서 커다란 의미를 갖는다. 이와 더불어 친교라는 사회적 현상은 국가를 중심으로 하는 독일 역사학파 경제학에 정면으로 배치된다는 점에서, 짐멜의 강연이 지니는 또 다른 의미를 엿볼 수 있다. 짐멜에 따르면 친교는 국가가 아닌 사회를 중심으로 하는 사회학의 인식 대상은 무엇이어야 하는가를 전형적으로 보여준다. 왜냐하면 친교란 그 당시 대도시적 시민계층의 사회적-문화적 공간과 삶의 양식에 다름 아니기 때문이다. 개인들은—좀 더 정확히 말하자면, 돈을 소유한 시민계층적 개인들은—그 어떠한 정치적, 경제적, 사회적, 직업적 또는 문화적 목적이나 과업 또는 이해관계에 관계없이 단지 다른 개인들과의 상호작용 그 자체를 위해 친교에 참여한다.[104] 모든 인간의 사회적 삶과 행위를 궁극적으로 국가나 민족이라는 관점에서 윤리적으로 파악하는 독일 역사학파 경제학의 입장에서 보면 친교와 같은 사회적 현상은 그 어떤 과학

---

103 Georg Simmel, "Soziologie der Geselligkeit", vorgetragen auf dem Ersten Deutschen Soziologentag von 1910 in Frankfurt, in: Deutsche Gesellschaft für Soziologie, Verhandlungen des Ersten Deutschen Soziologentages von 1910 in Frankfurt, Tübingen: J. C. B. Mohr (Paul Siebeck) 1911, 1~16쪽.

104 이에 대한 자세한 것은 다음을 볼 것: 김덕영,『짐멜이냐 베버냐? 사회학 발달과정 비교연구』, 한울아카데미 2004, 143쪽 이하.

적 인식의 가치나 의미도 지니지 못할 것이다.

독일 사회학회에서는 이미 제1차 사회학대회부터 사회학의 성격, 과제, 인식 대상, 연구 방법 그리고 사회학과 다른 개별 과학들의 관계 등에 대한 다양한 논쟁이 전개되었다. 이는 나치의 등장과 더불어 공식적인 활동이 중단되기 전에 마지막으로 개최된 1930년의 제7차 사회학대회까지 지속되었다. 좀바르트와 더불어 베버는 이해와 설명을 사회과학적으로 결합한 사회학의 입장을 대변했다. 이에 반해 퇴니스와 같은 학자는 사회적 현상에 대한 자연과학으로서의 사회학의 입장을 대변했다. 그리고 헤르만 칸토로비츠(1877~1940)와 같은 학자는 문화과학적 사회학의 입장을 대변하면서, 특히 역사적 관점과 문화법칙에 대한 이해의 방법을 강조했다.[105]

베버는 독일 사회학회와 밀접한 관계가 있었다.[106] 그러나 이 관계는 사회정책학회와 맺고 있던 관계와는 아주 대조적이었다. 그는 독일 사회학회의 창립 과정에서 '산파' 역할을 했으며 회계 담당 이사가 되었다. 그리고 1910년 10월 프랑크푸르트에서 개최된 제1차 사회학대회에서 학회 사업보고를 통해 신문과 사회단체에 대한 경험적 연구를 제안했다. 베버는 이것들이 현대인을 어떻게 각인하는가를 사회학적으로 규명하는 작업, 그러니까 "신문의 사회학"과 "단체의 사회학"을 독일 사회학회의 첫 번째 연구 과제로 제시했던 것이다.[107]

---

105 Dirk Kaesler, "Der Streit um die Bestimmung der Soziologie auf den deutschen Soziologentagen 1910 bis 1930", in: Kölner Zeitschrift für Soziologie und Sozialpsychologie, Sonderheft 23/1981: Soziologie in Deutschland und Österreich 1918~1945, 199~244쪽.

106 베버와 독일 사회학회의 관계에 대해서는 무엇보다도 다음을 볼 것: M. Rainer Lepsius, "Max Weber und die Gründung der Deutschen Gesellschaft für Soziologie", in: Soziologie, 40. Jahrgang, Heft 1, 2011, 7~19쪽.

107 Max Weber, Gesammelte Aufsätze zur Soziologie und Sozialpolitik, 2. Auflage, Tübingen: J. C. B. Mohr (Paul Siebeck) 1988, 434쪽 이하.

그런데 베버는 그 후 채 2년도 안 된 1912년 1월 1일부로 독일 사회학회의 이사진에서 물러났다. 그 이유는 두 가지였는데, 이는 독일 사회학회의 다음과 같은 세 가지 기본 원칙 가운데 두 가지와 관련된 것이었다. 첫째, 독일 사회학회는 일체의 가치판단을 배격한다. 둘째, 독일 사회학회는 결코 순수한 "아카데미즘"을 추구하지 않는다. 이 학회는 아카데미 같은—예컨대 무슨 과학 아카데미, 그러니까 무슨 학술원과 같이— "명사(名士) 클럽"이 아니라 어디까지나 "연구 공동체"다. 셋째, 독일 사회학회는 "영역 애국주의"를 추구하지 않는다. 다시 말해 스스로를 자기 목적으로 보지 않으며, 연구 과제를 독점하거나 다른 학회나 단체의 연구 과제를 빼앗지 않는다. 그리고 내부의 연구 작업에서도 분권화의 원칙을 지킨다.[108]

아무튼 베버가 독일 사회학회의 회계 담당 이사직에서 물러난 첫 번째 이유는 그 회원들 사이에 주관적 가치판단의 입장과 태도가 만연해 있었기 때문이다. 그러니까 회원들이 학회의 첫 번째 기본 원칙을 어기고 있었던 것이다. 이와 관련해 베버는 다음과 같이 말하고 있다.

> [독일 사회학회에서] 어떤 이들은 나에게는 그야말로 아무런 상관도 없는 주관적인 "가치판단"으로 남을 괴롭히는데 [……], 그러한 회원들은 **모두** 제발 자제하고 나서지 말지어다. 이제 나는 다시금 실현할 수 없는 원칙이나 좇는 돈키호테로 무대에 나서서 괴로운 장면을 연출하는 데 완전히 진절머리가 나고 말았다.[109]

그리고 베버가 독일 사회학회의 회계 담당 이사직에서 물러난 두 번째 이유는 그 회원들이 실제적인 사회문제를 다루려고 하지 않았기 때문이

---

108 같은 책, 431~32쪽.
109 Marianne Weber, 앞의 책(1926), 430쪽.

다. 그러니까 회원들이 학회의 두 번째 기본 원칙을 어기고 있었던 것이다. 이와 관련해 베버는 다음과 같이 말하고 있다.

> 나는 이 낙선자 살롱에 깊은 혐오감을 느낀다. 이들 낙선자 가운데 그 누구도 다른 사람을 인정하지 않고 다른 사람에게 아무것도 베풀지 않으며, 또한 그들 가운데 그 누구도 [공동 연구작업을 위해] 단 한순간도 자신의 개인적인 과학적 관심을 희생하지 않는다.[110]

베버는 "낙선자 살롱" 또는 "명사 클럽"과도 같은 독일 사회학회와 대비되는 학술단체를 사회정책학회에서 찾았다. 사회정책학회는 ─ 그가 「사회정책학회 위원회에서의 가치판단 논의를 위한 소견서」에서 분명히 밝히고 있듯이 ─ 주로 "'세계관'의 문제, 보다 정확하게 말하자면 실천적-정치적 '가치판단'"이라는 목적을 위해 "창립되었고 존속해왔으며 앞으로도 이 목적을 위해 존속해야 한다".[111] 베버는 이처럼 가치판단을 추구하는 사회정책학회에서 세상을 떠날 때까지 매우 적극적으로 활동했다. 이는 그에게 중요한 것은 가치자유냐 가치판단이냐 하는 이분법적 선택이 아니라 어디까지나 이 두 범주의 지적 노동분업과 이에 기반을 둔 지적 공동작업임을 함의하는 대목이다.

---

110 같은 책, 428~29쪽. 여기에서 말하는 "낙선자 살롱"은 프랑스어에서 유래한 것이다. 1863년 우리의 '국전'(대한민국 미술 전람회)에 해당하는 "관전"(官展)에서 마네를 위시한 일군의 전위적 화가들의 작품이 낙선되는 일이 벌어졌다. 당시 심사위원들이 신고전주의의 입장에서 작품을 평가했기 때문이다. 이에 관객들이 반발하자, 나폴레옹 3세는 이른바 "낙선자 살롱" 또는 "낙선전"이라고 불리는 특별 전시회를 개최하도록 했다. 이 전시회는 현대 인상주의의 도래를 예고하는 예술사적 의미를 지닌다. E. H. 곰브리치(백승길 · 이종숭 옮김), 『서양미술사』, 예경 1997, 51쪽. 베버는 낙선자들이 모인 살롱이라는 말을 패러디하면서 독일 사회학회를 희화화하고 있는 것이다.

111 Max Weber, "Gutachten zur Werturteilsdiskussion im Ausschuss des Vereins für Sozialpolitik", in: Eduard Baumgarten, Max Weber. Werk und Person, Tübingen: J. C. B. Mohr (Paul Siebeck) 1964, 102~39쪽, 여기서는 102쪽[129~30쪽].

5. 가치자유와 가치판단의 문제

이 마지막 장에서는 먼저 가치자유의 문제를 살펴본 후, 경험과학과 가치판단의 문제 및 강단(에서의) 가치판단의 문제를 따져보기로 한다. 그리고 나서 과학과 정치의 문제를 짚어볼 것이다.

(1) 가치자유의 의미

베버에 따르면 문화과학적 및 사회과학적 인식은 가치에 연관된 인식이다.[112] 그러나 이 가치연관적 인식은 엄격히 과학외적 가치 — 예컨대 정치적, 경제적, 종교적, 윤리적, 미학적 가치 등 — 로부터 자유로워야 한다. 가치자유의 원칙이다. 요컨대 문화과학적 및 사회과학적 인식은 가치연관적이면서 가치자유적인 인식, 가치연관적-가치자유적 인식이다. 그런데 가치자유의 원칙은 과학외적 가치에 대한 과학적 인식의 독립성만을 뜻하는 것이 아니다. 그와 더불어 과학은 과학외적 영역에서 이루어지는 실천적 가치판단에 개입해서는 안 된다. 즉 과학외적 가치판단은 과학적 인식으로부터 독립적이다. 이처럼 진정한 가치자유는 과학적 행위와 과학외적 행위 사이의 상호 독립성을 요구한다. 이는 가치자유에 대한 베버의 논의가 과학적 삶의 영역에서의 사회적 행위와 과학외적 삶의 영역에서의 사회적 행위의 관계라는 틀에 기초하고 있음을 시사한다. 다시 말해 가치자유의 원칙은 단순히 과학이론이나 방법론의 문제가 아니라 보다 광범위하게 행위이론 및 가치이론과의 관계 속에서 보아야 한다.

이에 대한 근거는 가치분화 또는 가치다신주의라는 근대세계의 문화사적 특징에서 찾을 수 있다. 베버에 의하면 합리화되고 탈주술화된 오

---

112 이에 대한 자세한 것은 김덕영, 앞의 책(2012), 446쪽 이하를 볼 것.

늘날의 세계에서는 정치적, 경제적, 종교적, 윤리적, 과학적, 미학적, 에로스적 가치 등 다양한 가치가 분화되고 각각의 가치는 그 자체적인 논리와 법칙을 따르기 때문에 그 어떠한 가치도 지배적이고 독점적인 지위를 점할 수 없다. 그리고 더 나아가 이들 다양한 가치 사이에는 영원한 갈등과 투쟁이 벌어진다. 그야말로 가치다신주의의 시대가 된 것이다. 나에게 신이 될 수 있는 가치가 남에게는 악마가 될 수 있으며, 그 역의 논리도 성립한다. 그러므로 나의 가치로 남의 가치를 판단하거나 평가할 수 없다.[113] 이렇듯 가치가 분화되어 다신주의의 형태를 띠는 시대적 상황에서는 과학을 포함한 모든 문화적 삶의 영역이 그 자체의 원칙과 규범 위에 존립한다. 그러므로 과학과 과학외적 영역 사이에는 상호 독립성의 논리가 성립하며, 바로 이 논리에서 가치자유의 원칙이 도출되는 것이다.

(2) 가치판단과 행위 그리고 과학

베버에 따르면 가치판단은 어디까지나 자신의 주관적 가치표상과 의미부여에 따라 행위하는 개인들의 문제이다. 그것은 "주관주의적 문화의 시대"를 살아가는 개인들의 숙명이다. 이들에게 과학은 그 어떠한 방식으로도 가치판단을 제공할 수 없다. 왜냐하면 "우리는 **과학적으로** 입증할 수 있는 이상에 대해서 아는 바가 없기" 때문이다.[114] 물론 그렇다고 해서 과학이 가치판단에 전혀 도움을 줄 수 없다는 이야기는 결코 아니다. 베버는 과학이 가치판단에 대해 갖는 의미와 기능을 경험적 과학과 철학적 과학으로 나누어서 논한다. 먼저 경험과학은 가치판단과 그에 근거하는 행위를 위해 "(1) 불가피한 수단들, (2) 불가피한 부차적 결과

---

113 가치다신주의에 대한 자세한 것은 같은 책, 715쪽 이하를 볼 것.
114 Max Weber, 앞의 글(1910), 585쪽[116쪽].

들, (3) 이로부터 야기되는 여러 개의 **가능한** 가치판단들의 상호 경쟁과
그 **실제적인** 결과들"을 밝혀낼 수 있다.[115]

주관적으로 행위하는 개인은 자신이 추구하는 가치나 목적의 실현을
위해 경험과학을 이용할 수 있다. 다시 말해 그는 경험과학으로부터 거
기에 필요한 수단이나 자신의 행위가 가져올 결과와 부차적 결과에 대
한 지식이나 정보를 얻을 수 있다.

또한 철학적 과학은

가치판단들의 "의미", 다시 말해 이것들의 궁극적 의미상 구조와 이것
들의 **의미상** 결과들을 규명할 수 있으며, 그리하여 이것들이 가능한 "궁극
적" 가치들 전체에서 차지하는 "위치"를 지정할 수 있고 이것들이 갖는 의
미상의 타당성 범위를 한정할 수 있다.[116]

그러나 이 모든 것에도 불구하고 가치판단은 궁극적으로 주관적으로
행위하는 개인들의 문제이다. 이와 관련해 베버는 다음과 같이 말하고
있다.

그러나 다음과 같이 단순한 질문들, 즉 첫째로 어느 정도까지 목적이
불가피한 수단들을 정당화해야 하는지, 둘째로 어느 정도까지 의도하지 않
은 부차적인 결과들을 감수해야 하는지, 그리고 더 나아가 셋째로 어떻게

---

115 Max Weber, 앞의 책(1973), 508쪽[49쪽]; Max Weber, 앞의 글(1964), 118쪽[158쪽].
    그리고 다음도 같이 볼 것: Hans Albert, "Theorie und Praxis. Max Weber und das
    Problem der Wertfreiheit und der Rationalität", in: Hans Albert & Ernst Topitsch
    (Hrsg.), Werturteilsstreit, Darmstadt: Wissenschaftliche Buchgesellschaft 1979 (2.
    Auflage), 200~36쪽, 여기서는 220~21쪽.
116 Max Weber, 앞의 책(1973), 508쪽[49쪽]. 그리고 Hans Albert, 앞의 글(1979), 210~
    11, 229~30쪽도 같이 볼 것.

구체적인 상황에서 충돌하는 다수의 의도된 또는 마땅히 추구해야 하는 목적들 사이의 갈등을 조정해야 하는지 — 심지어 이처럼 단순한 질문들만 해도 전적으로 선택이나 타협의 문제이다. 이러한 질문들에 대해 결정을 내릴 수 있는 그 어떤 종류의 과학적 (합리적 또는 경험적) 방법도 존재하지 않는다. 과학들 중에서 개인들에게 이 선택[117]의 짐을 덜어주겠다고 감히 나설 수 있는 자격이 가장 적은 것은 다름 아닌 **우리의** 엄격한 경험과학이 며, 따라서 우리는 마치 우리가 그것을 할 수 있는 듯한 인상을 불러일으켜 서는 안 된다.[118]

그런데 베버가 과학과 가치판단의 관계에서 일차적으로 관심을 가진 것은 사회학, 경제학, 역사학 같은 경험과학이다.[119] 그런 까닭에 우리의 논의도 경험과학에 초점을 맞추기로 한다. 베버는 주장하기를, 경험과 학은 개인이 추구하는 가치가 바람직한지 그렇지 않은지에 대한 물음에 그 어떠한 답변도 줄 수 없다.

과학은 개인을 "그렇다"와 "아니다"의 경계까지 이끌 수 있다 — 왜냐 하면 이 경계의 차안에 존재하는 것은 모두 경험적 과학분야가, 또는 논리 학이 답을 줄 수 있는 문제이기 때문이다 — 다시 말해 순수한 과학적 문제 이기 때문이다. 그러나 이 "그렇다" 또는 "아니다" **자체**는 더 이상 그 어떤 과학의 문제가 **아니라** 양심 또는 주관적 취향의 문제이다.[120]

---

117 이는 그 앞의 문장을 고려한다면, "선택과 타협"이라고 보는 것이 논리적일 것이다.

118 Max Weber, 앞의 책(1973), 508쪽[49~50쪽]; Max Weber, 앞의 글(1964), 118쪽 [158쪽]도 같이 볼 것.

119 베버는 「사회정책학회 위원회에서의 가치판단 논의를 위한 소견서」의 서두에서 다음 과 같이 말하고 있다: "아래의 논의는 명시적으로 **경험적** 과학분야들에 한정되는데, 여 기에는 우리가 전문적으로 관심을 갖는 사회학('정치학'을 포함하여), 경제학('경제정 책'을 포함하여), 역사학(모든 종류의 역사학, 따라서 명시적으로 예컨대 법제사, 종교 사, 문화사를 포함하여)과 같은 것이 속한다." Max Weber, 앞의 글(1964), 1쪽[128쪽].

베버에 따르면 가치와 그에 근거하는 가치판단의 타당성을 평가하는 것은 "**믿음**의 문제이며, 그 밖에 **아마도** 삶과 세계의 의미를 사변적으로 고찰하고 해석하는 영역의 과제는 되겠지만, [……] 경험과학의 대상은 결코 될 수가 **없다**".[121] 예컨대 어떤 사람이 생디칼리스트가 되어야 할지 아니면 되지 말아야 할지 여부는 그 자신의 주관적인 세계관 또는 가치관에 의해 판단하고 결정할 문제인데, 이 세계관 또는 가치관은 일종의 형이상학적 전제로서 그 어떠한 종류의 과학으로도 입증하거나 반증할수 없는 것이다.[122] 아무튼 베버는 경험과학이 개인들의 행위에 대해 갖는 의미를 다음과 같이 요약하고 있다.

경험과학은 그 누구에게도 결코 그가 무엇을 **해야 하는지**는 가르쳐줄수 없으며, 단지 그가 무엇을 **할 수 있는지**, 그리고 — 경우에 따라서는 — 그가 무엇을 **원하는지**를 가르쳐줄 수 있을 뿐이다.[123]

---

120 Max Weber, 앞의 글(1910), 582쪽[112쪽].
121 Max Weber, 앞의 책(1973), 152쪽.
122 Max Weber, 앞의 책(1973), 515쪽[60쪽]; Max Weber, 앞의 글(1964), 125쪽[169쪽].
123 Max Weber, 앞의 책(1973), 151쪽. 이 인용문은 칸트를 연상시킨다. 잘 알려져 있듯이, 칸트는 인간 이성과 관련해 다음과 같이 세 가지 질문을 던지고 있다. "나는 무엇을 알 수 있는가?"(Was kann ich wissen?), "나는 무엇을 해야 하는가?"(Was soll ich tun?), "나는 무엇을 바랄 수 있는가?"(Was darf ich hoffen?). Immanuel Kant, Kritik der reinen Vernunft: Werke in zehn Bänden, Band 3~4, (Herausgegeben von Wilhelm Weischedel), Darmstadt: Wissenschaftliche Buchgesellschaft 1983, 677쪽. 이 질문들은 각각 이론적 성격, 실천적 성격, 이론적-실천적 성격을 갖는다. 이 가운데 두 번째 질문은 실천이성에 관한 것이다. 이렇게 보면 칸트에게서와 달리 베버에게서는 "실천이성을 가르칠 수 있는 가능성이 더 이상 남아 있지 않다"라고 주장할 수 있을 것이다. Paul Lorenzen, "Szientismus versus Dialektik", in: Friedrich Kambartel (Hrsg.), Praktische Philosophie und konstruktive Wissenschaftstheorie, Frankfurt am Main: Suhrkamp 1974, 34~53쪽, 여기서는 38쪽. 이에 반해 사회과학은 "막스 베버의 가치자유 원칙을 유지하면서도" 실천이성과 관련된 칸트의 질문 "나는 무엇을 해야 하는가?"에 대답하는 데 아주 크게 이바지할 수 있다는 주장도 있다. 그 근거는 이 질문이 "나는 무엇을 할 수 있는가?"라는 질문과 근본적인 관계에 있다는 점에서 찾을 수 있다는 것이다. 즉 "**해야 하는 것은**

그렇다면 여기에서 다음과 같은 질문이 제기될 수 있다. 가치판단은 경험과학과 아무런 관계가 없단 말인가? 가치판단은 경험과학의 관심과 분석의 지평을 넘어서는가? 그렇지 않다. 가치판단은 경험과학의 중요한 인식 대상이 되는데, 그 이유는 가치판단이 개인의 유의미한 행위에 해당하기 때문이다. 물론 여기에는 한 가지 본질적인 전제조건이 있는데, 그것은 모든 가치판단이 당위로서가 아니라 존재로서 경험과학의 관심과 분석의 대상이 된다는 점이다.

요컨대 사회학, 경제학, 역사학과 같은 경험과학은 가치판단적인 과학이 아니라 가치판단적인 것의 과학에 머물러야 한다. 달리 말하자면, 가치판단은 경험과학에 대하여 어디까지나 대상의 문제이지 관점이나 방법의 문제가 아니다. 각각의 경험과학은 이 인식 대상을 당위적 사실이 아니라 존재적 사실로 간주하고 자신의 고유한 관점과 방법에 의해 접근해야 한다. 예컨대 사회적 행위의 이해적 설명을 추구하는 사회학은 개인(들)의 주관적 가치판단을 유의미한 사회적 행위로 파악하고 이 행위를 객관적으로 이해하고 설명해야 한다.[124]

(3) 강단 가치판단의 문제

베버에 따르면 가치자유적 과학의 원칙은 단지 연구의 차원에만 국한되는 것이 아니다. 그것은 더 나아가 교육의 차원에도 적용된다. 다시 말해 강단은 특정한 가치관이나 세계관으로부터 자유로워야 한다. 이 강단

할 수 있는 것을 포괄한다"는 공식이 성립한다는 것이다. Hans Albert, 앞의 글(1979), 219쪽. 그런데 중요한 것은 이 경우에도 사회과학은 개인들이 행위의 가능성을 분석하는 데 도움을 줄 수는 있지만 그들을 대신해 선택을 하거나 결단을 내릴 수는 없다는 점이다. 같은 글, 223쪽.

124 René König, "Einige Überlegungen zur Frage der 'Werturteilsfreiheit' bei Max Weber", in: Hans Albert & Ernst Topitsch (Hrsg.), Werturteilsstreit, Darmstadt: Wissenschaftliche Buchgesellschaft 1979 (2. Auflage), 150~88쪽, 여기서는 166쪽.

(에서의) 가치자유의 원칙은 오늘날 대학과 대학교수의 존재의미 및 역할을 이해하는 데 매우 중요한 단초를 제공한다.

강단이나 대학교수에 관한 베버의 논의에는 "지도자", "예언자", "교수 예언", "강단 예언" 등과 같이 정치적 또는 종교적 냄새를 물씬 풍기는 용어가 자주 등장한다. 사실 이러한 용어는 요즈음의 입장에서는 쉽게 납득이 가지 않는다. 이를 제대로 파악하기 위해서는 간략하게나마 당시 독일의 풍토를 살펴볼 필요가 있다.

베버 시대에 독일의 대학교수들은 학자로서의 권위와 국가관료로서의 위엄을 내세워 학생들에게 특정한 세계관이나 가치 또는 도그마나 주의를 강요하거나 배척하곤 했으며, 공공연하게 국가의 정치적 노선을 선전하곤 했다. 예언자가 되었던 것이다. 그리고 그들은 "학생들의 의지에 목표를 그리고 학생들의 인격적 발전에 방향을 제시해주는" 역할을 했다. 지도자가 되었던 것이다. 이처럼 교수가 예언자가 되고 지도자가 되는 것은 "모든 개인들이 공통적인 신앙을 갖는 시대라면 어쩌면 용인될 수 있을 것이다". 그러나 "통일적인 지향성을 토대로 개인들을 응집할 가능성이 사라져버린 것이" 오늘날의 문화사적 본질이자 특징이다. 다시 말해 합리화되고 탈주술화된 오늘날의 세계는 개인주의의 시대이자 주관주의적 시대이며 가치다신주의의 시대이다. 각 개인은 주관적으로 가치를 선택하며 그에 따라 행위하고 그에 대한 책임을 져야 한다. 이제 강단은 예언자나 지도자를 필요로 하지 않고 다만 전문적인 강의자와 교육자만을 필요로 한다. 이러한 시대적 상황에서 교수가 학생에게 주관적 가치판단을 강요하는 것은 학생의 내적 동요를 증가시킬 뿐이다.[125]

베버는 실천적 가치판단들 중에서도 특히 교수 예언을 통렬히 비판한다. 그가 보기에 "온갖 종류의 예언 가운데에서도 [……] '개인적' 색채를 띠는 **교수-예언**이야말로 도저히 참을 수 없는 단 하나의 예언이

125 Marianne Weber, 앞의 책(1926), 334~35쪽.

다".[126] 왜냐하면 교수 예언은 다음과 같은 행태를 보이는데, 그 행태는 정말이지 그 유례를 찾아볼 수 없는 상황이기 때문이다.

국가로부터 공증을 받은 수많은 예언자들이 길거리나 교회나 또는 대중이 모이는 다른 어떤 장소에서, 아니면 — 만약 사적인 차원이라면 — 자신이 개인적으로 선택한, 그리고 내외적으로 신앙집회라고 천명한 신앙집회에서 설교를 하는 것이 아니라, 국가로부터 특권을 부여받은 강의실의 이른바 객관적이고, 통제할 수 없고, 토론도 없으며, 따라서 일체의 반론으로부터 주도면밀하게 차단된 정숙한 분위기 속에서 "과학의 이름 하에" 세계관의 문제들에 대해 방향제시적이고 권위적인 결정을 내리는 주제넘은 짓을 하고 있다. 슈몰러는 오래전 어떤 기회에 강의실에서 일어나는 일은 공개적인 논의에서 배제되어야 한다는 원칙을 강력히 내세운 적이 있다. 물론 이 원칙은 때때로, 심지어 경험과학의 영역에서도, 일정한 부정적인 결과를 초래할 수 있다는 견해도 가능하다. 그러나 일반적으로는 다음과 같이 생각하며, 나 또한 그렇다: "강의"는 "강연"과 다른 무엇이어야 **하고**, 강의에서 진술되는 내용의 불편부당한 엄밀성, 객관성 및 냉철성이 여론의 — 예컨대 언론의 — 간섭에 의해 손상될 수 있으며, 이는 교육적 목적을 해칠 수 있다. 그러나 이러한 무통제의 특권은 어떤 경우에도 교수의 순수하게 **전문적인** 자격의 영역에만 적합한 것으로 보인다. 이에 반해 개인적 예언에 대해서는 전문자격이란 있을 수 없으며, 따라서 그러한 특권도 있을 수 없다. 그리고 개인적 예언자는 특히 다음과 같이 해서는 안 된다. 즉 학생이 출세를 위해 특정한 강의를 들으며, 따라서 그 강의를 담당하는 교사와 관계를 맺을 수밖에 없는 **불가피한 상황**을 빌미로 그 학생에게 거기에 필요한 해석력과 사고력을 일깨우고 훈련하며 지식을 전달하는 일 이

---

126 Max Weber, 앞의 책(1973), 492쪽[18쪽]; Max Weber, 앞의 글(1964), 106쪽[135~36쪽].

외에 그 어떤 반론에도 부딪히지 않은 채 — 때로는 확실히 매우 흥미로운 (그러나 종종 아주 하찮기도 한) — 교사 자신의 이른바 "세계관"을 심어주는 데 악용해서는 안 된다.[127]

베버에 따르면 교수는 예언자나 지도자가 아니라 교사로서 강단에 서야 한다. 그렇다면 교사의 역할은 무엇인가? 교사는 강의실에서 과학적 논리와 지식의 전달 이외에 무엇보다도 학생들에게 다음과 같이 "지적 성실성과 **소박한 객관성**"으로 교육해야 한다.[128] 첫째, "(1) 주어진 과제를 소박하게 완수하는 것에 만족할 수 있는 능력"; 둘째, "사실을, 개인적으로 불편한 사실도 그리고 특히 이러한 사실을, 일단 인정하고 그것에 대한 규명을 그것에 대한 주관적 입장과 구별할 수 있는 능력"; 셋째 "자기 자신이 아니라 객관적인 과업을 앞세우며, 따라서 무엇보다도 자신의 개인적 취향이나 그 밖의 다른 느낌을 적절치 않은 때에 드러내 보이려는 욕구를 억제할 수 있는 능력".[129] 이러한 교육적 이상에 상응해 베버 자신은 다음과 같이 행동했다. "과학의 이름으로 말할 때 그[베버]는 의지의 영역에서 자신에게 매 순간 선택과 거부, 요구와 판단, 호(好)와 오(惡)를 강요하는 기질을 억눌렀다. 그리고 직무에서는 개인적인 것이 아니라 철저히 객관적 과업을 앞세웠다. 그럼에도 불구하고 그러한 어조와 거동에서 풍겨나는 것에는 신비로운 매력이 있었다. 바로 그 자신의 신념을 강력하게 자제하고 그 자신의 전체적인 인격을 감추는 것이 어쩌면 다름 사람들에게 가장 커다란 감명을 주었을 것이다."[130]

---

127 Max Weber, 앞의 책(1973), 492~93쪽[18~19쪽]; Max Weber, 앞의 글(1964), 106~07쪽[136~37쪽]. 여기에 언급된 (구스타프 폰) 슈몰러에 대해서는 이 책의 뒷부분에 나오는 "인넝툭록"을 볼 것.
128 Marianne Weber, 앞의 책(1926), 332쪽.
129 Max Weber, 앞의 책(1973), 493쪽[20쪽]; Max Weber, 앞의 글(1964), 107쪽[137쪽].
130 Marianne Weber, 앞의 책(1926), 332쪽.

물론 대학교수도 얼마든지 주관적 가치판단을 할 수 있다. 다만 이 경우에는 강단 밖에서라는 전제조건이 따라붙는다. 예컨대 언론매체, 집회, 단체, 에세이 등이 교수들에게 실천적 가치판단을 할 수 있는 좋은 기회와 가능성을 제공한다. 그들은 거기에서 다른 모든 시민들과 마찬가지로 "자신의 신 또는 악마가 자신에게 명하는 바를 해도 좋다 (그리고 해야 한다)".[131] 베버는 1917년 행한 강연 「직업으로서의 과학」에서 민주주의의 문제를 예로 들어 강단 내적 가치자유와 강단 외적 가치판단의 관계를 아주 압축적이고도 상징적으로 묘사하고 있다. 만약 교수가 대중집회에서 민주주의에 대해 강연한다면, 그는

> 자신의 개인적인 입장을 조금도 숨기지 않는다. 아니 바로 이것이야말로, 즉 명백하게 알아볼 수 있도록 당파성을 갖는 것이야말로 이 경우에는 피할 수 없는 의무이며 책임이다. 거기에서 사용하는 말들은 과학적 분석의 수단이 아니라 정치적으로 다른 사람들의 지지를 얻기 위한 수단이다. 이 말들은 관조적 사유의 토지를 갈기 위한 쟁기의 날이 아니라 적에 대항하기 위한 칼날, 즉 투쟁 수단이다.[132]

요컨대 대학교수가 강단 밖에서 실천적-정치적 가치판단을 하는 것은 시민의 고유한 자유와 권리이며 의무와 책임에 속한다. 아니 더 나아가 그것은 시민적 미덕이다. 이에 반해 만약 교수가 강단에서 민주주의에 대해 가치판단적 발언을 한다면, 그것은 방종이 되고 직무유기가 될 것이며, 더 나아가 망상이 될 것이다. 교수가 강단에서 민주주의에 대해 말하는 경우, 그는

---

131 Max Weber, 앞의 책(1973), 493쪽[20쪽]; Max Weber, 앞의 글(1964), 107쪽[137쪽].
132 Max Weber, Wissenschaft als Beruf 1917/1919 ─ Politik als Beruf 1919: Max Weber Gesamtausgabe I/17, Tübingen: J. C. B. Mohr (Paul Siebeck) 1992, 96쪽.

먼저 민주주의의 다양한 형태를 논하고, 그것들이 기능하는 방식을 분석하며, 또한 각각의 민주주의 형태가 우리 삶의 조건에 어떠한 구체적인 결과를 가져올지를 확인할 것이다. 그리고 나서 이들 민주주의 형태를 비민주적 정치조직의 형태들과 비교하며, 또한 가능한 한 청중이 **자신의** 궁극적인 이상에 입각해 **스스로** 민주주의에 대해 입장을 취할 수 있는 능력을 갖추는 정도까지 강의를 끌고 갈 것이다. 그리고 진정한 교사라면 강단으로부터 낮은 위치에 있는 청중에게 노골적으로든 암시를 통해서든 어떠한 입장을 강요하는 것을 삼갈 것이다. 이 가운데 "사실로 하여금 말하게 한다"는 도식에 따라 특정한 입장을 암시하는 방식이 있는데, 자명한 일이지만 이것이야말로 교사의 직분에 가장 어긋나는 방식이다.[133]

베버는 거듭해서 강단에서는 가치판단을 배제해야 한다고 역설한다. 그에 따르면 과학자의 실천적-정치적 가치판단이 의미를 갖고 무게를 얻는 것은, 교수의 이름으로 강단에서 이루어질 때가 아니라 오히려 시민의 이름으로 강단 밖의 다른 사회적 장에서 이루어질 때이다.[134] 그럼에도 불구하고 강단에서 가치판단을 요구한다면, 반드시 다음과 같이 두 가지 전제조건이 충족되어야만 한다. 첫째, "**모든** 당파적 가치판단이 강단에서 관철될 수 있는 기회가 보장되어야" 하는데, 여기에는 "생각할 수 있는 '가장 극단적인' 경향까지도" 포함된다. 예컨대 대학에는 사회주의, 마르크스주의, 무정부주의 등도 둥지를 틀 수 있어야 한다. 둘째, 교수가 가치판단을 하는 경우 "그것 자체를 학생들에게 **그리고 자기 자신에게** 절대적으로 **명백하게 밝혀야 한다**".[135]

여기까지의 간략한 논의에 입각해서 보면, 강단에서의 가치판단 문

---

133 같은 책, 96~97쪽.
134 Max Weber, 앞의 책(1973), 495쪽[23쪽]; Max Weber, 앞의 글(1964), 109쪽[140쪽].
135 Max Weber, 앞의 책(1973), 495~96쪽[23~24쪽], 498쪽[29쪽]: Max Weber, 앞의 글(1964), 109~10쪽[140쪽], 112쪽[145쪽].

제에 대한 베버의 논의는 그 당시 독일 대학의 특수한 상황을 인식하고 이에 대한 처방을 제시한 것이기 때문에 오늘날의 대학세계에 대해서는—특히 비독일적 대학세계에 대해서는—아무런 의미가 없다고 생각할 수도 있을 것이다. 그러나 실상 가치자유적 인식의 원칙이 지배하는 강단이라는 베버의 명제는 오늘날에도 여전히 유효한데, 이는 그 명제가 단순히 당시 독일 대학의 비합리적 현상에 대한 대증적이고 기능적인 처방이 아니라 근대세계에 대한 보다 근원적인 보편사적 통찰에 기초하고 있기 때문이다. 다시 말해 강단에서의 가치판단 문제에 대한 베버의 논의는 근대세계에 대한 담론의 일부분이다. 그것은 합리화되고 탈주술화되고 지성화된 개인주의적-주관주의적 가치다신주의의 시대에 대학과 대학교수의 자아상과 윤리 및 역할에 대한 성찰이다. 이 시대에 대학은 전문적 연구와 전문적 교육을 위한 문화적-제도적 공간이며, 대학교수는 바로 이 전문적 과업을 수행하는 직업인간이다. 그의 인격은 바로 이 직업적 전문성에서 나오는 것이다.[136]

(4) 과학과 정치

가치판단에 대한 베버의 논의는 개인적 행위의 차원을 넘어서 과학과 정치 또는 사회정책의 관계에까지 미친다. 베버에 따르면 두 중요한 문화적 삶의 영역 또는 가치영역인 과학과 정치는 노동분업을 통해 추구되어야 한다. 다시 말해 정치적 또는 정책적 목표 설정과 수단 동원이 정치가의 의사결정에 의해 이루어질 수 있도록 과학자는 정치적 가치판단에 개입하지 말아야 한다.[137] 가치자유의 원칙을 지켜야 한다는 말이다. 그렇지 않으면 과학과 정치 둘 가운데 하나는 불가피하게 다른 하나에

---

136 이에 대한 자세한 것은 김덕영, 앞의 책(2012), 685쪽 이하를 볼 것.
137 Eckart Pankoke, 앞의 책(1970), 109쪽.

예속될 것이며, 이는 종국적으로 과학과 정치 모두의 존재와 그 의미 및 품위에 손상을 입히게 될 것이다.

바로 이런 연유로 "직업으로서의 과학"과 "직업으로서의 정치"의 분화가 요구되는 것이다. 그것은 가치자유적 과학과 책임윤리적 정치, 그러니까 가치자유와 책임윤리의 분화이다. 이 두 영역의 분화는 방법론적, 윤리적, 가치적, 제도적 차원을 포괄한다. 첫째, 과학은 정치로부터 독립되어 가치자유적 인식을 추구함으로써 객관성을 확보할 수 있으며, 따라서 과학자는 과학세계에 고유한 원칙과 규범에 따라 인식 행위를 수행해야 한다. 역으로 과학자는 정치와 정치적 행위의 자율성을 인정해야 한다. 이것이 방법론적-윤리적 차원이다. 둘째, 과학과 정치는 오늘날 다양한 가치영역을 구성하는 두 가지 중요한 요소로서, 상호 독립적이며 따라서 개인들에게 서로 다른 이상과 사고 및 역할을 요구한다. 과학과 정치는 두 개의 자율적인 가치체계로 이해할 수 있다. 이것이 가치적 차원이다. 셋째, 과학과 정치는 각각 대학과 연구소 등에 그리고 정당과 국가 등에 제도화됨으로써 개인들의 삶과 행위를 지배하고 규정하는 사회적 질서 또는 사회적 힘이다. 과학과 정치는 오늘날 두 중요한 사회적 하부체계이다.[138]

그런데 과학과 정치의 분화 또는 가치자유와 책임윤리의 분화는 단순히 분리를 뜻하는 것이 아니다. 물론 분화는 분리를 전제한다. 왜냐하면 모든 문화적 삶의 영역은 일단 다른 삶의 영역들로부터 분리되어야만 독립성과 자율성을 획득할 수 있기 때문이다. 그러나 중요한 것은 각각의 영역이 바로 이 독립성과 자율성에 입각해 다른 영역들과 상호작용을 해야 한다는 점이다. 그렇지 않으면 분화가 아니라 단절이 일어난다. 바로 이 자율성과 상호성이 과학과 정치가 관계를 맺는 원리이자 방식

---

138 Wolfgang Schluchter, Rationalismus der Weltbeherrschung. Studien zu Max Weber, Frankfurt am Main: Suhrkamp 1980, 61쪽.

이다. 이는 두 사회적 하부체계의 분리를 통한 결합이다. 다시 말하자면, 과학은 정치로부터 독립되어 그 자체적인 가치와 관점 및 방법에 입각해 인식을 수행하며, 정치는 나름대로의 가치판단에 근거해 목표와 수단을 결정하고 과학으로부터 그에 필요한 지식과 정보를 얻을 수 있는 것이다.

이처럼 정치와 분리된 결합의 관계에 있는 과학이 정치에 대해 갖는 의미를 다음과 같이 몇 가지로 정리해볼 수 있다. 먼저 과학은 정치화되지 않으면서, 즉 정치적인 과학이 되지 않음으로써 객관성을 유지하면서 합리화되고 탈주술화된 오늘날의 세계에서 다양한 정치적 삶의 문제를 해결하는 데 필요한 인식을 제공할 수 있다.[139] 또한 "가치자유적 과학은 책임윤리에 입각한 직업 정치가가 소유해야 할 가치지향을 촉진한다".[140] 그리고 과학은─규범과학이든 경험과학이든─정치적 행위자들에게 그리고 서로 투쟁하는 정당들에게 다음과 같이 말해줌으로써 결정적인 기여를 할 수 있다: "(1) 이 실천적 문제에 대해서는 이런저런 여러 가지 가능한 '궁극적인' 입장들을 **생각할 수 있다**; (2) 그대들이 이 입장들 사이에서 선택을 할 경우 고려해야 할 사실은 이러저러하다."[141]

여기까지의 논의를 염두에 두면 베버는 가치판단에 대한 논의를 철저히 배격했다고 생각할 수 있을 것이다. 그러나 실상은 그 정반대이다. 왜

---

139 베버는 다음과 같이 드물지 않게 접하는 생각을 아주 단호하게 배척해야 한다고 주장한다. "즉 과학적 '객관성'에 이르는 길은 다양한 가치판단을 서로 저울질하고 이것들 사이에서 '정치가적인' 타협점을 찾아내는 데에 있다는 생각이 그것이다." 베버에 따르면 "'중도 노선'은 '가장 극단적인' 가치판단과 **마찬가지로** 경험적 과학분야들의 수단으로는 그 옳고 그름을 증명할 수 없다. 게다가 **가치판단**의 영역에서는 중도 노선이야말로 **규범적으로** 가장 불명료한 것이다. 그것은 강단에 속하는 것이 아니라─정치적 프로그램, 관청 및 의회에 속하는 것이다". Max Weber, 앞의 책(1973), 499쪽 [29]. 그리고 Max Weber, 앞의 글(1964), 112쪽[145~46쪽]도 같이 볼 것.

140 Wolfgang Schluchter, 앞의 책(1980), 63쪽.

141 Max Weber, 앞의 책(1973), 499쪽[29]; Max Weber, 앞의 글(1964), 112쪽[146쪽]도 같이 볼 것.

냐하면 베버는 실천적인 가치판단에 대한 논의가 갖는 의미를 결코 부정하지 않기 때문이다. 그 의미는 다음과 같이 다섯 가지로 나누어볼 수 있다. 그 첫 번째 의미는 "서로 대립하는 견해들의 출발점이 되는 궁극적이고 내적으로 '일관된' 가치공리들을 규명하는 데에 있다"; 그 두 번째 의미는 "우리가 특정한 궁극적 가치공리들에 그리고 오직 이 가치공리들에만 근거해 실제적인 상황을 실천적으로 평가할 경우, 이 가치공리들이 **가치판단적** 입장에 대해 가지게 될 '의의'를 연역하는 데에 있다"; 그 세 번째 의미는 "어떤 문제에 대해 실제로 한 특정한 실천적 가치판단적 입장을 가질 때 나타나게 될 **실제적인** 결과를 규명하는 데에 있다"; 그 네 번째 의미는 "**새로운**, 다시 말해 어떤 실천적 요청의 대변자가 주목하지 않았고 따라서 그에 대한 입장도 정립하지 않았던 가치공리들과 그로부터 도출되는 요청들이 주창될 수 있다는 데에 있다". 그리고 실천적인 가치판단에 대한 논의는 더 나아가 "경험적 연구를 지속적으로 풍요롭게 할 수 있는데, 왜냐하면 그것은 경험연구에 **다양한 문제제기**를 제공하기 때문이다".[142]

그런데 이 경우 간과해서는 안 될 것이 한 가지 있으니, 그것은 가치판단에 대한 논의가 반드시 "적합한 장소와 적합한 의미에서 이루어진다는", 그리고 "올바르게 수행된다는" — 후자는 "올바른 방식과 절차에 따라서 수행된다는"이라고 구체화할 수 있을 것이다 — 전제조건이 반드시 충족되어야 한다는 점이다.[143] 여기에서 베버가 "적합한 장소"로 염두에 두고 있는 것은 예컨대 사회정책학회와 같은 단체이다. 사회정책학회는 노동자문제를 중심으로 하는 사회문제에 대한 연구와 논의에 입각해 사회개혁을 추구한, 그리하여 원래부터 이론과 실천 또는 사회과학과

---

142 Max Weber, 앞의 책(1973), 510~11쪽[52~54쪽]; Max Weber, 앞의 글(1964), 119~21쪽[160~63쪽].

143 Max Weber, 앞의 책(1973), 511쪽[54쪽]; Max Weber, 앞의 글(1964), 121쪽[163쪽].

사회정책을 결합한 단체이다. 이러한 사회정책학회가 궁극적으로 지향한 실천적 이념은 국가 또는 민족 전체의 복지, 즉 보편복지이다. 결론적으로 사회정책학회는 주로 실천적-정치적 가치판단을 위해 존재한다. 그것은 가치판단에 대한 논의를 하기에 제도적으로 적합한 장소이다. 그러나 거기에는 가치판단이 적합한 의미에서, 그리고 올바른 방식과 절차에 따라서 수행된다는 전제조건이 추가되어야 한다. 이 전제조건으로는 먼저 "결의"나 그와 유사한 것을 그리고 "종교적 담화"를 배격하는 것을 들 수 있다. 또한 다양한, 그것도 가능한 한 대척적인 입장을 논의함으로써 학회의 구성원들에게 선택의 기회를 주어야 한다.[144] 거기에다가 사실규명이나 가치판단과 같이 논리적으로 이질적인 영역을 엄격히 구분해야 한다는 전제조건이 첨가될 수 있다.

요컨대 가치판단에 대한 논의는 과학적-이론적 가치자유와 정치적-실천적 가치판단 모두를 보다 풍요롭게 해줄 것이다. 다만 정치의 이름으로 과학에 개입해서는 안 되며, 또한 과학의 이름으로 정치에 개입해서는 안 된다. 만일 그리하면 과학의 정치화 또는 정치의 과학화가 초래될 것이며, 이는 궁극적으로 과학과 정치 모두에 부정적이고 파괴적인 영향을 끼치게 될 것이다.

6. 논의를 마치면서

베버에게 문화과학적 및 사회과학적 인식은 가치연관적-가치자유적 인식이다. 그러나 그는 동시에 가치판단을 절대적으로 또는 정언적으로 배제하지는 않는다. 베버가 보기에 중요한 것은 가치자유냐 가치판단이냐 하는 이분법적 선택이 아니라 이 두 범주의 지적 노동분업과 이에 기

---

144 Max Weber, 앞의 글(1964), 103쪽[130쪽].

반을 둔 지적 공동작업이다. 게다가 가치판단에 대한 논의는 과학적-이론적 가치자유와 정치적-실천적 가치판단 모두를 보다 풍요롭게 해줄 것이다. 이 해제를 통해 우리가 베버로부터 배울 수 있는 것은 바로 이것이다.

참고문헌

■ 막스 베버

베버, 막스, 『프로테스탄티즘의 윤리와 자본주의 정신 ── 보론: 프로테스탄티즘의
    분파들과 자본주의 정신』(김덕영 옮김), 도서출판 길 2010.

_____, 『문화과학 및 사회과학의 논리와 방법론』(김덕영 옮김), 도서출판 길 2021.

Weber, Max, "Diskussionsbeitrag", in: Verein für Sozialpolitik, Verhandlungen des
    Vereins für Sozialpolitik in Wien 1909, Leipzig: Duncker & Humblot 1910,
    S. 580~85, 603~07.

_____, "Gutachten zur Werturteilsdiskussion im Ausschuss des Vereins für
    Sozialpolitik", in: Eduard Baumgarten, Max Weber. Werk und Person, Tübingen:
    J. C. B. Mohr (Paul Siebeck) 1964, S. 102~39.

_____, Wirtschaft und Gesellschaft. Grundriss der verstehenden Soziologie, 5.
    Auflage, Tübingen: J. C. B. Mohr (Paul Siebeck) 1972.

_____, Gesammelte Aufsätze zur Wissenschaftslehre, 4. Auflage, Tübingen: J. C. B.
    Mohr (Paul Siebeck) 1973.

_____, Gesammelte Aufsatze zur Soziologie und Sozialpolitik, 2. Auflage, Tübingen:
    J. C. B. Mohr (Paul Siebeck) 1988.

_____, Wissenschaft als Beruf 1917/1919 ── Politik als Beruf 1919: Max Weber

Gesamtausgabe I/17, Tübingen: J. C. B. Mohr (Paul Siebeck) 1992.

_____, Briefe 1913-1914: Max Weber Gesamtausgabe II/8, Tübingen: J. C. B. Mohr (Paul Siebeck) 2003.

_____, Zur Logik und Methodik der Sozialwissenschaften. Schriften 1900-1907: Max Weber Gesamtausgabe I/7, Tübingen: J. C. B. Mohr (Paul Siebeck) 2018a.

_____, Verstehende Soziologie und Werturteilsfreiheit. Schriften 1908-1917: Max Weber Gesamtausgabe I/12, Tübingen: J. C. B. Mohr (Paul Siebeck) 2018b.

■ 그 밖의 문헌

곰브리치, E. H.(백승길·이종숭 옮김),『서양미술사』, 예경 1997.

김덕영,『논쟁의 역사를 통해 본 사회학: 자연과학·정신과학 논쟁에서 하버마스·루만 논쟁까지』, 한울아카데미 2003.

_____,『짐멜이냐 베버냐? 사회학 발달과정 비교연구』, 한울아카데미 2004.

_____,『막스 베버: 통합과학적 인식의 패러다임을 찾아서』, 도서출판 길 2012.

_____,「해제: 문화과학과 사회과학의 논리적-방법론적 정초를 위하여」, 막스 베버 (김덕영 옮김),『문화과학 및 사회과학의 논리와 방법론』, 도서출판 길 2021.

Albert, Hans, "Theorie und Praxis. Max Weber und das Problem der Wertfreiheit und der Rationalität", in: Hans Albert & Ernst Topitsch (Hrsg.), Werturteilsstreit, Darmstadt: Wissenschaftliche Buchgesellschaft 1979 (2. Auflage), S. 200~36.

Baumgarten, Eduard, Max Weber. Werk und Person, Tübingen: J. C. B. Mohr (Paul Siebeck) 1964.

Boese, Franz, Geschichte des Vereins für Sozialpolitik 1872-1932, Berlin: Duncker & Humblot 1939.

Deutsche Gesellschaft für Soziologie, Verhandlungen des Ersten Deutschen Soziologentages von 1910 in Frankfurt, Tübingen: J. C. B. Mohr (Paul Siebeck) 1911.

Goldscheid, Rudolf, "Diskussionsbeitrag", in: Verein für Sozialpolitik, Verhandlungen des Vereins für Sozialpolitik in Wien 1909, Leipzig: Duncker & Humblot 1910, S. 594~99.

_____, "Gutachten zur Werturteilsdiskussion im Ausschuss des Vereins für Sozialpolitik"(1913), in: Heino Heinrich Nau (Hrsg.), Der Werturteilsstreit. Die Äusserungen zur Werturteilsdiskussion im Ausschuss des Vereins für Sozialpolitik, Marburg: Metropolis 1996, S. 76~88.•

Gorges, Irmela, Sozialforschung in Deutschland 1872-1914. Gesellschaftliche Einflüsse auf Themen- und Methodenwahl des Vereins für Sozialpolitik, Königstein/Ts.: Hain 1980.

Gottl-Ottlilienfeld, Friedrich von, "Diskussionsbeitrag", in: Verein für Sozialpolitik, Verhandlungen des Vereins für Sozialpolitik in Wien 1909, Leipzig: Duncker & Humblot 1910, S. 572~77.

Kaesler, Dirk, Einführung in das Studium Max Webers, München: C. H. Beck 1979.

_____, "Der Streit um die Bestimmung der Soziologie auf den deutschen Soziologentagen 1910 bis 1930", in: Kölner Zeitschrift für Soziologie und Sozialpsychologie. Sonderheft 23/1981: Soziologie in Deutschland und Österreich 1918~45, S. 199~244.

_____, Die frühe deutsche Soziologie 1909 bis 1934 und ihre Entstehungsmilieus. Eine wissenschaftssoziologische Untersuchung, Opladen: Westdeutscher Verlag 1984.

Kant, Immanuel, Kritik der reinen Vernunft: Werke in zehn Bänden, Band 3-4, (Herausgegeben von Wilhelm Weischedel), Darmstadt: Wissenschaftliche Buchgesellschaft 1983.

Kern, Horst, Empirische Sozialforschung. Ursprünge, Ansätze, Entwicklunglinien, München: C. H. Beck 1982.

Keuth, Herbert, Wissenschaft und Werturteil, Tübingen: J. C. B. Mohr (Paul Siebeck) 1989.

Knapp, Georg Friedrich, "Diskussionsbeitrag", in: Verein für Sozialpolitik, Verhandlungen des Vereins für Sozialpolitik in Wien 1909, Leipzig: Duncker & Humblot 1910, S. 559~63.

• 이 글에는 원래 아무런 제목도 주어져 있지 않은데, 옮긴이가 편의상 베버의 글을 따라 제목을 붙였음을 일러둔다.

König, René, "Einige Überlegungen zur Frage der 'Werturteilsfreiheit' bei Max Weber", in: Hans Albert & Ernst Topitsch (Hrsg.), Werturteilsstreit, Darmstadt: Wissenschaftliche Buchgesellschaft 1979 (2. Auflage), S. 150~88.

Lepsius, M. Rainer, "Max Weber und die Gründung der Deutschen Gesellschaft für Soziologie", in: Soziologie, 40. Jahrgang, Heft 1, 2011, S. 7~19.

Liefmann, Robert, "Diskussionsbeitrag", in: Verein für Sozialpolitik, Verhandlungen des Vereins für Sozialpolitik in Wien 1909, Leipzig: Duncker & Humblot 1910, S. 577~80.

_____, "Grundlagen einer ökonomischen Produktivitätstheorie", in: Jahrbücherfür Nationalökonomie und Statistik III. Folge, Band 43, 1912, S. 273~327.

Lindenlaub, Dieter, Richtungskämpfe im Verein für Sozialpolitik. Wissenschaft und Sozialpolitik im Kaiserreich vornehmlich vom Beginn des "Neuen Kurses" bis zum Ausbruch des Ersten Weltkrieges(1890-1914), Wiesbaden: F. Steiner 1967.

Lorenzen, Paul, "Szientismus versus Dialektik", in: Friedrich Kambartel (Hrsg.), Praktische Philosophie und konstruktive Wissenschaftstheorie, Frankfurt am Main: Suhrkamp 1974, S. 34~53.

Nau, Heino Heinrich (Hrsg.), Der Werturteilsstreit. Die Äusserungen zur Werturteilsdiskussion im Ausschuss des Vereins für Sozialpolitik, Marburg: Metropolis 1996a.

_____, "'Zwei Ökonomien'. Die Vorgeschichte des Werturteilsstreits in der deutschsprachigen Ökonomik", in: ders. (Hrsg.), Der Werturteilsstreit. Die Äusserungen zur Werturteilsdiskussion im Ausschuss des Vereins für Sozialpolitik, Marburg: Metropolis 1996b, S. 9~64.

Neurath, Otto, "Diskussionsbeitrag", in: Verein für Sozialpolitik, Verhandlungen des Vereins für Sozialpolitik in Wien 1909, Leipzig: Duncker & Humblot 1910, S. 599~603.

_____, "Über die Stellung des sittlichen Werturteils in der wissenschaftlichen Nationalökonomie"(1913), in: Heino Heinrich Nau (Hrsg.), Der Werturteilsstreit. Die Äusserungen zur Werturteilsdiskussion im Ausschuss des Vereins für Sozialpolitik, Marburg: Metropolis 1996, S. 93~95.

Pankoke, Eckart, Sociale Bewegung — Sociale Frage — Sociale Politik. Grundfragen der deutschen "Socialwissenschaft" im 19. Jahrhundert, Stuttgart: Ernst Klett 1970.

Philippovich, Eugen von, "Das Wesen der volkswirtschaftlichen Produktivität und die Möglichkeit ihrer Messung", in: Verein für Sozialpolitik, Verhandlungen des Vereins für Sozialpolitik in Wien 1909, Leipzig: Duncker & Humblot 1910, S. 329~58, 359~70, 607~15.

Rammstedt, Otthein, "Wertfreiheit und die Konstitution der Soziologie in Deutschland", in: Zeitschrift für Soziologie, Jahrgang 17, Heft 4, 1988, S. 264~71.

Rosenberg, Hans, "Wirtschaftskonjunktur, Gesellschaft und Politik in Mitteleuropa 1873-1896", in: Hans-Ulrich Wehler (Hrsg.), Moderne deutsche Sozialgeschichte, Köln: Kiepenheuer & Witsch 1966, S. 225~53.

Schluchter, Wolfgang, Rationalismus der Weltbeherrschung. Studien zu Max Weber, Frankfurt am Main: Suhrkamp 1980.

_____, "Editorischer Bericht" zu Max Weber, Zur Psychophysik der industriellen Arbeit. Schriften und Reden 1908-1912: Max Weber Gesamtausgabe I/11, Tübingen: J. C. B. Mohr (Paul Siebeck) 1995, S. 63~77, 150~61, 381~97, 399~404, 409~15.

Simmel, Georg, "Soziologie der Geselligkeit", vorgetragen auf dem Ersten Deutschen Soziologentag von 1910 in Frankfurt, in: Deutsche Gesellschaft für Soziologie, Verhandlungen des Ersten Deutschen Soziologentages von 1910 in Frankfurt, Tübingen: J. C. B. Mohr (Paul Siebeck) 1911, S. 1~16.

Sombart, Werner, "Diskussionsbeitrag", in: Verein für Sozialpolitik, Verhandlungen des Vereins für Sozialpolitik in Wien 1909, Leipzig: Duncker & Humblot 1910, S. 563~72.

Spranger, Eduard, "Die Stellung der Werturteile in der Nationalökonomie" (1913), in: Heino Heinrich Nau (Hrsg.), Der Werturteilsstreit. Die Äusserungen zur Werturteilsdiskussion im Ausschuss des Vereins für Sozialpolitik, Marburg: Metropolis 1996, S. 122~46.

Verein für Sozialpolitik, Verhandlungen des Vereins für Sozialpolitik in Wien 1909, Leipzig: Duncker & Humblot 1910.

Weber, Marianne, Max Weber. Ein Lebensbild, Tübingen: J. C. B. Mohr (Paul Siebeck) 1926.

Wehler, Hans-Ulrich, Das deutsche Kaiserreich, Göttingen: Vandenhoeck & Ruprecht 1973.

Weiss, Johannes, "Einleitung" zu Max Weber, Verstehende Soziologie und Werturteilsfreiheit. Schriften 1908-1917: Max Weber Gesamtausgabe I/12, Tübingen: J. C. B. Mohr (Paul Siebeck) 2018a, S. 1~92.

_____, "Editorischer Bericht" zu Max Weber, Verstehende Soziologie und Werturteilsfreiheit. Schriften 1908-1917: Max Weber Gesamtausgabe I/12, Tübingen: J. C. B. Mohr (Paul Siebeck) 2018b, S. 201~05, 329~35, 441~44.

인용문헌

■ 막스 베버

『국민국가와 경제정책』 Der Nationalstaat und die Volkswirtschaftspolitik.
  Akademische Antrittsrede, Freiburg im Breisgau und Leipzig: J. C. B. Mohr 1895.
『과학론 논총』 Gesammelte Aufsätze zur Wissenschaftslehre, 4. Auflage, Tübingen:
  J. C. B. Mohr (Paul Siebeck), 1973.
『막스 베버 전집』 Max Weber Gesamtausgabe.
『막스 베버 전집』 제I/7권 Max Weber Gesamtausgabe I/7: Zur Logik und Methodik
  der Sozialwissenschaften. Schriften 1900-1907, Tübingen: J. C. B. Mohr (Paul
  Siebeck) 2018.
『막스 베버 전집』 제I/12권 Max Weber Gesamtausgabe I/12: Verstehende Soziologie
  und Werturteilsfreiheit. Schriften 1908-1917, Tübingen: J. C. B. Mohr (Paul
  Siebeck) 2018.
「사회과학적 및 사회정책적 인식의 "객관성"」 "Die 'Objektivität' sozialwissen-
  schaftlicher und sozialpolitischer Erkenntnis", in: Archiv für Sozialwissenschaft
  und Sozialpolitik, Band 19, Heft 1, 1904, S. 22-87.
「사회정책학회 위원회에서의 가치판단 논의를 위한 소견서」 "Gutachten zur
  Werturteilsdiskussion im Ausschuss des Vereins für Sozialpolitik", in: Eduard

Baumgarten, Max Weber. Werk und Person, Tübingen: J. C. B. Mohr (Paul Siebeck) 1964, S. 102~39.

「사회학 및 경제학에서 "가치자유"의 의미」 "Der Sinn der 'Wertfreiheit' der soziologischen und ökonomischen Wissenschaften", in: Logos. Internationale Zeitschrift Fur Philosophie Der Kultur, Band 7, Heft 1, 1917, S. 40~88.

「생산성의 개념: 1909년 9월 29일 사회정책학회 빈 총회에서의 토론회 발언」 "Der Begriff der Produktivität. Diskussionsbeiträge auf der Generalversammlung des Vereins für Sozialpolitik am 29. September 1909 in Wien", in: Verein für Sozialpolitik, Verhandlungen des Vereins für Sozialpolitik in Wien 1909, Leipzig: Duncker & Humblot 1910, S. 580~85, 603~07.

「이해사회학의 몇 가지 범주에 대하여」 "Über einige Kategorien der verstehenden Soziologie", in: Logos. Internationale Zeitschrift für Philosophie Der Kultur, Band 4, Heft 3, 1913, S. 253~94.

『직업으로서의 과학』 Wissenschaft als Beruf 1917/1919 —Politik als Beruf 1919: Max Weber Gesamtausgabe I/17, Tübingen: J. C. B. Mohr (Paul Siebeck) 1992, S. 71~112.

■ 그 밖의 문헌

「경제적 생산성 이론의 기초」(로베르트 리프만) "Grundlagen einer ökonomischen Produktivitätstheorie", in: Jahrbücherfür Nationalökonomie und Statistik III. Folge, Band 43, 1912, S. 273~327.

『경제학 원리』(카를 멩거) Grundsätze der Volkswirthschaftslehre. Erster, allgemeiner Theil, Wien: Wilhelm Braumüller 1871.

「경제학과 경제정책」(발터 로르벡) "Wirtschaftswissenschaften und Wirtschafts-politik", in: Heino Heinrich Nau (Hrsg.), Der Werturteilsstreit. Die Äusserungen zur Werturteilsdiskussion im Ausschuss des Vereins für Sozialpolitik, Marburg: Metropolis 1996, S. 108~10.

「경제학에서 가치판단이 차지하는 위상」(에두아르트 슈프랑거) "Die Stellung der Werturteile in der Nationalökonomie", in: Schmollers Jahrbuch für Gesetzgebung,

Verwaltung und Volkswirtschaft, Jahrgang 38, Heft 2, 1914, S. 557~81.

『공동사회와 이익사회』(페르디난트 퇴니스) Gemeinschaft und Gesellschaft, Leipzig: Fues's Verlag 1887.

『로고스: 국제 문화철학 저널』 Logos. Internationale Zeitschrift Fur Philosophie Der Kultur.

"민족경제의 생산성"(1909년 9월 29일 사회정책학회 빈 총회에서의 토론 주제) "Die Produktivität der Volkswirtschaft".

「민족경제적 생산성의 본질과 그 측정 가능성」(오이겐 폰 필리포비치) "Das Wesen der volkswirtschaftlichen Produktivität und die Möglichkeit ihrer Messung", in: Verein für Sozialpolitik, Verhandlungen des Vereins für Sozialpolitik in Wien 1909, Leipzig: Duncker & Humblot 1910, S. 329~58, 359~70, 607~15.

『사회분화론: 사회학적 및 심리학적 연구』(게오르그 짐멜) Über sociale Differenzierung. Sociologische und psychologische Untersuchungen, Leipzig: Duncker & Humblot 1890.

「사회정책과 도덕성」(야코프 엡슈타인) "Sozialpolitik und Sittlichkeit", in: Heino Heinrich Nau (Hrsg.), Der Werturteilsstreit. Die Äusserungen zur Werturteilsdiskussion im Ausschuss des Vereins für Sozialpolitik, Marburg: Metropolis 1996, S. 65~68.

『사회정책학회 위원회에서의 가치판단 논의를 위한 의견표명들』 Äusserungen zur Werturteilsdiskussion im Ausschuß des Vereins für Sozialpolitik(1913), als Manuskript gedruckt.

『사회정책학회 출판 시리즈』 Schriften des Vereins für Sozialpolitik.

『사회학: 사회화 형식들에 대한 연구』(게오르그 짐멜) Soziologie. Untersuchungen über die Formen der Vergesellschaftung, Leipzig: Duncker & Humblot 1908.

「사회학의 문제」(게오르그 짐멜) "Das Problem der Sociologie", in: Jahrbuch für Gesetzgebung, Verwaltung und Volkswirtschaft im Deutschen Reich, Jahrgang 18, Heft 4, 1894, S. 1301~07.

"지방공공단체의 경제적 기업"(1909년 9월 29일 사회정책학회 빈 총회에서의 토론 주제) "Die wirtschaftlichen Unternehmungen der Gemeinden".

『1909년 빈 사회정책학회 의사록』(사회정책학회) Verhandlungen des Vereins für Sozialpolitik in Wien 1909, Leipzig: Duncker & Humblot 1910.

"친교의 사회학"(게오르그 짐멜) "Soziologie der Geselligkeit", vorgetragen auf dem Ersten Deutschen Soziologentag von 1910 in Frankfurt, in: Deutsche Gesellschaft für Soziologie, Verhandlungen des Ersten Deutschen Soziologentages von 1910 in Frankfurt, Tübingen: J. C. B. Mohr (Paul Siebeck) 1911, S. 1~16.

원어표기

가이벨, 카를(Geibel, Carl)

고틀-오틀릴리엔펠트, 프리드리히 폰(Gottl-Ottlilienfeld, Friedrich von)

골트샤이트, 루돌프(Goldscheid, Rudolf)

노이라트, 오토(Neurath, Otto)

둔커 & 훔블로트(Duncker & Humblot)

딜타이, 빌헬름(Dilthey, Wilhelm)

라트겐, 카를(Rathgen, Karl)

로르벡, 발터(Rohrbeck, Walter)

리프만, 로베르트(Liefmann, Robert)

멩거, 카를(Menger, Carl)

뭉크, 이마누엘(Munk, Immanuel)

바그너, 아돌프(Wagner, Adolf)

베버, 마리안네(Weber, Marianne)

베버, 알프레트(Weber, Alfred)

뵈제, 프란츠(Boese, Franz)

브렌타노, 쿠요(Brentano, Lujo)

비제, 레오폴트 폰(Wiese, Leopold von)

빌브란트, 로베르트(Wilbrandt, Robert)

슈몰러, 구스타프 폰(Schmoller, Gustav von)

슈판, 오트마르(Spann, Othmar)

슈프랑거, 에두아르트(Spranger, Eduard)

슘페터, 조지프(Schumpeter, Joseph)

엡슈타인, 야코프 헤르만(Ebstein, Jacob Hermann)

오일렌부르크, 프란츠(Eulenburg, Franz)

올덴베르크, 카를(Oldenberg, Karl)

옹켄, 헤르만(Oncken, Hermann)

잘츠, 아르투어(Salz, Arthur)

좀바르트, 베르너(Sombart, Werner)

짐멜, 게오르그(Simmel, Georg)

츠비디넥-쥐덴호르스트, 오토 폰(Zwiedineck-Südenhorst, Otto von)

칸토로비츠, 헤르만(Kantorowicz, Hermann)

칸트, 이마누엘(Kant, Immanuel)

크납, 게오르그 프리드리히(Knapp, Georg Friedrich)

퇴니스, 페르디난트(Tönnies, Ferdinand)

파울젠, 프리드리히(Paulsen, Friedrich)

필리포비치, 오이겐 폰(Philippovich, Eugen von)

하르트만, 루도 모리츠(Hartmann, Ludo Moritz)

한센, 게오르그(Hanssen, Georg)

헤르크너, 하인리히(Herkner, Heinrich)

헤세, 알베르트(Hesse, Albert)

옮긴이의 말

이 책은 막스 베버(1864년 4월 21일~1920년 6월 14일) 서거 100주년을 기리기 위해 기획한 세 권의 번역서 가운데 두 번째인데, 그 각각의 출처는 다음과 같다(원어는 이 책의 뒷부분에 나오는 "인용문헌"을 볼 것).

1. 「사회학 및 경제학에서 "가치자유"의 의미」 Max Weber, Gesammelte Aufsätze zur Wissenschaftslehre, 4. Auflage, Tübingen: J. C. B. Mohr (Paul Siebeck) 1973, 489~540쪽.

2. 「생산성의 개념: 1909년 9월 29일 사회정책학회 빈 총회에서의 토론회 발언」 Verein für Sozialpolitik, Verhandlungen des Vereins für Sozialpolitik in Wien 1909, Leipzig: Duncker & Humblot 1910, 580~85, 603~07쪽.

3. 「사회정책학회 위원회에서의 가치판단 논의를 위한 소견서」 Eduard Baumgarten, Max Weber. Werk und Person, Tübingen: J. C. B. Mohr (Paul Siebeck) 1964, 102~39쪽.

번역 과정에서 2018년에 출간된 『막스 베버 전집』 I/12 『이해사회학과 가치판단자유』(Verstehende Soziologie und Werturteilsfreiheit)를 저본으로 삼았다. 그리고 다음의 번역본을 참조했다.

Max Weber, Collected Methodological Writings, Edited by Hans Henrik Bruun and Sam Whimster, Translated by Hans Henrik Bruun, London & New York: Routledge 2014.

Max Weber, Essais sur la Théorie de la Science, Traduits et introduits par Julien Freund, Paris: Librairie Plon 1965.

사실 이 책에 번역되어 실린 세 편의 글은 일반적으로 베버의 방법론으로 분류되며, 따라서 『문화과학 및 사회과학의 논리와 방법론』과 같이 읽는 것이 좋다. 지난 2012년에 나온 『막스 베버: 통합과학적 인식의 패러다임을 찾아서』에서도 가치자유와 가치판단의 문제를 방법론을 주제로 하는 제6장에서 다루었다. 그럼에도 불구하고 굳이 가치자유와 가치판단의 문제를 방법론에서 떼어내어 단행본으로 독립시킨 이유는, 먼저 『막스 베버 전집』의 체제를 참조했기 때문이다. 내 생각으로는 베버의 번역이 장기적이고 체계적인 작업이 되려면 어느 정도 『막스 베버 전집』과 보조를 같이하는 것이 좋을 듯싶다. 그 두 번째―그리고 그보다 훨씬 더 중요한―이유는, 한국의 학계에서 가치자유와 가치판단 그리고 가치연관의 문제를 심도 있게 논의했으면 하는 바람 때문이었다. 그리한다면 문화과학적 및 사회과학적 인식의 본질과 특성, 이론과 실천의 관계, 과학과 정치의 관계 그리고 지식인의 자아상과 사회적 역할에 대한 보다 심층적인 이해와 보다 광범위한 조망을 얻을 수 있을 것이다.

나는 이 책을 번역하기 훨씬 전부터 'Wertfreiheit'를 어떻게 옮길 것인가를 놓고 고민했다. 이것을 그대로 옮기면 '가치자유'가 된다. 그러나 한국의 학계에서는 '가치자유' 대신에 '가치중립'이 통용되고 있는데, 사실 베버는 이 말을 사용한 적이 없다. 그리고―이해사회학을 비롯한 다양한 주제의 글들과 ── 이 책에 번역되어 실린 세 편의 글을 담고 있는 『막스 베버 전집』제I/12의 제목은 "이해사회학과 가치판단자유"이다. 그 밖에도 '가치판단배제'를 생각해볼 수 있다. 이 다양한 가능성을 놓고 반년 이상의 저울질 끝에 '가치자유'로 옮기는 것이 그래도 베버의 의도를 가장 잘 반영하는 것이라는 결론에 도달했다(이에 대한 자세한 것은 이 책의 「해제」, 제2장을 볼 것).

그리고 이 책을 번역하면서 옮긴이 주 때문에 『막스 베버 전집』제I/12권을 비롯하여 수많은 국내외 온라인 및 오프라인 자료를 뒤졌는데, 이 책은 저서가 아니라 번역서라는 점을 감안해 이들 자료를 일일이 언급하지 않았다.

마지막으로 이 책이 나오기까지 음으로 양으로 크고 작은 신세를 진 여러 사람들에게 감사의 말을 전하면서 옮긴이의 말을 마치고자 한다. 나의 하빌리타치온 지도교수인 요하네스 바이스(Johannes Weiss) 선생님은 나의 귀찮은 질문에 친절히 답해주셨다. 큰딸 선민이는 영어 번역본과 프랑스어 번역본을(후자는 다음 번역에 필요한 것이다) 그리고 해제에 필요한 책을 선물해 아빠의 번역 작업을 응원했으며, 독일어 해석에도 여러모로 도움을 주었다. 도서출판 길은 어려운 상황에서도 『막스 베버 전집』제I/12권과 해제에 필요한 자료를 구입해주었다. 박우정 대표님은 여느 때처럼 완성된 원고를 꼼꼼히 점검해주셨다. 이승우 실장은 색인 작업을 비롯해 막스 베버 서거 100주년을 기리는 일에 처음부터 끝까지 함께했다. 편집자 권나명 씨는 원고를 꼼꼼히 점검하고 정리해 산뜻한 책으로 만들어주었다. 그리고 이상헌, 정민종, 정승환 학생은 옮긴이 주와 해제에 필요한 자료를 찾아주었다. 이들 모두에게 깊은 감사의 말을 전하는 바이다.

2021년 4월 21일
김덕영

인명목록

(여기서는 베버가 언급하는 인물들을 그들의 지적 이력을 중심으로 정리했는데, 존 스튜어트 밀, 애덤 스미스와 같이 잘 알려진 경우에는 제외했다.)

골트샤이트, 루돌프(1870~1931) 오스트리아의 사회학자이자 철학자이며 소설가이다. 1891년부터 베를린 대학에서 철학과 경제학을 공부하기 시작했으나 소설가로 성공을 거두자 1894년에 학업을 중단했다. 그 후 평생을 빈에서 살면서 소설가와 재야학자 ─ 주로 사회학 분야에서 ─ 로 활동했으며, 평화주의 운동에도 앞장섰다. 1907년 "빈 사회학회"의 창립을 발기했고 독일 역사학파 경제학의 제2세대를 대표하는 루요 브렌타노 및 저명한 마르크스주의 철학자이자 정치가인 막스 아들러 등과 함께 그 창립을 주도했다(이 학회는 1934년까지 존속했다). 막스 베버, 게오르그 짐멜, 페르디난트 퇴니스 등과 더불어 "독일 사회학회"의 창립을 주도했다(이 학회는 1909년에 창립되었으나 나치 정권으로 인해 1934년부터 활동이 중단되었다가 전후인 1946년에 재창립되었다). 이른바 "인간경제"를 주창했으며, 재정사회학의 창시자로 간주된다. 1909년 9월 29일 빈에서 벌어진 가치판단 논쟁에 참여했다.

라트브루흐, 구스타프(1878~1949) 독일의 법학자이자 정치가이다. 1902년 베를린 대학에서 법학박사 학위를 취득했고, 1904년 하이델베르크 대학에서 대학교수 자격을 취득했다. 1910년에 하이델베르크 대학의, 1914년에 쾨니히스베르크 대학의 부교수가 되었으며, 1919년에 킬 대학의 정교수가 되었다. 1926년에 하이델베르크 대학의 정교수가 되었으나, 나치가 정권을 잡으면서 1933년 5월 8일에 독일의 대학교수로서는 최초로 해직되었다가(사유는 그의 정치적 성향이었다)

1945년에 복직되었다. 1920년부터 1924년까지 사회민주당 국회의원으로 재직했고, 1921~22년과 1923년 두 번에 걸쳐 법무부 장관을 역임했다.

리케르트, 하인리히(1863~1936) 독일의 철학자이다. 1888년 슈트라스부르크 대학에서 빌헬름 빈델반트의 지도로 철학박사 학위를 취득했고, 1891 프라이부르크 대학에서 대학교수 자격을 취득했다. 1891년에 프라이부르크 대학의 철학 부교수가 되었고, 1896년에 정교수가 되었다. 1915년부터 1932년까지 하이델베르크 대학의 정교수로 재직했다. 서남학파 신칸트주의의 창시자인 그의 스승 빈델반트와 더불어 이 학파를 대표한다. 어린 시절부터 막스 베버와 절친한 사이였으며, 그의 문화철학과 가치철학은 베버의 방법론이 형성되는 데에 결정적인 영향을 끼쳤다.

리프만, 로베르트(1874~1941) 독일의 유대계 경제학자이다. 1897년 막스 베버의 지도로 프라이부르크 대학에서 기업연합과 카르텔에 대한 논문으로 박사학위를 취득했고, 1900년 기센 대학에서 대학교수 자격을 취득했다. 1904년에 프라이부르크 대학의 부교수가 되었고, 1914년부터 1933년까지 정교수 대우 객원교수로 재직했다. 1933년 나치가 집권하면서 유대인이라는 이유로 해직되었으며, 1940년 10월에 나치 수용소에 수감되었다가 극도로 열악한 환경과 조건으로 인해 얼마 되지 않아 1941년 3월에 세상을 떠났다. 독일의 주도적인 카르텔 이론가로 간주된다.

몸젠, 테오도어(1817~1903) 독일의 법학자이자 역사학자이며 비명학자(碑銘學者)이다. 1843년 킬 대학에서 법학박사 학위를 취득한 후 1848년에 라이프치히 대학의 로마법 부교수가 되었으나, 1849년 5월에 작센에서 일어난 봉기에 가담했다가 1851년에 해직되었다. 1852년에 취리히 대학의 로마법 정교수가 되었고, 1854년에 브레슬라우 대학의 역사학 정교수가 되었으며, 1858년에 베를린 대학의 고대사 정교수가 되었고 1861년부터 퇴직하는 1887년까지는 로마사 정교수를 겸했다. 그의 높은 명성으로 인해 프로이센 학술원 회원으로 선출되었을뿐더러 더 나아가 독일, 영국, 미국, 프랑스, 이탈리아, 러시아 주요 학회의 회원, 명예회원 및 객원회원으로 추대되었다. 자타가 공인하는 19세기 로마사 연구의 최고 권위자로서 평생 1,500편 이상의 크고 작은 연구 업적을 남겼는데, 주요 저작으로는『로마사』(제1~3권 1854~56, 제5권 1885; 로마 제정이 주제인 제4권은 집필하지 않았다)와『로마 공법』(총3권, 1871~88)을 꼽을 수 있다. 1853년에『라틴 명문(銘文) 전집』이라는 방대한 편찬 작업을 조직하고 그 편집을 주도했다(1853년부터 그의 생전인 1899년까지 15권이 나왔고, 그의 사후인 1936년과 1986년에 각각 제16권과 제17권이 나왔다). 1902년에 그의 주저 『로마사』로 제2회 노벨 문학상을 수상하기도 했다. 좌파 자유주의자이자 비스마르크에 대한 신랄한 비판자로 1861년부터 진보당 당원이 되었으며, 1863년부터 1866년까지 프로이센 영방의회 의원(진보당)으로 재직했고, 1873년부터 1879년까지 진보당 소속의 제국의회 의원으로 그리고 1881년부터 1884년까지 국민자유당 소속의 제국의회 의원으로 재직했다. 막스 베버의 대학교수 자격취득 논문인 『국가법 및 사법의 의미에서 본 로마 농업사』에 결정적인 영향을 끼쳤다. 막스 베버의 아버지와 친한 사이였으며, 그의 아들 에른스트 몸젠(1863~1930)이 막스 베버의 누이동생 클라라(1875~1953)와 결혼했다.

바뵈프, 프랑수아-노엘(1760~97) 프랑스대혁명 시기 자코뱅당 소속의 혁명가로 별명이 그라쿠스 바뵈프이다(그라쿠스는 로마의 개혁가인 그라쿠스 형제를 가리킨다). 프랑스 북부 지방의 빈농 출신으로 봉건영주 밑에서 일하면서 봉건제도의 모순과 폐해를 체험하게 되었으며, 이로 인해 대혁명이 일어나자 봉건제도의 완전 철폐와 공화정치의 확립을 주창하면서 불평등의 철폐, 사적 소유의 폐지, 공동소유 등과 같은 급진적인 평등주의 또는 평등공산주의 사상을 전개했다. 이렇게 해서 공산주의 사상이 처음으로 정치혁명과 결합되었다. 1796년 3월 평등자단(平等自團)이라는 비밀결사를 조직하여 총재정부(1795년 10월~1799년 12월)를 전복하려고 했으나 사전에 발각되어 1796년 5월에 체포되었고 1년 만에 단두대에서 처형되었다.

뵐플린, 하인리히(1864~1945) 스위스의 미술사학자이다. 1886년 뮌헨 대학에서 철학박사 학위를 취득했고, 1888년 같은 대학에서 대학교수 자격을 취득했다. 1893년 스승인 야코프 부르크하르트의 후임으로 바젤 대학의 예술사 정교수가 되었다(부르크하르트에게서 역사와 예술사를 공부했다). 1901년에 베를린 대학의, 1912년에 뮌헨 대학의 정교수가 되었으며, 1924년부터 1934년까지 취리히 대학에서 가르쳤다. 그의 미술사적 관점은 형식주의로 간주되는데, 그 이유는 그가 외적 형식, 즉 양식에 따라 예술작품을 고찰했기 때문이다. 이처럼 개별 예술가들과 그들의 시대적 배경이 아니라 양식의 발전사가 그의 예술사적 논의의 중심에 서 있었기 때문에 그는 자신의 예술사를 "이름들[예술가의 이름들] 없는 예술사"로 불렀다. 1915년에 나온 그의 주저 『예술사의 기본개념』에서 형식주의적으로 르네상스 시대의 예술작품과 바로크 시대의 예술작품을 비교하면서 일련의 예술사적 기본개념을 제시했는데, 이는 막스 베버가 사회학의 기본개념을 구축하는 데 일정한 영향을 끼쳤다.

비저, 프리드리히 폰(1851~1926) 오스트리아의 경제학자이자 정치가이다. 1875년 빈 대학에서 법학박사 학위를 취득한 후 독일로 유학해 2학기 동안 독일 역사학파 경제학의 제1세대를 대표하는 카를 크니스(하이델베르크 대학) 아래에서 공부했고, 이어서 2학기 동안 빌헬름 로셔(라이프치히 대학)와 브루노 힐데브란트(예나 대학)를 사사했다. 1883년 빈 대학에서 경제학 대학교수 자격을 취득했다. 1884년에 프라하 대학의 부교수가 되었고, 1889년에 정교수가 되었다. 1903년에 오스트리아 이론경제학파(한계효용학파)의 창시자인 카를 멩거의 후임으로 빈 대학의 경제학 정교수로 재직하다가 1917년부터 1918년까지 통상장관과 상원의원을 역임했다. 그 후 다시 빈 대학의 같은 자리로 돌아와 1919년부터 1922년까지 재직했다. 카를 멩거 및 오이겐 폰 뵘-바베르크와 더불어 오스트리아 이론경제학파의 대표자로 간주되며, 화폐이론과 비용이론으로 잘 알려져 있다.

빈델반트, 빌헬름(1848~1915) 독일의 철학자이다. 1870년 괴팅겐 대학에서 철학박사 학위를 취득했고, 1873년 라이프치히 대학에서 대학교수 자격을 취득했다. 1876년에 취리히 대학의, 1877년에 프라이부르크 대학의, 1882년에 슈트라스부르크 대학의 정교수가 되었으며, 1903년부터 1915년까지 하이델베르크 대학의 정교수로 재직했다. 서남학파 신칸트주의의 창시자로 간주되며, 그의 제자인 하인리히 리케르트와 함께 이 학파를 대표한다. 막스 베버의 방법론에 대해서도 중요한 의미를 갖는다.

슈몰러, 구스타프 폰(1838~1917) 독일의 경제학자이자 사회과학자이다. 1861년 튀빙겐 대학에서 국가과학박사 학위를 취득했다. 1864년에 대학교수 자격 없이 할레 대학의 국가과학 부교수가 되었고 1865년에 정교수로 승진했다. 1872년에 슈트라스부르크 대학의 정교수가 되었고, 1882년에 베를린 대학의 정교수가 되어 1913년까지 재직했다. 1872년 사회정책학회가 창립되는 데에 주도적인 역할을 했으며 1890년부터 1917년까지 그 회장을 역임했다. 1881년부터 『독일 제국의 입법, 행정 및 민족경제 연보』의 편집자로 활동했으며(이는『독일 제국의 입법, 행정 및 민족경제 슈몰러 연보』 또는 간단히 『슈몰러 연보』라고도 불린다), 1876년에 『국가과학 및 사회과학 연구』라는 시리즈를 창간했다. 독일 역사학파 경제학의 제2세대를 대표하는 경제학자로서 1880년대에 오스트리아 이론경제학파의 창시자인 카를 멩거와 방법론 논쟁을 벌였다. 1884년부터 1917년까지 프로이센 왕국의 상원의원을 지냈다.

슈프랑거, 에두아르트(1882~1963)   독일의 철학자이자 심리학자이며 교육학자이다. 1905년 베를린 대학에서 철학박사 학위를 취득했고, 1909년 같은 대학에서 빌헬름 폰 훔볼트(1767~1835)와 인문주의의 이념에 대한 논문으로 대학교수 자격을 취득했다. 1911년에 라이프치히 대학의 철학 및 교육학 부교수가 되었고, 그다음 해인 1912년에는 정교수가 되었다. 함부르크 대학과 빈 대학이 제안한 교수직을 거절하고 1920년에 베를린 대학의 정교수로 초빙되었고, 1946년에 튀빙겐 대학의 철학 정교수로 초빙되었다. 교육학이 독일 대학에 독립적인 분과과학으로 제도화되는 데 결정적인 역할을 했고 두 차례 세계대전 이후에는 교사 양성에도 큰 영향을 끼쳤다. 정신과학적 교육학의 가장 탁월한 대표자들 가운데 한 명으로 간주된다.

오스트발트, 빌헬름(1853~1932)   독일의 화학자이자 물리학자이며 철학자이다. 당시 러시아에 속하던 리가(현재 라트비아의 수도)에서 태어나 타르투 대학에서(타르투는 현재 에스토니아에서 두 번째 큰 도시이다) 화학을 공부하고 1878년 같은 대학에서 박사학위를 취득했으며, 1880년 같은 대학에서 대학교수 자격을 취득하고 사강사가 되었다. 1882년부터 1887년까지 리가 공업전문학교(현재 리가 공과대학)의 정교수로 재직했고, 1887년부터 1906년까지 라이프치히 대학의 정교수로 재직하면서 화학과 철학을 가르쳤다. 물리화학의 창시자들 가운데 한 명으로 간주되며, 반유물론적-반유심론적이고 일원론적인 자연철학인 에너지론을 주창했다. 촉매제, 화학적 평형상태 및 반응속도 등에 대한 연구로 1909년 노벨 화학상을 수상했다.

좀바르트, 베르너(1863~1941)   독일의 경제학자이자 사회학자이다. 1888년 베를린 대학에서 구스타프 슈몰러의 지도로 철학박사 학위를 취득했다. 2년간 브레멘 상공회의소의 법률고문으로 일한 뒤, 1890년에 브레슬라우 대학의 국가과학 정교수가 되었고, 1906년 베를린 상경대학 국가과학 정교수가 되었으며, 1917년부터 1931년까지 베를린 대학의 국가과학 정교수로 재직했다. 1904년부터 1920년까지 에드가 야페 및 막스 베버와 『사회과학 및 사회정책 저널』의 편집을 담당했으며, 1932년부터 1936년까지 "사회정책학회"의 마지막 회장을 역임했다(이 학회는 1872년에 창립되어 1936년에 해체되었다).

짐멜, 게오르그(1858~1918)   독일의 철학자이자 사회학자이다. 1881년 베를린 대학에서 철학박사 학위를 취득했고, 1885년 같은 대학에서 대학교수 자격을 취득했다. 1885년부터 베를린 대학 철학부에서 사강사로 가르치기 시작해 1900년에 부교수가 되었으며, 1914년에 슈트라스부르크 대학의 철학 정교수가 되었다. 탁월한 과학적 업적에도 불구하고 유대인이라는 점, 국가와 교회를 중심으로 하던 당시의 국가과학 및 사회과학에 정면으로 배치되는 사회학적 사고를 한 점 등으로 인해 비정상적으로 오랫동안 사강사 지위에 머물러 있었고, 아주 오랜 기간을 무급의 부교수로 재직했으며, 세상을 떠나기 불과 4년 전에 정교수가 되는 등 독일 학계의 주변인, 아니 이방인이었다. 에밀 뒤르케임 및 막스 베버와 더불어 현대 사회학의 창시자로 간주되며, 막스 베버 등과 함께 독일 사회학회의 창립을 주도했다.

츠비디넥-쥐덴호르스트, 오토 폰(1871~1957) 오스트리아의 경제학자이자 정치학자이다. 1895년 그라츠 대학에서 법학박사 학위를 취득했고, 1901년 빈 대학에서 오이겐 폰 필리포비치의 지도로 국가과학 대학교수 자격을 취득했다. 1902년에 빈 대학의 부교수, 1903년에 카를스루에 공과대학의 정교수가 되었고, 1920년에 브레슬라우 대학의 정교수가 되었으며, 1921년에 ─ 1920년에 세상을 떠난 ─ 막스 베버의 후임으로 뮌헨 대학의 경제학 정교수가 되어 1936년까지 재직했다. 독일 역사학파 경제학에 속하며 경제이론, 방법론 그리고 사회정책 및 임금정책을 주로 다루었다.

트라이치케, 하인리히 폰(1834~96) 독일의 역사학자이자 정치가이며 정치평론가이다. 1854년 라이프치히 대학에서 독일 역사학파 경제학의 창시자인 빌헬름 로셔의 지도로 철학박사 학위를 취득했고, 1858년 같은 대학에서 역시 빌헬름 로셔의 지도로 국가과학 대학교수 자격을 취득했다. 1859년부터 라이프치히 대학에서 사강사로 가르치다가 1863년에 프라이부르크 대학의 국가과학 부교수, 1866년에 킬 대학의 역사학 및 정치학 정교수가 되었고, 1867년에 하이델베르크 대학의 정교수가 되었으며, 1873년에 레오폴트 폰 랑케의 후임으로 베를린 대학의 정교수가 되었다(원래 랑케의 후임으로 바젤 대학의 야코프 부르크하르트를 초빙하려고 했으나, 그가 거절했다). 1871년부터 1878년까지 국민자유당 소속의 그리고 1879년부터 1884년까지 무소속의 제국의회 의원을 지내면서 비스마르크의 이념과 정책을 지원했다. 당시 독일에서 가장 유명하고 가장 많이 읽힌 역사학자이자 정치평론가였다.

필리포비치, 오이겐 폰(1858~1917) 오스트리아의 경제학자이자 사회정책가이다.

1881년 빈 대학에서 법학박사 학위를 취득했고, 1884년 같은 대학에서 대학교수 자격을 취득했다. 1885년에 프라이부르크 대학의 정교수가 되었고, 1893년부터 1917년까지 빈 대학의 경제학 및 재정학 정교수로 가르쳤다. 막스 베버의 프라이부르크 대학 경제학 및 재정학 정교수직 전임자이며, 1909년 9월 빈에서 개최된 사회정책학회 총회에서 「민족경제적 생산성의 본질과 그 측정 가능성」이라는 주제로 발제를 하여 가치판단 논쟁을 유발했다. 오스트리아 강단사회주의의 대표자이며, 빈 대학에서 조지프 슘페터와 같은 저명한 경제학자를 제자로 두었다.

헤르크너, 하인리히(1863~1932) 독일의 경제학자이다. 1886년 슈트라스부르크 대학에서 독일 역사학파 경제학의 제2세대를 대표하는 루요 브렌타노의 지도로 국가과학박사 학위를 취득했고, 1889년 프라이부르크 대학에서 대학교수 자격을 취득했다. 1890년에 프라이부르크 대학의 부교수가 되었다가 1892년에 정교수가 되었다. 1892년부터 1898년까지 카를스루에 공과대학의, 1898년부터 1907년까지 취리히 대학의, 1907년부터 1913년까지 베를린 공과대학의 정교수로 재직했으며, 1913년에 독일 역사학파 경제학의 제2세대를 대표하는 구스타프 폰 슈몰러의 후임으로 베를린 대학의 정교수로 초빙되어 1932년까지 재직했다. 막스 베버, 게오르그 짐멜, 페르디난트 퇴니스 등과 더불어 "독일 사회학회"의 창립 회원이었으며, 1911년에 사회정책학회의 부회장이 되었다가 1917년에는 그해 세상을 떠난 슈몰러의 후임으로 회장에 취임하여 1929년까지 재직했다.

막스 베버가 인용한 문헌

(베버가 직접 언급하지는 않았지만 그가 언급한 저작의 일부분으로 옮긴이가 옮긴이 주를 달면서 언급한 것도 맨 앞에 * 표시와 더불어 수록했음을 일러둔다.)

「경제학에서 가치판단이 차지하는 위상」(에두아르트 슈프랑거) "Die Stellung der Werturteile in der Nationalökonomie", in: Schmollers Jahrbuch für Gesetzgebung, Verwaltung und Volkswirtschaft, Jahrgang 38, Heft 2, 1914, S. 557~81.

『고전미술: 이탈리아 르네상스 입문』(하인리히 뵐플린) Die klassische Kunst. Eine Einführung in die italienische Renaissance, München: Verlagsanstalt F. Bruckmann A.-G. 1899.

『국가과학 사전』 Handwörterbuch der Staatswissenschaften.

『로고스: 국제 문화철학 저널』 Logos. Internationale Zeitschrift Fur Philosophie Der Kultur.

『로마의 캄파냐: 사회경제적 연구』(베르너 좀바르트) Die römische Campagna. Eine sozialökonomische Studie, Leipzig: Duncker & Humblot 1888.

「루돌프 슈탐러의 유물론적 역사관 "극복"」(막스 베버) "R. Stammlers 'Überwindung' der materialistischen Geschichtsauffassung", in: Archiv für Sozialwissenschaft und Sozialpolitik, Band 24, Heft 1, 1907, S. 94~151.

「문화과학적 논리 영역에서의 비판적 연구」(막스 베버) "Kritische Studien auf dem Gebiet der kulturwissenschaftlichen Logik", in: Archiv für Sozialwissenschaft und Sozialpolitik, Band 22, Heft 1, 1906, S. 143~207.

「민족경제, 경제학 및 그 방법」(구스타프 폰 슈몰러) "Die Volkswirtschaft, die Volkswirtschaftslehre und ihre Methode", in: Handwörterbuch der Staatswissenschaften, 3., gänzlich umgearbeitete Auflage, Band 8, Jena: Gustav Fischer 1911, S. 426~500.

『법학 개론』(구스타프 라트부르흐) Einführung in die Rechtswissenschaft, 2., durchgearbeitete Auflage, Leipzig: Quelle & Meyer 1913.

『사회과학 및 사회정책 저널』 Archiv für Sozialwissenschaft und Sozialpolitik.

「사회과학적 및 사회정책적 인식의 "객관성"」(막스 베버) "Die 'Objektivität' sozialwissenschaftlicher und sozialpolitischer Erkenntnis", in: Archiv für Sozialwissenschaft und Sozialpolitik, Band 19, Heft 1, 1904, S. 22~87.

「사회정책학회 위원회에서의 가치판단 논의를 위한 소견서」(막스 베버) "Gutachten zur Werturteilsdiskussion im Ausschuss des Vereins für Sozialpolitik", in: Äusserungen zur Werturteilsdiskussion im Ausschuss des Vereins für Sozialpolitik. Als Manuskript gedruckt, o. O. 1913, S. 83~120.

『쇼펜하우어와 니체: 연속강연』(게오르그 짐멜) Schopenhauer und Nietzsche. Ein Vortragszyklus, Leipzig: Duncker & Humblot 1907.

『실천이성비판』(이마누엘 칸트) Kritik der praktischen Vernunft, herausgegeben und erläutert von J. H. Kirchmann, 3. Auflage, Heidelberg: Georg Weiss 1882.

*「에두아르트 마이어에 대한 비판적 고찰」(막스 베버) "Zur Auseinandersetzung mit Eduard Meyer"(「문화과학적 논리 영역에서의 비판적 연구」 제1장).

*「역사적 인과고찰에서의 객관적 가능성과 적합한 원인작용」(막스 베버) "Objektive Möglichkeit und adäquate Verursachung in der historischen Kausalbetrachtung" (「문화과학적 논리 영역에서의 비판적 연구」 제2장).

「이해사회학의 몇 가지 범주에 대하여」(막스 베버) "Über einige Kategorien der verstehenden Soziologie", in: Logos. Internationale Zeitschrift Fur Philosophie Der Kultur, Band 4, Heft 3, 1913, S. 253~94.

『입법, 행정 및 민족경제 슈몰러 연보』 Schmollers Jahrbuch für Gesetzgebung, Verwaltung und Volkswirtschaft.

『철학사 편람』(빌헬름 빈델반트) Lehrbuch der Geschichte der Philosophie, 4., durchgesehene Audlage, Tübingen: J. C. B. Mohr (Paul Siebeck) 1907.

그 밖의 인용문헌

I. 한글 문헌

『게오르그 짐멜의 모더니티 풍경 11가지』(김덕영), 도서출판 길 2007.

『국가』(플라톤 지음; 천병희 옮김), 도서출판 숲 2013.

『국부론〔상〕』(애덤 스미스 지음; 김수행 옮김), 비봉출판사 2003.

『논쟁의 역사를 통해 본 사회학: 자연과학·정신과학 논쟁에서 하버마스·루만 논쟁까지』(김덕영), 한울아카데미 2003.

『도덕형이상학 정초』(이마누엘 칸트 지음; 김석수 옮김), 『칸트 전집』제6권, 한길사 2019.

『루터와 종교개혁: 근대와 그 시원에 대한 신학과 사회학』(김덕영), 도서출판 길 2017.

『문화과학 및 사회과학의 논리와 방법론』(막스 베버 지음; 김덕영 옮김), 도서출판 길 2021.

『막스 베버: 통합과학적 인식의 패러다임을 찾아서』(김덕영), 도서출판 길 2012.

『실천이성비판』(이마누엘 칸트 지음; 김종국 옮김), 『칸트 전집』제6권, 한길사 2019.

『짐멜이냐 베버냐? 사회학 발달과정 비교연구』(김덕영), 한울아카데미 2004.

『프로이트, 영혼의 해방을 위하여: 사회학자의 눈을 통해 본 프로이트의 삶과 사상 그리고 정신분석학』(김덕영), 인물과사상사 2009.

『프로테스탄티즘의 윤리와 자본주의 정신』(막스 베버 지음; 김덕영 옮김), 도서출판 길 2010.

「해제: 종교·경제·인간·근대 — 통합과학적 모더니티 담론을 위하여」(김덕영). 막스 베버, 김덕영 옮김, 『프로테스탄티즘의 윤리와 자본주의 정신』, 도서출판 길 2010.

「해제: 문화과학과 사회과학의 논리적-방법론적 정초를 위하여」(김덕영). 막스 베버, 김덕영 옮김, 『문화과학 및 사회과학의 논리와 방법론』, 도서출판 길 2021.

II. 독일어 문헌 및 외국어 문헌

『경제과학 및 사회과학 슈몰러 연보』 Schmollers Jahrbuch für Wirtschafts- und Sozialwissenschaften.

『경제과학 및 사회과학 저널』 Zeitschrift für Wirtschafts- und Sozialwissenschaften.

『경제와 사회: 이해사회학 개요』(막스 베버) Wirtschaft und Gesellschaft. Grundriss der verstehenden Soziologie, 5. Auflage, Tübingen: J. C. B. Mohr (Paul Siebeck) 1972.

『경제학 원리』(카를 멩거) Grundsätze der Volkswirtschaftslehre, Wien: Wilhelm Braumüller 1871.

「국가과학 및 사회과학 영역에서 변화하는 이론들과 확고한 진리들 그리고 오늘날의 독일 경제학」(구스타프 폰 슈몰러) "Wechselnde Theorien und feststehende Wahrheiten im Gebiete der Staats- und Socialwissenschaften und die heutige deutsche Volkswirthschaftslehre. Rede bei Antritt des Rectorats gehalten in der Aula der Königlichen Friedrich-Wilhelms-Universität am 15. October 1897", wiederabgedruckt in: Schmoller, Über einige Grundfragen der Socialpolitik und der Volkswirtschaftslehre, Leipzig: Duncker & Humblot 1898, S. 315~43.

『국가법 및 사법의 의미에서 본 로마 농업사』(막스 베버) Die römische Agrargeschichte in ihrer Bedeutung für das Staats- und Privatrecht, Stuttgart: Ferdinand Enke 1891.

『국민국가와 경제정책』(막스 베버) Der Nationalstaat und die Volkswirtschaftspolitik. Akademische Antrittsrede, Freiburg im Breisgau und Leipzig: J. C. B. Mohr 1895.

「니체의 이해를 위하여」(게오르그 짐멜) "Zum Verständnis Nietzsches", in: Georg Simmel Gesamtausgabe 7, Frankfurt am Main: Suhrkamp 1995, S. 57~63.

『독일 제국의 입법, 행정 및 사법 연보』 Jahrbuch für Gesetzgebung, Verwaltung und Rechtspflege des Deutschen Reiches.

『독일 제국의 입법, 행정 및 민족경제 연보』 Jahrbuch für Gesetzgebung, Verwaltung und Volkswirtschaft im Deutschen Reich.

「두꺼비의 저주」(구스타프 마이링크) "Der Fluch der Kröte", in: des., Des Deutschen Spießers Wunderhorn, 2. Theil, München: Albert Langen 1913, S. 217~21.

『라틴 명문(銘文) 전집』 Corpus Inscriptionum Latinarum, 17 Bände, Rom: Joseph Spithöver 1853~1986.

『로마 공법』(테오도어 몸젠) Römisches Staatsrecht, 3 Bände, Leipzig: S. Hirzel 1871~1888.

『로마사』(테오도어 몸젠) Römische Geschichte, 4 Bänade, Leipzig: Weidmann, 1854~1885.

『마르틴 루터 박사 저작집 ── 비평적 전집』 제44권(마르틴 루터), D. Martin Luthers Werke. Kritische Gesamtausgabe, Band 44, Weimar: Bohlhau-Nachfolger 1915.

『막스 베버 전집』 제I/12권(막스 베버) Max Weber Gesamtausgabe I/12: Verstehende Soziologie und Werturteilsfreiheit. Schriften 1908-1917, Tübingen: J. C. B. Mohr (Paul Siebeck) 2018.

『문화과학의 에너지론적 토대』(빌헬름 오스트발트) Energetische Grundlagen der Kulturwissenschaft, Leipzig: Dr. Werner Klinhardt 1909.

"민족경제의 생산성"(1909년 9월 29일 사회정책학회 빈 총회에서의 토론 주제) Die Produktivität der Volkswirtschaft.

「민족경제의 이론과 실천에서 노동의욕이 갖는 의의」(하인리히 헤르크너) "Die Bedeutung der Arbeitsfreude in Theorie und Praxis der Volkswirtschaft", in: Jahrbuch der Gehe-Stiftung zu Dresden, Band 12 (Neue Zeit- und Streitfragen, 3. Jahrgang, 1. Heft) 1905, S. 3~36.

「민족경제적 생산성의 본질과 그 측정 가능성」(오이겐 폰 필리포비치) "Das Wesen der volkswirtschaftlichen Produktivität und die Möglichkeit ihrer Messung", in: Verein für Sozialpolitik, Verhandlungen des Vereins für Sozialpolitik in Wien 1909, Leipzig: Duncker & Humblot 1910, S. 329~58, 359~70, 607~15.

『빌헬름 마이스터의 편력시대』(요한 볼프강 폰 괴테) Wilhelm Meisters Wanderjahre, in: Goethes Werke, herausgegeben im Auftrage der Großherzogin Sophie von Sachsen, Abteilung II, Band 42, Weimar: Hermann Böhlau 1907.

『빌헬름 마이스터의 편력시대 혹은 체념하는 사람들』 Wilhelm Meisters Wanderjahre oder die Entsagenden(요한 볼프강 폰 괴테) →『빌헬름 마이스터의 편력시대』의 원제목.

『사회과학 및 사회정책 저널』 Archiv für Sozialwissenschaft und Sozialpolitik.

「사회과학적 및 사회정책적 인식의 "객관성"」(막스 베버) "Die 'Objektivität' sozialwissenschaftlicher und sozialpolitischer Erkenntnis", in: Archiv für Sozialwissenschaft und Sozialpolitik, Band 19, Heft 1, 1904, S. 22~87.

『사회입법 및 통계 저널』 Archiv für soziale Gesetzgebung und Statistik.

『사회정책학회에서의 노선투쟁』(디터 린덴라우프) Richtungskämpfe im Verein für Sozialpolitik. Wissenschaft und Sozialpolitik im Kaiserreich vornehmlich vom Beginn des "Neuen Kurses" bis zum Ausbruch des Ersten Weltkrieges (1890-1914), Wiesbaden: F. Steiner 1967.

「사회학 및 경제학에서 "가치자유"의 의미」(막스 베버) "Der Sinn der 'Wertfreiheit' der soziologischen und ökonomischen Wissenschaften", in: Logos. Internationale Zeitschrift für Philosophie der Kultur, Band 7, Heft 1, 1917, S. 40~88.

「사회학의 기본개념」(막스 베버) "Soziologische Grundbegriffe", in: Wirtschaft und Gesellschaft. Grundriss der verstehenden Soziologie, 5. Auflage, Tübingen: J. C. B. Mohr (Paul Siebeck) 1972, S. 1~30.

「산업노동의 정신물리학에 대하여」(막스 베버) "Zur Psychophysik der industriellen Arbeit", in: Zur Psychophysik der industriellen Arbeit. Schriften und Reden 1908-1912: Max Weber Gesamtausgabe I/11, Tübingen: J. C. B. Mohr (Paul Siebeck) 1995, S. 163~218.

『상승발전과 인간경제: 사회생물학 정초』(루돌프 골트샤이트) Höherentwicklung und Menschenökonomie. Grundlegung der Sozialbiologie, Leipzig: Klinkhardt 1911.

『상트페테르부르크 신문』 St. Petersburger Zeitung.

「새로운 질서의 독일에서 의회와 정부」(막스 베버) "Parlament und Regierung im neugeordneten Deutschland. Zur politischen Kritik des Beamtentums und

Parteiwesens", in: Zur Politik im Weltkrieg. Schriften und Reden 1914-1918: Max Weber Gesamtausgabe I/15, Tübingen: J. C. B. Mohr (Paul Siebeck) 1984, S. 421~596.

『서양 논리학사』 제4권(카를 폰 프란틀) Geschichte der Logik im Abendlande, Vierter Band, Leipzig: S. Hirzel 1870.

『쇼펜하우어와 니체: 연속강연』(게오르그 짐멜) Schopenhauer und Nietzsche, in: Georg Simmel Gesamtausgabe 10, Frankfurt am Main: Suhrkamp 1995, S. 167~408.

『슈몰러 연보—경제과학 및 사회과학 저널』 Schmollers Jahrbuch — Zeitschrift für Wirtschafts- und Sozialwissenschaften.

「"에너지론적" 문화이론」(막스 베버) "Energetische' Kulturtheorien", in: Archiv für Sozialwissenschaft und Sozialpolitik, Band 29, Heft 2, 1909, S. 575~98.

『역사적 방법에 입각한 국가경제 강의 개요』(빌헬름 로셔) Grundriss zur Vorlesungen über die Staatswirtschaft nach geschichtlicher Methode, Göttingen: Dieterich 1843.

『역사학의 이론과 방법론에 대하여: 역사철학적 연구』(에두아르트 마이어) Zur Theorie und Methodik der Geschichte. Geschichtsphilosophische Untersuchungen, Halle a. S.: Max Niemeyer 1902.

『예술사의 기본개념』(하인리히 뵐플린) Kunstgeschichtliche Grundbegriffe. Das Problem der Stilentwicklung in der neueren Kunst, München: Bruckmann 1915.

『유물론적 역사관에서 본 경제와 법: 사회철학적 연구』 제2판(루돌프 슈탐러) Wirtschaft und Recht nach der materialistischen Geschichtsauffassung. Eine sozialphilosophische Untersuchung, 2., verbesserte Auflage, Leipzig: Veit & Comp. 1906.

「인격신」(존 스튜어트 밀) Theism(『종교에 대한 세 편의 에세이』 중 두 번째 에세이).

『인식의 대상』(하인리히 리케르트) Der Gegenstand der Erkenntnis, Freiburg im Breisgau: J. C. B. Mohr 1892.

『일반 정신병리학: 학생, 의사 및 심리학자를 위한 지침서』(카를 야스퍼스) Allgemeine Psychopathologie. Ein Leitfaden für Studierende, Ärzte und Psychologen, Berlin: Springer 1913.

『자본』 제1권(카를 마르크스) Das Kapital. Kritik der politischen Ökonomie, Band

1: Der Produktionsprozess des Kapitals, Hamburg: Otto Meissner 1867.

「자연」(존 스튜어트 밀) Nature(『종교에 대한 세 편의 에세이』 중 첫 번째 에세이).

『자연과학적 개념구성의 한계』(하인리히 리케르트) Die Grenzen der natur-wissenschaftlichen Begriffsbildung. Eine logische Einleitung in die historischen Wissenschaften, Tübingen und Leipzig: J. C. B. Mohr (Paul Siebeck) 1902.

『종교에 대한 세 편의 에세이』(존 스튜어트 밀) Three Essays on Religion, New York: Henry Holt and Company 1874.

「종교의 유용성」(존 스튜어트 밀) Utility of Religion(『종교에 대한 세 편의 에세이』 중 세 번째 에세이).

"지방공공단체의 경제적 기업"(1909년 9월 29일 사회정책학회 빈 총회에서의 토론 주제) Die wirtschaftlichen Unternehmungen der Gemeinden.

『직업으로서의 과학』(막스 베버) Wissenschaft als Beruf 1917/1919—Politik als Beruf 1919: Max Weber Gesamtausgabe I/17, Tübingen: J. C. B. Mohr (Paul Siebeck) 1992, S. 71~112.

「철학사」(빌헬름 빈델반트) "Geschichte der Philosophie", in: Die Philosophie im Beginn des zwanzigsten Jahrhunderts. Festschrift für Kuno Fischer, Heidelberg: Winter 1905, S. 175~199.

『테제』(아돌프 바흐) "Thesen", in: Verhandlungen des 3. Deutschen Hochschullehrertags zu Leipzig am 12. und 13. Oktober 1909. Bericht erstattet vom engeren geschäftsführenden Ausschuß, Leipzig: Verlag des Literarischen Zentralblattes für Deutschland 1910, S. 3~12.

「토론회에서의 발언」(하인리히 헤르크너) "Diskussionsbeitrag", in: Verein für Sozialpolitik, Verhandlungen des Vereins für Sozialpolitik in Wien 1909, Leipzig: Duncker & Humblot 1910, S. 550~59.

「토론회에서의 발언」(베르너 좀바르트) "Diskussionsbeitrag", in: Verein für Sozialpolitik, Verhandlungen des Vereins für Sozialpolitik in Wien 1909, Leipzig: Duncker & Humblot 1910, S. 563~72.

「토론회에서의 발언」(로베르트 리프만) "Diskussionsbeitrag", in: Verein für Sozialpolitik, Verhandlungen des Vereins für Sozialpolitik in Wien 1909, Leipzig: Duncker & Humblot 1910, S. 577~80.

「토론회에서의 발언」(오토 폰 츠비디넥-쥐덴호르스트) "Diskussionsbeitrag", in:

Verein für Sozialpolitik, Verhandlungen des Vereins für Sozialpolitik in Wien 1909, Leipzig: Duncker & Humblot 1910, S. 585~88.

「토론회에서의 발언」(루돌프 골트샤이트) "Diskussionsbeitrag", in: Verein für Sozialpolitik, Verhandlungen des Vereins für Sozialpolitik in Wien 1909, Leipzig: Duncker & Humblot 1910, S. 594~99.

「토론회에서의 발언」(막스 베버) "Diskussionsbeitrag", in: Verein für Sozialpolitik, Verhandlungen des Vereins für Sozialpolitik in Wien 1909, Leipzig: Duncker & Humblot 1910, S. 580~85, 603~07.

『파우스트』 제1권(요한 볼프강 폰 괴테) Faust. Erster Teil. Mit Einleitung und Anmerkungen von Erich Schmidt (ders., Sämtliche Werke. Jubiläumsausgabe in 40 Bänden, herausgegeben von Eduard von der Hellen, Band 13), Stuttgart und Berlin: J. G. Cotta Nachfolger, o. J.

『파우스트』 제2권(요한 볼프강 폰 괴테) dass. Zweiter Teil. Mit Einleitung und Anmerkungen von Erich Schmidt (ders., Sämtliche Werke. Jubiläumsausgabe in 40 Bänden, herausgegeben von Eduard von der Hellen, Band 14), Stuttgart und Berlin: J. G. Cotta Nachfolger, o. J.

『프랑크푸르트 신문』 Frankfurter Zeitung.

「한계효용이론과 "정신물리학적 기본법칙"」(막스 베버) "Die Grenznutzlehre und das 'psychophysische Grundgesetz'", in: Archiv für Sozialwissenschaft und Sozialpolitik, Band 27, Heft 2, 1908, S. 546~58.

「화폐가치와 그 변화」(프리드리히 폰 비저) "Der Geldwert und seine Veränderungen. Schriftlicher Bericht", in: Verein für Sozialpolitik, Verhandlungen des Vereins für Sozialpolitik in Wien 1909, Leipzig: Duncker & Humblot 1910, S. 497~540.

「화폐가치 변화의 측정에 대하여」(프리드리히 폰 비저) Über die Messung der Veränderungen des Geldwertes", in: Verein für Sozialpolitik, Verhandlungen des Vereins für Sozialpolitik in Wien 1909, Leipzig: Duncker & Humblot 1910, S. 541~49.

『후기 로마의 공예』(알로이스 리글) Die spätrömische Kunst-Industrie nach den Funden in Österreich-Ungarn im Zusammenhange mit der Gesamtentwicklung der Bildenden Künste bei den Mittelmeervölkern, Wien: Druck und Verlag der kaiserlich-königliche Staatsdruckerei 1901.

사항 찾아보기

인명 찾아보기

알라딘 북펀드 후원자 명단